Günther Bentele

Augenblicke der Geschichte

DIE MODERNE

cbj

Günther Bentele

Augenblicke der Geschichte
DIE MODERNE

Mit Illustrationen von Constanze Spengler

cbj

cbj ist der Kinder- und Jugendbuchverlag
in der Verlagsgruppe Random House

Für Ulrike Reiner

FSC
Mix
Produktgruppe aus vorbildlich bewirtschafteten Wäldern, kontrollierten Herkünften und Recyclingholz oder -fasern
Zert.-Nr. SGS-COC-003210
www.fsc.org
© 1996 Forest Stewardship Council

Verlagsgruppe Random House FSC-DEU-0100
Das für dieses Buch verwendete FSC-zertifizierte Papier *EOS*
liefert Salzer, St. Pölten

1. Auflage 2008

Lektorat: Burkhard Heiland
Wissenschaftlicher Berater: Prof. Gerhart Maier
Innenillustrationen: Constanze Spengler
Einbandgestaltung: Init.büro für gestaltung, Bielefeld
Einbandfotos: AKG images, Berlin
AR · Herstellung: SH
Layout und Satz: Buch-Werkstatt GmbH, Bad Aibling
Druck: Westermann Druck, Zwickau
ISBN 978-3-570-12916-6

Printed in Germany

www.cbj-verlag.de

INHALT

Das Große bleibt groß nicht
und klein nicht das Kleine.

Bertolt Brecht

SCHILLER IN MANNHEIM

Über diese Flucht entstanden Legenden, Bücher wurden geschrieben, Filme gedreht. Friedrich Schiller war voll Zuversicht, als er von Stuttgart nach Mannheim floh. Durch ein Schreibverbot seines Herzogs Carl Eugen aufs Äußerste gebracht, hoffte er, in Mannheim eine neue Existenz begründen zu können. So verließ er mit seinem Freund Andreas Streicher am 22. September 1782 bei Nacht und Nebel die württembergische Residenz. Die beiden nützten den Trubel eines Festes zu Ehren des russischen Großfürsten Paul. Die Raketen eines Feuerwerks stiegen hoch über dem Schloss Solitude, als würden sie zu Schillers Ehren abgeschossen, der unten im Tal vorbeifuhr.

In Mannheim war am 13. Januar Schillers Schauspiel »Die

Räuber« uraufgeführt worden. Schiller war heimlich zur Uraufführung in die Theaterstadt gereist und vom Herzog dafür mit Schreibverbot bestraft worden. Die Wirkung des Stückes, die menschliche Psyche im Mittelpunkt, emotionsgeladen und aufklärerisch bis zum Skandal, war ungeheuer gewesen.
Verschiedene Andeutungen des Freiherrn von Dalberg, Intendant des Mannheimer Nationaltheaters, hatten in Schiller die Hoffnung erweckt, er könne in Mannheim mit der Stellung eines Theaterdichters sein künftiges materielles Auskommen sichern und sich eine geistige Heimat erwerben. Mannheim galt in dieser Zeit als herausragendes Kulturzentrum in Deutschland – auch Mozart hatte, wenige Jahre zuvor, versucht, dort Fuß zu fassen. Aber Herr von Dalberg weilte – Ironie des Schicksals – zur Zeit der Ankunft Schillers bei den Festlichkeiten in Stuttgart.
Schiller hatte ein neues Stück im Gepäck, »Die Verschwörung des Fiesco zu Genua«, das er nun den Schauspielern des Nationaltheaters vorlas, den besten Schauspielern Deutschlands. Die Wirkung war niederschmetternd.
Die Gründe für Schillers Misserfolg in Mannheim, der ihn an den Rand einer Katastrophe brachte, sollen in der folgenden Geschichte dargestellt werden. Der Erzähler, Kammerdiener des Herrn von Dalberg, ist erfunden.
Friedrich Schiller wurde am 10. November 1759 in Marbach am Neckar geboren und ist am 9. Mai 1805 in Weimar gestorben. Er gilt als einer der bedeutendsten deutschen Dramatiker. Seine Stücke wie Die Räuber, Don Carlos, Maria Stuart, Wallenstein und Wilhelm Tell und andere gehören zur Weltliteratur und werden auch heute vielfach aufgeführt. Bekannt sind auch seine Balladen, z. B. Der Taucher, Die Glocke, Die Kraniche des Ibykus oder Der Handschuh.
Die erstrebte Stellung als Theaterdichter in Mannheim erhielt Schiller ein Jahr später. Sie war nicht von Dauer.

Meine Begegnung mit Schiller? Seinerzeit in Mannheim? Ich will meine Erlebnisse von damals genau schildern. Der Mann war eine einzige Enttäuschung.

Herr Schiller war bei Herrn Meyer, Regisseur und Schauspieler, für den Nachmittag angesagt. Ich hatte für meinen Herrn, Freiherrn von Dalberg, dem Intendanten des Nationaltheaters, dabei zu sein und ihm zu berichten. Er war nach Stuttgart verreist.

Ein Wort zuvor zu meiner Person, wenn das auch ungebührlich ist für einen Kammerdiener. Man wird jedoch sehen, dass es der Sache dient. Ich bin Theaterenthusiast und versäume keine Aufführung. Ich halte mir zugute, dass ich etwas verstehe von der Bühne. Ich versäume nicht leicht eine Aufführung und höre die Meinung darüber aus dem Munde meines Herren, also aus erster Hand. Es wäre anmaßend zu sagen, dass mein Herr mein Urteil schätzt. Aber immerhin fragt er danach, indem es ihm beliebt, mich nach einzelnen Vorführungen anzureden.

Natürlich bin ich ein ergebener Diener und würde dem Herrn niemals widersprechen. Aber ich mache mir Gedanken über die Stücke und Schauspieler und versuche, diese selbstverständlich mit denen meines Herrn in Einklang zu bringen.

Ich kannte Herrn Friedrich Schiller aus Stuttgart schon seit Anfang des Jahres. Seitdem wir am 13. Januar hier in Mannheim sein Stück »Die Räuber« aufgeführt haben. Mit gewaltigem Erfolg. Ich habe so etwas noch nie erlebt. Die Herren standen auf den Stühlen, die elegantesten Damen lagen sich weinend in den Armen, zerdrückten sich gegenseitig die Roben und kreischten. Die Männer schrien sich die Kehlen wund. Es war ein unglaubliches Spektakel.

Ich war damals schon skeptisch: laut, respektlos und zu gefühlvoll –

Zur Uraufführung hatten wir ihn eingeladen, den Herrn Dichter, einen Feldarzt aus Stuttgart. Aber wer schreibt heutzutage keine Dramen oder wenigstens einen Familienschauerroman! Doch dieser Arzt kann schreiben, sagte jeder, weiß Gott!

Die Schauspieler hatten wohl eine Art Herrgott erwartet. Den Gott des Theaters mit herrlich gewellten blonden Haaren! Auch ich.

Aber was da kam, war das Gegenteil – ein peinliches Gerippe

von Mann, dürr und lang, dass man Sorge haben musste, dass er mitten entzweibricht. Und dazu rote Haare, feuerrote Haare. Ehrlich, ich habe etwas gegen rote Haare. Rothaarige sind anmaßend und frech. Und das Schlimmste war seine Nase, gebogen, als hätte er sie einem Geier gestohlen. Man darf natürlich nicht vom Äußeren auf das Können eines Menschen schließen. Der Schock seines Anblicks ging vorüber. Die Wirkung seines Stückes war ja dann anerkanntermaßen grandios.

Aber man sollte wenigstens vom Erfolg, denke ich mir, auf den Menschen schließen können. Doch nein. Der Mann war eine einzige Peinlichkeit! Man denkt, der Mensch könne wenigstens reden, wenn er schon nicht so besonders gut aussieht und wenn er doch wirklich schreiben kann, aber Irrtum. Keine Spur eines gebildeten Menschen, der sich wenigstens darum bemüht, seine angestammte Landschaft aus der Sprache herauszuhalten: Der Kerl sprach Schwäbisch, breitestes Schwäbisch. Wir reden ja alle kein so ganz reines Hochdeutsch. Unsere Schauspieler freilich müssen es können, darauf legen Herr von Dalberg, der Intendant, und Herr Meyer, der Regisseur, den größten Wert. Und wer einmal das Glück hatte, unseren Herrn Iffland zu erleben, der weiß, was ich meine. Aber dieser Schiller redete nur, wie ihm der krumme Schnabel gewachsen ist. Auch mir hört man die badische Herkunft an, aber ich bemühe mich, sie möglichst wenig durchklingen zu lassen. Das Badische freilich ist weich und schmiegt sich den Wörtern an. Das Schwäbische aber ist hart und ungelenk. Schwäbisch im Munde eines Dichters, das ist wie ein Jauchefass im Weinkeller des kurfürstlichen Schlosses.

»Keschtlich, keschtlich!«, hat man ihn aus seiner Loge kreischen hören, wenn Herr Iffland in den Räubern als Franz Moor eine Stelle besonders gut wiedergab. Dabei hüpfte er auf seinem Platz herum wie eine Krähe – eine rothaarige Krähe! Beim eigenen Stück: Geschmacklos!

Aber wenn es nun wenigstens nur die Sprache gewesen wäre. Nein, er fasste dich mit beiden Händen am Kragen, wenn er mit dir redete, und zog dich hin zu dieser Geiernase. Hatte er aber seine Hände nicht an deinem Kragen, so flatterten sie herum, als wolle er sich in die Lüfte erheben.

Ein Dichter hat adrett zu sein wie jeder Künstler, der imstande sein muss, dem Chaos eine Form zu geben. Das Letzte habe ich Herrn von Dalberg einmal sagen hören. Bei diesem Herrn Schiller war es umgekehrt, er verwandelte alles in Chaos, womit er zu schaffen hatte. Wie es in seinem Zimmer aussah! Und wir mussten uns vom Wirt schief anschauen lassen – entsetzlich. Die Kleider durcheinandergeworfen, Bücher kreuz und quer.

Und wie er soff, eimerweise – nein, nicht Schnaps, Bier, Wein oder Most: Der Kerl säuft Kaffee, kannenweise! Rabenschwarzen Kaffee, keine Sahne und kein Honig darin. Aber nicht mehr lange, dachte ich, das ruiniert jeden.

Schon wie er in diesem September wieder hergekommen ist! Ein Flüchtling sei er, hat er versichert. Mit seinem Freund Andreas Streicher ist er aus Stuttgart abgehauen, wo er wahrscheinlich ein schlechter Arzt war – ohnehin nur ein Militärarzt, eine Art Wundarzt, unterste Kategorie. Bei Nacht und Nebel verschwunden. Krach mit seinem Herzog von Württemberg! Seine Durchlaucht hatte ihn bestraft, weil er im Januar unerlaubt zur Uraufführung nach Mannheim gefahren ist, und hat ihm das Schreiben verboten.

Ja, was bricht er denn dann die Verbote seines Herrn?, dachte ich. Lieber Herr Schiller, wer im Leben nicht Ordnung halten kann, den muss man halt dazu zwingen! So einfach ist das! Und wenn es das Verbot ist, Dramen zu schreiben! Dramenschreiber gibt es genug, da wäre der Verlust erträglich. Was glaubt Er denn, Herr Schiller, wie viele Stücke mein Herr täglich lesen und dann aufführen soll? Seine Durchlaucht werden gewusst haben, warum sie es ihm verboten hat! Was ist im Übrigen dabei? Ein Jahr gewartet, sich ordentlich aufgeführt, mit Geduld und Ergebenheit den Willen seines Herrn erfüllt, dann wäre bestimmt auch das eine oder andere Verbot gefallen. Das ist so sicher wie das Amen in der Kirche. Man muss halt warten können.

Und das kann ich diesem Schreiberling versichern: Ich bin nicht von einem einfachen Bediensteten zum Kammerdiener aufgestiegen, weil ich immer meinen eigenen Kopf habe durchsetzen wollen. Im Gegenteil. Da heißt es ducken und noch einmal ducken und den Willen deines Herrn erraten und vorwegnehmen und sich auch einmal etwas gefallen lassen, bitte sehr. Da habe ich gelernt, was Ordnung ist und Gehorsam. Wo kämen wir denn hin, wenn alle Menschen Herren sein wollten? Man kann nicht mit dem Kopf durch die Wand, Herr Poet. Heute bin ich Kammerdiener und regiere über einen Hausstand von beinahe dreißig Dienern, wenn man die Knechte und Mägde mitzählt. Und die müssen mir aufs Wort parieren. Kann Er mir glauben.

Ich muss einen Satz zu Stuttgart sagen. Natürlich ist es Provinz. Das württembergische Hoftheater in Ludwigsburg ist ganz unbedeutend. Wir in Mannheim sind Besseres gewohnt. Gute Theater? Gotha, vielleicht in Hamburg, höre ich. Aber sonst? Mit der Kunsthöhe Mannheims ist keines der anderen Hoftheater zu vergleichen. Mein Herr von Dalberg hat das Nationaltheater auf eigene Füße gestellt, das kann man sagen. Wenn auch unser Kurfürst ein großer Gönner des Theaters war und ist, obwohl er jetzt seine Residenz nach München verlegt hat.

Aber Stuttgart? Das Einzige, was mir zu diesem schwäbischen Gernegroß – aus der Sicht von Mannheim selbstverständlich – Gutes einfällt, ist die Hohe Karlsschule, die sein Herzog Carl Eugen gegründet hat und in die Herr Schiller die Gnade besessen hatte, aufgenommen zu werden. Eine gute Schule, das hört man von allen Kavalieren und den hohen Dienern unseres Herren, gute Lehrer, Zucht und Ordnung!

Bei Nacht und Nebel ist dieser Schiller aus Stuttgart abgehauen. Ich habe gehört, wie er es Herrn Meyer und Herrn Iffland erzählt hat. Er hat seinen Herzog hintergangen, der ihm seine Bildung ermöglicht hat und der gerade ein Feuerwerk für den Großfürsten Paul von Russland gab, auf einem dieser neuen Schlösser bei Stuttgart, Solitude oder so ähnlich. Sein Vater ist dort Gärtner – muss man sich einmal vorstellen: Sein Vater besitzt die Gnade des Herzogs und darf ihm dienen und das liebe Söhnlein macht sich davon! Verschwindet! Betrügt seinen Wohltäter, mit der Postkutsche ins badische Ausland nach Mannheim. Keinen Heller in der Tasche. Lässt sich von seinem Freund Streicher aushalten.

Ich brauchte nur einen Blick in das Gesicht des Herrn Iffland werfen. Da wusste ich, was es geschlagen hatte für diesen Landstreicher.

Herr Meyer hat ihm sogleich geraten, sich mit dem Herzog auszusöhnen. Und da schrieb er seiner Durchlaucht von hier aus einen Brief, und weil er ein Schlamper ist, blieb der Brief offen liegen, und ich konnte ihn lesen. »Das Unglük eines Unterthanen und eines Sohns kann dem gnädigsten Fürsten und Vater niemals gleichgültig sein«, stand da. »Ich habe einen schröcklichen Weg gefunden, das Herz meines gnädigsten Herrn zu rühren.« Und so weiter und so weiter. Einen schröcklichen Weg! Gehorsam hätte er wählen sollen, keinen schröcklichen Weg!

Eine Anstellung als Theaterdichter an unserem Nationaltheater wollte er. Ich glaubte, ich versinke in den Boden, als ich das hörte. Jedes Jahr ein Drama schreiben wollte er.

Und da packte er schon ein schäbiges Heft aus: »Das neue Drama«, sagte er.

Gut, das erste Stück hat den Leuten gefallen und war wirklich ein Erfolg. Aber ich glaubte schon damals nicht, dass das Publikum jedes Jahr aufs Neue weinen, schluchzen und sich in den Armen liegen und sich gegenseitig die Kleider zerdrücken will.

War eigentlich ein rechtes Durcheinander dieses Räuberstück, wenn man es genau nimmt. Keine Ordnung, kein Versmaß, nur alles so herausgebrüllt. Bruder gegen Bruder, Sohn gegen Vater, dazwischen ein Degen ziehendes Mädchen, ein Graf als Räuberhauptmann im Wald – als ob die Welt ein Tollhaus wäre! Die Räuber nun auch noch auf dem Theater, als hätten wir von dieser Brut nicht schon genug auf unseren Straßen! Ich weiß nicht, was daran gut sein soll. Bei jedem zweiten Wort dieses Franz Moor, den Herr Iffland so unglaublich gut gegeben hat, wurde Gott gelästert. Ja, ich habe mir das Stück gründlich angeschaut, sogar zweimal. Der alte Graf in einer Erdhöhle, ein Diener als Komplize eines Mörders. Mich als Kammerdiener hat das besonders geärgert. Man kann nicht einfach auf einem ganzen Stand herumtreten. Eine halbe Stadt wird in die Luft gesprengt, ein Säugling wird ins Feuer geschmissen, gute Nacht! Zum Schluss die Braut des Helden, von ihm selbst erstochen. Dabei war die Schauspielerin Madame Elisabeth Toskani, welche diese Amalie gegeben hat, zum Verlieben schön. Gegen den Staat wird gehetzt, gegen die Kirche wird gehetzt; das kann man einfach nicht machen. Ich bin katholisch erzogen und ertrage es nicht, wenn einer sich rühmt, dass er einen Geistlichen auf offener Kanzel erwürgt hat. Aber in diesem Stück geschieht es. Da hätte man viel, viel mehr streichen müssen. An anderen Bühnen sind sie da nicht so zimperlich. Entweder dem betreffenden Fürsten gefällt es oder es gefällt niemandem!

Doch die Mannheimer waren ja begeistert. Mag sein, dass »Die Räuber« ein modernes Schauspiel sind. Eines, von dem eine ganz neue Richtung ausgehen wird, wie sie in den Journalen geschrieben haben. Ich habe meine Zweifel. Die Kunst muss den Staat erhalten und nicht an ihm herummäkeln. Und die Kunst muss unterhalten, wozu werden die Künstler sonst bezahlt?

Es hatte schon einmal so ein ganz modernes Stück gegeben, ich bin schließlich ein gebildeter Mensch: »Götz von Berlichingen« hieß es. Der Goethe freilich ist ein richtig gut aussehender Mann, dem glaubt man sofort, dass er ein guter Dichter ist. Soll auch aus guter Familie stammen. Und das Stück »Götz von Berlichingen« spielt im Mittelalter, nicht jetzt im Jahre 1782 wie »Die Räuber« mit Mord und Totschlag. Und meine Frau hat den Werther gelesen, diesen Roman von Goethe, und dabei geheult, und viele haben sich umgebracht wegen dieses Werthers. Das finde ich auch nicht in Ordnung, dass sich Leute umbringen dürfen wegen eines Dichters, nicht auf der Bühne und nicht im Roman und erst recht nicht in der Wirklichkeit.

Das war schon vor ein paar Jahren und jetzt fängt das wieder an!

Nachmittag am 27. September. Ich werde diesen Tag nie vergessen. Die meisten unserer Schauspieler waren im Salon bei Herrn Meyer um einen runden Tisch versammelt. Ich war da in Vertretung meines Herrn. Er bestimmt nämlich, was aufgeführt wird und wann, er bestimmt auch, welcher Schauspieler eingestellt wird und welcher gefeuert. Jetzt wollte er alles über diesen Schiller wissen.

»Ein großer Mann«, sagte er zu mir. »Oder besser, vielleicht wird ein großer Mann aus ihm.«

Vielleicht legen die Kühe einmal Eier!, dachte ich. Aber ich sagte nichts als: »Sehr wohl, ganz wie Sie meinen, gnädiger Herr.«

Ich blieb diskret im Hintergrund, achtete darauf, dass die Gläser von den beiden Mägden, die ich zu Meyer beordert habe, nachgefüllt wurden und dass jeder Konfekt auf seinem Teller hatte.

Um den Tisch versammelt die größten Schauspieler unserer Zeit. Ich darf das sagen, denn das steht in jedem Journal. August Iffland, Heinrich Beck und Johann David Beil sind darunter. Herr Heinrich Beck hatte eine wunderbar tragende Stimme und machte sich im Theaterraum mühelos bis in die letzten Ränge hörbar. Herr August Iffland agierte auf der Bühne so, dass man zuerst meinte, er spiele gar nicht wirklich. Seine Bewegungen oder sein Mienenspiel waren so winzig, dass sie kaum wahrgenommen wurden. Aber er beherrschte damit den ganzen Saal und riss die Leute zu Beifallsstürmen hin. Auch Madame Toskani war zugegen, elegant wie immer. Sie brachte auf der Bühne alle Herzen auf ihre Seite, sie musste nur oben stehen.

Natürlich waren wir stolz in Mannheim, so glänzende Schauspieler zu haben, wegen deren Spiel Theaterenthusiasten anreisten von Rom bis Wien, London, Paris oder Prag.

Dann trat Schiller ein, mit ihm Herr Streicher. Man hatte für Schiller einen Platz in der Nähe Herrn Ifflands frei gehalten und jeder war gespannt. Auch ich hielt den Atem an. So unvorteilhaft Herr Schiller auch aussehen mochte mit seiner Länge und Dürre und seinen roten Haaren und der Hakennase, wofür er ja nichts kann, so hatte er doch hier eine glänzende Chance. Jede Kleinigkeit sollte ich meinem Herrn berichten. Ist das neue Stück dieses Herrn Schiller so gut wie »Die Räuber«?

Bevor er seinen Platz einnahm, redete Schiller ganz in meiner Nähe, der ich unbeweglich blieb, noch kurz mit Herrn Streicher. Auf uns Diener achtet ja niemand. Wir fallen nicht auf, aber wir sind da.

»Wird schon alles gut, Fritz«, sagte Herr Streicher aufgeregt.

»Kopf hoch«, erwiderte Schiller, »der Fiesco ist besser als die Räuber, viel besser. Und niemand kann so gut deklamieren wie ich. Das wirst du zugeben!« Er sagte es auf Schwäbisch, sodass es mich schüttelte.

Er breitete die Blätter seines Manuskripts vor sich aus. Er ließ sich Zeit. Man merkte ihm den Triumph an, den es ihm bereitete, vor einer solch erlesenen Runde vortragen zu dürfen.

Dann räusperte er sich, ohne die Hand vor den Mund zu halten, eine Ungehörigkeit. Seine Nase pickte wie ein Schnabel in das Manuskript und seine roten Haare schienen sich trotz des Zopfes zu sträuben. Dann begann er.

Leonore (reißt die Maske ab): Nichts mehr! Kein Wort mehr! Es ist am Tag. (Sie wirft sich in einen Sessel) Das wirft mich nieder.

Arabella: Gnädige Frau –

Leonore (aufstehend): Vor meinen Augen! Eine stadtkundige Kokette! Im Angesicht des ganzen Adels von Genua. (wehmütig) Rosa! Bella! Und vor meinen weinenden Augen.

Woher ich das habe? Ich konnte es natürlich nicht auswendig, als Schiller zu Ende gelesen hatte. Aber ich musste Teile des Manuskripts abschreiben, nachdem Herr Meyer es gelesen hatte.

Schiller las weiter.

Rosa: Nehmen Sie die Sache für das, was sie wirklich war – nur eine Galanterie –

Leonore: Galanterie – und das emsige Wechselspiel ihrer Augen? Das ängstliche Lauren auf ihre Spuren? Der lange verweilende Kuss auf ihren entblößten Arm, dass noch die Spur seiner Zähne im flammroten Fleck zurückblieb? Ha, und die starre tiefe Betäubung, worein er gleich dem gemalten Entzücken versunken saß, als wäre um ihn die Welt weggeblasen und er allein mit dieser Julia im ewigen Leeren? Galanterie? – Gutes Ding, das noch nie geliebt hat, streite mit mir nicht über Galanterie und Liebe.

Und so fort und so fort.

Ich bin – nein, jeder im Raum ist zusammengezuckt, als Schiller begonnen hat zu lesen. Herr Iffland sagte zu den Schauspielern immer: »Verschießt nicht euer ganzes Pulver in den ersten paar Minuten. Das Stück ist lang und wird sich steigern. Da muss man immer noch etwas haben, womit man steigern kann.«

Und dieser Schiller?

»Nichts mehr! Kein Wort mehr!« Das schreit er, nein besser: Er kreischt es. Dabei fuchtelt er mit den Händen herum, als müsse er ein Heer von Fliegen von seinem Gesicht wegscheuchen. Seine Stimme ist schrill. Weil es eine Frauenstimme ist, die er gerade nachahmt? Keine Spur! Die Stimme bleibt schrill, ob er nun eine Dienstmagd liest oder den Fiesco selbst.

Hat man jemals eine Stimme gehört, die für Schauspielerei und Deklamierkunst ungeeigneter war als seine? Ein grelles Organ, das sich immer wieder überschlug, dazu spuckte diese impertinente Person noch bei jedem Wort.

Schon nach den ersten Sätzen ist er aufgesprungen. Die Schauspieler sehen es entsetzt. Er hält das Blatt, aus dem er liest, nah vor seine Augen, offensichtlich sieht er nicht allzu gut, macht aber damit übergroße Gebärden, als wolle er einem Riesen den Schädel einschlagen.

Herr Iffland und Herr Beil sagten immer: »Stellt euch vor, ihr würdet die Sätze, die ihr deklamiert, im täglichen Umgang wirklich sagen, dann bleibt ihr ruhig, und das geringste Anheben der Stimme wie auch die geringste Gebärde, die ihr macht, haben die größte Wirkung.«

So ging es immer weiter. Das meiste wurde geschrien und dazu gefuchtelt. Die Schauspieler sehen aus, als wären sie beim Weltuntergang dabei. Herr Beil verlässt nach einiger Zeit den Raum. Er kommt nicht wieder.

Herr Schiller merkt nichts. Er liest und liest. Einmal beugt sich Herr Iffland hinüber, als wolle er ein schreiendes Kind zur Ruhe bringen. Aber es nützt nichts.

Und die Menschen in Genua redeten offenbar schwäbisch. Eine Tatsache, die zum Lachen reizte. Das alles war nicht zumutbar.

Ich hielt mir innerlich die Ohren zu. Die Schauspieler machten es genauso. Das merkte man deutlich, obwohl sie Schauspieler waren! Schiller merkte nichts. Von der Handlung des Stückes bekam ich nichts mit. Da gab es einen Andreas Doria, einen Greis von achtzig, der genau so schrie, als wäre er zwanzig, da gab es einen Fiesco und einen Verrina, die sich irgendwie bekämpften, und so weiter und so weiter. Leonore schien meist beleidigt zu sein. Unwichtig.

Endlich, nach einer Ewigkeit, lässt Schiller das Manuskript sinken, Ruhe kehrt ein, himmlische Ruhe! Den ganzen ersten Akt, dreizehn Aufzüge hat er vorgelesen. Jetzt ist Stille. Der Künstler hat gesprochen.

Es rührt sich keine Hand. Es erscheint mir fast unhöflich. Die Schauspieler zerstreuen sich in dem großen Raum, froh, der unangenehmen Sache endlich entrinnen zu können.

Ich blieb im Hintergrund und sorgte dafür, dass den Gästen Birnen und Trauben gereicht werden. Aber bei aller Abneigung gegen Schiller, der Mann steht da, allein, als ein Unglückswurm.

Da ist keiner, der mit ihm redet, ihn fragt, wie das Stück ausgeht oder irgendetwas Belangloses, das wenigstens Interesse zeigt. Als Diener ist man gewohnt, sich nicht einzumischen. Der Diener hat die Verantwortung, dass der Rahmen, den der Herr festgesetzt hat, genau stimmt. Was innerhalb des Rahmens vorgesehen ist, ist nicht seine Sache, sondern die der Herrschaft. Nie würde ich es wagen, gegen solche eisernen Regeln zu verstoßen. Und ich verstieß auch diesmal nicht dagegen. Aber nie war der Drang dazu größer. Dieser einsame große – ich meine groß gewachsene Mensch, der mit so viel Hoffnung hierhergekommen ist! Ein hässlicher Mensch, ein schlechter Dichter und ein noch viel schlechterer Schauspieler – aber er tat mir leid. Ich fühlte eine Regung, mit ihm zu reden, irgendetwas Belangloses, einfach diese schreckliche Leere zu überwinden, die ihn umgab. Aber Schiller war nicht mein Herr. Und ich bin ein Diener, der seine Grenzen kennt.

Eine Stimme schlägt vor, zur Abwechslung mal draußen im Garten ein Bolzenschießen zu veranstalten. Nur Herr Iffland ist sitzen geblieben und mustert Herrn Schiller, wie mir scheint, eindringlich.

Dann bittet Herr Meyer, der Gastgeber, Herrn Streicher ins Nebenzimmer. Gleichzeitig winkt er mir mit den Augen mitzukommen. Es soll nichts hinter dem Rücken meines Herrn von Dalberg geschehen, dem ich zu berichten habe.

Ich bleibe stumm an der Türe stehen. Die beiden beachten mich nicht.

»Seien Sie aufrichtig«, sagt der Gastgeber, »wissen Sie ganz sicher, dass es wirklich ihr Freund, dass es Schiller ist, der ›Die Räuber‹ geschrieben hat.«

Ich schreie beinahe laut auf, verharre aber weiter in der Diskretion. Das ist genau die Frage, die sich auch mir gestellt hat. Und die Antwort ist klar. Der Mann mit seinen roten Haaren und seiner Geiernase, der Mann mit dem eckigen Wesen, der schwäbischen Sprache und seiner unkontrollierten und stümperhaften Art der Deklamation kann nicht der Dichter der erfolgreichen Räuber sein.

Herr Streicher ist empört. »Mein Herr«, ruft er, »was erlauben Sie sich!«

Herr Meyer bohrt weiter: »Hat nicht vielleicht ein anderer das Stück geschrieben, und Ihr Freund hat, ohne dass Sie das wissen – ich will Ihnen nicht zu nahe treten –, das Stück »Die Räuber« unter seinem Namen herausgegeben?«

Herr Streicher ist bleich und stumm.

»Das kommt immer wieder vor«, begütigt Herr Meyer. »Einer schreibt ein Stück. Es findet sich kein Verleger; es ist oft sehr schwer, Verleger zu finden. Und da gibt ein anderer das Geld für den Druck. Und der will natürlich, dass es unter seinem Namen erscheint. Sonst ist es ja sinnlos, das viele Geld für einen Druck auf den Tisch zu legen. Für viele Menschen ist es jede Summe Geldes wert, seinen Namen auf einem Buchrücken lesen zu dürfen.«

»Nein«, bringt Herr Streicher hervor, »Sie müssen mir glauben, Sie müssen Schiller glauben. Ich war dabei, als er die ›Räuber‹ geschrieben hat. Ich habe oft zugehört, wenn er den Kameraden daraus vorgelesen hat.«

»Und wenn ihm nun jemand geholfen hätte, ohne dass Sie es merkten; irgendwie, oder selbst geschrieben hätte; und Schiller hätte das Stück nur abgeschrieben?«

»Nein, ausgeschlossen. Ich lege für meinen Freund die Hand ins Feuer. Er hat es alleine geschrieben. Er hat es ja auch auf seine Kosten drucken lassen. Sonst gäbe es keine ›Räuber‹! Es ist schlecht verkauft worden. Er hat das meiste wieder einstampfen lassen müssen, um vom Papierwert wenigstens einen Teil der Druckkosten abzahlen zu können. Er wäre fast darüber verhungert. Und nun kommen Sie und sagen –«

Streicher weint fast.

»Sie sind ein vertrauenswürdiger Mensch«, sagt Meyer und legt dem jungen Mann die Hände auf die Schultern. »Aber wie das alles zugehen soll, das weiß ich nicht. ›Die Räuber‹ sind ein starkes Drama, ein originelles und geniales Stück. Aber diese ›Verschwörung des Fiesco zu Genua‹, die wir heute gehört haben, ist das allerschlechteste Zeug, das ich in meinem Leben gehört habe – erbärmlicher, schwülstiger Plunder!«

»Ich habe es gelesen«, wendet Herr Streicher leise ein, »gelesen und nicht nur gehört. Er deklamiert nicht gut. Aber er glaubt es keinem. Er hält sich für den besten aller Schauspieler. Doch den Schwung, den er beim Deklamieren versucht, hat er beim Schreiben wirklich.«

Ich hätte in meinem Hintergrund beinahe laut hinausgelacht.

Herr Meyer schweigt lange: »Schwäbisch«, sagt er, »Fiesco, Verrina, Leonore, alle schwäbisch!« Er schüttelt den Kopf und schließt die Augen.

Die Gesellschaft fand sich wieder zusammen. Es wurde gelacht und geplaudert, vom Theater, von Politik, vom nachmittäglichen Bolzenschießen draußen im Garten. Schiller hatte das Manuskript vor sich liegen. Niemand achtete auf ihn. Es wurde Wein getrunken, für den ich zu sorgen hatte. Jeder hütete sich, das Wort Fiesco auch nur in den Mund zu nehmen.

Aber dennoch wollte Schiller nun weiterlesen.

Herr Streicher versuchte, ihn mehrmals zum Aufgeben zu bewegen: »Fritz!«

Beide waren außer sich. Schiller gab nicht auf. Er verteidigte sein Recht, vorlesen zu dürfen – dazu hatte man ihn ja eingeladen. Herr Streicher war bleich, Schweißtropfen standen auf seiner Stirne. Sein Freund schien seltsam entrückt. Herr Meyer blickte zur Decke. Schiller klammerte sich an das Manuskript, das er noch immer in den Händen hielt, und las dann noch den ganzen zweiten Akt vor, währenddessen ich Erfrischungen reichen ließ.

Herr Meyer rettete beim Aufbruch die Situation: »Überlassen Sie das Manuskript mir. Ich will es über Nacht lesen.«

Am anderen Morgen, als Streicher das Stück bei ihm holte, war Meyer gänzlich verwandelt. Er kommt Streicher entgegen, jung und elastisch: »Ich habe nicht geschlafen, ich habe den Fiesco gelesen. Das beste Stück, das wir jemals hatten. Wir müssen es sogleich auf die Bühne bringen.«

Es gab in den nächsten Tagen viel Gezänke über die Frage, ob Schiller zurückkehren solle nach Stuttgart oder nicht. Auch über einen Brief, den der Herzog, Schillers Schreiben betreffend, an ihn hatte schreiben lassen, der Zusagen an Schiller aber vermied.

Frau Meyer, die Dalberg nach Stuttgart begleitet hatte, kam zurück und warnte Schiller: »Der Herzog lässt nach Ihm fahnden und

Ihn auch im Ausland verhaften, und dann sperrt er Ihn ein, wie er den Dichter Schubart seit Jahren auf dem Hohen Asperg bei Ludwigsburg gefangen hält.«

Mein Herr, Freiherr von Dalberg, war ja in Stuttgart bei den Festlichkeiten und blieb noch lange. Ohne ihn konnte in Mannheim nichts entschieden werden, auch wenn Herr Meyer von dem neuen Stück begeistert war. Neun Tage nach seiner Ankunft reiste Schiller enttäuscht ab, zu Fuß, fast ohne Mittel, aber mit einer seltsam unwirklichen Hoffnung im Blick.

Es brauchte viele Jahre und Aufführungen, bis ich endlich begriff: Das war meine Begegnung mit Schiller, einem der größten Dichter unserer Zeit.

LIED DER DEUTSCHEN

Die dritte Strophe des Liedes der Deutschen von Hoffmann von Fallersleben ist die deutsche Nationalhymne. Vor allem die erste Strophe war und ist umstritten, weil sie sehr missverständlich ist. Absurd war es auch mit der Hymne der DDR, die seit Anfang der 70er-Jahre nur gespielt, aber nicht gesungen werden durfte: Die Zeile »Deutschland einig Vaterland« war für die Partei- und Staatsführung unerträglich, da die DDR seit dieser Zeit auf einem zweiten deutschen Staat und damit auf der deutschen Teilung bestand.
Hoffmann von Fallersleben schrieb »Lied der Deutschen« am 26. August 1841 auf Helgoland, das bis 1890 britisch war. Er verfasste den Text nach der Melodie des Liedes »Gott erhalte Franz den Kaiser« von Joseph Haydn und orientierte sich am

Preislied Walthers von der Vogelweide, eines der bedeutendsten deutschen Dichter des 13. Jahrhunderts.
Infolge der Erfahrungen aus der deutschen Geschichte, vor allem durch den Missbrauch des Liedes vor und während des Ersten Weltkriegs und durch die Nationalsozialisten, ist das Verhältnis zum Deutschlandlied bei vielen Menschen gebrochen. In den meisten Ohren klingt »Deutschland, Deutschland, über alles, über alles in der Welt« als Verkörperung von Nationalismus schlechthin. Ein Aufruf, sich über andere Völker zu erheben, wäre verwerflich, lag aber nicht in der Absicht des Dichters. Hinzu kommt, dass die beiden Weltkriege, die von deutschem Boden ausgegangen sind, die Sprachgrenzen, wie sie Hoffmann von Fallersleben zur Grundlage seines Deutschlands machte, und auch die politischen Grenzen sehr verändert haben. Im Dritten Reich wurde nur die erste Strophe gesungen, immer in Verbindung mit dem »Horst-Wessel-Lied«, einem Kampflied der SA; die dritte Strophe galt den Nationalsozialisten mit ihrer Forderung nach Recht und Freiheit als zu demokratisch.
Nach 1945 hatte Deutschland zunächst keine Nationalhymne. 1952 stimmte der damalige Bundespräsident Theodor Heuss einem Vorschlag des Bundeskanzlers Adenauer zu, das Lied der Deutschen als Nationalhymne beizubehalten, bei offiziellen Anlässen sollte allerdings nur die dritte Strophe gesungen werden. 1991 regelte dann Bundespräsident Richard von Weizsäcker endgültig, dass allein die dritte Strophe zur Nationalhymne der Bundesrepublik Deutschland wurde.
Sehr viele Nationalhymnen verherrlichen Heldentum und Blutvergießen, die der Bundesrepublik nicht, sie fasst die wesentlichen Grundideen unseres Staates zusammen.
August Heinrich Hoffmann, der sich von Fallersleben nannte, wurde am 2. April 1792 in Fallersleben, heute einem Stadtteil von Wolfsburg, geboren. Er starb am 19. Januar 1874 in Corvey an der Weser und liegt dort auch begraben. Als Dichter

gehörte er zum Vormärz, einer politischen Strömung, welche die Revolution von 1848/49 geistig vorbereitete. Wegen des revolutionären Inhalts vieler seiner Lieder und Schriften wurde der bedeutende Sprach- und Literaturwissenschaftler als Professor in Breslau seines Amtes enthoben und lebte viele Jahre in Armut und unstet, weil er immer wieder von der Polizei aus seinen Aufenthaltsorten ausgewiesen wurde.

Von Fallersleben nannte sich der Dichter, um nicht mit den unzähligen Trägern des Namens Hoffmann verwechselt zu werden. Es handelte sich nicht um die Vortäuschung einer adeligen Herkunft, dies hätte nicht zu seiner politischen Überzeugung gepasst.

Neben vielen politischen, zum Teil auch deutschtümelnden Gedichten entstand eine große Zahl von Kinderliedern, die das Werk des Dichters zu einem der populärsten in Deutschland machten, ohne dass sein Name als der des Verfassers ebenso populär geworden wäre. Sechzig von ihnen hat er selbst vertont. Lieder wie »Winter ade«, »Ein Männlein steht im Walde«, »Alle Vögel sind schon da« und unzählige andere stammen aus seiner Feder.

Der Bericht des Spitzels Kiesewetter in unserer Geschichte und die Beurteilung über Hoffmann in Breslau geben das jeweilige Original wieder.

Ein Männlein steht im Walde ganz still und stumm,
Es hat von lauter Purpur ein Mäntlein um.
Sagt, wer mag das Männlein sein,
Das da steht im Wald allein,
Mit dem purpurroten Mäntelein?

Ich heiße Imke und war elf Jahre alt, die Zeit, in der man kaum mehr mit Puppen spielt. Interessanter waren für mich die Gäste. Meinem Vater gehörte ein Hotel auf der Insel Helgoland, und ich konnte es kaum erwarten, bis jedes Jahr die ersten Sommerfrischler eintrafen. Sie kamen aus der ganzen Welt zu uns, wenigstens aus der, von der ich mir vorstellte, dass es die ganze Welt ist. Natürlich interessierte mich besonders, was die Damen trugen. Sie kamen ja aus vielen Großstädten, und so war es für mich wie eine Modevorführung, wenn sie auf der Promenade zu sehen waren.

Dennoch freute ich mich dieses Jahr auch ganz besonders auf einen Herrn aus Breslau. Er hieß Professor Hoffmann von Fallersleben und war im letzten Sommer zum ersten Mal auf der Insel und bei uns gewesen.

Wir Kinder, vor allem natürlich meine fünf Geschwister und ich, hatten Grund, uns zu freuen. Er war einer der wenigen Erwachsenen, die sich um uns Kinder kümmerten, auch wenn er nicht unsere Dienste brauchte. Er war schlank und hochgewachsen, seine Haare waren blond und lockig. Ganz ungewöhnlich war, dass er mit uns sang. Er konnte neben vielen anderen Liedern, die er Gästen vortrug, auch viele Kinderlieder und brachte sie schon den ganz Kleinen bei.

»Woher können Sie doch alle diese schönen Lieder? Und so viele, Herr Hoffmann von Fallersleben?«, fragte ich ihn einmal höflich. Es war uns streng verboten, zu Gästen aufdringlich zu sein.

Er lächelte: »Du darfst Herr Hoffmann zu mir sagen, Imke. Mit den Liedern ist das ganz einfach. Ich schreibe sie selbst.«

»Selbst?« Ich war begeistert. »Und die Melodie?«

»Schreibe ich meist auch selbst«, sagte er, »manchmal gibt es bereits eine Melodie, die mir gefällt, und ich richte den Text nach ihr.«

Er war ein Dichter und Komponist und wohnte in unserem Hause!

Viele Leute hörten ihm zu, wenn er etwas vortrug. Einmal, an einem Abend im August des Jahres 1841, hatte er in unserem Saal ein Fest mit Gästen bis tief in die Nacht. Davon, was in dieser Zeit alles geschehen ist, will ich erzählen.

Im Gasthof gegenüber war in diesem Jahr ein Herr Kiesewetter einlogiert. Er war ganz anders als unser Herr Hoffmann mit seinem freundlichen und oft lustigen Wesen. Die Kleidung von Herrn Kiesewetter war dunkel und streng, sein Scheitel wie mit dem Lineal gezogen. Er trug einen schwarzen Bart, der ihn für uns Kinder unheimlich machte. Auch galt er rasch als aufdringlich, weil er Fragen nach Gästen stellte, hatte aber offenbar keine Bekannten auf der Insel. Man hörte, dass er kein Trinkgeld gebe. Es war zu spüren, dass es eine besondere Bewandtnis hatte mit ihm.

Natürlich wusste ich: Gäste sind heilig. War man zu ihnen nicht freundlich und höflich oder war man gar zudringlich, so würden sie im nächsten Jahr nicht wiederkommen und das Hotel bliebe leer, und wir müssten am Hungertuch nagen.

Ich ließ also Herrn Kiesewetter in Ruhe. Mit Herrn Hoffmann war es anders. Er redete von selbst mit mir und lachte, wenn er mich sah. Und wenn er Zeit hatte, sang er mit uns, mit mir und meinen Geschwistern und anderen Kindern von Gästen oder von der Insel selbst, und es war immer sehr schön.

Nun geschah es eines Tages, dass ich von Herrn Kiesewetter angeredet wurde. Ich war erschrocken, weil ich das von Gästen, die nicht bei uns wohnten, erst recht nicht kannte.

»Bei euch im Hotel wohnt doch ein Herr Hoffmann von Fallersleben?«, fragte er und verzog sein Gesicht ganz komisch, als er »von Fallersleben« sagte.

Ich dachte schnell daran, dass man zu allen Gästen auf der Insel höflich sein muss, wenn sie einem auch nicht gefallen, und so sagte ich höflich »Ja« und machte einen kleinen Knicks dabei, wie es sich gehörte.

Ob dieser Herr Hoffmann viel und oft singe, fragte er weiter.

Und da konnte ich natürlich Antwort geben und begann, ihm begeistert zu erzählen, von »In unsrer Wiese gehet was« und all den vielen anderen Liedern.

»Ich meine natürlich nicht diese Kinderlieder«, er verzog das Gesicht wieder, »oder dergleichen Unsinn.« Er rede von Liedern, die der Herr Professor vielleicht am Abend singe, vielleicht mit anderen Gästen zusammen. Sein Gesicht wurde plötzlich ganz freundlich: »Solche Lieder können ja auch sehr schön sein.«

Ich wusste nicht recht, was ich sagen sollte. Man muss auch immer höflich und bescheiden Antwort geben, wenn man von Erwachsenen gefragt wird. Und wenn man etwas nicht weiß, dann muss man sagen: Ich weiß es nicht, mein Herr, oder ich weiß es nicht, meine Dame. So sagten es meine Eltern immer zu mir und meinen Geschwistern – ich bin die Zweitälteste – und meine Mutter fügte hinzu: »Besonders Mädchen müssen nett und freundlich sein, immer adrett, die Augen immer gesenkt, dabei lächeln und zum Schluss einen Knicks, so gehört sich das.«

Ich sagte also zu Herrn Kiesewetter: »Ich weiß nicht, was Sie meinen, mein Herr«, knickste und hoffte, dass er mich jetzt in Ruhe lassen würde.

Aber das war nicht der Fall. Immerhin blieb er freundlich: »Wenn du etwas weißt, ich meine, wenn Herr Hoffmann etwas vor Erwachsenen singt, könntest du dir dann vielleicht merken, was er gesungen hat? Ich meine natürlich nicht alles, aber so ein wenig, worum es geht. Auch wenn er etwas sagt, eine Rede hält oder so.«

Ich wurde feuerrot und brachte kein Wort heraus. »Es geht mich nichts an«, sagte ich höflich, »was die Gäste sagen, und dazu gehört wohl auch, was sie singen, denke ich.« Wieder machte ich einen kleinen Knicks.

»Es soll mir nicht darauf ankommen«, fuhr er fort und kramte einen Silberschilling heraus.

Die Eltern hatten mir streng verboten, von Fremden etwas anzunehmen und schon gar kein Geld.

So sprang ich jetzt doch noch ganz unhöflich weg, sagte aber wenigstens vorher noch: »Es war mir eine Ehre« oder »Auf Wiedersehen, mein Herr.« Genau weiß ich es nicht mehr.

Ich erzählte es gleich meiner Mutter und hatte Herzklopfen und hätte fast geweint. Aber sie war ganz zufrieden mit mir und streichelte mir die Wange.

Dann sagte sie: »Wer hätte das gedacht – ein Spitzel!«

Ich fragte, was das sei, ein Spitzel.

Aber sie gab keine richtige Antwort. Sie erzählte die Geschichte meinem Vater. Und der fragte mich dann alles noch mal und sagte auch das Wort »Spitzel«, und ich habe die ganze Nacht schlecht geträumt.

Schiff um Schiff kamen nun Gäste an, von denen viele offenbar nur wegen Herrn Hoffmann da waren, denn zum Teil wurden sie von ihm abgeholt und logierten bei uns, zum Teil kamen sie in unser Hotel, um ihn zu begrüßen, und wohnten in den vielen Gaststätten und Hotels auf unserer Insel.

Sie gefielen mir nicht alle, diese Gäste des Herrn Hoffmann, wenn sich auch mein Vater die Hände rieb, dass unsere Gastwirtschaft, die zum Hotel gehörte, nun jeden Abend voll besetzt war.

Es gab angenehme Herren darunter, die ihr Glas Wein tranken und sich mit leiser Stimme unterhielten. Es konnte geschehen, dass einer von ihnen an sein Glas klopfte und eine kleine Rede hielt, in der oft die Wörter »Freiheit« und »Recht«, »Einheit« und »Deutschland« vorkamen und bei der es manchmal auch etwas zum Lachen gab.

Andere jedoch waren laut und machten sich wichtig: Sie unterhielten sich nicht leise wie die anderen, sondern riefen durch die ganze Wirtschaft, stießen mit Bierkrügen an oder tranken sich über die Tische hinweg zu und stopften ihre langen Pfeifen, fuchtelten damit in der Luft herum und qualmten alles voll. Auch sie gebrauchten Wörter, wie »Einheit« und »Deutschland« und »Stärke«, und der deutsche Mann würde es »ihnen schon zeigen«. Sie stimmten oft Lieder an, in denen von Krieg und Kampf die Rede war und die sie mehr schrien als sangen; manchmal sprangen sie dabei auf und standen stramm wie Soldaten. Sie hielten die Bedienungen ständig auf Trab und waren ungeduldig, wenn sie etwas nicht sofort bekamen. Sie tranken sehr viel und schwankten nachher laut singend auf dem Heimweg und mussten von den Knechten ihrer Wirtsleute abgeholt und heimgeführt werden.

Nachdem mich Herr Kiesewetter so verdächtige Dinge gefragt hatte, war dann das große Fest des Herrn Hoffmann. Lieder wurden gesungen, Reden wurden gehalten. Von alledem verstand ich wenig. Ich musste dann auch bald ins Bett. Auch hier waren es bestimmte Wörter, die immer wieder vorkamen: »Freiheit« und »Fürstenpack«, auch von »Recht« und von »Deutschland« oder vom »deutschen Vaterland« war wieder die Rede und dass man die Fürsten nicht mehr brauche, das Volk müsse selbst regieren.

Ich überlegte, dass Herr Kiesewetter vielleicht solche Dinge von mir hören wollte. Aber ich sagte ihm natürlich kein Wort.

Drei Tage später, viele Gäste, die nur zum Fest gekommen waren, reisten bereits wieder ab, begegnete ich Herrn Hoffmann. Er war ganz lustig und fragte mich, wie es mir geht. Er sagte, er habe ein neues Lied für uns Kinder gemacht, von Fröschen. Und wenn ich meine Geschwister auftreibe, werde er es uns beibringen.

Das war immer das Schönste für uns, wenn er ein neues Lied hatte und es mit uns zusammen auf unserer Wiese hinter dem Hotel sang oder auch spielte; denn manche Lieder konnten gesungen und mit bestimmten Bewegungen dazu auch gespielt werden. Er war so nett, und da konnte ich einfach nicht anders – mein Vater hat mich hinterher sehr geschimpft – und erzählte ihm von Herrn Kiesewetter und davon, dass er mir einen Schilling geben wollte, wenn ich ihm etwas von Herrn Hoffmann sagen würde.

Sein Gesicht wurde ernst: »Du sagst mir nichts Neues, Imke. Ich habe selbst schon gemerkt, dass sie Herrn Kiesewetter als Spitzel auf mich angesetzt haben.«

Dann kamen die anderen Kinder und wir haben zuerst nicht mehr davon geredet. Er hat uns das neue Lied beigebracht. Besonders gut gefallen hat mir die folgende Strophe, weil man so schön schreien konnte.

Auch die Frösch in ihren Lachen
Hört nur was för Lärm sie machen:
Quack, quack, quack, quack,
Qua, qua, qua, qua,
Quack, quack, quack, quack,
Qua, qua, qua, qua,
Hört nur was för Lärm sie machen.

Das Quack haben wir so laut geschrien, dass unsere Magd kam, wir sollen keinen solchen Lärm machen, was denn das werden soll! Dann sah sie aber Herrn Hoffmann und wurde rot und hat sich entschuldigt.

Auf einmal fing eines der Nachbarmädchen an, dass ein Herr Kiesewetter sie vor ein paar Tagen nach Herrn Hoffmann gefragt habe, und andere sagten dasselbe. So wurde nun doch von Herrn Kiesewetter geredet, und Herr Hoffmann erklärte uns, was ein Spitzel ist. Nämlich einer, der für die Regierung bestimmte Leute beobachtet, ob einer etwas gegen den König oder die Regierung sagt, damit man ihn dann ins Gefängnis bringt. Ich war tödlich erschrocken: Herrn Hoffmann ins Gefängnis!

Er blieb aber freundlich und hatte sogar noch ein Lied bereit:

Frau Spinne spinnt im Sonnenschein
Und singt dazu ein Liedelein:
Di da didallala.
Gleich kommt ein lustig Mückelein:
»Sei mir willkommen, Schwesterlein!«
Di da didallala.
Frau Spinn' umarmt's und spinnt es ein,
Nichts hilft dem Mückelein sein Schrei'n.
Di da didallala.
Und sie verschmaust es klimperklein
Und singt dazu ein Liedelein:
Di da didallala.

Eigentlich war das gar kein richtiges Kinderlied. Ich hatte aber schon oft beobachtet, wie Spinnen Fliegen fangen, wie sie ihre Beute einspinnen, bis die sich nicht mehr bewegen kann, und sie dann aussaugen. Es war nicht schön, aber es war gruselig und spannend.

Jetzt muss ich von Marten erzählen, dessen Eltern in der Gastwirtschaft auf der anderen Straßenseite bedienten, in der Herr Kiesewetter abgestiegen war. Marten war ein Jahr älter und einen Kopf größer als ich. Und als wir noch ganz klein waren, haben wir miteinander gespielt. Später natürlich nicht mehr.

In letzter Zeit aber lächelte er mich immer mal an, und ich streckte ihm einmal die Zunge heraus und bekam von meiner Mutter eine Ohrfeige, aber keine schlimme. Weil Mädchen nicht die Zunge herausstrecken, schon gar nicht zu Jungen und erst recht nicht, wenn Gäste in der Nähe sind. Marten war aber sehr nett mit seinem warmen Lächeln in den Augen.

Jetzt saßen wir Kinder, Mädchen und Jungen, beieinander und überlegten, was wir für Herrn Hoffmann tun könnten. Es fiel uns aber nichts Rechtes ein, weil alles verboten war, was wir Herrn Kiesewetter hätten antun können. Ihm zu viel Salz in die Suppe schütten, ihm ein Bein stellen, ihm den Regenschirm verstecken, ihm mit einem weißen Leintuch als Gespenst erscheinen, wenn er aus dem Wirtshaus ging, und ähnlichen Unsinn. Und Herrn Hoffmann würde das alles auch nicht helfen, sagte Marten.

Die halbe Nacht überlegte ich, was wir tun könnten, dass Herr Hoffmann nicht ins Gefängnis musste. Gefängnis, das war ein so furchtbares Wort. Ich überlegte natürlich nicht wirklich die halbe Nacht.

Am anderen Morgen hörte ich meinen Vater zu meiner Mutter sagen: »Herr Hoffmann muss sehr aufpassen, sonst sehen wir ihn hier nicht mehr. Solche Reden zu halten – Vaterland, Recht, Freiheit, nieder mit der Macht der Fürsten, Revolution! Hier auf Helgoland darf er es ja sagen. Aber wenn es dem Spitzel zugetragen worden ist, dann gnade ihm Gott.«

Ich hatte also richtig vermutet.

»Der Kiesewetter selbst war ja nicht dabei«, beruhigte ihn meine Mutter.

Einmal hörte ich, wie ein Gast zu Herrn Hoffmann sagte: »Schlimm, dass man sich hier treffen muss im Ausland, nur um zu sagen, was man denkt, weil es in der Heimat verboten ist.«

Ich muss das erklären: Unsere Insel Helgoland lag nicht im Königreich Preußen, sondern sie gehörte seit etwa dreißig Jahren zu England. Doch obwohl wir »englisch« waren, konnten nur wenige auf der Insel Englisch sprechen, und auch die nur ein paar Brocken. Mein Vater konnte einige Redewendungen, um mit der geringen Zahl von Besuchern aus dem wirklichen England reden zu können, die sich auf unsere Insel verirrten. Aber der preußische Staat konnte natürlich bei uns hier in England niemanden verhaften.

Am Vormittag kam Marten zu mir herüber, zog mich auf die Seite, sagte »Pst!« und legte den Finger an die Lippen. Dann sagte er, er habe sich in das Zimmer des Herrn Kiesewetter geschlichen, als seine Mutter dort sauber gemacht habe. Auf dem Schreibtisch liege ein dicker Brief, noch nicht gesiegelt. Und dazu brauche er nun mich.

»Spinnst du?«, sagte ich erschrocken, bewunderte ihn aber auch.

»Er hat zu meiner Mutter gesagt, dass er sich am anderen Ende der Insel mit einem Gast treffen wolle und erst spät zurück sei. Ich habe es gehört, Imke.«

So stibitzte er den Schlüssel vom Haken, und wir schlichen zum Zimmer des Herrn Kiesewetter, und ich musste mich an die Treppe stellen und aufpassen, dass niemand kam. Er aber huschte in das Zimmer und holte den Brief.

Es war ein einziges Blatt, mit einer winzigen Schrift nur auf einer Seite beschrieben, kaum lesbar. Marten konnte es nicht besser als ich, aber gemeinsam brachten wir das meiste heraus.

* * *

Bericht des Beauftragten Kiesewetter über die Zusammenkunft hannoveranischer Oppositionsmitglieder auf der Insel Helgoland am 21. und 22. August dieses Jahres

Die Doktoren Freudentheil und Holtermann aus Stade scheinen diese Zusammenkunft mit dem schon mehrere Wochen auf Helgoland gewesenen Professor Hoffmann aus Breslau, einem geborenen Hannoveraner und bekannten liberalen Poeten, verabredet zu haben. Am 21. August sind über hundert Landsleute aus dem Bremenschen unter Leitung von Freudentheil und Holtermann mit einem eigens dazu gemieteten Dampfschiffe gelandet und feierlich von Gleichgesinnten unter Hoffmanns Anführung am Ufer empfangen worden. Nämlichen Tag hat die Oppositionsgesellschaft in einem Wirtshaus öffentlich zusammen geschmaust, gezecht und gesungen. Hoffmann hat mehrere liberale und revolutionäre Reden mit anzüglichen Beziehungen auf die Maßregeln unserer Regierung gehalten, auch sollen viele Toaste mit verdeckten und verblümten Angriffen auf seine Majestät und Allerhöchst Dero Regierung ausgebracht sein. Freudentheils Rede hat wenig Beifall gefunden und ist er späterhin durch Trunkenheit ganz unschädlich geworden. Hoffmann hat dagegen den rauschendsten Beifall gefunden, soll auch bei jeder Gelegenheit ebenso großen Eifer für die Sache der Opposition als Geist, Gewandtheit und Beredsamkeit an den Tag gelegt haben –

Kiesewetter

Wir schrieben sehr mühsam fast den ganzen Brief für Herrn Hoffmann ab und verstanden bestimmt kein Viertel davon. Nach »an den Tag gelegt haben« hörten wir auf, obwohl noch ein ganzes Stück kam. Aber wir hatten plötzlich große Angst, dass wir den Brief nicht mehr rechtzeitig zurücklegen könnten. Schnell legten wir den Brief auf dieselbe Weise auf den Schreibtisch und waren froh, dass Herr Kiesewetter in der Zwischenzeit nicht wieder in sein Zimmer gekommen war; denn das Abschreiben, bei dem Marten sich die obere Hälfte vornahm und ich die untere, hatte dennoch endlos lange gedauert. Das hätte wirklich böse ausgehen können.

Klar war, dass Herr Hoffmann und seine Gäste beobachtet worden waren, die Regierung wollte ihn ins Gefängnis bringen.

Die vielen Gäste waren nun wieder abgereist. Unsere Eltern ließen uns tüchtig arbeiten mit Aufräumen und Kehren und Zimmer in Ordnung bringen, denn das Wetter war schön, und wir würden noch viele Badegäste bekommen.

Herr Hoffmann war noch auf der Insel geblieben, worüber wir Kinder uns freuten. Aber er wanderte nur herum, so einsam, dass er einem leidtat. Fürchtete er sich, nach Preußen zurückzukehren?

Wir trauten uns übrigens nicht, unsere mühsam gefertigte Abschrift des Briefes Herrn Hoffmann tatsächlich zu geben. Eigentlich kaum seinetwegen, sondern wegen der Eltern – wenn die erfahren hätten, dass wir heimlich etwas aus den Zimmern der Gäste holten und auch noch etwas Privates wie einen Brief – es wäre nicht auszudenken gewesen. Jetzt war der gefährliche Brief dieses Herrn Kiesewetter sicher schon abgeschickt und würde von jemandem in der Regierung gelesen. Und was wir getan hatten, war ganz sinnlos.

Ich verstand nun gut, warum Herr Hoffmann so traurig war. Man durfte in Preußen nicht von Freiheit und Einheit reden. Freilich wusste ich nicht recht, was diese Begriffe in Wirklichkeit meinten. Ich spürte nur, dass es nicht in Ordnung war, dass man wegen dieser Dinge verfolgt wurde und ins Gefängnis kam.

Er tat mir leid. Er könne doch so schöne Kinderlieder machen, sagte ich zu ihm; und wir Kinder könnten sie singen. Man werde doch nicht eingesperrt, weil man Kinderlieder schreibe – er solle doch nur noch Kinderlieder machen.

Er sagte ernst: »Nein, gerade wegen der Zukunft der Kinder darf ich nicht nur Kinderlieder schreiben.«

Ich habe das sehr lange nicht verstanden.

Am nächsten Morgen fragte Herr Hoffmann meine Geschwister und mich, ob wir ihn über die Insel begleiten wollten. Das war immer das Schönste. Natürlich auch weil man dann nicht im Hause helfen musste.

»Geht nur«, sagte meine Mutter, »vielleicht sieht er dann nicht mehr so traurig drein.«

Mein Vater nickte. Wünsche der Gäste waren heilig.

Zum anderen Ende der Insel, die man über das Oberland erreicht, hätten wir niemals allein gehen dürfen. Es war viel zu gefährlich dort, auch Marten hätten es seine Eltern nicht erlaubt. Jetzt durfte er mit.

Unterwegs hielten wir beide es nicht mehr aus; wir blieben mit Herrn Hoffmann absichtlich etwas zurück und erzählten ihm nun doch noch von dem Brief.

»Wir haben den Brief heimlich für Sie abgeschrieben. Zu Hause können Sie die Abschrift haben.«

Er sah uns so freundlich an wie noch nie. »Kinder, das dürft ihr nicht. Ihr dürft nicht stehlen und schon gar nicht für mich. Wenn es eure Eltern erfahren! Und auch so –«

Und im Übrigen könne er sich denken, was in dem Brief stehe. Darüber könne man nur lachen. Er lachte aber nicht, sondern sah plötzlich noch trauriger aus als zuvor.

Ich habe diese Abschrift noch heute.

Wir sangen auf dem ganzen Weg über die Insel, der ja nicht sehr lang ist, aber sehr schön mit dem Leuchtturm auf dem Oberland und dem Ausblick auf das Meer vom Pinneberg aus und dem frischen Wind, der da oben geht. Wir sangen »Alle Vögel sind schon da«, »Hänselein, willst du tanzen« und »Wer hat die schönsten Schäfchen?« und viele andere Lieder. Und Herr Hoffmann sang dazu die zweite Stimme.

Vom Pinneberg aus sahen wir hinüber auf die benachbarte Insel Düne, von der die alten Leute erzählten, dass sie bis vor hundert Jahren mit der Insel Helgoland eine Einheit gebildet hatte. Wir wussten, dass man dort drüben am besten baden und schwimmen kann. Aber niemand von uns konnte schwimmen und die Insel Düne war jetzt nur noch für die Fremden.

In unsers Nachbars Garten
Spaziert es sich gar fein,
Drum mag das liebe Zicklein,
Meck, meck, meck, meck, das Zicklein,
So gerne drüben sein.

Es schien, als hätte Herr Hoffmann seine Sorgen vergessen, bis wir das Ende der Insel erreichten, wo die Lange Anna steht.

Die Lange Anna muss jeder Fremde gesehen haben, der auf die Insel kommt. Man kann nicht direkt zu ihr und man kann sie nicht ersteigen.

Man steht auf einer steilen Klippe, unten tost und schäumt die grasgrüne See. Aus ihr erhebt sich senkrecht und schroff ein gewaltiger Turm von einem Felsen, ein roter Steinriese, aufgebaut aus schrägen, abenteuerlich anmutenden Felsschichtungen von Jahrmillionen. Um ihn kreisen und schreien Abertausende von Seevögeln. So habe ich es in einem Buch über unsere Insel gelesen.

Herr Hoffmann war nun wieder sehr ernst, fast wie verwandelt. Er achtete natürlich sorgfältig auf uns Kinder, dass ja niemand dem Abgrund zu nahe kam, der dort sehr gefährlich ist. Dann zeigte er hinunter in die Tiefe und in die tosende See. Man sah seinen Mund sich bewegen, aber das Tosen übertönte alles.

Plötzlich war für mich irgendeine Selbstverständlichkeit verschwunden. Ich habe später oft darüber nachgedacht: Hatte ich Angst, dass er sich hinunterstürzen würde, damit er nicht ins Gefängnis musste? Oder hatte er selbst Angst davor und hatte uns Kinder deshalb mitgenommen?

Wir setzten uns abseits in das harte Gras, von unten hörten wir die Brandung an den Fels donnern, aber gedämpfter. Er erzählte uns von Deutschland. Ich hatte selbstverständlich schon von Deutschland gehört, obwohl wir ja Engländer waren – Deutsch sprechende Engländer –, aber er machte uns klar, dass es Deutschland gar nicht gab. Es gab einzelne Staaten wie Preußen oder Österreich oder Sachsen und so weiter, einundvierzig Staaten; doch man sagte zu dem Land, in dem die Menschen deutsch redeten, Deutschland. Es gab England, Frankreich, Spanien oder auch Dänemark, mit dem unsere Insel ja schon verbunden gewesen war, wie wir wussten. Doch Deutschland gab es nicht wirklich. Es hatte bis vor über dreißig Jahren ein Heiliges Römisches Reich gegeben, das man für Deutschland gelten lassen konnte. Die Fürsten wollten nicht, dass es Deutschland wirklich gab, weil es dann aus wäre mit ihrer Macht. Und damit niemand ihnen die Macht wegnehmen würde, gab es Leute wie Herrn Kiesewetter.

»Ist es schlimm, dass es Deutschland nicht gibt?«, fragte ich. »Wir zum Beispiel sind in England, aber wir merken eigentlich kaum etwas davon.«

»In England sind eben die Menschen viel freier als in den deutschen Kleinstaaten, Imke«, sagte er, »auch in Frankreich sind sie freier und haben viel mehr Rechte: Sie dürfen denken und sagen, was sie wollen, sie dürfen schreiben, was sie wollen, und sie dürfen sich treffen, mit wem sie wollen. Das alles gilt bei uns nicht. Deshalb müssen wir ins Ausland, wenn wir frei reden wollen.«

»Und Herr Kiesewetter?«, fragte Marten.

»Ja, Herrn Kiesewetter gibt es leider auch. In einem künftigen Deutschland darf es dann keinen Platz mehr geben für einen wie Herrn Kiesewetter. Es müsste eben das Volk regieren, nicht ein König oder ein Kaiser oder sonst jemand. Zuerst müssten sich die Menschen einig sein, dass sie die Freiheit wollen. Und ein Land, in dem die Menschen nicht frei sind und ihr Recht nicht bekommen, das kann nicht Deutschland sein.«

Ich glaube nicht, dass meine kleineren Geschwister auch nur ein Wort verstanden haben. Aber sie waren mucksmäuschenstill.

Bevor wir uns auf den Heimweg machten, zeigte er noch einmal zum Felsturm der Langen Anna und sagte: »Da kommt auch keiner hinauf.«

Ich verstand erst viel später, was er damit gemeint hatte.

Die Sonne war auf einmal verschwunden und wuchtige Windstöße schlugen uns einzelne Regentropfen ins Gesicht. Ich erinnere mich an den stummen Rückweg. Jahre später sagte uns ein Gast ein Gedicht von Herrn Hoffmann auf, das diesen Rückweg hätte meinen können:

O wie ist es kalt geworden
Und so traurig öd und leer!
Raue Winde wehn von Norden
Und die Sonne scheint nicht mehr.

In wenigen Tagen, dachte ich traurig, wird er abreisen, zurück nach Preußen, nach Breslau. Was würde dann geschehen?

Am anderen Tag zeigte er uns und einigen Gästen ein Lied, das er in der Nacht geschrieben hatte, eigentlich ein Gedicht, das man aber zu einer sehr schönen Melodie singen konnte, von der er sagte, dass sie von Herrn Haydn sei. Er nannte es »Lied der Deutschen«, und ich dachte, dass er es vielleicht auf dem Rückweg von der Langen Anna angefangen hatte zu dichten und deshalb so schweigsam gewesen war.

Deutschland, Deutschland über alles,
Über alles in der Welt,
Wenn es stets zu Schutz und Trutze
Brüderlich zusammenhält.
Von der Maas bis an die Memel,
Von der Etsch bis an den Belt.
Deutschland, Deutschland über alles,
Über alles in der Welt.

Einigkeit und Recht und Freiheit
Für das deutsche Vaterland,
Danach lasst uns alle streben
Brüderlich mit Herz und Hand!
Einigkeit und Recht und Freiheit
Sind des Glückes Unterpfand.
Blüh' im Glanze dieses Glückes
Blühe deutsches Vaterland.

Ich glaube, diese beiden Strophen, die erste und die dritte, habe ich mir nur deshalb so gut gemerkt, weil sie genau zu dem passten, was er uns am Tag zuvor erzählt hatte; eine weitere Strophe habe ich vergessen. Es ist ein Lied, dachte ich bedrückt, auf ein Land, das es nicht gibt.

Er sang es uns vor, und es klang sehr schön, ein wenig traurig, es passte gut zum Text und gefiel mir viel besser als viele Lieder, die bei seinem Fest gesungen worden waren. Aber ich dachte mir, dass man wohl auch für dieses Lied ins Gefängnis musste.

Manche Gäste baten Herrn Hoffmann, den Text abschreiben zu dürfen. Mein Vater sagte zu ihm, es sei ein sehr schönes Lied. Aber er sagte auch: »Über alles in der Welt soll man Gott achten und nicht das Vaterland.«

Meine Mutter nickte: »Über alles in der Welt muss man seine Frau oder seinen Mann achten oder seine Familie, wenn man Gott nicht für ein Wesen von dieser Welt halten will.«

Ein Gast meinte: »Es ist auch gefährlich. Wenn sich jedes Volk für das höchste auf der Welt hält, wo kommt man dann hin?«

Herr Hoffmann lächelte: »Sie haben alle recht, aber so ist das nicht gemeint. Es gibt ja dieses Deutschland, von dem ich dichte, nicht wirklich, es ist nur eine Sehnsucht. Die Dinge, die es in Wirklichkeit gibt, sind nie so beschaffen, dass man sie über alles setzen kann.«

Meine Mutter sagte später zu meinem Vater schmunzelnd: »Wart nur ab, bis er einmal eine Braut hat. Jetzt hält er doch tatsächlich sein Vaterland für seine Braut.«

Ich dachte aber an die schönen Lieder, die er mit uns Kindern gesungen hat.

Wenige Tage später besuchte ihn sein Verleger, Herr Campe, auf der Insel. Mein Vater erklärte uns Geschwistern, was das ist, ein Verleger. Und der erwarb, wie uns Herr Hoffmann erzählte, das Lied bei ihm für vier Louisdor, das war viel Geld, und ließ es drucken. Herr Hoffmann schickte uns später, als es schon sehr traurig um ihn stand, ein Exemplar davon, und wir sangen es immer wieder, auch mit Gästen.

Bis zum 5. September blieb der Dichter auf unserer Insel. Dann reiste er ab. Wir Kinder und meine Mutter begleiteten ihn zum Schiff. Wir winkten lange und er winkte zurück. Es war das letzte Mal, dass wir ihn sahen.

Aber mein Vater hat sich in den folgenden Jahren bei Gästen nach ihm erkundigt. Es gab Gäste aus Breslau, und so erfuhren wir, dass Herr Hoffmann von Fallersleben gleich nach seiner Rückkehr als Professor abgesetzt worden war. Er kam zum Glück nicht ins Gefängnis. Aber der preußische Staat hatte ihn entlassen und er bekam jetzt keinen Heller mehr, und er werde nicht einmal im Alter seine Bezüge erhalten.

»Muss er jetzt verhungern?«, fragte mein kleiner Bruder Paul.

»Wenn er zu uns kommen würde, nicht«, sagte ich sogleich.

Aber er kam nie mehr.

Es gab Jahre, da hörten wir nichts von Herrn Hoffmann. Aber meistens kamen irgendwann im Jahr Gäste, die etwas von ihm gelesen hatten oder von seinem Leben wussten. Er veröffentlichte Bücher und er schrieb Artikel für Zeitungen, auch neue Gedichte und Kinderlieder gab es von ihm; er hielt Vorträge, Aufrufe für ein einiges und freies Deutschland, seinen Traum.

»Das alles bringt ihm gerade so viel, dass er nicht wirklich verhungert«, meinte mein Vater.

Er erkundigte sich bei neu Ankommenden immer sehr vorsichtig nach ihm, auch wenn es bei uns in Helgoland nicht gefährlich war, seine Meinung zu sagen. Aber es konnte natürlich noch andere Spitzel wie Herrn Kiesewetter geben, die aufpassten und einem Gast Unheil brachten.

Einer der Gäste wusste, dass Herr Hoffmann hier auf Helgoland bei uns gewesen war. Er wechselte sogar Briefe mit dem Dichter.

Und Herr Hoffmann hatte den Wortlaut der Stellungnahme, welche Herr Kiesewetter mit seinem Bericht veranlasst hatte, diesem Gast zugesandt. Er las uns vor:

Stellungnahme

Der Inhalt der Schriften des August Heinrich Hoffmann hat als ein durchaus verwerflicher erkannt werden müssen. Es werden in den hier zugänglichen Texten und Liedern die öffentlichen und sozialen Zustände in Deutschland vielfach mit bitterem Spotte angegriffen, verhöhnt und verächtlich gemacht; es werden Gesinnungen und Ansichten ausgedrückt, die bei den Lesern der Texte und Hörern der Lieder, insbesondere von jugendlichem Alter, Mißvergnügen über die bestehende Ordnung der Dinge hervorrufen und einen Geist zu erwecken geeignet sind, der zunächst für die Jugend, aber dann auch im Allgemeinen nur verderblich wirken kann.

Der Minister des Inneren

Der Gast gab auch gleich Herrn Hoffmanns Kommentar dazu:

Wie heißt die Schrecklichste der Listen,
Die ärger ist als Feindeslist,
Und auch sogar den span'schen Christen
Noch unbekannt geblieben ist?
Ich will dir deine Neugier stillen,
Conduitenliste heißt die List,
Wohin du durch Behördenbrillen
Schon abdaguerrotypet bist.

Daguerrotypien nannte man früher Fotografien nach einem Verfahren des Erfinders Daguerre; und in den Conduitenlisten wurden in Preußen persönliche Daten von Beamten, vor allem von verdächtigen Beamten, gesammelt, erklärte er uns. Mich ärgerte besonders, dass Herr Hoffmann eine verderblichen Wirkung auf die Jugend hätte!

Der Gast erzählte uns, dass Herr Hoffmann sich an keinem Ort längere Zeit aufhalten könne, gleich in welchem Landstrich oder Fürstentum. Immer komme sogleich die Polizei und weise ihn aus.

Ein anderer Gast sagte später, der Dichter sei neununddreißig Mal ausgewiesen worden, sogar aus seinem Heimatort Fallersleben.

Erst im Alter, als Deutschland tatsächlich geschaffen worden war, fand er wohl Ruhe und Auskommen als Bibliothekar in Corvey an der Weser. Er hatte geheiratet, ein Sohn ist ihm geblieben, zwei Kinder und die Frau musste er begraben. Am 19. Januar 1874 ist August Heinrich Hoffmann von Fallersleben selbst gestorben und liegt auf dem Friedhof der Klosterkirche von Corvey an der Weser begraben.

Das »Lied der Deutschen« wurde im Lauf der Jahre immer öfter von Gästen bei uns gesungen und natürlich nicht nur bei uns. Es wurde richtig berühmt. Immer mehr Gäste wussten, dass er das Lied in unserem Haus auf Helgoland geschrieben hatte, und wollten Genaueres über ihn wissen.

Es ist wie gesagt ein schönes Lied, keines dieser blutrünstigen Lieder, die manchmal von Gästen gesungen werden, wenn auch bei der ersten Strophe im Text nicht so ganz deutlich wird, wie er es gemeint hat. Die dritte Strophe ist mir viel lieber, weil sie mich so sehr an das erinnert, was der Dichter uns damals bei der Langen Anna gesagt hat.

Es ist dazu ein Lied, dessen Dichter unzählige Kinder mit ganz eigenen Liedern froh gemacht hat. Man kann darüber lächeln, man kann sich darüber aber auch freuen.

DORTU

Deutschland ist arm an Revolutionen und reich an Niederlagen des Volkes. Solche Niederlagen erlitten bereits die Bauern bei ihren Aufständen Ende des fünfzehnten und zu Beginn des sechzehnten Jahrhunderts. Soll aber aus einem Aufstand eine Revolution werden, muss er zu einer Verschiebung des Machtbesitzes führen – von oben, von einem Fürsten oder einer Machtclique, nach unten an das Volk. Dies war 1848 in ganz Deutschland scheinbar erreicht. Doch die Revolution ist gescheitert –
Einigkeit, Recht und Freiheit forderten die Bürger, nachdem mit ihrer Hilfe wenige Jahrzehnte zuvor Napoleon vertrieben worden war. In Deutschland war unter der französischen Besatzung das Nationalgefühl gewachsen, gleichzeitig hatten

sich die Freiheitsideen des Französischen Revolution mit ihrer Anerkennung der bürgerlichen Rechte im gebildeten Bürgertum festgesetzt. Doch die deutschen Fürsten auf dem Wiener Kongress, der 1815 zu Ende ging, verweigerten den Bürgern alle ihre Forderungen: Unter der Führerschaft des Fürsten Metternich wurde kein deutscher Nationalstaat geschaffen, sondern die alte Kleinstaaterei wiederhergestellt.

Restauriert wurde auch die absolutistische Macht der Fürsten. Zensur, Zollschranken, Bespitzelungen, Rede-, Schreib- und Berufsverbote bestimmten den politischen Alltag. An die Stelle eines Nationalstaates trat der Deutsche Bund, eine Fürstenvereinigung zur Verhinderung demokratischer Bestrebungen. Diese restaurativen Maßnahmen wurden noch verschärft durch die Karlsbader Beschlüsse 1819. Demokraten galten jetzt als Demagogen, also Volksverführer; angesehene Wissenschaftler wie die Brüder Grimm verloren ihre Lehrstühle.

Doch die Bürger hielten nicht still. Von revolutionären Vorgängen in Frankreich war schon das Hambacher Fest beeinflusst gewesen, das vom 27. bis 30. Mai 1832 Zehntausende Freiheitshungrige um das Hambacher Schloss in der Pfalz vereinigt hatte. Von der Februarrevolution 1848 in Paris sprang der Funke über nach Baden und erfasste im März ganz Deutschland. Überall mussten Minister gehen und wurden die sogenannten Märzminister eingesetzt.

Schließlich fanden in ganz Deutschland Wahlen zur Nationalversammlung statt, die für Deutschland in der Frankfurter Paulskirche eine einheitliche Verfassung mit den garantierten Rechten des Volkes erarbeiten sollte. Doch die Revolutionäre bildeten kein geschlossenes Lager, wie es die Paulskirche zu repräsentieren schien. Radikale Revolutionäre standen gegen gemäßigte; groß war die Angst auf bürgerlicher Seite vor einer Radikalisierung der Arbeiterschaft.

Als die Verfassung 1849 fertig war und dem preußischen König

die Kaiserkrone einer konstitutionellen Monarchie angeboten wurde, lehnte dieser ab – unter anderem, weil seine Macht auf repräsentative Tätigkeiten beschränkt werden sollte.
Als daraufhin die Nationalversammlung in der Paulskirche aufgelöst wurde, blieben die Menschen im Lande ruhig: Zu lange war um die Verfassung diskutiert worden. Das Volk hatte das Interesse verloren – die Revolution, zunächst so erfolgreich, war gescheitert.
Müßig ist daher die Frage, wie das Ausland reagiert hätte. Feststeht, dass keine der Großmächte Frankreich, England und Russland, einer deutschen Einigung positiv gegenüberstand.
In den Tagen der Revolution machte zuerst in Berlin das Wort vom »Kartätschenprinz« die Runde; so wurde der Bruder des Königs Prinz Wilhelm genannt, von dem gesagt wurde, dass er empfohlen hatte, die Aufständischen mit dem Feuer aus Kanonen zu belegen. Der tatsächliche Grad der Verantwortung des »Kartätschenprinzen« an der Anwendung von militärischer Gewalt bei der Revolution in Berlin ist umstritten.
Die folgende Geschichte beschreibt die revolutionären Vorgänge in Berlin und in Baden aus der Sicht des Revolutionärs Maximilian Dortu.

Am 20. Juli 1849, als sein Vater beim preußischen Militär in Freiburg im Breisgau um das Leben seines Sohnes bat, war Maximilian Dortu, wie die Dinge lagen, nicht mehr zu retten. Weshalb musste er mit dreiundzwanzig Jahren sterben? Erschossen an einer Friedhofsmauer –

Johann Maximilian Dortu wurde 1826 in Potsdam geboren. Er war aber nicht nur ein Potsdamer, sondern auch ein Berliner, denn dort wurde er zum Revolutionär, und das wurde sein Schicksal. Er kämpfte für ein freies und einiges Deutschland, aber den Wurzeln nach war er nicht unbedingt ein Deutscher. Der Tradition seiner Familie nach war er Franzose. Die Dortus waren mit den von Ludwig XIV. aus Frankreich vertriebenen Hugenotten nach Berlin gekommen. Diese Religionsgemeinschaft war jahrhundertelang verfolgt, betrogen und gehetzt worden wie Freiwild. Die Hugenotten waren es gewohnt, dem Staat zu misstrauen.

Maximilian Dortu war ein kluger Junge. Revolutionäre müssen klug sein: So klug, dass sie die Missstände ihrer Zeit sehen, aber ihre Klugheit darf nicht nur das eigene Wohlergehen befördern wollen. Maximilian besuchte die Große Stadtschule in Potsdam und legte mit siebzehn Jahren vorzeitig das Abitur ab, studierte die Rechte in Heidelberg und kam dort mit dem freiheitlichen Gedankengut von Hecker und Struve, zwei badischen Revolutionären, in Berührung. Nach dem Studium wurde er Auscultator – wir würden heute sagen Gerichtsreferendar – am Potsdamer Stadtgericht.

Dass die Wahl seines Berufes als Jurist und damit die Tätigkeit als preußischer Gerichtsreferendar ein Vorwand für Dortus Tod sein würde, war nicht abzusehen. Sein Vater war ebenfalls Jurist und hatte daraus keine Nachteile gezogen.

Wir haben Grund zur Annahme, dass der junge Dortu die folgenden Ereignisse als Augenzeuge miterlebt hat, wie sie hier dargestellt sind, wenn auch nicht in jedem Detail. Einige der Ereignisse aber hat er selbst verursacht.

Unsere Geschichte hat einen Schwerpunkt mitten in Berlin, in der Brüderstraße, an deren einem Ende der spitze Turm der Petrikirche aufragte, am anderen der mächtige Block des Berliner Stadtschlosses. Mit allem Kirchlichen hatte Maximilian Dortu wenig im Sinn. Dennoch: Es waren die Traditionen seiner hugenottischen Herkunft, die ihn geprägt hatten. In den Synoden der französischen Reformierten herrschte absolute Gleichheit; keiner der Synodalen hatte mehr Rechte als der andere, auch kein Prediger oder Ältester.

Das Schloss am anderen Ende der Brüderstraße war Maximilian verhasst. Hier residierte König Wilhelm IV. von Preußen, ein bis zur Unehrlichkeit widersprüchlicher Mensch.

Vor neun Jahren war die Verbindung zwischen Potsdam und Berlin durch eine Eisenbahn verbessert worden; die bisher mehr als acht Gehstunden waren auf knapp eine Stunde Fahrzeit zusammengeschrumpft. Maximilian hatte in beiden Städten Umgang mit Journalisten. Die Polizei beobachtete diese Berufsgruppe argwöhnisch, weil die meisten von ihnen ihre Feder nicht für Maulkörbe und Speichellecker rührten, sondern für denkende Bürger. Die Behörden wollten aber keine denkenden Bürger, sondern gehorsame Kreaturen, die das taten und wollten, was der König wollte. Oft sahen Zeitungen aus, als wären sie in eine Pfütze von Druckerschwärze gefallen. Die Zensurbehörde seiner Majestät schwärzte oft so viele unliebsame Artikel, dass man in einer Zeitung kaum mehr aktuelle Informationen fand.

Maximilian war noch sehr jung. Die Männer, mit denen er Umgang hatte, gehörten einer Generation an, die bereits als Studenten die französische Revolution und die Freiheitskriege gegen Napoleon erlebt hatten. Sie hatten sich damals als junge Burschen in Jena zur ersten deutschen Burschenschaft zusammengeschlossen. Auch sein Vater gehörte zu diesen Jenenser Studenten. Sie erzählten dem jungen Juristen von dem berühmten Lützow'schen Freikorps, von dem die Farben Schwarz-Rot-Gold stammten: Schwarze Uniformen, rote Aufschläge, goldene Knöpfe. Für sie bedeuteten diese Farben schon damals Freiheit, Recht und Einheit.

Viele waren 1817 auf der Wartburg dabei gewesen, um mit anderen Studenten gegen die Kleinstaaterei Deutschlands und für Freiheit zu demonstrieren. Sie hatten schwarz-rote Fahnen mit einem aufgestickten goldenen Eichenlaubkranz getragen. Sie hatten Freiheitslieder gesungen und absolutistische Schriften verbrannt – ganz im Geiste Martin Luthers, der hier dreihundert Jahre früher die Bibel übersetzt und zuvor in Wittenberg die Bannandrohung des Papstes gegen ihn in die Flammen geworfen hatte.

Die Männer, die Maximilian Dortu solche Dinge erzählten, wollten Freiheit, nämlich eine Verfassung, in der das Volk mit einer von ihr gewählten Regierung die Politik bestimmte und nicht ein König oder Fürst. Sie wollten Recht, nämlich das Recht, vor Willkür des Staates sicher zu sein, ihre Meinung frei zu äußern, ihr Glück selbst zu suchen und sich zu treffen, mit wem und wann sie wollten. Und sie wollten die Einheit ihres Vaterlandes, die durch die Auflösung des Heiligen Römischen Reiches 1806 durch Napoleon verloren gegangen war.

Die Fürsten hatten das Volk gebraucht, um den französischen Kaiser zu besiegen; aber im Gegenzug wollten sie weder Einheit noch Rechte oder Freiheit für die Bürger zugestehen, weil jeder der Herrscher sonst von seiner Macht hätte abgeben müssen. Die Fürsten ernteten die Früchte des bürgerlichen Freiheitskampfes. Die Bürger gingen leer aus. Deutschland blieb in Kleinstaaterei zerfallen.

Sein Vater hatte Maximilian oft von jenem Fest im Mai des Jahres 1832 erzählt. Abertausende waren in der Pfalz mit schwarz-rot-goldenen Fahnen zum Hambacher Schloss hinaufgezogen, hatten Lieder gesungen, die von Freiheit, Recht und einem einigen Vaterland erzählten; Redner waren in Hochrufe ausgebrochen auf Deutschland, auf Frankreich, von wo Menschenrechte und Freiheit im Jahre 1789 einst ihren Anfang genommen hatten, und in Hochrufe auf das vom russischen Zaren unterdrückte Polen, wohin die Freiheit in nächster Zukunft getragen werden musste. Deutsche, französische und polnische Fahnen hatten vom Schloss herab nebeneinander gegrüßt. Wie in der französischen Revolution waren Freiheitsbäume gepflanzt worden.

Zeitungen druckten begeisterte Berichte, dass jetzt der Zeitpunkt gekommen sei, an dem Deutschland handeln müsse, wie Frankreich bereits vor einem Menschenleben gehandelt habe. Wählt eure Regierungen selbst, erkämpft euch die Rechte, die sich die Franzosen erkämpft haben: Meinungsfreiheit, Pressefreiheit, Gleichberechtigung der Frau, die Macht dem Volk! Einheit Deutschlands in einem europäischen Staatenbund! Aber geschehen war nichts, nirgendwo fand das Fest Nachahmer, kein Fürst wurde gestürzt. Die Angst war zu groß.

Der junge Gerichtsreferendar konnte in Akten Aufzeichnungen finden von Prozessen gegen unbotmäßige Studenten, die vom Feuer der Freiheit und von der Fackel der Vernunft geschrieben hatten.

Wir stellen uns einen solchen Prozess vor: Anklage wegen Aufruf zu Aufruhr und zu Landfriedensbruch.

Was es mit den Fackeln in seinem Artikel auf sich habe, wurde der Angeklagte gefragt.

Das Licht der Vernunft!, war die begeisterte Antwort.

Fackel ist Fackel, wurde dem Angeklagten entgegengehalten.

Feuer der Freiheit!, schwärmte dieser.

Mit Fackeln kann man zum Beispiel Schlösser anzünden, belehrte ihn das Gericht.

Die Fackel der Aufklärung ist nur als ein Bild gemeint, sagte der Angeklagte laut, wie Menschen oft laut werden, wenn sie politisch reden.

Das Gericht rügte seinen frechen Ton. Ob man Fackeln vielleicht wie Bilder an die Wand hängen solle oder was er mit einem solchem Bild sonst zu tun gedenke. Das Gericht wisse, was eine Fackel ist.

Jetzt beschimpfte er das Gericht, wie Menschen schimpfen, wenn sie glauben, auf Unwissenheit oder Dummheit zu stoßen: »Wenn ich es hier mit Dummköpfen zu tun habe, dann möge man mir meine Forderung verzeihen, dass wir in Preußen Gerichte einrichten, die gebildeter sind als Eselstreiber.«

Das Gericht bestand nicht aus Dummköpfen, es verfolgte seine Ziele: Ob er das Gericht für Eselstreiber halte oder ob dieses Wort vielleicht auch nur eines seiner Bilder sei, fragte der Richter mit gefährlich ruhiger Stimme.

Der Angeklagte redete immer weiter von Vernunft und Freiheit, von der Freiheit des Wortes und der Tat, und er hätte noch lange geredet und immer lauter, vom Vaterland, von einer Verfassung –

Aber er wurde vom Richter unterbrochen, was er denn mit dem Wort Tat meine? Zu welchen Taten er aufrufe mit seinen Fackeln? Und so ging es weiter.

Schließlich wurde festgestellt, dass hier nicht der Platz sei, wo man sich aufrührerisches Geschwätz und demagogische Anstiftung zum Niederbrennen von Schlössern mit Fackeln gefallen lasse.

Fünf Jahre Festungshaft.

Dennoch wuchs von Jahr zu Jahr die Sehnsucht nach Freiheit. Politische Parolen gingen von Bürger zu Bürger. Natürlich heimlich; wer wollte von einem Spitzel angezeigt und ins Gefängnis gesperrt werden? Nach abendlichen Stunden im Gesangverein oder im Turnverein saß man in den Wirtshäusern und redete sich in Feuer und schlug mit der Faust auf den Wirtshaustisch und ließ sich von guten Freunden bremsen: Vorsicht. Dort sitzt einer mit langen Ohren.

Die meisten Bürger in Potsdam und Berlin und in ganz Deutschland samt Österreich waren hungrig nach Freiheit: Professoren, Studenten, Lehrer, Ärzte, Pfarrer, Journalisten, Rechtsanwälte, Schriftsteller, aber auch Handwerksmeister, Gesellen, Arbeiter, Tagelöhner und Arbeitslose, die sich Verbesserungen ihrer Lebensverhältnisse ersehnten. Und fast genauso viele hofften, wie immer in solchen Situationen, andere würden für das Recht kämpfen, andere für sie ins Gefängnis gehen oder sterben.

Aber manche sagten, dass sich das Althergebrachte bewährt habe.

»Es geht unserer Familie gut«, sagte ein Kollege von Maximilian, »und wir werden immer reicher. Wir haben ein großes Haus und mein Vater wird zwei weitere kaufen und vermieten. Dann haben wir noch mehr Geld.«

Er lächelte überlegen.

»Dein Vater kann seinen Handel nur im Kleinen betreiben«, wandte Dortu angewidert ein. »Den Handel in der Welt draußen bestimmen aber die Engländer, die Franzosen und die Russen, nicht wir. Wir haben kein einheitliches Geld, keine einheitlichen Maße, nicht einmal eine einheitliche Uhrzeit in Deutschland – wir haben Kleinstaaterei.«

Von einem jungen Kollegen wurde Maximilian versichert: »Mein Vater sagt, es sei Unsinn, dass jeder dahergelaufene Geselle mitbestimmen soll, was in der Politik geschieht.«

»Du gibst aber zu«, antwortete Dortu, »dass jeder dahergelaufene Geselle ausfressen muss, was in der Politik geschieht. Soll er nicht mitkochen dürfen, was er auslöffeln muss?«

Die für Maximilian Dortu tödlichen Ereignisse begannen am 28. Februar des Jahres 1848, einem Montag.

Gerüchte schwirrten durch Berlin. An den Ecken bildeten sich Gruppen, in den Wirtshäusern und Cafés saßen die Bürger, unter ihnen Journalisten, und redeten durcheinander. Wortfetzen ließen sich aufschnappen: »In Paris ist die Republik ausgerufen, die Franzosen haben König Louis Philippe zum Teufel gejagt!«

»Was die können, können wir auch«, sagten die Journalisten. Viele der Anwesenden hieben dazu mit den Fäusten auf den Wirtshaustisch und nickten.

Auch in den Fabriken, die in den letzten zwanzig Jahren an den Rändern von Berlin entstanden waren, verbreitete sich Unruhe. »Es geht uns schlecht genug, es kann nur besser werden«, sagten die Arbeiter. Dasselbe sagten die Gesellen und Tagelöhner in den Werkstätten und die Arbeitslosen auf den Straßen. In der Wirtschaftskrise der vergangenen zwei Jahre waren viele Männer entlassen worden.

»Ruhe bewahren!«, sagten die Alten, die sich an die Niederlage Preußens gegen Napoleon bei Jena und Auerstedt im Jahre 1806 erinnerten. Damals hatte man die Bürger mit Plakaten beschwichtigt: Ruhe ist jetzt die erste Bürgerpflicht.

»Man wird eine Guillotine aufstellen und Aristokraten köpfen müssen wie in Paris«, sagten gröbere Menschen, die sich das auch für Berlin recht unterhaltsam vorstellten. Aber solche blutrünstigen Gesinnungen hegten nur ganz wenige.

Dennoch redeten auch andere von der Guillotine: die Königin, die Prinzen und Prinzessinnen, die Angst vor der Tötungsmaschine hatten, und vor allem Prinz Wilhelm von Preußen, der Bruder des Königs. Bei ihm kam ein zweiter Gedanke hinzu: Machtverlust der Monarchie zu verhindern, wenn nötig mit Gewalt!

Die Machtkundigen gaben ihm recht: »Stell dir vor, es ist Krieg, und die Höhe 0/71 soll angegriffen werden. Ein anderer General aber ist der Ansicht, dass man zuvor die Höhe 0/81 erobern müsse.

Doch der dritte General will gar keine Höhen angreifen, sondern die feindlichen Stellungen umgehen. Jeder gibt seinen Soldaten andere Befehle. Wird diese Schlacht gewonnen? Nein, einer muss das Sagen haben, im Krieg und im Staat.«

»Es geht nicht um Krieg«, sagten die Bürger, »sondern um Recht: Unser Geld ist es, das der Staat ausgibt, wir haben dafür gearbeitet, müssen wir da nicht mitreden dürfen, was damit bezahlt werden soll?«

Am 29. Februar war Vorfrühlingswetter, der Himmel war hoch, die Sonne schien, ein laues Lüftchen wehte. In den Parkanlagen der Stadt schwollen die Knospen und verrieten, dass sie bald aufbrechen würden. Die Stadt war in Unruhe. Die Straßen waren überfüllt, die Kneipen und Cafés quollen über vor Gästen. Überall wurde diskutiert und spekuliert.

Gerüchte. Der König berate sich ohne Unterlass mit seinen Ministern. Er wolle Truppen zusammenziehen, hieß es, um Unruhen wie in Paris vorzubeugen. Er habe seinen Generälen schon befohlen, Angriffspläne auf die Hauptstadt auszuarbeiten, für den Fall dass es zu Aufständen käme. Dahinter stünde Prinz Wilhelm, der Bruder des Königs.

Studenten trugen schwarz-rot-goldene Fahnen durch die Straßen. Die Königin und ihre Damen sahen sich schon zur Guillotine gekarrt.

Dortu erlebte, wie sein Vater, der Rechtsanwalt und Justizrat Ludwig Wilhelm Dortu, am 6. März in der Stadtverordnetenversammlung von Potsdam als dessen Vorsitzender die Umwandlung des preußischen Staates in eine konstitutionelle Monarchie forderte. In diesem Staat sollte der König den Willen des Volkes repräsentieren, sollten Meinungs- und Pressefreiheit herrschen. Der Potsdamer Rat aber verweigerte die Zustimmung. Die Bürger, kleine Ladenbesitzer, Handwerksmeister und Kleinunternehmer schreckten vor derartigen revolutionären Aktionen zurück. Hingegen protestierten Arbeiter, Arbeitslose und Handwerksgesellen gegen die Ablehnung.

Doch nicht nur in Berlin und Potsdam gärte es. Nachrichten aus anderen Städten trafen ein und bestärkten die Berliner. Ganz Deutschland war in Unruhe.

Die halbe Stadt war unterwegs in diesen Tagen, im Tiergarten, Unter den Linden, auf dem Gendarmenmarkt, auf dem Schlossplatz. Man hörte Singen und Lachen; die meisten waren in Feiertagskleidung. Die Sonne lachte von einem gleichmäßig blauen Märzhimmel.

Die Menschen starrten hoch zu den Fenstern des Stadtschlosses. Da wurde beraten, pausenlos. Was beschlossen die? Listen mit Namen von Festgenommenen gingen von Hand zu Hand, noch feucht vom Druck. Eine freiheitliche Verfassung wollten die Bürger, eine einzige Verfassung für ganz Deutschland, keine Preußen, Österreicher, Bayern, Franken, Schwaben mehr, sondern nur noch Deutsche. Viele steckten sich die Farben Schwarz-Rot-Gold an die Kleidung, wie es mit den Farben Blau-Weiß-Rot in der französischen Revolution geschehen war.

Die Farben Schwarz-Rot-Gold waren bei Strafe verboten. Aber die Spitzel saßen in ihren Behördenräumen, wo niemand sie verprügeln konnte, und schrieben lange Berichte.

Am 13. März, einem Montag, ging Dortu am Nachmittag durch den Tiergarten. Er hörte, wie die Wachen am Brandenburger Tor von Arbeitern und jungen Gesellen beschimpft wurden, aber auch von gut gekleideten Bürgern. Dortu sah es und dachte: Es gibt keine Standesschranken mehr, wir sind endlich ein einiges und freies Volk. Er war so glücklich an diesem Märztag mit der Sonne auf der Haut, dem weichen Wind in den Haaren, der die Fahnen zum Flattern brachte. Die Straßen und Wege waren schwarz vor Menschen.

Da hörte er Hufgetrappel. Am Rande des Tiergartens tauchte Kavallerie auf, Reiter mit blinkenden Helmen und Brustharnischen. Geschrei schwoll an und ging in gellendes Pfeifen über. Dortu wurde eingequetscht und hin und her geschoben. Er stellte sich auf einen Steinpoller und übersah den Raum vor dem Brandenburger Tor. Die Reiter hatten Ketten gebildet und drückten die Bürger vom Tiergarten zurück auf die schnurgerade Charlottenburger Chaussee. Infanterie rückte heran, Soldaten mit Gewehren. Säbel blitzten. Das Geschiebe war furchtbar. Gellende Pfiffe.

Dortu sah, wie die Reiter rücksichtslos in die Menge hineinritten, Schmerzensschreie gellten. Er sah aber auch erhobene Fäuste, Steine flogen. Es waren keine Betrunkene, die gegen die Reiterschwadronen andrängten. Viele waren gut gekleidete Bürger, Dortu sah einen seiner Lehrer. Das Militär hinderte die Menschen daran, ihr großes Fest zu feiern.

Das war sie, die Revolution, die lang ersehnte!

Dortu stürzte sich hinein in die Menge wie in einen Fluss, der reinigt und erquickt. Die Stadtmitte war verstopft vom Militär, das die Zugänge zu Plätzen und Gebäuden sperrte. Er umging die Zollmauer um die Innenstadt und schlug einen weiten Bogen zur Jakobstraße. Als er in die Grünstraße einbog, war die versperrt von einem Wall aus Fuhrwerken, die umgeworfen worden waren, von Gerümpel, Säcken; viele Hände rührten sich. Eine Barrikade gegen das Militär wurde errichtet!

»Hier kommt keiner drüber, der eine Uniform trägt«, sagte ein sonntäglich gekleideter Herr, dessen Anzug über und über mit Schmutz bedeckt war. Ernste Männer standen da mit Gewehren. Einige Zimmerleute waren mit Beilen und Äxten bewaffnet und hatten entschlossene Gesichter. Auf der Barrikade wehte eine schwarz-rot-goldene Fahne.

Barrikaden mitten in Berlin!

Das war blutiger Ernst. Dortu fror es: Straßenkampf. Zwei Tote sollte es im Tiergarten schon gegeben haben, viele Verletzte.

»Das Volk wird beleidigt«, empörte sich ein Herr, den er für einen Beamten hielt. »Sind wir für den König da oder er für uns? Er soll uns beschützen und lässt mit blanken Säbeln auf uns einhauen! Es wird ihm vergehen. Hier kommt keiner durch, nicht einmal der König selbst.«

Dortu hob den Blick, vor ihm ragte mächtig das Schloss.

Wie im Rausch kehrte er nach Potsdam zurück, aber fast auch schon wie ein Sieger.

Am Tag darauf explodierte Berlin geradezu vor Menschen. Vom Brandenburger Tor und Unter den Linden bis zum Schlossplatz drängten sich Abertausende. Auch heute waren sie gekleidet wie an Festtagen, schwarze Gehröcke, ab und zu sogar ein Herr im Frack, dazwischen Straßenjungen, Bettler, Arbeiter, Handwerksgesellen. Die Farbtupfer der Damen aber fehlten. Es war zu gefährlich geworden. Auf Fahnen, Schärpen und Armbinden leuchteten die Farben Schwarz-Rot-Gold. In der Kronenstraße, in der Oberwallstraße, in der ganzen Innenstadt entstanden Barrikaden.

Maximilian Dortu machte eine seltsame Beobachtung: Die Leute hatten Angst vor dem eigenen Mut, gleichzeitig schienen sie ein schlechtes Gewissen zu haben: Sie waren keine Aufrührer. Eigentlich wollten sie in ihren Werkstätten oder Kontoren sein und ihrer Arbeit nachgehen. Sie wirkten halb verwegen, halb verwirrt.

Rund um das Schloss ritten starke Militärpatrouillen.

Auch für die Soldaten muss das alles neu sein, dachte Dortu. Sie haben keine Erfahrungen mit militärischen Aktionen, der letzte Krieg war vor dreiunddreißig Jahren. Wo niemand Gewalt will, entscheiden die Nerven über Frieden oder Gewalt, sagte er sich.

Am Abend kam er in die Brüderstraße. Auch hier Barrikadenbau.

»Soldaten haben mit dem flachen Säbel auf uns eingehauen«, wurde ihm berichtet. Blut war geflossen.

Aus einer nahegelegenen Gastwirtschaft wurden Bänke, Schränke und Tische gebracht, gefolgt vom protestierenden Wirt und der zeternden Wirtin. Alles wurde zusammengeschoben, Fuhrwerke herangeschleppt und umgestürzt. Steine, Latten, Balken, alte Tische, zerbrochene Stühle und ausgebrochene Pflastersteine waren die Grundlage; Biertonnen, alte Fässer, Kübel und Säcke, gefüllt mit Sand, wurden gestapelt. Bretter, Stangen, Balken, Backsteine von einer nahegelegenen Baustelle erhöhten den Sperrriegel.

»Hier kommt keiner durch«, stellte ein Herr fest.

»Wir brauchen Waffen!«, rief ein Arbeiter.

Man trug zusammen, was sich in den einzelnen Familien fand. Da waren noch von Großvaters Zeiten her Gewehre und Hiebwaffen aus dem Kampf gegen Napoleon, aus der Völkerschlacht bei Leipzig, aus der Schlacht bei Waterloo. Viel war es nicht. Aber Jagdwaffen kamen dazu, Waffenläden wurden geplündert. Säckchen mit Schießpulver wurden gesammelt, manche brachten Kugeln. Das Militär hatte Gewehre und Kanonen!

Dortu stieg auf die Barrikade. Der Blick aus mehr als dreifacher Mannshöhe war eindrucksvoll. Aus den Fenstern wehten schwarzrot-goldene Fahnen und ragten Gewehrläufe. Arbeiter sangen Lieder. Maximilian schlug das Herz.

Gerüchte liefen um: Der König habe eine Deputation von Bürgern empfangen. Aber er habe nichts zugesagt, nur vage Hinweise auf einen Landtag gegeben.

Der verschaukelt uns!

Am 15. März, einem Mittwoch, dasselbe Bild. Gegen Abend tobte eine große Menge vor dem Schloss. Die Schlosswache pflanzte die Bajonette auf. Mit Gewehrkolben, Bajonetten und Schüssen drangen die Soldaten auf die Menschen ein. Schießerei auch in der Brüderstraße. Ein Junge lag tot, neunzehn Jahre alt, Carl August Wagner, ein Kupferschmiedelehrling. Der erste Tote auf den Barrikaden.

Der König ist ein Mörder!, dachte Dortu.

Widersprüchliche Gerüchte schwirrten durch die Stadt: Prinz Wilhelm, der Bruder des Königs, wolle Gewalt anwenden, und der König höre auf ihn. Andere sprachen von Verhandlungen mit den Bürgern. Der König sei bereit nachzugeben.

Dortu wusste von seinem Vater, der viele Verbindungen hatte, dass alles, was gesagt wurde, zugleich richtig und falsch war. Die Haltung des Königs war nicht eindeutig. Man wusste nicht, wozu er neigte: zur Anwendung von Gewalt oder zur Gewährung von Recht?

Am 17. März biwakierten auf allen Plätzen der Stadt Soldaten.

Dortu kam am 18. März, einem Samstag, mit der Bahn aus Potsdam in die Stadt und hörte, Ausrufer hätten das endgültige Nachgeben des Königs verkündet. Plakate waren angeschlagen worden: Pressefreiheit! Demokratie, Einberufung eines von Bürgern gewählten Landtags.

Eine Bürgerdelegation war zum König vorgelassen worden. Jubel in allen Straßen. Auf dem Schlossplatz standen die Menschen Kopf an Kopf. Es summte wie vor einem Bienenhaus. Dortu stand eingekeilt in der Masse. Schwarz-rot-goldene Fahnen überall.

Dortu lief ein Schauer den Rücken hinunter – das Ziel war schon fast geschafft! Würde dieser Tag für alle Zeiten mit goldenen Buchstaben in das Gedächtnis eines demokratischen Deutschlands geschrieben stehen? Seit dem 5. März tagte in Heidelberg eine Versammlung, die für ganz Deutschland freie Wahlen vorbereiten sollte. Wie in Frankreich würde eine Nationalversammlung eine Verfassung ausarbeiten: Deutschland wäre frei, Deutschland wäre eins! Dortu spürte sein Herz schmerzhaft schlagen vor Glück. Er dachte an den getöteten Kupferschmiedelehrling, an die Ermordeten in den letzten Tagen.

An den eigenen Tod denkt ein junger Mensch nicht.

Die Mittagsglocken hatten geschlagen. Unruhe kam auf. Aus der Menge hörte man spöttische Rufe: »Der König denkt nicht daran, Wort zu halten.« Pfiffe. Da senkt sich plötzlich Schweigen herab: Der König betritt den Balkon des Schlosses, Beifall. Neben ihm steht sein Minister Bodelschwingh und beginnt zu reden.

Aber Dortu ist zu weit entfernt. Er hört die Stimme des Ministers, aber er versteht kein Wort. Die Vorderen sagen manches nach hinten durch. Aber zu wenig. Aufhebung des Rauchverbots. In ganz Berlin war es verboten, auf einer Straße oder in einem der vielen Parks zu rauchen. Jetzt also ist das Verbot aufgehoben. »Ik darf wieder roochen uf de Straßen?«, fragt ein Bürger. »Ooch in'n Tierjarten?«

»Jawoll«, wird ihm bestätigt, »ooch in'n Tierjarten.«

Der Mann ist tief befriedigt. Sein Ziel ist erreicht.

Die Menge ist ungeduldig: »Der König soll sprechen, keen oller Minister.«

Der Minister beendet die Verlesung seines Dokumentes. Tumult bei den Durchfahrten in den Innenhof des Schlosses: Dort steht plötzlich Militär!

Militär? Wozu jetzt noch Militär?, denkt Dortu.

Sprechchöre werden laut: »Militär zurück!«, wird gefordert. Pfiffe! Johlen. Der König tritt vom Balkon.

Fast gleichzeitig Befehle aus den Straßeneinmündungen zum Schlossplatz. Berittene Soldaten tauchen auf, in langen Ketten dringt Infanterie in die Menge. Rufe, Kommandos, Säbel, Flüche, Schmerzensschreie. Die Menge weicht zurück.

Bleibt doch stehen, denkt Dortu verzweifelt, um des Himmels willen, haltet stand! Der Sieg ist doch greifbar nahe! Ihr dürft euch jetzt nur nicht vertreiben lassen. Wir sind doch mehr als der König und die Regierung, mehr auch als die Soldaten!

Schüsse! Kurz hintereinander fallen mehrere Schüsse!

Geschrei. Panische Flucht.

Dortu wird mitgerissen, hinein in die Brüderstraße. Er weint.

Die Barrikade!

Immer noch sperrt sie wie eine bizarre Mauer die Straße. Der Strom der Fliehenden kommt zum Stehen. Das Entsetzen weicht der Entschlossenheit. Fahnen werden aufgesteckt. Die Straße zum Schloss ist wie leer gefegt.

Soldaten kommen in breiten Reihen. Schritt für Schritt. Schüsse, Schreie, Schüsse. Kommandos. Dortu hält plötzlich ein Gewehr in der Hand, er zielt, er schießt, er lädt und schießt wieder, er schießt das Gewehr glühend heiß. Er sieht nicht, ob er trifft. Er ist wie betrunken und schießt und lädt und schießt. Er achtet nicht auf die Verwundeten und Toten ringsum. Dann sind die Soldaten plötzlich verschwunden: Sieg! Sieg! Jemand gibt ihm ein Stück Brot, einen Becher Wasser. Neue Soldaten marschieren heran, und wieder schießt und lädt er, schießt und lädt. Wieder neue Soldaten. Dann wird er fortgerissen: Es ist sinnlos.

Von den Türmen schlagen die Glocken Mitternacht, gespenstische Stille. Die Barrikaden sind verlassen. Das Militär hält die gesamte Innenstadt besetzt. Im Mondlicht noch hie und da eine schwarz-rot-goldene Fahne.

Maximilian irrt lange und ziellos durch Berlin. Schließlich legt er sich in eine Toreinfahrt und schläft wie ein Bettler.

19. März, Sonntagmorgen.

Wieder Ausrufer: »Meine lieben Berliner«, hört Dortu. »Meine lieben Berliner«, lässt der König verkünden, »gebt den Widerstand auf. Wir versprechen es euch, Wir ziehen die Truppen zurück.«

Die Straßen füllen sich rasch. Die Menschen lachen bitter. »Wer soll das sein, die lieben Berliner?«

Dann sieht Dortu einen Karren mit einem Toten darauf, noch einen Karren, noch einen. Aus allen Straßen, von allen Barrikaden werden Tote in Karren zum Schloss gebracht: »Wir zeigen dir deine lieben Berliner!«

Barhäuptig schreiten die Menschen neben ihren Toten; man hat deren Wunden nicht bedeckt. Viele weinen. Ab und zu ein Aufschrei. Jemand erkennt plötzlich einen Sohn, einen Bruder, einen Vater unter den Ermordeten.

Kein Militär weit und breit.

In langen Reihen werden die Gefallenen der Barrikadenkämpfe vor dem Schloss aufgebahrt. Schwarz gekleidete Menschen, schwarz umflorte Fahnen.

In den Heerstraßen sieht man das Militär tatsächlich abziehen, gefolgt vom Spott der Berliner. Denn in Berlin schlägt Hass schnell in Spott um.

Die Menge ruft nach dem König. Der kommt, gefolgt von der Königin.

»Hut ab! Hut ab!«, schallt es respektlos.

Da zieht der König vor den gefallenen Revolutionären den Hut und verneigt sich! Er zieht bei jeder neuen Reihe von Toten den Hut.

183 Tote sind zu beklagen, aus allen Schichten der Stadt. Wohlhabende Bürger sind darunter, selbst viel Adelige. Die weitaus meisten aber sind einfache Leute, Handwerksgesellen, Handwerksmeister, Werkmeister. Mindestens sechs Juden unter den Toten haben für die Freiheit des Landes ihr Leben gelassen, in dem sie Teil einer Minderheit waren. Elf Frauen sind für die Gleichberechtigung in den Tod gegangen, vier Kinder mussten sterben und sechs Jugendliche. Der jüngste Tote ist zwölf Jahre alt.

Langes Schweigen. Die Königin weint.

Der Sieg wurde deutlich, als König Friedrich Wilhelm IV. von Preußen am 21. März mit einer schwarz-rot-goldenen Armbinde durch Berlin ritt. Prinz Wilhelm, der vorgeschlagen hatte, die Truppen aus der Stadt abzuziehen und von außerhalb auf die Bürger mit Kanonen schießen zu lassen, floh nach London.

Eine Proklamation erschien, die den Sieg der Revolution auch dem letzten Zweifler verkündete: Der König habe die Farben der Deutschen angenommen, er werde die Leitung für die Tage der Gefahr übernehmen, ganz Deutschland werde sich ihm anschließen. Preußen gehe fortan in Deutschland auf. Ein einiges Deutschland werde geschaffen, eine Einheit mit Verschiedenheit, eine Einheit in Freiheit.

Dortu hörte es, sprachlos vor Glück. Was wollte er mehr? Eine Bürgerwehr wurde geschaffen, die Gewalt von allen Seiten verhindern und das Erreichte sichern sollte.

Gewaltig und düster brachte ein Trauerzug am 22. März die Toten in den Friedrichshain, einen erst vor wenigen Jahren im Osten der Stadt neu angelegten Park; in ihm fanden sie in Viererreihen ihre letzte Ruhe. Ein Katafalk, ein Trauergerüst, in schwarze Tücher gehüllt, wurde auf dem Gendarmenmarkt aufgestellt.

Das Recht wird nicht ausbleiben, dachte Maximilian Dortu, denn erst das Recht erschafft die Freiheit.

Überall hatte die Revolution gesiegt, von Wien bis Berlin, von Hamburg bis München. Die alten Regierungen wurden entlassen und freiheitliche eingesetzt.

Dortu konnte am Abend des 21. März im königlichen Opernhaus Wilhelm Tell von Friedrich Schiller sehen und am 12. April Goethes Egmont mit der Musik von Beethoven voller Auflehnung, am 18. Mai wurden Schillers Räuber gegeben. Alles Stücke gegen die Tyrannei!

Dortu hatte noch etwas mehr als ein Jahr bis zu seinem Tod.

Wahlen fanden statt. Eine Nationalversammlung für Preußen wurde gewählt, die dem Land eine Verfassung geben sollte; eine Nationalversammlung für ganz Deutschland trat am 18. Mai 1848 in der Paulskirche in Frankfurt am Main zusammen. Sie sollte die Rechte, die Freiheit und die Einheit für ganz Deutschland sichern.

So war alles auf gutem Wege.

Aber viele trauten dem Frieden nicht. Auch Dortu bald nicht mehr und er hatte allen Grund dazu.

Er trat dem »Politischen Verein Potsdam« bei und wurde dessen Hauptredner und Sprecher. Mit dem Verein demonstrierte er am 12. Mai gegen die Rückkehr des Prinzen Wilhelm von Preußen, der noch vor wenigen Wochen die Aufständischen mit Kanonen hatte bekämpfen wollen. Dortu redete flammend gegen die Rückkehr des Scharfmachers. Er prägte für ihn das Wort »Kartätschenprinz«, eine Formulierung, die wie ein Lauffeuer durch Potsdam ging, dann durch Berlin und schließlich durch ganz Deutschland. Kartätschen nannte man die mit Kugeln gefüllten Metallzylinder der Kanonengeschosse. Dortu wurde verhaftet, vor Gericht gestellt und wegen Beleidigung der Obrigkeit zu 15 Monaten Festungshaft verurteilt. Sein Vater legte Berufung ein. Noch galten Revolutionäre etwas in Preußen und so wurde Dortu wieder aus der Haft entlassen.

Aber die Mächtigen arbeiteten daran, die Ergebnisse der Revolution zu kippen. Sie legten der preußischen Nationalversammlung jeden Prügel in den Weg und zwangen die Bürgerwehr zum Einsatz gegen Revolutionäre.

In Wien wurde am 9. November Robert Blum, Abgeordneter der Paulskirche, wider jedes Recht erschossen. Er war als Delegierter der Pauskirche nach Wien gereist und hatte dort den Aufständischen gegen die Rückeroberung der Stadt durch das Militär geholfen. Am selben Tag vertagte der König von Preußen wortbrüchig die Nationalversammlung und verlegte sie nach Brandenburg; am 5. Dezember ließ er sie auflösen.

Das Militär rückte mit 40000 Mann in Berlin ein. Wütende Proteste der Bürger folgten. Am 10. November wurde der Ausnahmezustand über Berlin verhängt. Ähnlich lief es in Wien ab, der zweiten revolutionären Metropole. Und so hatten bis Ende Herbst 1848 die Herrscher in Preußen und Österreich ihre Macht zurückerobert, wie sie vor dem März gewesen war.

Dortu rief schon im Oktober erneut auf zum bewaffneten Widerstand.

Um die Militärtransporte von Potsdam nach Berlin mit der Eisenbahn zu unterbinden, zerstörte Dortu mit aufgebrachten Menschen die Schienen und Telegrafenverbindungen zwischen den beiden Städten. Dazu konnte er keine Beamten, Richter, Lehrer brauchen. Dazu brauchte er Schmiede, Schlosser, Eisengießer mit Brecheisen, Zangen, Vorschlaghämmern. Am Abend warfen die Aufgebrachten Steine gegen das Potsdamer Stadtschloss. Maximilian Dortu wurde steckbrieflich gesucht und floh nach Frankreich. In Abwesenheit wurde er zu fünf Jahren Festungshaft verurteilt.

Am 5. Dezember verkündete König Friedrich Wilhelm IV. mit der Auflösung der Nationalversammlung eine Verfassung, die den Namen nicht verdiente. Sie stellte zum Beispiel mit der Leugnung der Gleichheit durch das Dreiklassenwahlrecht die Ergebnisse der Revolution auf den Kopf. Damit beendete er die Revolution in Preußen.

Dortu war in Sicherheit, aber das Erreichte, das sah er jeden

Tag, war nicht nur in Preußen und Österreich auf dem Weg, wieder beseitigt zu werden. Die Deputierten in der Paulskirche, meist Professoren und Beamte, kein einziger Arbeiter, stritten sich in professoraler Gründlichkeit in endlosen Debatten um die neue Verfassung.

Das Volk, das so große Opfer gebracht hatte, verlor das Interesse.

Schließlich bot die Versammlung die Kaiserkrone eines konstitutionellen geeinten Reiches im April 1849 dem König von Preußen an. Achtundzwanzig deutsche Staaten übernahmen die demokratische Verfassung der Paulskirche, das Vorbild unserer heutigen Verfassung. Der Preußenkönig aber wies die Kaiserkrone zurück, weil er sie nicht aus der Hand des Volkes annehmen wollte. Aus der Hand des Volkes sei sie nur ein Reifen, aus Dreck gebacken. Die Revolution in Deutschland brach zusammen, auch in den Ländern, in denen die revolutionäre Verfassung bereits angenommen worden war. Die Paulskirche war machtlos. Die gelehrten und weltfremden Deputierten hatten es versäumt, bei ihrem Zusammentritt ein Revolutionsheer aufzustellen, um sich und die Ergebnisse der Revolution abzusichern. Keine Hand rührte sich, als die Versammlung in der Paulskirche aufgelöst wurde.

Maximilian Dortu aber gab die Hoffnung nicht auf.

In Baden, wo die deutsche Revolution begonnen hatte, glomm ihr Funke noch. Hier kämpften Männer wie Friedrich Hecker und Gustav Struve für die Freiheit. Sie hatten von Anfang an in richtiger Einschätzung nicht auf Monarchen gesetzt wie die Berliner und die Versammlung der Paulskirche, sondern auf eine deutsche Republik, die Hecker auch tatsächlich am 12. April 1848 in Konstanz ausgerufen hatte.

Dortu schloss sich den badischen Revolutionären im Mai 1849 an. Er sah, wie aussichtslos der badische Kampf um eine Republik in Deutschland war. Aber er wusste, dass Menschenrechte und Demokratie nirgendwo vom Himmel fallen.

Er stieg rasch auf in der Führung der badischen Revolutionsarmee. Sein Gegner war Prinz Wilhelm von Preußen, dem er den Namen Kartätschenprinz gegeben hatte. Jetzt befehligte er in Baden die preußischen Truppen.

Dortu ging in den Tod. Der Kartätschenprinz wurde viele Jahre später, 1871, als Wilhelm I. deutscher Kaiser. Doch dieses Kaisertum hatte nichts mit dem seinem Bruder angetragenen von 1849 zu tun.

Falsche Kameraden verrieten Maximilian. In Freiburg im Breisgau wurde er verhaftet. Das Kriegsgericht stützte die Anklage darauf, dass er als preußischer Gerichtsreferendar rechtlich Unteroffizier der preußischen Landwehr war, also Teil des Heeres, gegen das er kämpfte. Damit hatte das Gericht zwar nicht das Recht, aber das Gesetz auf seiner Seite und konnte ihn als Deserteur und Hochverräter zum Tode verurteilen.

Sein Vater versuchte, um sein Leben zu bitten, aber er wurde von keinem Offizier der preußischen Armee angehört, schon gar nicht vom »Kartätschenprinzen«. Ein Gnadengesuch an den König von Preußen lehnte der Verurteilte ab; er wollte auch keinen geistlichen Beistand.

Im Morgengrauen des 31. Juli 1849 wurde Maximilian Dortu an der Kirchhofmauer des Ortes Wiehre bei Freiburg erschossen.

Die letzten Worte des Dreiundzwanzigjährigen klingen für uns theatralisch, aber für ihn waren sie blutige Wahrheit: »Ich sterbe für die Freiheit.«

DREI DEPESCHEN

Als im Jahre 1868 Königin Isabella von Spanien gestürzt wurde und durch den Prinzen von Hohenzollern-Sigmaringen ersetzt werden sollte, war es für Kaiser Napoleon III. von Frankreich eine Prestigefrage, dass kein Hohenzoller auf den spanischen Thron gelangte, ein Angehöriger des Geschlechts, das Preußen beherrschte. Er brauchte Erfolge, da seine Herrschaft von Plebisziten, Volksabstimmungen, abhängig war. Sein Ultimatum an Preußen, in dem er von Preußen den Verzicht des Prinzen auf den spanischen Thron forderte, war für Bismarck, seit 1862 preußischer Ministerpräsident, ein Anlass, seine Politik gegenüber Frankreich auf andere Füße zu stellen.
Leopold von Hohenzollern-Sigmaringen verzichtete aber freiwillig auf die spanische Krone. Das war für Napoleon unglück-

lich, da zwar das politische Ziel erreicht wurde, Napoleon aber das Ergebnis nicht als Erfolg seiner Politik darstellen konnte – durch sein Ultimatum war in Frankreich jedoch die Erwartung einer Demütigung Preußens zu sehr gestiegen. So versuchte er, eine solche Demütigung nachträglich zu erreichen. Fast wäre das seinem Gesandten Graf Benedetti am 13. Juli 1870 in Bad Ems gelungen, wo der König von Preußen zur Kur weilte, wenn nicht dessen Ministerpräsident den Spieß umgedreht hätte.

Bismarck machte daraus eine Demütigung für Frankreich. Ein Ultimatum war oft der Anlass zu einem Krieg. Aber Napoleon III. hatte bei seinem Ultimatum an Preußen keinen Krieg befürchten müssen. Er konnte davon ausghen, dass Preußen bei einer Kriegserklärung an Frankreich keine Hilfe erhalten hätte und damit, keinen Krieg riskieren konnte. Umgekehrt war Preußen mit den Süddeutschen Staaten durch ein Schutz- und Trutzbündnis, ein Verteidigungsbündnis, seinerseits gegen jeden Angriff abgesichert. Bei einer französischen Kriegserklärung würde der Bündnisfall eintreten, was im Übrigen bedeutete, dass Deutschland bereits de facto geeinigt wäre. Ein Krieg, den Frankreich erklärte, war also für Bismarck erwünscht. Bei einem Sieg würde mit der deutschen Einigung sein höchstes Ziel erfüllt.

Zwei Kriege hatte die Schaffung des künftigen deutschen Kaiserreiches unter der Führung Preußens bereits gekostet. Der deutsch-dänische Krieg 1864 schaltete Dänemark in Norddeutschland aus und brachte Österreich auf eine solche Weise in Konflikte zu Preußen, dass ein zweiter Krieg entstand, der preußisch-österreichische Krieg im Jahre 1866. Mit dem preußischen Sieg über Österreich und seine Verbündeten beendete Bismarck den Dualismus in Deutschland, die Rivalität der beiden größten Mächte um die Vorherrschaft eines künftig geeinten Landes. Der Krieg mit Frankreich würde die deutsche Einigung unter der Führung Preußens vollenden.

Der Einigungsversuch Deutschlands in der Revolution von 1848/49 war vom Volk ausgegangen: Ein Erfolg hätte Demokratie und Liberalismus in Deutschland gestärkt. Die Einigung Deutschlands durch drei Kriege, die von Preußen und den süddeutschen Fürsten ausging, stärkte hingegen Militarismus und Nationalismus.

Unsere Geschichte macht einen großen Sprung von den damaligen Ereignissen zu einer Begegnung über siebzig Jahre später, in der von jener Zeit berichtet wird.

Der Herr, der uns im Jahre 1947 in einem Park im völlig zerstörten Kassel anredete, trug einen altmodischen Gehrock, dazu ein Stöckchen aus Ebenholz mit einem fein gearbeiteten Griff aus Elfenbein. Die Bäume des Parks um das zerstörte Schloss Wilhelmshöhe waren gefällt, auf den Rasenflächen wuchsen Kartoffeln. Krähen hockten auf den Ruinen ringsum.

Der Herr war einsam, deshalb brauchte er wohl jemanden, mit dem er reden konnte. Er stellte sich vor als Herr von Abeken. Ein adeliger Herr im Gehrock im zerstörten Nachkriegsdeutschland, das war wie ein Rassepferd auf dem Vorplatz eines Schlachthofes für Kadaververwertung. Er war der Neffe eines ehemaligen Auswärtigen Preußischen Rats mit dem Namen Heinrich von Abeken. Ein Rat des späteren Kaisers Wilhelms I., dem ersten der drei preußischen Kaiser, von denen dann Wilhelm II. das Reich seines Großvaters im Ersten Weltkrieg wieder verspielte.

Ein Mann, der behauptet hätte, er komme vom Mond oder Mars, hätte mehr Normalität besessen als dieser Herr, der aussah, als wäre er aus einem veralteten Bilderbuch ausgeschnitten.

Wir waren neugierig und wir hatten Zeit und Hunger. Wer hatte damals nicht Zeit und Hunger? Wir hörten ihm zu.

»Ihr seht die Ruinen ringsum und den Untergang. Das alles kommt von Worten«, sagte er rätselhaft, »Worte können tödlicher treffen als alle Waffen, ja, sie können die Welt vergiften in politischen Reden, in Büchern und in Depeschen, wie man früher die diplomatische Eilpost nannte.«

Er sei uralt, erzählte er uns. Er habe miterlebt, wie das begonnen habe mit dem preußischen Kaiserreich und den Übeln, die seither über Deutschland gekommen sind. Er habe alles miterlebt, er habe sogar noch mit Bismarck geredet und Kaiser Wilhelm I. gesehen. Wenn man ihn ansah, traute man ihm das zu.

Ein Mann, der Bismarck noch persönlich gekannt hatte!

»Das Volk wollte die Einheit«, begann er. »Aber wer sollte das Volk einigen, nachdem der Volkswille in der Revolution von 1848 gescheitert war?« Der ehemalige Diplomat, für den wir ihn hielten, wartete offenbar auf keine Antwort und ließ sich auf einer der wenigen Parkbänke nieder, die noch nicht zu Brennholz zersägt oder als Alteisen eingeschmolzen waren.

Er redete eigentlich nur mit sich selbst; dass wir zuhörten, schien er mehr und mehr zu vergessen: »Es bestand gänzliche Uneinigkeit darüber, ob Preußen, der mächtigste Staat in Deutschland, das Reich einigen sollte, oder Österreich, der riesige Vielvölkerstaat, der von Bosnien bis an den Bodensee und von der Ukraine bis an die Adria reichte. Und außerdem, muss man wissen, gab es einen wichtigen Gegner dieser Einigung: Frankreich, mit Kaiser Napoleon III. an der Spitze.«

Wir rutschten unruhig auf unserer Bank hin uns her.

Er bemerkte es und lächelte: »Ihr müsst Geduld haben mit einem Greis wie mir.« Sein Gesicht wurde ernst. »Man muss immer Geduld haben, in der Politik wie in der Geschichte.«

Es war nicht ganz klar, was er mit Geschichte meinte.

»Auch Bismarck war dieser Ansicht: Man kann nur warten, pflegte er zu sagen, bis der Herrgott durch die Weltgeschichte geht, und hoffen, dass man einen Zipfel seines Mantels fassen kann, wenn er vorbeirauscht, oder so ähnlich. Wenn ein Politiker aber weder einen Herrgott hat noch Geduld, wie zum Beispiel der Hitler, kommt das heraus, was von dem schönen Kassel übrig geblieben ist. Kaiser Napoleon III. von Frankreich, der Gegenspieler Bismarcks, hat übrigens nach seiner Gefangennahme durch die Preußen und nach seiner Absetzung durch die Franzosen dort drüben gewohnt.« Er zeigte auf die schwarzen Mauern, die einmal das Schloss Wilhelmshöhe gewesen waren.«

Der alte Herr von Abeken seufzte, als wäre mit dem Kasseler Schloss sein eigenes Heim zerstört worden.

»Damals starrte ganz Europa gebannt auf Frankreich und Deutschland, das heißt auf Preußen, weil es ja Deutschland politisch gar nicht gab. Jetzt bin ich bald neunzig, aber ich kann mich noch an alles sehr gut erinnern.«

Er unterbrach sich und zog eine Taschenuhr aus der Uhrentasche seiner Weste: »Ein Erbstück. Feinstes Gold«, sagte er, »sowohl die Uhr als auch die Kette. Passen eigentlich gar nicht mehr hierher.«

Die Uhr war billigstes Blech. Wahrscheinlich hatte der alte Herr das Erbstück längst versetzt.

»Ich war zu der Zeit, als alles geschah, erst dreizehn Jahre alt und wohnte in Berlin und war stolz auf meinen Onkel Heinrich, Heinrich von Abeken, der als Auswärtiger Rat seiner Majestät, König Wilhelm von Preußen, in der nächsten Nähe des Monarchen war. Natürlich hat er oft erzählt vom Leben am Hof. Und wir Kinder waren immer enttäuscht, dass es ganz anders war als in den Märchen und Geschichten. In der Revolution von 1848 hatte ein Revolutionär namens Maximilian Dortu den Bruder des damaligen Königs Kartätschenprinz genannt, weil er mit Kanonen auf das Volk schießen lassen wollte. Wenigstens behaupteten das viele. Dieser Kartätschenprinz war jetzt Wilhelm I. König von Preußen. Zu der Zeit, von der ich rede, konnte der greise Monarch über sein damaliges Verhältnis zur Gewalt nur den Kopf schütteln. Das bedeutete aber nicht, dass er nun grundsätzlich auch dem Krieg abgeschworen hätte. In seiner Regierungszeit führte Preußen drei Kriege. Es geht um den Beginn des entscheidenden dritten.«

Ich rechnete nach, offenbar redete der Herr von der Zeit um 1870. Wenn er damals dreizehn gewesen war, war er heute im Jahre 1947 tatsächlich ein neunzig Jahre altes Relikt einer längst vergangenen Zeit.

»Mein Onkel hatte den König von Preußen nach Bad Ems zur Kur begleitet wie in jedem Sommer. Seine Majestät war betagt, brauchte Ruhe, wandelte auf der Kurpromenade und im Park und trank den Brunnen. Ich war mit meinen Eltern oft zur selben Zeit in Bad Ems und erinnere mich noch gut an ihn. Ich hatte ihn natürlich auch in Berlin gesehen, freilich immer in der Kutsche. Jetzt aber spazierte der König im Park wie ein ganz normaler Kurgast. Der Monarch war von Ehrfurcht gebietender, stattlicher Gestalt, hatte eine breite, hohe Stirn, die auffiel, und einen schlohweißen Backenbart. Sein Gehrock war schwarz und er trug eine ebenfalls dunkle Halsbinde. Ein Kind, das ihn noch nie gesehen hatte, konnte schon enttäuscht sein: Nichts an seiner Kleidung sah aus, wie es sich einen König vorstellte: kein Purpurmantel und natürlich auch keine Krone oder ein Zepter; er trug nicht einmal einen Orden, dafür einen blanken Zylinderhut wie ein Fabrikant.

Mein Onkel Heinrich führte mich eines Tages vor ihn und stellte mich vor. Ich krähte herzklopfend: »Gute Gesundheit, Eure Majestät!«

Der König hat mir die Hand auf den Kopf gelegt und etwas gesagt. Ich habe es vor lauter Aufregung nicht verstanden. Damals war ich erst acht Jahre alt.

Nun weilte mein Onkel wieder mit ihm in Bad Ems, und dort hat das begonnen, wovon ich euch erzähle.«

Der Blick des Alten war freundlich, aber weit in die Ferne gerichtet.

»Zwei Jahre zuvor, im Jahre 1868, war in Spanien Königin Isabella II. abgesetzt worden. Sie war bigott – in den Kirchen lag sie tagelang auf den Knien, gleichzeitig aber war sie verlogen, bestechlich und hinter Männern her. Und nun brauchten die Spanier ein neues Oberhaupt. In allen Zeitungen konnte man lesen, dass sie sich einen König aus dem Hause Hohenzollern wünschten, den Prinzen Leopold von Hohenzollern-Sigmaringen, einen katholischen Neffen des preußischen Königs. Der Prinz hatte die Krone zunächst abgelehnt; jetzt wurde im Jahre 1870 das Angebot von spanischer Seite erneuert. Jahrhundertelang war Frankreich eingekreist gewesen vom Machtgebiet der Habsburger als Römischen Kaisern, spanischen Königen und österreichischen Erzherzögen mit viel Besitz in Oberitalien. Frankreich hatte alles versucht, sich aus dieser tödlichen Umklammerung zu lösen. Jahrhunderte voller Kriege waren die Folge gewesen.«

Herr von Abeken hatte eine feine, hohe, fast singende Greisenstimme. Manchmal aber schien er zu flüstern, sodass man kaum etwas verstand. Aber meistens war seine Stimme klar.

»Als schließlich, 1648, mit dem Ende des Dreißigjährigen Krieges die Macht der Habsburger gebrochen war, blieb es das Ziel Frankreichs, Deutschland niederzuhalten, ja auf Kosten des nun gänzlich in Kleinstaaterei zerfallenen Nachbarn seine Macht auszuweiten. Erbfeindschaft nannte man das gespannte Verhältnis zwischen Frankreich und Deutschland. Für den Kaiser von Frankreich, der gerade vom Volk in seinem Amt bestätigt worden war, wäre es eine riesige Niederlage gewesen, wenn plötzlich wieder ein Herrscher deutscher Herkunft in Spanien gekrönt worden wäre. Er legte deshalb sofort Widerspruch ein und versuchte, einen König aus einem französischen Geschlecht auf den spanischen Thron zu bringen. Er gebrauchte so markige Drohungen, dass man einen

Krieg befürchten musste. Ich weiß es noch auswendig. Ich weiß die Texte aller drei Depeschen auswendig, die man miteinander wechselte.

Frankreich wird nicht dulden, daß der Prinz von Hohenzollern oder sonst irgendein preußischer Prinz den spanischen Thron besteigt. Um diesen möglichen Fall zu verhindern, zählt die Regierung zugleich auf die Klugheit des deutschen Volkes und auf die Freundschaft des spanischen Volkes. Sollte es jedoch anders kommen, so wüßten wir ohne Zögern (...) und ohne Schwäche unsere Pflicht zu tun.

Dies war die erste Depesche und war, wenn man sie ernst nimmt, eine klare Kriegsdrohung, ein Ultimatum. Aber in der diplomatischen Sprache werden meist feinere Mittel angewandt, wird nicht so deutlich ausgesprochen, was man sagen will. So auch hier: Die Depesche rief nicht nach einem Krieg, sondern machte die Welt darauf aufmerksam, dass Kaiser Napoleon III. ein Problem hatte. Ein Problem nicht so sehr mit den Preußen, sondern mit dem eigenen Volk. Er benützte die starken Worte – ›ohne Zögern und ohne Schwäche‹ –, um vor seinem Volk als starker Mann zu gelten. Denn er war nicht als Erbe auf den Kaiserthron gelangt, sondern durch eine Volksabstimmung, und er konnte vom Volk jederzeit wieder abgesetzt werden. Daher seine ständige Suche nach innen- oder außenpolitischen Erfolgen. Jeder begriff es, und es erhoben sich viele Stimmen auf der Welt, die Bedenken äußerten zu dem Hohenzollernprinzen auf spanischem Königsthron.

Der Hohenzollernprinz, der sich plötzlich als Spannungsfaktor in Europa sehen musste, ließ umgehend den Verzicht auf den gefährlichen Thron mitteilen, für den seine Begeisterung ohnehin nicht sonderlich groß gewesen war; er blieb lieber an der Donau in Sigmaringen, wo sie am wildesten ist, als dass er nach Madrid an den Manzanares gegangen wäre.«

Der alte Herr machte eine längere Pause und sah uns dabei etwas abwesend an. Wir sagten nichts, sondern warteten gespannt, dass er weiterredete.

»Sie wissen ja«, unterbrach er sich, »ich war damals noch ein Kind. Das meiste habe ich später erfahren, mir meine Gedanken darüber gemacht und mit gescheiten Leuten darüber geredet.«

Bedachte man sein hohes Alter, saß er sehr aufrecht.

»So hatte Kaiser Napoleon III.«, fuhr er fort, »eigentlich erreicht, was er wollte. Aber leider ohne sein Zutun. Niemand hatte sein Kriegstheater ernst genommen, der Prinz war freiwillig zurückgetreten. Preußen selbst schien gar nicht beteiligt. Napoleon III. konnte das Ergebnis nicht als Erfolg über Preußen bezeichnen. Die Öffentlichkeit in Frankreich erwartete aber nach seinem großartigen Ultimatum einen gewaltigen Triumph des Kaisers über Preußen.«

Der Anzug des Herrn von Abeken hatte abgestoßene Ecken, war aber aus erstklassigem Stoff. Der Elfenbeinknauf seines Stöckchens war vergilbt und rissig und vom vielen Gebrauch fast durchsichtig. Es hätte noch vom Fürsten Bismarck selbst herrühren können.

»Und nun fängt die Geschichte eigentlich erst an«, sagte er.

»Der König lustwandelte am 13. Juli des Jahres 1870 wie die Tage zuvor auf der Kurpromenade von Bad Ems in schönstem Sonnenschein, so hat es mir mein Onkel immer erzählt. Er nickte den Menschen freundlich zu, redete manchmal zu dessen Schreck einen Bürger an und erkundigte sich nach den Geschäften; manchmal blieb er stehen, um eine Blume oder einen Baum näher zu betrachten oder um an einen seiner Begleiter, auch an meinen Onkel, das Wort zu richten – keine Spur mehr vom Kartätschenprinzen. Er hatte einige Beschwerden, wie sie das Alter so mit sich bringt, gleichgültig, ob man nun König ist oder Dachdeckermeister. Er suchte Ruhe.«

Herr von Abeken verfolgte einen weißlichen Schmetterling mit den Augen. Dann fuhr er fort: »Niemand weiß, woran Wilhelm I. im Augenblick gedacht hatte. Wohl kaum an die Probleme der spanischen Krone. Und wenn er doch daran dachte, so konnte er besten Gewissens sagen, dass er und sein Neffe in Sigmaringen dem allgemeinen Frieden bereits einen großen Dienst erwiesen hatten. Aber vielleicht dachte er ja auch an ganz andere Dinge.

Da vertrat ihm plötzlich ein dunkel gekleideter Herr den Weg, den Hut in der Hand. Der Herr, der sich von den Begleitern des Königs nicht abweisen ließ und den König geradezu unhöflich bedrängte, ja sogar an Seine Majestät das Wort richtete, ohne dazu aufgefordert zu sein – eine besonders unverzeihliche Unhöflichkeit –, dieser aufdringliche Herr erwies sich erst nach einigem Hin und Her als der französische Gesandte in Preußen. Dass aber ausgerechnet ein französischer Diplomat den Herrscher eines anderen Volkes so plump auf offener Straße bedrängte, sich verhielt wie ein Hackklotz, hatte verhindert, dass man den Grafen von Benedetti, so war sein Name, sogleich erkannte.

Der König, leicht verwirrt über das ungewöhnliche Betragen, richtete nun seinerseits das Wort an den Gesandten, der barhäuptig, glatzköpfig und einen Kopf kleiner vor ihm stand. Vielleicht war Wilhelm I. neugierig, was den Diplomaten zu einer solch ungewöhnlich dreisten Art drängte. Vielleicht aber wollte er gegen die schlechte Kinderstube des Herrn von Benedetti seine eigene Gelassenheit setzen.

Nach seinem Begehren gefragt, antwortete der ungeschickte Gesandte, er handle im Auftrag seines Herrn, des Kaisers von Frankreich: Dieser wolle vom König von Preußen eine entschiedene Aussage über das Gerücht, dass der Prinz von Hohenzollern-Sigmaringen wirklich auf den spanischen Thron verzichtet hätte. Sein Blick war dabei fragend, als wisse er noch nichts Sicheres vom Rücktritt des Prinzen. Jeder wusste, dass dies nicht der Wahrheit entsprach – der Verzicht des Prinzen war in Paris längst bekannt.

Dennoch blieb Wilhelm I. geduldig: Er versichere ihm mit seinem königlichen Wort, dass er noch keine offizielle Mitteilung der Familie des Prinzen habe, was den Tatsachen entsprach. Er werde den französischen Gesandten, sobald er diese erhalten hätte, davon verständigen. Damit wandte sich der König und ging seines Weges.

Herr von Benedetti jedoch vertrat dem Monarchen den Weg erneut, eine Ungeheuerlichkeit, und erhob nun so absurde Forderungen, dass der König einen Augenblick, nach Worten ringend, stehen blieb. Der König von Preußen solle, verlangte der Gesandte, eine Versicherung abgeben, dass er die Kandidatur eines preußischen Prinzen auf dem spanischen Thron auch künftig verhindern wolle, ja, dass eine solche Kandidatur für alle Zeiten ausgeschlossen werde.

Jedem war sofort klar, dass der preußische König ein solches

Ansinnen wie zuvor die Penetranz des Grafen Benedetti als Unverschämtheit empfinden musste. Für den französischen Kaiser freilich wäre eine solche Zusicherung der gesuchte und gewünschte Riesentriumph in der Öffentlichkeit gewesen. Dennoch blieb der König die Ruhe selbst, nur eine hochgezogene Augenbraue gab seine Verwunderung zu erkennen. Er könne eine solche Erklärung nicht abgeben, sagte er weiterhin geduldig, nicht ohne Konsultation seiner Minister und schon gar nicht auf der Straße.

Dann wolle er die Antwort zu einer dem König genehmen Zeit in einer weiteren Audienz abholen, antwortete der Gesandte.

Darauf teilte ihm seine Majestät mit, er betrachte die Angelegenheit als erledigt, und wandte sich ab.

Ein umgehend eingereichtes formelles Gesuch des Gesandten um eine weitere Audienz ließ der König durch den Fürsten Radziwill ablehnen.«

Es war interessant, was der alte Herr uns erzählte. Ein wenig wusste man natürlich auch noch von der Schule. Und doch klang es ganz anders als in der Schule. Ein wenig, als wäre man selbst dabei.

»Der König war es gewohnt, seinen Ministerpräsidenten Otto von Bismarck über alles zu informieren, was es an wichtigen politischen Fragen gab. So beauftragte er meinen Onkel, ihm von der Unterredung im Park zu berichten.

Dieser, mein Onkel, ein gründlicher und zuverlässiger Beamter, machte sich sogleich an die Arbeit. Das Schreiben, das er zu formulieren hatte, war nicht einfach. Die Unterredung auf der Kurpromenade war ja sehr außergewöhnlich, für den König eigentlich erniedrigend abgelaufen. Sollte man dem Kanzler alle Umstände genau mitteilen? Das politische Verhältnis mit Frankreich war gespannt. Würde eine Darstellung des beschämenden Ereignisses nicht die aufgeladene Atmosphäre noch weiter anheizen? Konnte eine politische Verschärfung nicht sogar zu einem Krieg mit Frankreich führen? Mein Onkel wollte keinen Krieg! Er wollte vor allem nicht die Verantwortung für einen Krieg tragen. So beschloss er, das Ereignis nur vom Inhalt her zu beschreiben und alle die diplomatisch monströsen Details wegzulassen. Der reine Inhalt war schlimm genug.

So entstand schließlich die zweite Depesche. Sie wurde von Bad Ems nach Berlin gedrahtet und lautete:

Seine Majestät der König schreibt mir:

»Graf Benedetti fing mich auf der Promenade ab, um auf zuletzt sehr zudringliche Art von mir zu verlangen, ich sollte ihn autorisiren, sofort zu telegraphiren, daß ich für alle Zukunft mich verpflichtete, niemals wieder meine Zustimmung zu geben, wenn die Hohenzollern auf ihre Candidatur zurückkämen.

Ich wies ihn zuletzt, etwas ernst, zurück, da man à tout jamais (auf immer und ewig, G. B.) dergleichen Engagements nicht nehmen dürfe noch könne.

Natürlich sagte ich ihm, daß ich noch nichts erhalten hätte und da er über Paris und Madrid früher benachrichtigt sei als ich, er wohl einsähe, dass mein Gouvernement wiederum außer Spiel sei.«

Seine Majestät hat seitdem ein Schreiben des Fürsten bekommen.

Da Seine Majestät dem Grafen Benedetti gesagt, daß er Nachricht vom Fürsten erwarte, hat Allerhöchstderselbe, mit Rücksicht auf die obige Zumuthung, auf des Grafen Eulenburg und meinen Vortrag, beschlossen, den Grafen Benedetti nicht mehr zu empfangen, sondern ihm nur durch seinen Adjutanten sagen zu lassen: daß Seine Majestät jetzt vom Fürsten die Bestätigung der Nachricht erhalten, die Benedetti aus Paris schon gehabt, und dem Botschafter nichts weiter zu sagen habe.

Seine Majestät stellt Eurer Excellenz (Bismarck) anheim, ob nicht die neue Forderung Benedettis und ihre Zurückweisung sogleich, sowohl unsern Gesandten, als in der Presse mitgeteilt werden sollte.

Der heutigen Ohren so verworren klingende Text ist ein typisches Beispiel diplomatischer Sprache. Mein Onkel war darin Meister. Er war aber auch ein Meister, sich aus Verwicklungen herauszuhalten, die sich aus seinen Texten ergeben konnten. So lässt er hier die Entscheidung ganz bei Bismarck, ob der Text der Depesche der Presse übergeben werden sollte,

Der König wird hier als Urheber des Schreibens dargestellt. Er war freilich nur der Auftraggeber. Der Ablauf der Dinge wird in einer sachlichen Art dargestellt, die aber die Demütigung, die dem König zugefügt worden war, dennoch zum Ausdruck bringt.

Das alles erhielt Bismarck in Berlin als Telegramm beim Abendessen mit den Generälen Roon und Moltke. Als Bismarck die Depesche vorgelesen hatte, herrschte bedrücktes Schweigen. Die beiden Generäle lehnten es ab, weiterzuspeisen: Der Appetit war ihnen vergangen.«

Der alte Herr neben uns auf der Bank machte, als sei er ermüdet, eine längere Pause, wie sie ein geübter Erzähler an bestimmten Stellen machen würde.

»Man kann die Gedanken, die den beiden höchsten Militärs in Preußen blitzschnell durch den Kopf gingen, leicht nachvollziehen«, fuhr er dann fort. »Der König von Preußen war in unerträglicher, ja in ungewöhnlich entwürdigender Weise vom französischen Gesandten auf offener Straße »überfallen« worden mit einem ebenso unerträglichen Ansinnen. Das Ganze war eine Demütigung.

Versuchte man nun, diesen Vorgang in Preußen zu verschweigen, so konnte man darauf wetten, dass er von Frankreich genüsslich und vielleicht übertrieben und noch beleidigender an die dortige Presse gegeben würde: Unerhörter Triumph für Napoleon III., unsägliche Herabsetzung für den König von Preußen wäre die Folge! Verschwieg Preußen das Vorgefallene aber nicht, dann war es gezwungen, Krieg gegen Frankreich zu führen, weil sonst sein Ansehen auf der ganzen Welt gelitten hätte.«

Der alte Mann wandte seinen Blick von uns zu den Ruinen.

»Man denkt heutzutage anders über Krieg – kein Mensch würde mehr wegen eines so nichtigen Anlasses Krieg führen! Aber damals dachte man anders, und wir müssen versuchen, die Gedanken der Menschen von damals zu denken.

Unklar war den beiden Generälen: Sollte Preußen von Frankreich gezielt in einen Krieg getrieben werden? Beide schüttelten den Kopf: Sicher nicht. Napoleon III. wollte einen Triumph über Preußen. Aber die Preußen mussten nun entscheiden: Krieg oder Demütigung vor den Augen der Welt! Preußen würde den Krieg beginnen müssen! Wer aber einen Krieg anfing, galt auch schon damals als belastet. Und der Sieg? Preußen hatte zwar Verbündete – die süddeutschen Staaten wie die Königreiche Württemberg,

Bayern, Sachsen, das Großherzogtum Baden. Aber der Bündnisfall würde nur eintreten, wenn Preußen angegriffen wurde. Griff Preußen selbst an, würden die verbündeten Mächte keinen Finger rühren, und das Land müsste alleine gegen das große Frankreich kämpfen! Schon deshalb mussten die Franzosen nicht mit einem Krieg rechnen. Beiden Generälen ging auf, dass der Überfall des Grafen Benedetti auf den König kein diplomatisches Unvermögen gewesen war, sondern im Gegenteil ein äußerst ausgekochter, ja vollendet raffinierter Schachzug! Preußen hielt nun den Schwarzen Peter in der Hand! Was tun?

Verständlich, dass beiden Generälen der Appetit vergangen war.

Das alles ging auch dem preußischen Ministerpräsidenten Bismarck durch den Kopf. Auch er schien einen Augenblick wie gelähmt.

Ein Diener, der die Speisen vorlegte und, ob er wollte oder nicht, Zeuge des Ganzen geworden war, erzählte alles später meinem Onkel und vielen anderen. Fürst Bismarck ermutigte ihn geradezu – sonst wäre jedes Wort darüber ein Vertrauensbruch gewesen.

Die Herren Generäle schauten auf Bismarck, der sich über den Schnauzbart strich und nachdachte.«

Der alte Herr von Abeken richtete den Blick auf die kahlen Flächen, die einmal ein Park gewesen waren.

Dann erzählte er weiter: »Mein Onkel sagte immer, das Wichtigste in der Politik sei, dass man gründlich nachdenkt, ehe man handelt. Niemand weiß, ob der Kanzler in diesem Augenblick nach dem berühmten Mantelzipfel des Herrgotts griff, als welches er das Handeln der Politik ja beschrieben hatte. Betrachtet man die Folgen in den nächsten hundert Jahren, würde man eher zu dem Urteil kommen, dass der Herrgott nicht sehr beteiligt war.

Bismarck stand auf und trat zu seinem Schreibtisch.

Ich kenne eine Anekdote über Bismarck, die zeigt«, unterbrach der Erzähler seine Schilderung, »wie schlagfertig er war, aber auch, was Diplomatie ist. Bismarck hatte bei einem Essen die Frau eines ausländischen Diplomaten als Tischdame. Sie beklagte sich über die deutsche Sprache, in der es ganz unnötig viele Wörter für dieselbe Sache gebe: Schlagen und Hauen sei doch dasselbe. Bismarck lächelte: ›Ich bin nicht Ihrer Ansicht, Madame. Die Standuhr dort drüben schlägt uns die Stunden, aber sie haut sie nicht.‹ Aber senden und schicken‹, beharrte sie nun, ›sind doch ganz gewiss dasselbe.‹ ›Nein, Madame‹, schmunzelte er, ›leider! Ihr Mann ist zwar ein Gesandter, aber kein Geschickter.‹«

Wir lachten.

»Bismarck an seinem Schreibtisch«, setzte nun der Alte seinen Bericht fort, »schrieb nur kurze Zeit, dann las er vor. Und dies ist die dritte Depesche in unserer Geschichte. Auch sie weiß ich auswendig.

Nachdem die Nachricht von der Entsagung des Erbprinzen von Hohenzollern der Kaiserlich Französischen Regierung von der Königlich Spanischen amtlich mitgeteilt worden sind, hat der Französische Botschafter in Ems an Seine Majestät den König noch die Forderung gestellt, ihn zu autorisieren, daß er nach Paris telegraphiere, daß Seine Majestät, der König sich für alle Zukunft verpflichte, niemals wieder seine Zustimmung zu geben, wenn die Hohenzollern auf ihre Kandidatur wieder zurückkommen sollten.

Seine Majestät der König hat es darauf abgelehnt, den Franz. Botschafter nochmals zu empfangen, und demselben durch den Adjutanten vom Dienst sagen lassen, daß Seine Majestät dem Botschafter nichts weiter mitzutheilen habe.

Der alte Herr hatte den Text der Depesche wieder klar und mit Leidenschaft gesprochen wie ein Schauspieler auf der Bühne. Welche Leistung für einen Neunzigjährigen! Schon die Gedächtnisleistung verdiente Bewunderung.

»Man sieht sogleich«, fuhr er fort, »dass die Depesche Bismarcks viel kürzer ist als die meines Onkels. Kürze ist immer gut, Kürze wirkt genauer und schärfer. Aber die Kürze in dieser Depesche war für Frankreich eine Katastrophe. Der Schwerpunkt der Mitteilung ist nun verschoben: Der für den preußischen König so demütigende Zwischenfall auf der Kurpromenade von Bad Ems ist nahezu ganz weggelassen. Dass der König von Preußen mit Benedetti überhaupt geredet hatte, kann man jetzt nur noch an dem kurzen »nochmals zu empfangen« entnehmen. Im Mittelpunkt der Depesche steht jetzt ganz die Unverschämtheit des französischen

Gesandten, von der wir jetzt freilich annehmen müssen, dass sie keinen Krieg beginnen, sondern den König von Preußen zum Triumph des französischen Kaisers beleidigen sollte. Wir erinnern uns: Preußen konnte Frankreich nicht den Krieg erklären, weil für die Verbündeten bei einem Angriff Preußens der Bündnisfall nicht eingetreten wäre.

Unsere dritte Depesche schaffte so für alle Probleme Abhilfe: Der Beleidigte ist jetzt Frankreich! Nämlich: Dem französischen Gesandten wird hier, und das ist die Pointe der Depesche, mitgeteilt, dass er nicht empfangen wird. Dass der König den Gesandten bereits gesprochen hatte, geht nunmehr weitgehend unter. Wird die Depesche in Frankreich veröffentlicht, so wird es der unbefangene Leser, und Zeitungsleser sind zumeist unbefangen, nicht registrieren. Dagegen wird seine ganze Aufmerksamkeit auf die Nachricht gelenkt, dass der preußische König dem französischen Gesandten habe mitteilen lassen – und zwar durch den ›Adjutanten vom Dienst‹! –, dass er nicht empfangen werde. Adjutant vom Dienst, das hörte sich an, als hätte der König die Verweigerung der erbetenen Audienz dem Gesandten durch den Hausmeister mitteilen lassen oder als habe ein königlicher Türsteher den Gesandten hinausgeworfen.

Die Formulierung konnte unhöflicher nicht sein.«

Von der nahe gelegenen Ruine eines Pavillons flog eine Wolke von Krähen auf und lenkte uns durch ihr Geschrei einen Moment ab.

»Kaum vernahmen die beiden Generäle diese neue Fassung der Depesche meines Onkels, von der Bismarck sagte, dass er sie auf der Stelle an die Presse weitergeben werde –, als sich ihr Appetit wieder einstellte; vergnügt stießen sie mit dem Ministerpräsidenten an. Ja, sie benahmen sich fast wie Schuljungen nach einem Streich. Wären sie Kinder gewesen und keine gesetzten Teilhaber der Macht im Staat – sie wären im Zimmer herumgetanzt.

Jetzt hatte Bismarck den Spieß umgedreht und die Dinge lagen ganz anders: Nun hielt plötzlich Frankreich den Schwarzen Peter in der Hand, der Preußen zugedacht gewesen war. Die Erwartungen in Frankreich auf eine Demütigung Preußens hatte Napoleon III. selbst durch sein Ultimatum hochgeschraubt. Wollte

Napoleon III. nicht als gedemütigter Tölpel dastehen, musste nun er Preußen angreifen. Und da, das wissen wir – die Franzosen sahen es mit Entsetzen – griffen die Schutz- und Trutzbündnisse der süddeutschen Staaten. Preußen stand plötzlich nicht mehr allein: Es hatte Deutschland hinter sich, und würde der Krieg von Preußen und seinen Verbündeten gewonnen, so wäre Deutschland der Einigung ein entscheidendes Stück nähergekommen, und das wäre eine weitere, die größte Schlappe für Frankreich.

So konnte Bismarck einer französischen Kriegserklärung mehr oder weniger gelassen ins Auge sehen. Und daraus folgt nun: Bismarck wollte diesen Krieg, mit dem Frankreich nur gespielt hatte. Er brauchte ihn, um Deutschland zu einigen und unter die Vorherrschaft Preußens zu bringen.«

Herr von Abeken schwieg und wandte sich dann direkt an uns.

»Ihr seht, mit welch unglaublicher Raffinesse Bismarck die Dinge gelenkt hatte, ein Gipfel diplomatischen Geschicks. Kein Wunder, dass die beiden Generäle plötzlich wieder Appetit fanden.

Wir dürfen aber nicht vergessen, dass es ein Krieg war, den Bismarck wollte. Krieg! Krieg jedoch ist etwas Schreckliches, wie ihr ringsum seht, und war es auch damals. Andererseits aber war Krieg für die damalige Politik an sich nichts Ungewöhnliches. Man war der Auffassung, der Krieg setze einfach die diplomatische Politik mit anderen Mitteln fort. Kein Politiker wäre auf die Idee gekommen, einen Krieg zu vermeiden, wenn er gute Chancen hatte, ihn zu gewinnen. Hitler hat das noch vor wenigen Jahren in verbrecherischer Weise fortgesetzt. Aber ihn zu beginnen, das versuchte man zu vermeiden und dem Gegner zuzuschieben; Hitler hat nicht einmal das für nötig gehalten.

Bismarck aber hatte schon zweimal den Gegner dazu gebracht, den Krieg zu eröffnen: Im deutsch-dänischen Krieg hatten die Dänen angefangen. Und er hatte im preußisch-österreichischen Konflikt dafür gesorgt, dass der Krieg von Österreich ausging. In beiden Kriegen war Preußen der Sieger.

Die Zeitungen in Frankreich und Deutschland überschlugen sich, als sie die dritte Depesche veröffentlichten. Die französischen voller Abscheu über Preußen. Die nationale Empörung der Franzosen wuchs von Tag zu Tag, wie die Empörung immer wächst, wenn es kein anderes Mittel gegen eine Demütigung gibt. Ebenso wuchs die Empörung in Preußen: Die Franzosen wollten unseren König blamieren, aber nun haben sie sich selbst blamiert! Schnell griff die Empörung auf die restlichen deutschen Länder über: Der Franzose, der Erbfeind – lächerlich hat er sich gemacht mit seiner Drohung. Jetzt muss man Ernst machen: Draufgehauen und Schluss!

Aus einer kleinen Affäre war auf beiden Seiten eine nationale Bewegung geworden. Wobei sich Deutschland mit seiner Kleinstaaterei zumindest im Gefühl der beleidigten Überlegenheit bereits einig war: Lasst sie nur kommen! Das alles war Wasser auf die Mühle Bismarcks: Wer wird einen Krieg gewinnen?, hatte er eiskalt überlegt – Frankreich oder Deutschland?

Preußen konnte sich auf die Hilfe Süddeutschlands verlassen. Aber die Franzosen hatten mit ihrer ruhmreichen Armee unter Napoleon I. vor noch nicht einmal zwei Generationen Europa erobert von der Nordsee bis Moskau, Wien und Rom. Und Frankreich hatte auch die besseren Gewehre. Bismarck aber wusste, die besseren Geschütze gab es in Preußen. Nicht umsonst hatte er in Preußen gegen erheblichen Widerstand eine Heeresreform durchgesetzt und die Armee mit modernsten Waffen ausgestattet. Bismarck hatte dabei die preußische Verfassung gebrochen und den Zorn vieler Deutscher erregt, aber jetzt empfand das plötzlich jeder als richtig. Einem modernen preußisch-deutschen Heer, rechnete Bismarck weiter, standen mit einem besser ausgebauten Eisenbahnnetz auch schnellere Transportmöglichkeiten zur Verfügung als den Franzosen.

Das alles hatte der Politiker Bismarck durchdacht, bevor er nach kurzem Zögern die Depesche umgeschrieben hatte. Ein Politiker muss unzählige Dinge überdenken, bevor er handelt. Napoleon III. war ein schlechter Politiker und hatte sich seine Schachzüge nicht reiflich genug überlegt. Er hatte nicht bedacht, wie der nächste Zug des Gegners aussehen konnte. Bismarck aber war ein glänzender Politiker und hatte Napoleon III. mit wenigen Federstrichen bereits besiegt.

Nach wenigen Tagen, am 19. Juli 1870, erklärte Frankreich Preußen den Krieg, der als deutsch-französischer Krieg in die Geschichte eingegangen ist. Er dauerte von 1870 bis 1871, dann war Frankreich trotz tapferer Gegenwehr durch die besseren Kanonen der Deutschen und die besseren Transportmöglichkeiten und dank der guten Generäle, denen wir bereits begegnet sind, besiegt. Napoleon III. wurde von den deutschen Truppen gefangen genommen und schließlich von den Franzosen abgesetzt, Deutschland wurde geeinigt: Im Spiegelsaal von Versailles wurde am 18. Januar 1871 das Deutsche Reich ausgerufen, Wilhelm I., der ehemalige Kartätschenprinz, wurde Kaiser, und Bismarck wurde der erste Kanzler des deutschen Reiches.

Wovon die deutschen Dichter gesungen und die deutschen Revolutionäre von 1815 bis 1849 geträumt hatten, war in Erfüllung gegangen.

Grund zur Freude? Sicher. Es ist immer ein Grund zur Freude, wenn sich der Wille eines Volkes erfüllt«, sagte Herr von Abeken nachdenklich.

»Aber wir dürfen nicht vergessen, auf welche Weise dieses Ziel erreicht worden ist: Drei Kriege wurden geführt, Hunderttausende von Menschen mussten ihr Leben lassen, noch viel mehr Menschen wurden verletzt und verloren ihre Gesundheit. Viele Städte, Dörfer, Häuser wurden zerstört, Unzählige verloren Heimat und Besitz. Zwei Völker von hoher Kultur blieben einander noch lange spinnefeind. Und nicht das deutsche Volk hatte die Einigung hergestellt, sondern die Fürsten. Das Volk war Sieger im Krieg, aber nicht Sieger in der Politik, weshalb die Demokratie im neuen Reich einen schweren Stand hatte. Die Deutschen hatten ihre Einigung nicht auf friedliche Weise geschafft, wie das in der Revolution von 1848/49 vielleicht möglich gewesen wäre. Damit hatten sich Krieg und Sieg so sehr als vorteilhaft erwiesen, dass fortan im Kaiserreich alles Militärische und Nationale verherrlicht wurde.«

Herr von Abeken schien auf einmal ungeduldig und unruhig.

»Zwar hielt Bismarck Maß und achtete auf Ausgleich mit anderen Völkern. Er war in höchstem Maße besonnen. Aber Kaiser Wilhelm II., der Bismarck im Jahre 1890 absetzte und selbst die Politik bestimmte, verließ sich auf Stärke und vermeintliche Überlegenheit. Er entfesselte den Ersten Weltkrieg, der ihm durch die Niederlage die Krone kostete; und das Reich, das für Jahrhunderte gegründet schien, war nach nicht einmal fünfzig Jahren schon wieder am Ende. Dennoch setzten viele Deutsche immer noch auf Stärke und Krieg. Welche entsetzliche Niederlage hat Deutschland jetzt wieder erlitten und erleidet es immer noch mit Vertreibungen und Besatzungszonen.«

Er schwieg lange. Wir dachten seinen Worten nach, sahen den kahlen Park, die Krähen und die Ruinen.

»Denn wo Wilhelm II. vor Überheblichkeit leichtsinnig war, war Hitler einfach ein Verbrecher. Der Erste und der Zweite Weltkrieg, beide sind von Deutschland ausgegangen. Bismarck wäre das nicht passiert. Dennoch meine ich: Damals in Bad Ems und dann bei dem Abendessen in Berlin hat alles angefangen. Drei Depeschen, und wie viele Schicksale haben sie bestimmt!«

Der alte Mann erhob sich müde: »Viel zu viel geredet. Das sind alte Geschichten. Kein Mensch will die heute mehr wissen. Ich habe Sie belästigt und gelangweilt und habe mich zu entschuldigen.« Er blickte nieder auf den vergilbten Elfenbeinknauf seines Stöckchens: »Deutschland? Wird es das jemals wieder geben?«

AUFBRUCH

Man kann darüber streiten, wer von beiden das Automobil erfunden hat – Carl Benz oder Gottlieb Daimler. Grundlegenden Anteil an der Erfindung des Automobils hatte zunächst Nikolaus August Otto, der den ersten, später von Daimler und Benz unabhängig voneinander weiterentwickelten, brauchbaren Motor schuf. Ein Motor, der seine Kraft aus Explosionen von Gas auf der Grundlage von Benzin gewinnt, Ligroin, wie dieser Treibstoff damals noch genannt wurde. Benz bekam 1886 das Patent auf seinen dreirädrigen Motorwagen. Gottlieb Daimler konstruierte seine Fahrzeuge unter der Mithilfe von Wilhelm Maybach. Als Erstes erfand er, ebenfalls 1886, den »Reitwagen«, das erste Motorrad, er schuf den ersten vierrädrigen Motorwagen, er baute die erste Straßenbahn 1887, er konstruierte 1888 das erste Motorboot und 1896 den ersten Lastkraftwagen.

Überraschend ist für die damalige Zeit, dass die erste Fernfahrt mit einem Automobil eine Frau unternahm: Bertha Benz. Die Frau von Carl Benz fuhr in den ersten Augusttagen 1888 – das oft angegebene Datum 5. 8. war ein Sonntag und kann nicht stimmen – mit ihren beiden Söhnen, die den Wagen abwechselnd steuerten, von Mannheim nach Pforzheim. So verhalf sie der bahnbrechenden Erfindung ihres Mannes zum Durchbruch und dem Individualverkehr zum Aufbruch. Rund siebzig Jahre zuvor war ebenfalls von Mannheim aus, am 12. Juni 1817, die erste Ausfahrt mit dem Laufrad, dem Vorläufer des Fahrrads, durch seinen Erfinder Karl Drais erfolgt.

Bertha Benz wurde am 3. 5. 1849 in Pforzheim als Tochter des Zimmerermeisters Karl Friedrich Ringer geboren. Sie heiratete am 20. Juli 1872 in Ladenburg Carl Benz. Schon als Verlobte hatte sie ihren künftigen Gatten aus finanziellen Schwierigkeiten gerettet, indem sie sich ihre Mitgift auszahlen ließ und ihm das Kapital zur Sanierung seiner damals kleinen Firma zur Verfügung stellte. Sie förderte das Werk ihres Mannes, wo sie nur konnte. Zum Beispiel eben durch die erste Fernfahrt mit einem Automobil. Bertha Benz starb am 5. Mai 1944 in Ladenburg.

Carl Benz wurde am 25. November 1844 in Mühlburg bei Karlsruhe geboren; er studierte an der Polytechnischen Hochschule Karlsruhe die Grundlagen der Mechanik und gründete früh einen eigenen Betrieb als »mechanische Werkstätte«. Silvester 1879 läuft sein erster Motor. 1906 gründet er die Firma C. Benz & Söhne Ladenburg« für den Bau von Automobilen. Er starb am 4. April 1929 in Ladenburg.

Der Vater würde seine Frau und seine beiden Söhne beim Erwachen nicht vorfinden, das Haus wäre leer; zum ersten Mal in ihrer Ehe würde die Frau ihre eigenen Wege gehen, nein fahren, nicht gehen, dachte sie lächelnd. Denn auch sein jüngstes Kind würde er im Holzschuppen zwischen dem Haus und der Werkstatt nicht mehr finden. Dieses jüngste Kind hatte drei Speichenräder, hinten zwei sehr große mit Eisenbereifung, vorn ein viel kleineres, mit Vollgummi bezogen. Eine Art Dreirad mit Motor. Das Ganze hatte große Ähnlichkeit mit einer Kutsche, aber mit seinen Speichenrädern besaß es auch Anklänge an ein Fahrrad. Ein viertes Rad würde große Schwierigkeiten bei der Lenkung machen und musste erst gründlich durchdacht werden, da war Carl Benz vorsichtig.

Rückschläge hatte es genügend gegeben, seitdem der erste von Benz konstruierte Motor endlich am Silvesterabend 1879 ins nächste Jahrzehnt gelaufen war, ein Zweitaktmotor, weil der erste Viertaktmotor von Nikolaus August Otto noch dem Patentschutz unterlag. Erst nachdem der Patentschutz 1885 erloschen war, konnte Benz dieses erste, von einem Explosionsmotor angetriebene Fahrzeug der Welt konstruieren, ausgestattet mit eben jenem Viertaktmotor, und konnte es am 29. Januar des Jahres 1886 als Patent Nr. 37435 anmelden.

Es war frühmorgens kurz vor fünf, wenige Minuten nach Sonnenaufgang, und der Himmel versprach herrliches Wetter. Regen wäre schlimm, dachte Frau Bertha, das Fahrzeug hatte kein Dach.

Die Söhne waren auf die Idee gekommen. Sie hatten geredet und geredet. Aber was sie geredet hatten, war Abenteuerlust, ein Ferienabenteuer, denn die Sommerferien hatten soeben angefangen: »Bitte, bitte, Mama, eine Fernfahrt, so richtig weit. Zu Oma nach Pforzheim. Der Wagen schafft das. Und Papa hat uns gezeigt, wie man fährt. Es ist ganz leicht, wir können es beide.«

Selbstverständlich hatte Frau Bertha Benz zuerst Nein gesagt. Aber dann waren die Gedanken gekommen: Klar war, dass es endlich jemand tun musste. Nicht aus Abenteuerlust – aber irgendwer musste den Motorwagen, wie das Fahrzeug in der Patentanmeldung genannt worden war, hinausfahren ins weite Land. Denn dafür war das Fahrzeug, oder wie man auch sagte, das Automobil, ja gebaut worden. Wie sollte man es verkaufen, wenn man nicht sagen konnte, wohin es schon gefahren war?

»Ein Fahrzeug gehört auf die Straße, nicht in die Werkstatt.«

Aber Carl hatte sich bisher nicht auf eine so lange Fahrt getraut.

Denn immer noch gab es Probleme über Probleme, seit Carl Benz die erste Probefahrt gemacht hatte, vor drei Jahren schon. Carl Benz war zuerst nur auf dem Fabrikgelände kleine Runden gefahren. Außerhalb der Fabrikmauer wollte er den Motorwagen lange Zeit nicht ausprobieren. Hatte er den Spott der Leute gefürchtet, wenn er stecken bleiben sollte? Oder hatte er gefürchtet, dass jemand seinen ganzen Stolz nachbauen und ihm den Ruhm stehlen würde?

Ein Jahr darauf war es dann so weit. Am 3. Juli 1886 öffnete sich das Werkstor, und die Leute sahen staunend ein nie gesehenes kutschenartiges Vehikel lärmend und stinkend auf drei Rädern langsam herausfahren, als bewegte sich im Theater ein Drache aus seiner Höhle. Viele Menschen warteten vor dem Werkstor, denn die Presse, der das Ereignis mitgeteilt worden war, hatte es angekündigt. Es war das erste Mal in der Geschichte der Menschheit, dass sich ein Fahrzeug ganz ohne Pferde auf einer Straße bewegte, ein richtiges Automobil, ein Selbstbeweger. Doch es gab sogleich Gegner: Teufelswerk! Es stinkt! Es macht Lärm! Nicht zum Aushalten! Es fährt zu schnell, die Geschwindigkeit muss begrenzt werden! Es muss verboten werden! Die Behörden setzten eine Höchstgeschwindigkeit fest, Verbote wurden ausgesprochen. Oft schrien Menschen laut auf, wenn sie das Fahrzeug sahen; es war nicht immer zu unterscheiden, ob vor Entsetzen, Angst oder Begeisterung.

Andererseits war eine Fortbewegung ohne Pferde längst nichts Neues mehr. Seit einem Menschenalter gab es die Eisenbahn. Aber die Lokomotive bewegte sich mit Kohlen- und Dampfkraft auf Schienen. Und wenn die Leute auch nicht so recht wussten, wie dieses Fahren ohne Pferde vor sich ging, so war man den Anblick doch gewohnt: das schwarze Ungetüm, das unter gewaltigen Ruß- und Qualmwolken mit Klirren und Fauchen die Kette von Waggons zog. Der Motorwagen war bis jetzt nichts als eine Neuerung, die unterschiedlich betrachtet wurde. Die Menschen schwankten zwischen Begeisterung, Neugier, Mitleid und Furcht. Carl Benz fuhr ihn kürzere Strecken: nach Viernheim, nach Weinheim. Viel zu wenig, um den Wagen als Beförderungsmittel einzuführen.

Bertha Benz musste es wagen! So hatte sie vor ein paar Tagen die Fernfahrt mit den beiden Söhnen Eugen und Richard verabredet. In aller Frühe, wenn der Vater noch schlief, wollten sie aufbrechen. Heute war es so weit. Leise weckte sie die Jungen und bereitete das Frühstück.

»Vater darf es nicht merken, niemals«, sagte der ältere Eugen. Er war fünfzehn, sein Bruder Richard dreizehn. Die beiden Schwestern Klara und Thilde waren elf und sechs. Sie lagen wie der Vater noch fest im Schlaf. Das Dienstmädchen würde sich um sie kümmern.

»Wie willst du es geheim halten«, lächelte die Mutter. »Der Sinn unserer Fahrt ist ja gerade, dass es nicht geheim bleibt. Er wird es erfahren, ist doch klar!«

Richard war Feuer und Flamme: »Das wird eine gewaltige Sache. Wir zu dritt auf Papas Motorwagen!«

»Mutter«, sagte Eugen respektvoll, »du bist so mutig.«

»Es wird schon gut gehen«, rief Richard, »sollen sie alle sehen, was Papa für ein wunderbarer Erfinder ist.«

»Hoffentlich sieht die Öffentlichkeit nicht«, sagte Eugen bedenklich, »wenn wir nach Hause hinken, und ein Gespann Ochsen bringt den Motorwagen nachgezogen.« Dann aber schüttelte er den Kopf: »Es kann gar nichts schiefgehen.«

»Ach, Eugen«, die Mutter gab ihm einen Klaps. »Entweder Papas Motorwagen fährt weite Strecken, oder er fährt überhaupt nicht, weil niemand ihn haben will. So ist das.«

Unsere Existenz hängt daran, dachte Bertha Benz. Unser Vermögen steckt darin.

Zu Oma Ringer nach Pforzheim, der Mutter von Frau Bertha, waren es nach dem neuen metrischen Maß, das seit 1871 galt, über hundert Kilometer. Sie rechneten es immer noch nach der badischen Meile um, die an den Straßenrändern noch auf den Meilensteinen angegeben war. Und da wären es fast zwölf Meilen, eine riesige Strecke, welche die meisten Menschen in Mannheim weder mit der Postkutsche noch mit der Eisenbahn jemals gefahren waren. Und die Fahrt in die Gegend von Viernheim und zurück, zusammen etwa zwanzig Kilometer, kaum zwei Meilen, war die weiteste Strecke, die Carl Benz mit dem Wagen bis jetzt an einem Stück zurückgelegt hatte.

Nach Pforzheim. Die Mutter sagte den Kindern nicht, dass sie nicht einmal den Weg sicher wusste. Sie kannte die Bergstraße, die von Weinheim bei Ladenburg entlang des Odenwalds nach Heidelberg ging. Man musste nach Weinheim fahren – in Wirklichkeit ein Umweg – und dann einfach immer die Richtung nach Süden einhalten. Von Heidelberg aus würde man dann geradeaus nach Bruchsal kommen, von wo sie den Weg nach Pforzheim kannte.

Was sie brauchten an Proviant, Treibstoff und Werkzeugen, war verpackt und verstaut. »Kinder«, sagte sie und war plötzlich ernst, »wir brechen auf.«

Wir brechen auf, dachte sie, und das Wort Aufbrechen nahm plötzlich einen gefährlichen Nebensinn an, der sie einen winzigen Augenblick zögern ließ. Dann sagte sie ganz nüchtern: Eigentlich geht es gar nicht um Pforzheim, wenn sich auch Oma Ringer sehr freuen wird, vor allem über die Enkel. Das Ziel ist nur insofern wichtig, als es erreicht werden muss. Erst dadurch bekommt der Aufbruch seinen Sinn. Wir könnten auch mit der Eisenbahn nach Pforzheim fahren. Es ist eigentlich ganz gleichgültig, wohin man mit dem Motorwagen fährt.

Sie sagte den Kindern nicht, was ihr sonst noch Sorgen machte: die schlechten Straßen, steile Bergstrecken aufwärts wie abwärts, schräge Fahrbahnen, auf denen das Dreirad von der Seite her gestützt werden musste, damit es nicht umkippte. Und das Wichtigste: Woher würden sie auf der Fahrt den Treibstoff für den Motor bekommen? Sie hatten den ganzen Vorrat an Ligroin in Flaschen gefüllt und auf die Motorkutsche gepackt. Aber würde das reichen? Niemand wusste es.

Sie dachte schmunzelnd zurück an die erste Ausfahrt vor zwei Jahren. Eugen, gerade dreizehn geworden, musste mit einer Flasche dieser Ligroinflüssigkeit nebenhergehen und nachfüllen, damit der Motor nicht ausging. Ligroin erhielt man in der Apotheke. Aber welcher Apotheker hatte es vorrätig? Und wie viel?

»Kinder, also, auf geht es, in Gottes Namen!«

»Wer fährt? Zuerst Eugen«, entschied Frau Bertha. Dann Richard, dachte sie weiter, dann vielleicht ich. Ich werde genau aufpassen, wie es geht. Was die Kinder lernen können, kann ich auch. Neben Eugen auf dem Kutschenbock sitze ich. Richard, der viel kleiner und schmächtiger ist, wird auf dem winzigen Notsitz vor uns hocken müssen, den Blick nach hinten gerichtet.

Richard öffnete das Fabriktor, sie schoben den Motorwagen hinaus auf die Waldhofstraße, während die Turmuhren von Mannheim fünf Uhr schlugen. Die wenigen Leute auf der Straße sahen ihnen nach und schüttelten den Kopf, als sie die drei das schon bekannte Gefährt schieben sahen. Und sie erschraken, als nach kurzem Halt das Fahrzeug mit den dreien plötzlich unter Höllenlärm davonfuhr.

Es ging durch die stillen Vorstadtstraßen von Mannheim hinaus in das flache Land. Der Schal, den sich Frau Bertha unter dem Hut gegen den Staub um den Kopf geschlungen hatte, flatterte im Wind. Den Hut hatte sie mit einer Nadel festgesteckt.

»So müsste uns jetzt Vater sehen«, überschrie Richard den Motor.

Was er wohl sagen wird?, dachte Frau Bertha, war aber nur kurze Zeit bedrückt. Die Fahrt musste sein, Carl war zu ängstlich. Immer war er vorsichtig, immer zeigte ihm seine Fantasie, was passieren konnte.

Gut, überlegte sie: Gut, wenn etwas passiert, dann lernen wir daraus und können es ändern. Passiert nichts, ist es noch viel besser.

Der Motor lief rund und kräftig, als erinnere er an die Neujahrsnacht 1879, in der sein Vorläufer ein neues Zeitalter eröffnet hatte. Viele Versuche mit diesem Motor waren gescheitert, aber Bertha Benz hatte ihrem Mann immer Mut gemacht und konnte sogar gelegentlich Verbesserungsvorschläge machen, die er annahm. Die Stärke eines Pferdes hatte der erste Motor gehabt. Das heißt, Carl hatte es ihr erklärt, dass der Motor gerade so viel leistete wie ein Pferd. Das hieß aber nicht, dass sie nur so schnell vorankamen, als hätten sie ein Pferd davorgespannt. Die Sache war viel komplizierter: Sie kamen schneller voran als mit einem Pferd im Schritt und nur wenig langsamer, als wenn das Pferd sie im Galopp ziehen würde. Aber welches Pferd konnte diese lange Strecke im Galopp bewältigen! Der Motorwagen aber konnte es. Oder sollte es können.

Der neue Motor in ihrem Wagen hatte die Stärke von zweieinhalb Pferden.

Die Rheinebene um Mannheim ist flach, es gab weder Anstiege, die das Automobil gefordert hätten, noch abschüssige Stellen, bei denen die einzige Bremse des Fahrzeugs, eine Handbremse, sich hätte bewähren müssen. Sie fuhren vorbei an Obstwiesen und Krautgärten. Die sommerlich reifen Felder zwischen den Dörfern waren meist schon gemäht und die Garben in langen Zeilen aufgestellt. Aber sie sahen in vielen Getreidefeldern noch Reihen von Mähern sensenschwingend voranschreiten und wie sie bei dem Lärm erstarrten und die Gesichter sich ihnen zuwandten. Zur Linken blauten in der Ferne die Berge des Pfälzer Waldes. Zur Rechten lag die Mauer des Odenwalds, auf die sie zuhielten. Das Schmettern und Jubilieren der Vögel freilich mussten sie sich dazudenken, denn der Lärm des Motors übertönte jedes Geräusch.

Käfertal, Viernheim.

Sie waren noch keine halbe Stunde gefahren, da hielt Eugen das Fahrzeug plötzlich an; Frau Bertha erschrak tödlich. Aber der Motor lief weiter. »Er braucht Wasser«, nickte Richard fachmännisch, »er wird sonst zu heiß.«

Es sind keine Kinder mehr, dachte die Mutter.

Sie schöpften das Wasser aus einem nahe gelegenen Bach. Später holten sie es aus Bauernhöfen, Tümpeln, Brunnen, Bächen, Wassergräben, Weihern und Löschteichen. Die Fahrt war eine Kette von Unterbrechungen, um Wasser für die Kühlung zu beschaffen. Die Jungen wussten immer genau, wann es so weit war.

»Die Kühlung muss besser geregelt werden«, stellte Eugen fest, »kein Mensch will dauernd um Wasser rennen.« Dies war das erste Ergebnis der Fernfahrt.

Wenn man nur auch Ligroin so einfach aus Tümpeln schöpfen könnte!

In den Dörfern gingen die Fenster auf. Die Leute reckten sich heraus, Mund und Augen aufgerissen, viele rannten auf die Straße, Hühner, Gänse und Enten liefen entsetzt davon, Hunde tobten an ihren Ketten.

Schlimm war die Straße, auf der sie sich bewegten. Sie bestand aus Löchern und Rinnen, und das Fahrzeug hüpfte meist mehr, als es fuhr. Sie wurden durcheinandergeschüttelt auf ihrem hartledernen Kutschbock, stundenlang. Es war eine Kunststraße, wie man sagte, sie führte über das Land und wurde von Straßenwärtern in Ordnung gehalten, auch waren die Bauern verpflichtet, immer wieder Fuhren von Kies in die schlimmsten Löcher zu werfen und festzustampfen; aber Bauernkarren zogen auch tiefe Fahrrillen, Zugtiere traten Löcher, der Regen spülte die Aufschüttungen weg, Frost, Schnee und Eis, Sturm und Hagel zerfurchten und zerschrundeten die Fahrbahn. Man musste froh sein, wenn sie nirgendwo weggesackt war und das Dreirad nicht plötzlich umkippte.

Die Hinterräder, groß und stabil gebaut, rollten sicher, auch die schlimmsten Schlaglöcher brachten sie nicht leicht aus der Spur, auch wenn sie manchmal übel holperten – auf ihnen ruhte die Last des Wagens, der schwere Motor, die Mechanik und die drei Insassen. Ganz anders das winzige Vorderrad, es schlingerte und schwankte und hüpfte immer wieder aus der Richtung. Aber über dieses Rädchen wurde der Wagen gesteuert. Manchmal war das Schlingern und Holpern so stark, dass es Eugen, der den Wagen mit einer Kurbel an einem flach liegenden Lenkrad steuerte, schwer hatte, den Wagen auf Kurs zu halten.

Vier Räder wären viel besser als drei, überlegte Frau Bertha. Aber Carl hatte es ihr oft erklärt: Vier Räder bedeuteten Probleme mit der Lenkung, die er noch nicht recht im Griff hatte. Wären diese Probleme gelöst, würde selbstverständlich das vierte Rad an den Wagen kommen.

Weinheim, Großsachsen.

Manchmal überholten sie Fuhrwerke. Pferde, Kühe oder Ochsen bockten und konnten nur schwer daran gehindert werden durchzugehen; ein oder zweimal geschah es doch. Peitschen und Fäuste wurden nach den Insassen des Automobils geschwungen. Der

Lärm und die Unordnung, die sie mit ihrem Gefährt bewirkten, waren schlimm für Frau Bertha. Aber es musste sein.

Es hatte viele Tage nicht geregnet und so fuhren sie mitten in einer Wolke von Staub. Frau Bertha sah, wie die Kleidung ihrer Söhne grau wurde, auch ihre Gesichter, und konnte sich vorstellen, wie sie selbst aussah. Und doch hatten sie erst einen winzigen Teil der Strecke zurückgelegt.

Sie bewegten sich weiter mit Pausen, um ihr Kühlwasser zu schöpfen, aber doch zügig und gleichmäßig, von Weinheim aus ging es den waldigen Westabhang des Odenwalds entlang nach Süden. Sie sahen zur Linken die steilen Hänge und die vorgelagerten Hügel, aber die Straße blieb unten in der Ebene. Der Motor schnurrte unverdrossen. Frau Bertha horchte auf den Takt, wartete auf Nebengeräusche, auf Stottern, auf Fehlzündungen.

Richard jammerte, der Hintern tue ihm weh.

Leutershausen.

Jetzt stellten sich kleinere Steigungen in den Weg, auf kurzen Abwärtsstrecken wurde von Eugen die einzige Bremse betätigt. Bei Unterbrechungen, wie immer meist zur Wasseraufnahme, liefen die Menschen herzu, Gastwirtschaften und Werkstätten leerten sich: »Wie kann etwas ohne Pferde oder ohne Dampf fahren?«

»Das geht doch mit dem Teufel zu!«

»Großartig, was ihr da habt. Kann man das kaufen?«

Bei manchen Leuten überschlug sich die Stimme. Nicht immer war klar, ob vor Begeisterung oder vor Panik.

Schriesheim, Dossenheim.

Alles lief gut.

Aber Bertha Benz machte sich Sorgen. Der erste Überschwang war vorüber. Sie war bedrückt. Die Kinder durften nichts davon merken, sie zwang sich, lustig zu sein, fröhlich zu wirken. Aber mehr und mehr belastete sie der Gedanke: Wie hatte sie sich auf dieses Abenteuer einlassen können? Ohne Wissen ihres Mannes! Was wird er gesagt haben, wenn er aufwachte und seine Frau und seine Söhne waren nicht da? Dafür ein Zettel auf dem Tisch: Sind zu Oma Ringer nach Pforzheim gefahren. Er wird gedacht haben, mit der Eisenbahn! Dann geht er hinüber in die Fabrik und da steht kein Motorwagen!

In der Ferne die Türme von Ladenburg. Dort waren sie 1872 getraut worden.

Es fiel ihr schwer aufs Herz: Was war eine Frau wert, überlegte sie, die wie ein Spieler im Wirtshaus die Zukunft und das Lebenswerk ihres Mannes mit einer einzigen Unternehmung aufs Spiel setzte! Denn das war ihr klar: Wenn es schiefging, war es aus mit dem Motorwagen, Patent hin, Patent her. Sie wären der Lächerlichkeit preisgegeben, sie wären der Spott von ganz Mannheim, ja weit darüber hinaus. Denn in vielen Zeitungen landauf, landab, sogar im Ausland hatte man schon von diesem Motorwagen lesen können. War das der Gehorsam, den sie ihrem Ehemann bei der Trauung versprochen hatte? Sie hatte die Gelegenheit ergriffen, fast blind – irgendwo auch angefeuert von der Begeisterung der Kinder und deren Vertrauen auf das Werk ihres Vaters.

Für die Kinder war es ein Abenteuer, natürlich! Eugen, freilich, war der Vernünftigere. Er hatte nicht so laut gejubelt wie sein kleinerer Bruder. Er war in allem seinem Vater ähnlich, Richard mehr ihr. Aber sie waren aufgebrochen –

Sie gab sich einen Ruck: War der Motorwagen etwa schlechter geworden dadurch, dass sie ihn einem Risiko aussetzte? Sie hatte ihren Mann bewundert von dem Tag an, als sie ihn 1870 in Maulbronn zum ersten Mal gesehen hatte.

Handschuhsheim.

Der Motor schnurrte. Eugen hob sich im Fahren immer wieder von seinem Sitz, sie sah es; aber er jammerte nicht. Auch sie konnte nicht mehr recht sitzen, der Kutschbock war hart, der Rücken tat weh.

Pappelalleen, das Band des Neckars draußen in der Ebene, Waldhänge, rote Steinbrüche. Leute mit offenem Mund. Ein Hund folgte dem Wagen mit eingezogenem Schwanz und zeigte die Zähne.

Frau Bertha war froh, dass sie kaum einmal verstehen konnte, was dem Gefährt nachgerufen wurde. Ihr Vater hatte oft erzählt, wie vor über dreißig Jahren bei der ersten Fahrt der Eisenbahn von Stuttgart nach Pforzheim viele Menschen von Teufelszeug gesprochen hatten und mit Steinen und Mistgabeln auf den Zug losgegangen waren. Die Bewohner des Dorfes Dürrmenz bei Pforzheim hatten nicht geduldet, dass der Name ihres Ortes auf dem

Bahnhofsschild zu lesen war, und hatten es bei Nacht und Nebel heruntergerissen. An seiner Stelle ließ dann die Bahnverwaltung den Namen des viel kleineren Nachbardorfs Mühlacker anbringen. Nach drei Jahrzehnten kannte kaum ein Auswärtiger mehr den Namen Dürrmenz, aber aus Mühlacker war ein richtig großer Ort geworden. Das machte die Anbindung an den Fortschritt, dem die Welt gehörte.

Auf der großen Steinbrücke in Heidelberg überquerten sie den Neckar. Die Kinder zeigten auf das Schloss mit seinen schwarz -roten Mauern, breit über dem Tal an einem Waldhang.

Wie weit waren sie jetzt schon gefahren!

»Dauert es noch lange?«, fragte Richard mit gequältem Gesicht und rieb sich den Hintern.

»Sehr lange«, antwortete die Mutter, »wir haben noch nicht einmal die Hälfte, noch lange nicht.«

Ab Heidelberg verlief die Straße neben der Bahnlinie. Nach einiger Zeit überholte sie ein Eisenbahnzug.

»Er ist schneller als wir«, seufzte Eugen, »viel schneller, mindestens viermal so schnell.«

»Na und«, sagte Richard. Aber er wirkte verlegen.

»Mussten wir heute früh vielleicht zum Bahnhof und warten, wann endlich ein Zug geht?«, fragte die Mutter.

»Eben«, jubelte Richard, »und wohin fährt die Eisenbahn? Etwa dorthin, wo du willst? Nein, dorthin, wo der Fahrplan es will!«

»Die Eisenbahn kann nur fahren, wo Schienen liegen«, sagte die Mutter.

»Und was heißt da schneller!«, Richard schrie es, so laut er konnte. »Dafür hält er überall. Und wenn du aussteigst und irgendwo hinwillst, wo keine Schienen hinführen, dann musst du die Postkutsche nehmen, und das kostet Zeit.«

»Denn gegenüber der Postkutsche sind wir mehr als dreimal so schnell«, Eugens Gesicht leuchtete wieder auf.

»Und du musst nicht einen halben Tag auf einem Bahnhof warten«, warf die Mutter ein, »bis die Postkutsche endlich kommt; und darin sitzen und erleben, wie sie sich langsam vorwärtsquält mit ihren müden Pferden! Wie entsetzlich langsam.«

Eine neue Sorge kam auf: Die letzte Flasche Ligroin war in den

Motor gefüllt. Sie waren nun ganz davon abhängig, ob sie auf dem weiteren Weg Nahrung für ihren Motor beschaffen konnten. Mehr Vorrat hatten sie nicht mitnehmen können, mehr war auch nicht in der Werkstatt zu finden gewesen. Frau Bertha hatte sich am Morgen beim Aufbruch klargemacht, dass sie letztlich von der Hilfe abhängig waren, die sie auf dem Weg bekommen würden, aber wenn nicht –

Rohrbach, Leimen.

Die Fahrt dehnte sich. Es war kein Abenteuer mehr. Unmerklich hatten die Söhne begonnen, die Pausen, in denen Kühlwasser beschafft wurde, auszudehnen. Der Motor würde jeden Augenblick anfangen zu stottern und sagen: Gebt mir Nahrung. Wer nicht isst, arbeitet nicht!

Im Kraichgau begannen zudem, fast unmerklich, größere Steigungen. Auf denen lief der Wagen deutlich langsamer. An einem steileren Stück vor Nußloch mussten Mutter und Eugen schieben, sie waren die Stärkeren, Richard, der jetzt lenkte, war der Leichteste. Die beiden, die schoben, waren immerhin froh, einmal nicht auf dem harten Kutschbock zu sitzen.

Bald Wiesloch.

Als sie von Nußloch her Wiesloch schon unten liegen sahen, geschah es. Der Motor hustete und hörte einfach auf, war stumm, und das Fahrzeug strebte ohne eigenen Antrieb immer schneller bergab auf die Dächer und den spitzen Turm des Städtchens zu.

»Das Ligroin! Wenigstens hat es uns nicht bergauf erwischt«, sagte Richard, der mit aller Kraft am Handhebel für die Bremse zog.

Eugen hingegen sah schon Männer, Frauen und Kinder um den Wagen herumtanzen und sich totlachen: Lässt euch der Teufel im Stich? Was lasst ihr euch auch mit ihm ein!

Schließlich würden sie Ochsen brauchen, die den Wagen, wie es Eugen befürchtet hatte, langsam, grausam langsam, wieder zurückziehen würden nach Mannheim oder zum nächsten Bahnhof. Die Schande wäre noch größer.

Der Wagen war in die Mitte der Stadt gerollt und stand staubig und bewegungslos, als wäre er nie gefahren. Die Flaschen waren leer.

Der Motor war makellos gelaufen, überlegte Frau Bertha, die sich mit einem Tuch Schweiß und Staub vom Gesicht wischte, keine Störung, kein »Schwächeanfall«, keine der unzähligen Kinderkrankheiten, die das Fahrzeug noch vor einem halben Jahr immer wieder als böse Überraschung befallen hatten.

Der Motor war ausgereift.

Aber Frau Bertha hatte gesehen, die Welt war noch nicht reif für ihr Fahrzeug. Alles musste von Grund aus auf den Wagen ausgerichtet werden. Schon die Straßen waren nicht vorbereitet für so schnelle Gefährte. Den Tag über hatte sich in ihr die Vorstellung einer völlig glatten Straße gebildet, auf der die Motorwagen, die dann vier Räder hätten, fast ohne Geräusche dahinglitten, viel schneller als man denken konnte. Und in jedem Ort gäbe es ein kleines Häuschen, in dem ein Mann oder eine Frau Ligroin verkauften.

Sie hatte die Augen geschlossen. Es war nichts als ein Traum. Und dennoch: Wenn ihnen die Fahrt nach Pforzheim gelang, auf diese Weise bekannt wurde und viele ein solches Automobil fahren wollten – ja dann würde alles anders, davon war sie plötzlich überzeugt: Der Motorwagen selbst würde alles bewirken, wovon sie jetzt träumte.

Inzwischen quollen die Menschen aus allen Häusern, Amtsstuben, Werkstätten, Ställen und Scheunen. Sie erdrückten sich beinahe, um den Wagen aus der Nähe sehen zu können. Spöttische Rufe, mitleidiges Lächeln. Ratschläge: »Pferde vorspannen, das hat schon mein Großvater gewusst!«

Es gab aber auch Menschen, junge und alte, die redeten wenig und machten kein Geschrei: »Ist dies das Fahrzeug, von dem man in der Zeitung gelesen hat, das von alleine fährt, ganz ohne Pferde und Dampf? Ein richtiges Automobil?«

»Von wo kommen Sie denn?«

Die Jungen gaben Antwort: »Von Mannheim.«

»Heute von Mannheim?«

Ehrfürchtige Stille.

»Und warum fährt es nicht mehr?«

Sie sah die fragenden Augen der Wieslocher auf sich gerichtet.

»Gibt es im Ort eine Apotheke?«

Die Köpfe vor ihr nickten: »Sogar ganz nah, wir stehen fast davor. Die Stadtapotheke, Herr Apotheker Willi Ockel.«

Eugen bewachte den Wagen, Frau Bertha schloss sich dem Sprecher an, Richard trug die Flaschen, die Menge folgte zur Stadtapotheke wie bei einer Prozession.

Es zeigte sich, dass der Apotheker seinen Vorrat an Ligroin gerade erneuert hatte. Drei Liter hatte er auf Lager.

Der Apotheker war entsetzt: »Was wollen Sie mit einer solchen Menge Ligroin?«

»Verkaufen Sie es uns?«, fragte Frau Bertha hartnäckig.

»Ich habe Sie gefragt und bestehe auf einer Antwort«, sagte der Apotheker scharf und musterte die Frau mit ihrem verstaubten Hut und staubüberzogenen Mantel und den schmutzigen Jungen. »Ligroin ist kein Spielzeug, es gerät sehr leicht in Flammen und darf nur in kleinsten Mengen als Mittel der Reinigung oder zur Lösung abgegeben werden. Wozu wollen Sie derartige Mengen Ligroin? Damit können Sie ganz Wiesloch in Brand setzen! Und dann noch mit Kindern. Es wäre verantwortungslos!«

»Wir fahren damit«, sagte Richard fröhlich.

»Du hältst den Mund, bis man dich fragt«, sagte der Apotheker zornig, »Blödsinn! Fahren mit Ligroin! Hat man so etwas schon gehört!«

»Und doch ist es so. Unser Wagen fährt aus eigener Kraft, aber er braucht Ligroin«, beharrte nun Frau Bertha.

»Was heißt das, wir fahren damit? Und aus eigener Kraft.«

In der Zwischenzeit kam das Automobil, von neugierigen Wieslochern herbeigeschoben. Es wurde dem Apotheker gezeigt und erklärt.

Der Zorn machte Neugier Platz: »Das will ich sehen, wie dieses Ding aus eigener Kraft fahren will. Nicht Kutsche, nicht Fahrrad.«

»Gerne«, sagte Frau Bertha freundlich, »gerade dazu brauchen wir aber Ihr Ligroin, den ganzen Vorrat.«

»Das sollte reichen für die nächsten Jahre«, jammerte der Apotheker, als der Kraftstoff in Flaschen umgefüllt wurde. Die erste Tankstelle der Welt.

Mit diesen drei Litern begann die neue Zeit.

Eugen packte mit ernstem Gesicht das Schwungrad. Die Wieslocher wichen bang zurück – Frau Bertha schlug das Herz bis zum Hals: Würde der Wagen wieder anspringen? Er war oft nicht angesprungen, wenn er ausgegangen war.

Da! Es knatterte und knallte!

Die Menschen drängten voller Schreck zurück: Der Motor war angesprungen. Eine blaue Wolke erfüllte den Platz, der Geruch nach verbranntem Ligroin breitete sich aus. Manche sagten Gestank dazu. Bertha Benz liebte ihn. Es ist ein neuer Geruch, dachte sie, nicht wie von einer Blume oder von einem Wein. Noch nie hatte man in den Straßen außerhalb von Mannheim so etwas gerochen. Es ist eine neue Welt.

Drei Liter.

Mingolsheim.

Um die Mittagszeit parkten sie den Motorwagen vor einem Gasthof und setzten sich an einen Tisch im Garten. Die Gelenke wollten nicht mehr recht gehorchen, die Glieder waren wie abgehackt. Frau Bertha hatte Kopfschmerzen. Zuerst schrien sie einander an, wie sie während der Fahrt den Motor überschreien mussten. Dann genossen sie die plötzliche Ruhe, den Schatten der Kastanienbäume und die bequemen Stühle, auf denen sie nicht durchgerüttelt wurden.

»Jetzt haben wir etwa die Hälfte«, sagte die Mutter.

»Erst!«, jammerte Richard. »Es sind doch schon mindestens tausend Kilometer!«

»Gerade fünfzig, denke ich«, antwortete die Mutter.

Der Wirt bediente sie mit schiefem Blick auf das Gefährt und auf die verstaubte Kleidung seiner einzigen Gäste. Er hatte sie ankommen sehen und servierte das Essen mit respektvoller Verachtung. Von dem Automobil her trug der Wind den Geruch nach heißem Öl.

Langenbrücken, Stettfeld, Ubstadt.

Einmal blieb der Wagen auf freier Strecke stehen, obwohl sie noch genügend Kraftstoff hatten: Eugen fand die Ursache schnell, die Ligroinleitung war verstopft und musste mit der Hutnadel der Mutter gereinigt werden.

»Es geht auch ohne Hut. Ich habe ja noch den Schal.«

Längere Steigungen verbrauchten viel Ligroin.

Die Kinder freuten sich, wenn sie fahren durften, und Frau Bertha nahm ihnen diese Freude nicht weg. Sie hätte das Fahrzeug längst selbst fahren können. Aber sie spürte, wie sehr sie es genossen, mehr zu können als die Mutter.

Bruchsal.

Die Straßen, die sie durchfuhren, waren schwarz vor Menschen: Jeder wollte sie sehen. Die Nachricht ihrer Fahrt eilte ihnen voraus, seitdem sie von Heidelberg an parallel zur Eisenbahn gefahren waren und ein Zug sie überholt hatte.

Sie sahen den riesenhaften Bau des Zuchthauses, errichtet wie eine Festung mit Wällen, Zinnen, Mauern, Toren, Türmen.

»Da drin möchte ich nicht sitzen«, sagte Eugen.

Alle Menschen waren bis jetzt eingesperrt, dachte Frau Bertha, nämlich eingeschlossen im Gefängnis ihrer Unbeweglichkeit. Das wird sich ab heute ändern, grundlegend ändern.

»Was lächelst du, Mama?«, fragte Eugen.

Hinter dem Gefängnis fuhren sie dicht am Schloss vorbei. Die Menge drängte sich.

Fragen wurden geschrien: »Wie wird denn eure Kutsche bewegt?«

»Mit Dampf?«, fragte einer.

»Es ist keine Kutsche«, brüllte Richard hinunter, »es ist ein Automobil und bewegt sich von selbst.«

»Mit einem Motor«, fügte Eugen hinzu. Aber sie waren schon vorbei.

Sie fragten nach dem Postamt. Mutter sandte ein Telegramm an den Vater: Wir sind auf dem Weg nach Pforzheim mit dem Motorwagen.

»Er hat es womöglich noch gar nicht bemerkt und glaubt immer noch, dass wir mit der Eisenbahn fahren.«

Das Telegramm kommt nach Mannheim so schnell wie ein Gedanke!, dachte Frau Bertha. Hier ist sie bereits, die neue Zeit.

Der Motorwagen war umlagert, als wäre er ein Pferd mit sechs Köpfen, als sie Ligroin in den Tank füllten und an einem Brunnen Kühlwasser schöpften.

Die Strecke wurde wieder flacher, Untergrombach, Weingarten, Grötzingen.

Sie sahen Durlach liegen mit seinem Schloss. Nach Südosten türmte sich der Schwarzwald. Draußen über der Rheinebene neigte sich die Sonne.

»Das letzte Stück«, sagte die Mutter.

Frau Bertha wusste, dass jetzt der schlimmste Teil der ganzen Strecke kam, die eigentliche Bewährung. Sie bogen ab nach Osten, hinein in die Hügel des Kraichgaus und die Ausläufer des Schwarzwalds. Berge kamen, steile und sehr lang gezogene Anstiege, Hügel, tief eingeschnittene Waldtäler. Der Motor arbeitete an seiner Grenze.

Berghausen, Söllingen.

»Man sollte die Antriebskette auf verschiedene Übersetzungen schalten können.«

Vater hatte es schon mehrfach überlegt, verschiedene Gänge, ein ganzes System von Gängen sollte man haben.

»Wenigstens drei Gänge«, sagte Eugen, »für die Ebene, für flache Berge und für steile Berge.«

»Haben wir aber nicht«, sagte Richard, »es muss auch so gehen.«

»Das Gelände um Mannheim ist zu flach, sonst hätten wir die Gänge schon längst«, sagte Frau Bertha.

Sie mussten die Berge hinauf schieben, immer öfter schieben in der Hitze des Nachmittags.

»Wir sind doch schon so entsetzlich weit gefahren!«, beklagte sich Richard. »Den ganzen Tag. Es kann doch nicht mehr weit sein!«

»Nicht mehr sehr weit«, sagte die Mutter, »aber bergig, bergig!«

Die Bergabfahrten wurden gefährlich. Die Bremse war zu schwach.

Nein, Eugen und Richard sahen nach: nicht zu schwach. Der Belag auf den Bremsbacken war abgeschliffen, die Bremse griff nicht mehr recht.

Wozu bremsen? Wir wollen ankommen!, dachte Frau Bertha müde.

»Es ist zu gefährlich«, stellte Eugen fest, »am nächsten Berg können wir den Motorwagen bergab nicht mehr halten, und dann gute Nacht.«

»Im nächsten Dorf«, meinte die Mutter, »lassen wir es reparieren.«

»Reparieren? Von wem?«, fragte Eugen.

»Es ist Leder«, erwiderte Richard, der sich wieder etwas gefangen hatte.

»Vom Sattler oder vom Schuster«, sagte die Mutter, »die gibt es in jedem Dorf. Vom Schuster, der hat das gröbere Leder, Sohlenleder.«

Und so geschah es. Die erste Reparatur außerhalb einer Fabrik. Und der Mechaniker war ein Schuster, der mit seinem Hammer das Leder auf die Bremsklötze nagelte. Eine Schusterstube war die erste Kraftfahrzeug-Reparaturwerkstatt der Welt.

Kleinsteinbach.

Plötzlich blieb der Wagen stehen. Auf freier Strecke, mitten auf der Straße, nicht einmal an einem Berg. Ringsum zirpten die Grillen.

Ligroin war genügend im Tank. Doch der Motor rührte sich nicht; die Stille um sie war atemlos, kein Lufthauch. Die Sonne nahm bereits einen rötlichen Schimmer an.

»Ein Glück, dass uns niemand sieht«, stöhnte Richard.

Ganz in der Ferne wurde ein Fuhrwerk sichtbar.

Werden uns die Kühe, Ochsen, Pferde oder was sonst dort kommt weiterziehen müssen? Und Pforzheim?, dachte Eugen.

Sie knieten vor dem Motor. Das Schwungrad wurde betätigt, kein Mucks!

Wie staubig und schmierig die Buben sind, Haare, Kleider, Gesichter, alles grau! Und wie verzweifelt sie sind!, dachte Frau Bertha kraftlos. Und ich? Alles verkrustet von Dreck. Hier also war die Fahrt zu Ende!

Konnte man damit werben? Über achtzig Kilometer weit waren sie ja erfolgreich gewesen. Aber welcher Interessent würde sich das anhören: Wir wollten von Mannheim nach Pforzheim, aber wir sind nur bis Kleinsteinbach gekommen, oder so ähnlich.

Der Abend kam. Und die Nacht?

»Wenn es nicht das Ligroin ist«, sie raffte ihre ganze Kraft zusammen und unterdrückte gewaltsam aufsteigende Tränen, »was dann?«

»Vielleicht die Zündung?«, schlug Richard vor, »Vater hat immer auf die Zündung geschimpft, wenn der Motor ausgegangen ist.«

»Die Zündung«, sagte Eugen verächtlich und gereizt, »sicher nicht. Ich sehe nichts.«

»Aber sie zündet doch nicht«, wandte die Mutter hoffnungsvoll ein.

»Das verstehst du nicht«, sagte Eugen, unfreundlich wie noch nie an diesem Tag, »wenn nichts mehr läuft, geht auch die Zündung nicht.«

»Aber wenn die Zündung nicht geht, läuft der Wagen auch nicht«, setzte Frau Bertha dagegen, »das muss doch ebenso gelten.«

Sie hatte recht. Es war das Zündkabel. Es war durchgescheuert, die Isolierung dahin, so floss kein Strom, und es konnten keine Zündfunken für die Explosionen im Zylinder gebildet werden.

»Hat jemand ein Isoliermittel?«

Das Fuhrwerk kam näher; man konnte erkennen, dass es von Kühen gezogen wurde.

»Mein Strumpfband«, sagte Frau Bertha und gewann ihr Lächeln wieder, »es ist aus Gummi. Gummi isoliert.«

Die Söhne mussten sich umdrehen und wegschauen, als sie das Band löste. Das Kabel wurde umwickelt, das Band reichte knapp. Das Schwungrad wurde angetrieben – der Motor lief. Die Mutter wurde umarmt.

Singen, Wilferdingen.

Richard drehte sich auf seinem Notsitz ständig nach vorn und sah aus, als erwarte er hinter jedem Baum Pforzheim.

»Jetzt gilt es«, sagte die Mutter, »ich kenne die Gegend, jetzt kommen die schlimmsten Berge. Wenn wir das schaffen, können wir den Motorwagen jedem verkaufen.«

Hinauf und hinab. Das waren steile, sehr steile Steigungen, die sie im Schritttempo bezwingen mussten. Bergab zog die Bremse wieder. Pforzheim war ganz nah, keine zehn Kilometer mehr, normalerweise hätte der Motorwagen kaum länger als eine halbe Stunde gebraucht. Aber zehn Kilometer in diesen Gebirgstälern, das war weit, sehr weit. Nahm diese Reise denn kein Ende!

Wilferdingen, Nöttingen. Die Sonne ging unter.

Dann der bisher gewaltigste Anstieg!

Es ging einfach nicht mehr. Die Straße war zu steil. Sie schoben und drückten. Sie schalteten den Motor ab und schoben zu dritt.

Sie waren zu schwach nach all den Anstrengungen. Sie schalteten den Motor erneut ein. Sie taumelten. Motor wieder ausschalten, Ligroin sparen, für ein Wunder, das sie retten würde.

Gedämpft wurde das Keuchen, Rasseln, Klirren eines Eisenbahnzuges hörbar. Stöhnend dampfte er in einiger Entfernung links von ihnen, klein wie ein Spielzeug, durch das Tal, schon ganz im Dämmerlicht. Er verschwand, stampfend, fauchend und zischend und ihnen zwei rote Lichter zukehrend, in einer lang gezogenen Kurve.

»Dem würde der Berg nichts ausmachen«, Eugen stöhnte und wischte sich den Schweiß ab, dass sein Gesicht aussah wie mit Schlamm beschmiert.

Aus der Traum!

Zwei Bauernbuben kamen aus einem Waldweg auf die Landstraße, betrachteten interessiert das Gefährt und musterten neugierig die verdreckte Frau ohne Hut mit zwei verdreckten Jungen, die das Ding zu schieben versuchten.

»Was ist denn das?«, fragte einer.

»Kein Fahrrad und keine Kutsche, von beidem etwas«, stellte der andere fest.

Beide die Hände in den Hosentaschen.

»Ein Schiebzeug«, lachte der Erste.

»Halt's Maul«, schrie Richard, »es kann von alleine fahren.«

»Das sehen wir. Unser Leiterwagen fährt auch von alleine, wenn man ihn schiebt.«

»Ihr könnt uns ja schieben helfen. Ihr seid kräftig genug«, schlug die Mutter vor, mit plötzlicher Hoffnung in der Stimme, »dann dürft ihr oben ein Stück mitfahren.«

»Wir müssen aber hinunter, zurück nach Singen, Richtung Kleinsteinbach«, stellte der Erste fest.

»Mitfahren?«, fragte der zweite. »Wohin?«

»Wir fahren nach Pforzheim«, sagte Richard stolz.

»Nach Pforzheim?«, staunten die beiden.

»Die haben doch gar keinen Platz«, sagte Eugen.

»Wenn ihr fleißig schiebt, bekommt jeder von euch einen Nickel«, die Mutter zog die Münzen aus ihrer Börse. »Und oben dürft ihr ein paar Schritte mitfahren.«

»Wir müssen heim, wir sind schon viel zu spät«, sagte der Erste.

Pause.

Um Gottes willen, der die beiden geschickt hat. Sie werden doch nicht –

Der Blick des Zweiten lag auf dem Geld: »Wirklich, jeder einen Nickel? Ganz bestimmt? Und wir dürfen mitfahren?«

Sie krempelten die Ärmel hoch.

Oben wurde der Motor angelassen. Der dunkle Wald hallte wider vom Geknatter. Die beiden wollten davonrennen: Die Maschine war vielleicht doch ein Trugwerk des Teufels! Aber als das Fahrzeug Fahrt aufnahm, kamen sie nachgelaufen. Später bekam man sie nur schwer wieder hinunter.

Sie erzählten es zu Hause und bei den Freunden. Man hielt sie für krank.

Ellmendingen, Dietlingen, Brötzingen.

Dann Pforzheim! Endlich Pforzheim! Es war Nacht. Die Jungen jubelten, in Frau Bertha war es hell.

Ein Fahrzeug durfte ohne Laterne in der Nacht nicht fahren. Sie hatten keine dabei, niemand hatte an die Nacht gedacht. Sie stiegen im »Hotel zur Post« ab. Die Jungen schliefen wie Steine.

Nach einigen Tagen dann die Rückfahrt über Bretten. In Bauschlott erneuerte wieder ein Schuster den Belag der Bremsklötze. Der Motor lief einwandfrei. Gondelsheim, Heidelsheim, Bruchsal, Forst, viele kleinere Orte, dann Hockenheim, Schwetzingen, zurück in Mannheim.

Die Zeitungen auf der ganzen Welt überschlugen sich.

DER STREIKBRECHER

Eigennutz ist Gemeinnutz, das ist die Lehre von Adam Smith, dem englischen Verkünder der freien Marktwirtschaft. Da die Wirtschaft nach den Gesetzen des Marktes funktioniert, wenn man sie sich selbst überlässt, und der Investor ausschließlich nach dem ökonomischen Prinzip vorgeht, also mit geringstem Einsatz die größtmögliche Wirkung erzielen will, muss die Arbeiterschaft bei diesem sogenannten Manchesterkapitalismus auf der Strecke bleiben. Denn der Lohn orientiert sich dann ausschließlich an den Gesetzen des Marktes und nicht an den Bedürfnissen der Arbeiter.

So entstand um die Mitte des 19. Jahrhunderts auch in Deutschland die soziale Frage: Höhe des Lohnes, Dauer der Arbeitszeit, Sicherheit am Arbeitsplatz und bei Krankheit,

Unfall und Tod, Kinderarbeit und Qualität des Wohnens. Es entstand auch die Frage nach der Selbstorganisation der in Armut lebenden Arbeiterschaft.

Nur wenige Fabrikanten erkannten die Bedeutung dieser Fragen und reagierten mit Sozialmaßnahmen in ihren Fabriken, wie Betriebswohnungen, Betriebsschulen, Betriebsküchen und Ähnlichem. Auch die Kirchen erkannten die sozialen Aufgaben der Zeit nur ausnahmsweise, z. B. Friedrich von Bodelschwingh in Bethel bei Bielefeld, Bischof Ketteler in Mainz und Adolf Kolping in Köln.

Folgenreicher waren andere Antworten: Karl Marx (1818–1883) gründete auf der Mehrwerttheorie, die in der folgenden Geschichte angedeutet wird, auf der Entfremdungstheorie, die darauf aufbaut, und auf der in unserer Geschichte ebenfalls erkennbaren Verelendungstheorie die Lehre des Kommunismus, die der Arbeiterschaft nach einer Weltrevolution Weltherrschaft und Arbeiterparadies verspricht.

In Deutschland bildeten sich mehrere Vereine, Gruppierungen und Gewerkschaften – die Gewerkschaft der Zigarrenarbeiter machte den Anfang –, die sich meist an der revolutionären Lehre von Marx orientierten. Aus dem Zusammenschluss des Allgemeinen Deutschen Arbeitervereins, von Ferdinand Lassalle 1863 in Leipzig gegründet, und der von August Bebel und Wilhelm Liebknecht 1869 in Eisenach gegründeten SDAP, Sozialdemokratische Arbeiterpartei, entstand 1875 in Gotha die SAP, Sozialistische Arbeiterpartei, die 1890 in Halle in die noch heute bestehende SPD, Sozialdemokratische Partei Deutschlands, umbenannt wurde.

Es gab in der Geschichte der deutschen Arbeiterbewegung zwei rivalisierende Grundtendenzen: eine revolutionäre, die sich vorwiegend an den revolutionären Theorien von Marx orientierte, und eine reformerische, welche, weniger revolutionär, die Situation der Arbeiter nach Lassalle weitgehend durch stetige Reformen zu verbessern suchte.

Für die zeitweilig verbotenen Gewerkschaften waren Streiks das Kampfmittel der Arbeiterschaft. Die Grundlage war Solidarität der Arbeiter als gegenseitige Hilfe, z. B. die Schaffung von Streikkassen. Streiks konnten nur erfolgreich sein, wenn sie nicht unterlaufen wurden. Daher Streikposten gegen Streikbrecher.

Unter Bismarck, dem ersten Kanzler des Deutschen Reiches, wurde von 1878 bis 1890 den Gruppierungen der Arbeiterschaft durch die Sozialistengesetze jedes öffentliche Wirken verboten. In dieser Zeit spielt unsere Geschichte.

Dennoch wuchs die Wählerschaft der sozialistischen Parteien ständig. Eine weitere Antwort auf die Not der Arbeiter war daher seit 1883 die Sozialgesetzgebung Bismarcks mit der Einführung von Versicherungen, wie Rentenversicherung oder Krankenversicherung. Gleichzeitig versuchte Bismarck damit, dem Proletariat als politische Kraft den Wind aus den Segeln zu nehmen.

In den Fünfzigerjahren des vergangenen zwanzigsten Jahrhunderts wurde dieses System wesentlich weiterentwickelt. Ludwig Erhard erreichte mit der Schaffung der sozialen Marktwirtschaft eine Wirtschaftsform, bei der die Interessen der Arbeitgeber und Arbeitnehmer weitgehend ausgeglichen sind. Ein Ergebnis ist die moderne Wohlstandsgesellschaft.

Die Liedstrophe »Mann der Arbeit« ist die zehnte Strophe des Bundeslieds für den Allgemeinen Deutschen Arbeiterverein aus dem Jahre 1863 von Georg Herwegh (1817–1875).

Als Streikbrecher bist du ein Stück Dreck, nichts als ein Stück Dreck. Doch glaub ja nicht, dass da immer alles so klar ist.

Du bist Arbeiter in einer Fabrik, die Eisen verarbeitet. Daheim hast du neun Kinder und eine kranke Frau. Drei Kinder sind gestorben, und ob du noch welche kriegst, kannst du nicht sagen. Die Frau ist zu schwach und die beiden letzten Kinder waren nur so Handschuhe. Die waren schon halb verhungert, als sie auf die Welt kamen. Aber ihr habt sie bis heute durchgebracht, wenn auch dünn wie Spatzen. Die Zweitälteste mit ihren acht Jahren und die Elfjährige arbeiten jetzt am Vormittag sechs Stunden in der Zigarrenfabrik und bringen jede Woche ein paar Pfennige mit. Ja, klar, Kinderarbeit ist eigentlich verboten. Aber wie das ohne gehen soll, das sagen dir die Herren nicht, die das verbieten.

Das Kleinste schreit halbe Nächte.

Jedenfalls brauchst du viele Kinder, die dich durchfüttern, wenn du einmal nicht mehr kannst, weil du zum Beispiel die Schwindsucht hast wie Tante Jette. Was hat die Frau gehustet und gehustet, bis sie hin war! Und es hieß: Bleibt bloß weg von mir, sonst hustet ihr auch. Ist ein Wunder, dass keiner von euch es auch gekriegt hat. Ist einmal einer von der Gesundheitsbehörde gekommen und hat gesagt: Licht, Luft und Sauberkeit, dann bekommt ihr keine Schwindsucht. Aber überall Mauern. Da ist es nichts mit der Luft und dem Licht. Im Winter viel zu kalt und das ganze Jahr zu nass. Mietskaserne, vierter Hinterhof.

Und Sauberkeit? Neun Kinder und eine Frau und du selbst und viele Jahre Tante Jette mit in der engen Wohnung. Und der Dreck in den Hinterhöfen, den du in die Stube schleppst. Die Kinder jeden Morgen an den Wasserhahn zum Waschen. Aber der war noch lange Zeit unten auf der Straße beim Klo, und da war es nicht einfach, vor allem nicht mit den Mädchen. Und die Warterei jeden Morgen. Heute hast du Wasser im Haus, da ist es einfacher, und du musst nicht die Eimer hochschleppen. Dir reicht der Eimer mit Kohlen jeden Tag im Winter.

Und die Kinder sollen in die Schule, damit etwas Rechtes wird aus ihnen, und nicht wie die Eltern. Da ist immer mal wieder die Polizei zugange: Schulpflicht und so! Aber ihr braucht die Großen zum Hüten der Kleinen und zum Geldverdienen. Sonst reicht es nicht.

Und es barmt dich, wenn du die kleinen bleichsüchtigen Skelette siehst und dazu deine elende Frau. Und der große Jammer packt dich, wenn du zum Beispiel an Weihnachten denkst, und kannst den Mädchen nicht einmal eine Puppe kaufen. Jedem Kind sein eigenes Bett, wird auch immer gesagt. Das könnt ihr natürlich nicht. Und dann, wenn das Kleinste brüllt wie am Spieß und die anderen können nicht schlafen!

Das denken sich die Herren von den Gesundheitsbehörden alles schön aus.

Du arbeitest in der Werkhalle an einer Maschine. Du ziehst an einem Hebel und brauchst dazu alle Kraft, eine Stanze saust nieder. Du drückst auf einen Knopf und das Werkstück wird frei gegeben und du legst es in einen Korb. Und es ist ganz schön schwer, und da ist bereits das nächste Werkstück und so weiter. Am Abend spürst du jeden Knochen.

Die Maschinen kriegen ihre Kraft von einer Dampfmaschine. Die treibt die riesigen Wellen an in den Werkhallen; und von da die Transmissionsriemen nach unten zu den Maschinen. Und wenn ein Riemen reißt, dann gute Nacht, schöne Großmutter! Was dein Werkstück einmal werden soll, davon hast du keine Ahnung. Du weißt nur, dass es mit anderen Werkstücken zusammengesetzt wird. Ist aber auch nicht wichtig. Du tust, was man dir sagt. Dafür wirst du bezahlt und nicht dafür, dass du alles weißt. Nur eines verstehst du: Wenn dein Werkstück nicht rechtzeitig fertig wird, hältst du den Betrieb auf, und Zeit ist Geld.

Von der Dampfmaschine mit ihrem Gestänge und den vielen Rohren und Ventilen, Wellen und Rädern verstehst du so viel wie vom Lokfahren.

Aber trotzdem bist du der Einzige im Betrieb, der helfen kann, wenn der Kessel verreckt und die Dampfmaschine stehen bleibt. Du kannst nämlich in einen Bunker unter dem großen Kessel der Dampfmaschine kriechen und weißt, wie du dort in einer bestimmten Reihenfolge an Schrauben und Hähnen drehen musst. Und du verwechselst dabei nicht die Reihenfolge, wenn die auf und wieder zu und dann fest angezogen werden müssen. Ein-, zwei-, dreimal im Jahr bleibt sie stehen und du musst hinunter, sonst frisst die Dampfmaschine zu viel Geld.

Du bist natürlich nicht wirklich der Einzige, der das kann. Aber die Ingenieure und die Werkmeister sind sich zu gut, um da hinabzukriechen in den Dreck. Es ist dort eng, dunkel, schmierig und gefährlich. Und du musst höllisch aufpassen: dass die Hände nicht zittern, dass du nicht an die falsche Stelle greifst und keine Schrauben und Hähne verwechselst, keine Drehung zu wenig oder zu viel. Du hast Herzklopfen da unten in der Gluthitze unter dem Kessel und musst ruhig und kalt sein wie ein Fisch. Sonst kommst du in des Teufels Küche und wirst gekocht im heißen Dampf. Man zieht dich heraus, gesotten wie ein Fisch, krebsrot, die Haut in Fetzen, das bloße Fleisch, mausetot.

Woher du das kannst? Der alte Hahnenbrück hat es dir einmal gezeigt, der hat dich für gescheiter gehalten als die anderen oder für dümmer, je nachdem.

Wenn du hinabkriechen musst, freust du dich, trotz der Angst. Denn der Fabrikant lässt sich nicht lumpen und drückt dir schon mal ein goldenes Zehnmarkstück in die Hand. Da siehst du, wie wichtig die Sache ist.

Denn du weißt, die Dampfmaschine muss sechs Tage lang Tag und Nacht laufen und die Maschinen treiben. Wenn sie abgeschaltet wird, musst du sie wieder aufheizen; und das kostet, kannst du dir gar nicht vorstellen. Deshalb schmeißen die Heizer Tag und Nacht Schaufel um Schaufel Kohlen in den Feuerraum. Am Sonntag ist dann Ruhe, teuer genug!

Du arbeitest in einer Schicht deine zwölf bis vierzehn Stunden und gehst dann heim in die kalte Wohnung, und deine Frau gibt dir noch etwas zu futtern, und dann liegst du im Bett und schläfst wie tot, wenn der Kleine nicht brüllt. Aber du kennst ein paar Jungs aus der Fabrik, die haben immer zu zweit nur ein Bett, und wenn der eine arbeitet, schläft der andere darin. Miete sparen! Jede fünfte Mark bei dir geht für die Miete drauf, und du kannst froh sein, dass du nicht draußen wohnst am Stadtrand in Holzhütten aus gestohlenen Dielen und Schwarten, wo schon mal im Winter einer gefunden wird, steif gefroren wie ein Brett.

Und wenn du in den Bunker unter dem Kessel hast kriechen

müssen, kann sich deine Familie wieder einmal richtig satt fressen! Ist klar, die anderen sind gelb vor Neid. Manche wollen, dass du es ihnen zeigst. Aber du kannst nichts als deine Handgriffe, du weißt nicht, warum es so geht. Du weißt aber, wie höllisch gefährlich es ist, dass du nicht gebrüht wirst wie eine Sau. Bevor du unter den Kessel kriechst, lässt dich der Werkmeister eine Stunde auf den Fabrikhof, damit deine Hände ruhig sind und dein Kopf klar. Bringt dir keine Freunde. Aber die anderen sollten mal dort unten stecken.

Der Fabrikant drückt dir zum Geld schon mal eine Zigarre in die Hand und die riecht gut. Aber du weißt nicht so recht, wie man die raucht, und verkaufst sie an den Meister, und der gibt dir wahrscheinlich zu wenig Geld.

Doch der Kessel verreckt zu selten.

Du kennst natürlich die Villa des Fabrikanten neben dem Betrieb. Du warst sogar schon drin. Du hast ein Paket hintragen müssen. Säulen, geschnitzte Türe. Das Dienstmädchen hat dir aufgemacht mit einem entsetzten Gesicht, weil du am falschen Eingang warst.

»Für Dienstboten und Lieferanten«, sagt sie, »da ist ein Schild.«

Aber du hast es übersehen. Und jetzt stehst du im Eingang für Herrschaften und sie will dich hinausschmeißen. Aber du hast das noch nicht so recht mitbekommen mit dem anderen Eingang und du lässt dich doch nicht von so einer Göre mit schwarzem Kleid und weißer Schürze aufhalten. Du schiebst sie einfach auf die Seite und gehst rein.

Dort haut es dich schier um. Überall Glas und Gold und Bilder und Teppiche und eine Treppe mit geschnitztem Geländer. Das Treppenhaus, denkst du, hat mehr Platz als die acht Familien mit über vierzig Kindern in deinem Hinterhaus.

Und da steht auch schon der Sohn des Hauses im weißen Anzug und einem komischen langen Ding in der Hand.

»Ich gehe Tennis spielen«, ruft er.

Dann sieht er dich: »Was wollen Sie denn hier?«, fragt er in einem Ton, dass man meint, er hat einen Eimer mit Dreck vor sich. »Mama«, ruft er dann, »hier ist einer in der Halle.«

Du stotterst herum: Das und das musst du abgeben und der

Meister hat es dir gesagt und der Fabrikant hat es dem Meister gesagt und der Meister hat es deshalb dir gesagt und dir das Paket gegeben. »Und hier ist es. Ganz schön schwer«, sagst du noch, weil es ganz schön schwer ist, und du merkst, dass du ein feuerrotes Gesicht hast vor dem Bengel. Du hast ihn schon ein paar Mal gesehen auf einem Pferd und in einer Kutsche. Es gibt auch eine Tochter, aber die ist in einem Internat. Und was ein Internat ist, davon hast du keine Ahnung.

Dann kommt eine Dame und ist sehr schön angezogen, hat aber schon graue Haare und ist schön frisiert.

Und du hast Respekt. Das gehört sich auch: Es ist die Dame des Hauses. Und wenn du dir daneben deine Frau vorstellst, am Herd und krank –

»Was wollen Sie?«, es klingt viel höflicher. Aber mit einer Stimme, na –

Du beginnst wieder und stotterst noch mehr: Der Meister, der Herr Dr. Amelung – so heißt der Fabrikant. Also der Meister und –

Sie unterbricht dich und redet gar nicht mit dir, hat dir auch nicht zugehört, sondern sie sagt zu dem Dienstmädchen: »Wie kommt der hier herein?«

Dann erst dreht sie sich zu dir und wiederholt das mit dem Dienstboteneingang und dass draußen ein Schild ist. »Aber Sie können das vielleicht ja gar nicht lesen.«

Und du fängst wieder an zu stottern. Dass du schon lesen kannst. Aber du hast kein Schild gesehen. Und du nimmst nächstes Mal den richtigen Eingang. Und du siehst deine beiden kleinen Töchter vor dir mit ihren Spatzenschultern, bleich und dreckig.

Und die Dame hört dir wieder nicht zu. Sie sagt zu dem Dienstmädchen: »Was stehst du herum, nimm dem Mann sein Paket ab und führ ihn hinten hinaus. Hast du Tomaten auf den Ohren?«

Da kommt der Fabrikant die Treppe herab und du versinkst in den Boden. Du fängst wieder an herumzustottern.

Aber Herr Dr. Amelung ist ganz freundlich: »Das ist aber nett, dass Sie mir die Akten bringen, guter Mann«, er spricht es und holt seine Geldbörse heraus und gibt dir ein silbernes Fünfmarkstück!

Und du stehst da, den Fünfer in der Hand, und bist so erschrocken, dass du nicht einmal ein Dankeschön herausbringst, und da ist der Herr Dr. Amelung schon wieder verschwunden und das Dienstmädchen hat dich zur Hintertür hinausgeschoben. Kurz vor dem Eingang zum Garten der Villa siehst du das Schild mit einer schwarzen Hand, die zeigt nach hinten, und darunter steht: Für Dienstboten und Lieferanten.

Am selben Abend war eine Versammlung. Sie haben gesagt, jeder muss kommen. Du hast schon gehört von solchen Versammlungen. Überall sind sie jetzt.

Es ist an einem Samstagabend, die Schicht ist aus und du gehst hin. Einer wird als Genosse Karl Wurfer vorgestellt, und der redet: Dass es euch schlecht geht. Dass die oben das schönste Leben haben. Dass die unten alles mit ihrer Arbeit schaffen, was die oben verprassen.

Er erklärt, warum die einen arm sind und die anderen reich: »Wenn du ein Stück Eisen nimmst«, sagt er, »dann ist das nicht viel wert, fast gar nichts. Aber wenn du eine Sense daraus machst oder ein Rohr oder eine Hacke, dann ist es schon viel mehr wert. Du bist es, der das Stück Eisen bearbeitet, dass daraus eine Hacke wird oder ein Rohr oder eine Sense. Deine Arbeit macht den Mehrwert.«

Du nickst: Ist ja klar, dass eine Sense mehr wert ist als das Stück Eisen, aus dem sie gemacht ist.

»Aber wer schiebt diesen Mehrwert ein, der durch deine Arbeit entstanden ist, wenn die Sense verkauft wird?«, fragt der Genosse Wurfer.

Einer meldet sich und sagt: »Der Händler.«

Der Wurfer sagt: »Nicht nur der Händler. Wer kriegt denn das meiste?«

Und du meldest dich und sagst: »Der Fabrikant«, und bist stolz.

»Richtig«, sagt er. »Der Fabrikant schiebt den ganzen Mehrwert ein, den du mit deinen Händen aus dem Stück Eisen gemacht hast, das jetzt eine Sense ist.«

Einer sagt: »Und die Maschinen? Die kosten doch auch Geld!«

Da sagt der Genosse: »Richtig, die Maschinen kosten Geld. Und wer hat das Geld, dass er Maschinen kaufen kann?«

»Der Fabrikant«, ruft ihr.

»Der Fabrikant hat das Geld«, sagt der Genosse weiter, »es ist aber eure Arbeit. Nur weil er also Geld hat, bekommt der Fabrikant das, was du aus dem Eisen gemacht hast. Ist das alles recht?«

Du bist noch am Überlegen. Da schreien andere schon: »Wer die Arbeit macht, der soll auch das Geld haben! Und nicht, wer nur herumsitzt.«

»Der Arbeiter muss den Mehrwert bekommen«, stellt der Genosse klar, »sonst wird er um den Ertrag seiner Arbeit betrogen. Das ist Ausbeutung.«

Einer meldet sich: »Aber wir bekommen doch Lohn für die Arbeit.«

Da lacht der Mann und ein paar andere im Wirtshaussaal lachen auch, und der Genosse Karl Wurfer sagt: »Das ist es ja. Der speist dich mit einem Hungerlohn ab und du kriegst kaum deine Kinder satt und der wird immer reicher. Und das muss sich ändern. Doch davon reden wir das nächste Mal.«

Das mit den Kindern, die nicht satt werden, und dem schönen Leben, das sich der Fabrikant macht, leuchtet dir ein. Du denkst an die Dame mit der schönen Frisur, an den Sohn, der Tennisspielen geht, wenn andere arbeiten, an das Dienstmädchen, an das schöne Haus mit den Bildern und dem geschnitzten Treppengeländer in der riesigen Halle und an das Schild mit der Aufschrift: Eingang für Dienstboten und Lieferanten. Und du denkst an deine kranke Frau und an die neun Kinder, für die nur vier Betten da sind.

Und als du in der Nacht heimkommst, ist alles noch viel trostloser für dich als sonst, das enge Treppenhaus, das Geschrei des Jüngsten. Du gehst wieder hin, wenn eine solche Versammlung ist.

Schon vierzehn Tage später ist es so weit.

Wieder ist dieser Karl Wurfer da und du hörst gut zu. Ihr habt natürlich auch im Betrieb davon geredet. Und dein Meister sagt, dass solche Versammlungen verboten sind und dass er dich warnen muss. Andere aber sagen, dass es euer gutes Recht ist.

Der Karl Wurfer redet wieder und erinnert euch an den Mehrwert. Zuerst fragte er euch, was der Mehrwert ist, und ihr wisst es noch: Der höhere Wert eines Stück Eisens oder Holzes oder Leders, wenn eine Sense, eine Türe oder ein Schuh daraus geworden ist, und so weiter. Der Genosse Wurfer spricht jetzt davon, wie schnell einem bei der Arbeit etwas passieren kann, und was dann? Viele schauen jetzt zu dir her, denn die wissen, dass du in den Bunker unter dem Kessel kriechst.

»Und was bekommt er, wenn das Bein oder der Arm ab ist? Nichts!«

Und natürlich hat der Wurfer recht. Dem Jörg Gruber hat eine Maschine die Hand zerquetscht und jetzt kann er nur noch einfache Arbeiten machen und kriegt viel weniger Geld als vorher. Er soll froh sein, dass ihn der Fabrikant nicht hinauswirft, sagt der Werkmeister. Die haben nun kaum mehr zu fressen mit ihren acht Kindern und der Oma.

»Dagegen müssen wir etwas machen.«

»Dagegen kann man gar nichts machen«, sagst du, »denn die Hand kriegt kein Mensch wieder hin.«

Der Genosse Wurfer widerspricht dir aber: »Die Hand kann man nicht mehr heilen«, sagt er. »Aber der Mann hat ein Recht auf Hilfe vom Fabrikanten. Für den hat er ja gearbeitet. Er muss ihm so viel Geld geben wie vorher.«

»Das Arschloch hätte besser aufpassen sollen«, ruft einer, und ob er glaubt, dass der Fabrikant dem Mann mehr bezahlt, nur weil der Karl Wurfer das sagt? »Da kannst du nichts machen!«

»Wir können doch etwas machen«, sagt der Wurfer, »wir müssen unsere Sache selbst in die Hand nehmen. Wir haben etwas«, sagt er nach einer längeren Pause mit viel lauterer Stimme, »das der Fabrikant nicht hat. Das er aber braucht, und damit können wir ihn unter Druck setzen.«

Ihr ratet herum, was das ist, aber keiner kommt darauf.

Der Redner verrät es schließlich. »Unsere Arbeitskraft!«, ruft er. »Und wenn er die nicht mehr von uns bekommt, ist er aufgeschmissen.«

»Nein, wir sind aufgeschmissen, wir bekommen dann keinen Lohn«, ruft einer.

Du findest, der Mann hat recht.

»Wir müssen eben zusammenhalten«, sagt der Wurfer. »Dann geht es. Man nennt es Streik. Sie haben es in England erfunden: Dort sagen sie *strike* dazu. Auf Deutsch heißt das Streich oder Schlag. Ein Schlag gegen die Fabrikanten. Streik, das heißt, dass die Arbeiter die Arbeit niederlegen. Wenn ihr nicht mehr arbeitet, dann ist der Fabrikant aufgeschmissen, weil er nichts mehr verkaufen kann, und dann muss er auf eure Forderungen eingehen.«

Bevor die Versammlung aus ist, bringt euch der Karl Wurfer ein Lied bei, das ihr alle singt, und in dem steht alles drin, nur viel besser.

Mann der Arbeit aufgewacht
Und erkenne deine Macht:
Alle Räder stehen still,
Wenn dein starker Arm es will.

Es hat noch mehr Strophen und ihr singt es oft und du kannst es bald auswendig.

Ein paar Wochen später ist wieder eine Versammlung und du gehst hin.

Als du in den Saal kommst, findest du kaum mehr einen freien Platz. Es sind viel mehr da als bei den vorigen Malen.

Sie verteilen Zeitungsblätter und sagen, dass ihr sie nicht gleich lesen sollt, weil jetzt wieder der Genosse Karl Wurfer kommt.

Und da ist er, und heute sagt er als Erstes, dass er von der Partei der Arbeiter geschickt ist, die ist vor über einem Dutzend Jahren von Arbeitern gegründet worden, im Jahr 1875 in Gotha, und heißt Sozialistische Arbeiterpartei Deutschlands. Damals haben sich in Gotha zwei Parteien der Arbeiter zusammengeschlossen. Und das Ziel ist, dass es allen Arbeitern in Deutschland und auf der ganzen Welt gut geht, gerechter Lohn, geregelte Arbeitszeit, Sicherheit am Arbeitsplatz. Und du hast im Betrieb natürlich schon viel gehört von dieser Partei.

»Aber Streik allein wird die Sache nicht lösen«, sagt der Karl Wurfer, »für eine gerechte Lösung auf Dauer ist es nötig, dass die Arbeiter die Macht und die Maschinen haben, weil sonst der Fabrikant immer weiter den Mehrwert der Arbeit einschiebt, und die Arbeiter können verhungern. Wir sagen«, ruft der Genosse Wurfer, »die Arbeiter verelenden, die Reichen werden immer reicher und die Armen immer ärmer.«

Das alles leuchtet dir ein und der Mann hat recht, klar. Und alle klatschen.

Aber einer fragt, wie denn die Arbeiter dem Fabrikanten die Maschinen wegnehmen sollen. »Der wird sie ja nicht freiwillig herausgeben, der hat sie ja bezahlt.«

»Nein«, sagt der Genosse, »freiwillig nicht. Aber man kann sie ihm wegnehmen, weil man ein Recht dazu hat.«

Da ruft Richard Obermüller: »Aber das ist doch Diebstahl!«

Der Karl Wurfer ist nachdenklich und sagt: »Wer ist zuerst ein Dieb? Der Fabrikant, der dem Arbeiter den Mehrwert wegnimmt und damit seine Arbeit stiehlt und dann davon neue Maschinen kauft? Oder der Arbeiter, der sich sein Recht nimmt? Aber viele bei uns sagen das auch, dass man niemandem die Maschinen wegnehmen darf, die uns Arbeit geben. Doch wenn die Arbeiter die Macht im Staat haben, dann können ja sie die Gesetze machen, und die Maschinen gehören dann nur noch den Arbeitern. Deshalb müsst ihr die SAP wählen.«

So hört es sich anders an.

»Aber man muss dem Fabrikanten nicht gleich von Anfang an unbedingt alles wegnehmen«, sagt der Karl Wurfer, »damit es einem besser geht. Ich habe es euch letztes Mal gesagt, wir müssen zusammenhalten und dem Fabrikanten sagen: Wir arbeiten erst wieder, wenn du uns besser bezahlst!«

Der Genosse Wurfer spricht nun davon, wie ungerecht es zugeht auf der Welt, und er fragt, ob einer von euch schon die Villa eines Fabrikanten von innen gesehen hat.

Du meldest dich und sagst, dass du schon einmal drin warst im Haus des Herrn Dr. Amelung, weil du das Schild nicht gesehen hast. Und alle schauen her zu dir.

Du sollst erzählen.

Aber du kannst dann nicht viel sagen, weil du es nicht gewohnt bist, vor so vielen Leuten zu reden. »Mach das besser du«, sagst du zu Karl Wurfer.

Er erzählt dann davon, wie viel Platz ist in einer solchen Fabrikantenvilla, wie schön da alles ist, und dass es Diener und Dienstmädchen gibt und dass ein Bild an der Wand oft mehr kostet als ein Arbeiter in einem ganzen Jahr verdient. Und du hast alles genauso gesehen und du denkst wieder an eure jämmerliche Wohnung mit den neun Kindern in vier Betten.

Du erzählst auch deshalb nichts, weil der Fabrikant Dr. Amelung dir einen ganzen Fünfer gegeben hat, nur weil du ihm ein Paket hinübergebracht hast.

Die Versammlungen der Arbeiter sind im Saal eines Gasthofes, der schon seit ein paar Monaten geschlossen ist.

Und da pocht es auf einmal hinten sehr laut an die Türe. Und da merkst du erst, dass die Saaltüre abgeschlossen ist. Und dann kracht auf einmal die Türe auf, und viele Polizisten stürmen in den Saal und schreien, dass das verboten ist, dass sich die Arbeiter versammeln. »Und ihr landet alle im Zuchthaus!«

Du erschrickst, wie die hereinstürmen, alles voller Polizei! Aber noch mehr erschrickst du, als du das mit dem Zuchthaus hörst: Denn was wird aus deiner Familie, wenn du im Zuchthaus sitzt!

Der Genosse Wurfer stellt sich gegen die Polizei: Dass das nicht richtig ist, dass niemand einem freien deutschen Arbeiter verbieten darf, dass er sich versammelt. Aber zwei Polizisten packen ihn hüben und drüben, und er schreit noch lauter, und da halten sie ihm den Mund zu, und als er um sich schlägt, fesseln sie ihn und führen ihn weg.

In der Tür reißt er sich noch einmal halb los und schreit, dass ihr nicht mehr arbeiten sollt, bis sie ihn wieder freilassen. Und einer der Polizisten gibt ihm einen Schlag auf den Kopf. Dann führen sie ihn weg ins Zuchthaus.

Und ein Polizist stellt sich vor euch hin und sagt, dass Arbeiterversammlungen verboten sind, und er lässt alle Zeitungen, die an euch verteilt worden sind, einsammeln und nimmt sie mit, sie sind auch verboten. Dann sagt er, dass ihr nach Hause gehen sollt, dann geschieht euch nichts.

Ihr verlasst zwar den Saal, aber ihr geht nicht nach Hause. Ihr setzt euch in einen Hinterhof, und einer sagt, dass man jetzt erst recht nicht aufgeben darf. Er heißt Emil Steinbrech und ist auch von der Partei.

»Ja, der Mann muss wieder freikommen, ist ja klar.«

»Wir arbeiten nicht, bis er freigelassen wird. Wir machen einen Streik.«

Jetzt wirst du hellhörig: »Und wer bezahlt meinen Kindern und meinem kranken Weib das Essen?«, du weinst fast.

Und auch andere schreien Emil Steinbrech an: »Da kannst du verhungern bei einem Streik.«

»Und wenn uns der Fabrikant hinauswirft?«, fragt einer.

Der Steinbrech streckt die Hand in die Luft und sagt: »Das ist alles geregelt, ihr müsst es nur wollen.«

»Was soll geregelt sein?«

»Es gibt fürs Erste eine Streikkasse«, verkündet er, »niemand muss verhungern.«

Er erklärt euch, wie das funktioniert: »In der Gewerkschaft haben sie von jedem Geld gesammelt, vom Einzelnen nur wenig. Wenn das aber viele Tausend sind, dann reicht es, dass man andere vor Hunger bewahren kann. Das nennt man Solidarität.«

Er erklärt auch, was das ist, eine Gewerkschaft. Arbeiter schließen sich zusammen und kümmern sich um das Wohlergehen ihrer Mitglieder. Sie sorgen dafür, dass man etwas erreicht bei den Fabrikanten. Denn freiwillig schenken die nichts. Und die Gewerkschaft bezahlt dir das Streikgeld nicht einfach so. Es wird erwartet, dass du beitrittst und auch solidarisch bist!

»Und wir können den Fabrikanten zwingen, dass der Karl Wurfer freigelassen wird?«

»Der Fabrikant kann die Produktion nicht unterbrechen, das kostet ihn Hunderttausende. Der gibt schneller nach, als ihr einen Schnaps kippt. Und die Leute von der Partei und der Gewerkschaft reden mit dem Fabrikanten und machen alles klar, auch einen höheren Lohn und dass eine niedrigere Arbeitszeit festgelegt wird und dass der Albert mit der zerquetschten Hand einen Ausgleich bekommt.«

Du schaust immer Richtung Tor, ob die Polizei kommt.

Es wird abgestimmt, ob nun gestreikt wird, und alle sind dafür, auch du.

Einer sagt aber, dass sie euch alle entlassen können und andere einstellen und dann seid ihr erst recht aufgeschmissen. Du bekommst Bauchweh.

»Wenn alle Arbeiter zusammenhalten«, sagt einer von der Gewerkschaft, »finden sie keinen Einzigen.«

»Und wenn doch?«, sagt ein anderer. »Viele sind froh, wenn sie Arbeit bekommen, und machen es für jeden Preis. Viele sind arbeitslos.«

Niemand geht am anderen Tag zur Arbeit. Alle sind zum Werk gegangen, da waren Streikposten, damit keiner von euch den Streik bricht. Und überall sind Plakate; darauf ist zu lesen, dass der Betrieb bestreikt wird und dass alle solidarisch sind und dass man erst wieder arbeitet, wenn die Forderungen erfüllt sind.

Und die Forderungen sind auch aufgeschrieben: Karl Wurfer soll aus dem Gefängnis kommen und alle sollen besser bezahlt werden und die Männer sollen nur noch zehn Stunden am Tag arbeiten und die Frauen und Jungen unter achtzehn nur noch acht Stunden, das sind für die noch achtundvierzig Stunden in der Woche. Kinder unter vierzehn sollen nicht mehr eingestellt werden, die sollen in die Schule.

Der Emil Steinbrech hat das alles aufgeschrieben. Und du bist eigentlich nicht damit einverstanden, dass Kinder nicht mehr arbeiten dürfen. Aber wenn du mehr verdienst, denkst du, geht es vielleicht.

Es wird auch erzählt, was sie schon mit Streikbrechern gemacht haben. »Da wärst du lieber tot!«

Das ist ja klar. Nur wenn alle mitmachen, erreicht ein solcher Streik sein Ziel. Sonst arbeiten andere und der Fabrikant lacht sich kaputt.

»Auch das gehört zur Solidarität«, sagen die Streikposten.

Ihr steht auf dem Fabrikhof eures Werkes herum, und dann kommt der Fabrikant, Herr Dr. Amelung, und sagt, dass ihr aufhören sollt mit dem Unsinn, weil ihr ausgesperrt werdet. Das heißt, ihr dürft nicht arbeiten und bekommt keinen Lohn. Das bedeutet, allen geht es schlecht: Auch ihm dem Fabrikanten, weil er nichts mehr verkauft; und wie lange er das durchhält oder den Betrieb schließen muss, weiß er nicht, dann seid ihr arbeitslos.

»Und ob das euren Frauen und Kindern recht ist, weiß ich nicht«, sagt er.

Da schreien alle, dass das nichts ausmacht, weil die Arbeiter solidarisch sind und keiner verhungern muss.

Herr Dr. Amelung sieht sehr klug und vornehm aus und wartet, bis es wieder still ist auf dem Fabrikhof, dann sagt er, dass es verboten ist zu streiken. »Und die Polizei bringt euch alle ins Zuchthaus, wenn ihr nicht aufhört.«

Er wartet dann wieder, niemand hat sich gerührt.

Dann redet er weiter, dass er die Polizei nicht holt. »Wenigstens vorläufig nicht«, weil er euch für vernünftige Leute hält, die zwischen guten und schlechten Dingen unterscheiden können.

Wieder macht er eine Pause und wieder sagt niemand etwas. Da meint er, dass er dann doch die Polizei holen muss und dass er Bedenkzeit bis morgen gibt.

Da schreit einer, der Herbert Schreiner: »Wir müssen ja gar nicht streiken, Herr Dr. Amelung, wir hören auf der Stelle auf, wenn Sie unsere Forderungen erfüllen.«

Und Emil Steinbrech sagt noch, dass alle gut zusammenhalten und sich der Fabrikant keine falschen Hoffnungen machen soll.

Der Fabrikant sagt nun nichts mehr und geht. Unter dem Tor dreht er sich noch einmal um und sagt: »Die Namen Schreiner und Steinbrech merke ich mir. Ihr werdet schon noch zur Vernunft kommen. Und wenn nicht – es gibt Wege.«

Alle fühlen sich jetzt stark, und es werden weitere Reden gehalten, dass man nicht aufhören darf. Das müssen die Fabrikanten lernen. Einer hat plötzlich eine rote Fahne und schwenkt sie. Dann fangen alle an zu singen:

Mann der Arbeit aufgewacht
und erkenne deine Macht –

Und du bist sehr froh; aber nur weil du nicht merkst, dass dein eigenes Unglück bereits angefangen hat.

Nach einer Stunde ungefähr sind von außen, von der Straße her, ein paar Pfiffe zu hören. Da sind auf einmal alle still.

Das Fabriktor geht auf und die Polizei kommt herein und verhaftet Emil Steinbrech und Herbert Schreiner. Die Polizisten reißen die Plakate von den Wänden und vom Tor.

Alles schreit aus vollem Hals und ein paar gehen auf die Polizisten los und es gibt eine kleine Schlägerei. Die Polizisten aber greifen hart zu und nehmen noch drei zusätzlich mit: den Fritz Umgelder, den Hermann Wagenseil und den Rolf Müller.

Du willst auch auf die Polizei losgehen, als du das siehst. Aber du denkst an deine Frau, die daheim krank am Herd steht und wartet, dass du Geld zum Einkaufen bringst. Du weißt, dass viele ganz Ähnliches denken, sonst hätten sie die drei nicht so ohne Weiteres mitnehmen können.

Du hörst, wie einer sagt, dass es ihn wundert, dass sie nicht den Hof ganz geräumt haben, überhaupt, dass sie nicht härter durchgegriffen haben. »Da kommt noch etwas«, sagt er.

Soldaten kommen am anderen Tag. Viele Soldaten. Und du machst dir schier in die Hose. Es ist aber alles anders. Sie beachten euch gar nicht, sondern gehen einfach in die Werkhalle, und die Meister erklären ihnen die Maschinen und wo die Hebel sind. Und dann sind die Soldaten Streikbrecher und euer Streik ist für die Katz.

Die von der Gewerkschaft aber sagen zu euch, dass man nicht aufgeben darf. Weil die Soldaten ja nicht ewig arbeiten und Streik brechen können.

Warum da Soldaten als Streikbrecher sind?

Euer Betrieb verarbeitet Eisen, Rohre, Bleche. Die Teile werden gebraucht zu allen möglichen Dingen, für Maschinen und Lokomotiven, aber auch für Kanonen und Hülsen für Granaten. Deshalb sind die Soldaten da. Denn die Fabrik ist wichtig für die Rüstung, und wenn die Teile nicht eingebaut werden können, dann legt ihr mit eurem Streik auch andere Betriebe lahm und das Heer wird geschädigt.

Die Dampfmaschine ist nicht abgeschaltet worden. Die Ingenieure und Werkmeister streiken natürlich nicht. Ja, sie fordern alle sogar auf, wieder an die Arbeit zu gehen. Auch viele Gesellen und Lehrjungen haben weitergearbeitet. Es war also nicht der ganze Betrieb lahmgelegt, trotzdem wäre es ohne euch nicht gegangen. Aber nun mit den Soldaten –

So streiken alle weiter, die Polizei zieht ab. Vorläufig. Und du wartest jeden Tag darauf, dass der Fabrikant nachgibt.

So stehen die Dinge nicht besonders gut, als in der dritten Streikwoche am Dienstagabend – deiner Frau geht es schlecht, und du willst gerade ins Bett, damit du sie in der Nacht ablösen kannst, wenn der Kleine schreit – draußen vor der Türe einer der Ingenieure aus dem Werk steht.

Die Dampfmaschine läuft nicht mehr. Sie haben den Druck bereits vom Kessel genommen, und er redet noch viel mehr Zeug, von Ventilen und Zylindern, Dingen, von denen du nichts verstehst.

Du verstehst nur, dass sie dich in dem Bunker unter dem Kessel brauchen.

Klar, denkst du, da springt wieder ein Stück Geld heraus, gerade recht. Da fällt dir der Streik ein, und es ist, als wenn ein Eisenrohr auf dich drauffällt. Und du zitterst vor Schreck: Es liegt jetzt alles bei dir! Du kannst bestimmen, ob der Streik sein Ziel erreicht oder nicht, du allein. Denn ohne Dampfmaschine nützen die Soldaten so viel wie eine Kerzenflamme unter dem Dampfkessel.

»Ich kann das auch«, sagt der Ingenieur, »aber ich lasse es dich machen. Ich denke, du kannst ein wenig Geld brauchen.«

Du weißt, dass das verlogen ist. In Wirklichkeit hat er Angst. Und neulich hat er gesagt: »Im ganzen Betrieb ist niemand außer dir, der die Anlage da unten kennt, seitdem der alte Hahnenbrück gestorben ist.«

Es liegt alles bei dir. Aber du bist nicht der große Redner.

»Der Streik«, fängst du an und merkst, dass du feuerrot wirst. »Ich bin doch kein Streikbrecher«, das geht ja ganz gut mit dem Reden, denkst du.

Aber er fährt dir schnell ins Wort: »Du sollst auch keinen Streik brechen, ist ja klar«, er redet ganz freundlich, »euer Streik ist ja wichtig, ich bin ganz auf eurer Seite.«

Das glaubst du ihm aber nicht, weil er in den letzten Tagen schon dreimal probiert hat, euch wieder zur Arbeit zu bringen.

»Ihr sollt, wenn es nach mir geht, euren Streik ruhig fortsetzen, es zeichnet sich ja bereits eine Lösung ab.«

Dabei heißt es immer, der Fabrikant gibt nicht nach.

»Aber«, fährt er fort, »es ist wichtige Terminarbeit, ohne die geht der Betrieb ein und ihr steht erst recht auf der Straße.«

Du bist kein Streikbrecher, sagst du immer wieder, auch als er dir sagt, dass du doppelt so viel bekommst wie sonst. In der Nacht kriegst du kein Auge zu, so viel geht dir durch den Kopf. Du liegst da und rechnest. Das Doppelte! Deine Frau kann zum Arzt und so weiter. Aber was sagen die anderen?

Am nächsten Morgen, als du in den Fabrikhof gehst, steht da ein Mann, der stellt sich vor als Sekretär des Herrn Dr. Amelung. Und du gehst mit ihm zur Villa des Fabrikanten, obwohl du das gar nicht willst. Er geht mit dir unter den alten Bäumen und den vielen Blumen – du siehst einen Gärtner mit einer grünen Schürze – an dem Schild mit der Hand vorbei zum Hauptportal. Und dir klopft das Herz bis zum Hals.

Und dann stehst du vor Herrn Dr. Amelung, und der sitzt an seinem Schreibtisch und fragt dich, ob du eine Zigarre willst. Du traust dich nicht, Nein zu sagen. Er fragt auch nicht weiter und sagt, dass du Platz nehmen sollst. Du weißt nicht recht, was das heißt. Der Sekretär schiebt dir einen Stuhl unter den Hintern.

»Ich höre, dass Sie die Dampfmaschine reparieren können.«

Du weißt nicht, was du sagen sollst. Das weiß er doch längst. Eigentlich auch nicht richtig reparieren, nur in den Bunker hinuntersteigen und an den Hähnen und Schrauben drehen.

Dr. Amelung redet weiter: »Herr Ingenieur Kohlenbrück sagt mir, dass Sie kein Streikbrecher sind. Das finde ich schön.«

»Bin ich auch nicht«, würgst du heraus.

Dr. Amelung redet freundlich: »Es wär ja auch nicht recht gegenüber den Kameraden, aber Sie müssen das alles auch aus einer anderen Richtung sehen.«

Was meint er mit einer anderen Richtung?

»Man hat euch sicher vom Mehrwert erzählt«, sagt er und du nickst.

»Das ist doch auch richtig mit dem Mehrwert«, bekommst du heraus, obwohl dir ein Kloß in der Kehle sitzt und deine Stimme heiser ist wie ein Reibeisen.

»Ich verstehe das gut«, nickt Dr. Amelung, »ihr wollt den Mehrwert der Ware gegenüber dem Rohstoff.«

Du nickst wieder und freust dich, dass du das verstehst.

»Man hat euch gesagt, dass der Mehrwert allein durch eure Arbeit zustande kommt.«

Du nickst wieder.

»Aber der Mehrwert besteht nicht nur aus eurer Arbeit«, sagt Dr. Amelung und lächelt, »ihr müsst die Maschinen abziehen, die ihr ja nicht gekauft habt, die aber viel Geld kosten. Ja, wenn ihr allein mit den Händen arbeiten würdet.«

Du weißt nicht, was du sagen sollst: Die Maschinen abziehen, hat der Wurfer doch gesagt – wie war das?

»Und ihr vergesst die vielen Löhne, die ich bezahlen muss – an euch, an meine Ingenieure, an die Werkmeister, an die Gesellen, und schließlich haben andere Geldgeber und ich ja auch die Dampfmaschine und die Werkhalle bezahlen müssen, sogar das Grundstück, und ich muss das Roheisen bezahlen«, er bleibt immer freundlich, »das alles müsst ihr vom Mehrwert abziehen. Was man euch sagt, ist Kinderei.«

Du schaust auf deine Knie und kratzt mit den Stiefeln auf dem Parkett herum. »Aber«, bringst du heraus, »wenn alles den Arbeitern gehören würde –«

Du erschrickst, denn er steht mit einem Ruck auf und steht vor dir: »Wollen Sie es mir wegnehmen?«

Die Sache mit dem Diebstahl! Emil Obermüller hat davon geredet.

»Und ihr vergesst noch mehr«, er geht auf und ab, »wer von euch Arbeitern wüsste denn, wie das Endprodukt entsteht? Dazu gehören viele Kenntnisse, die man studieren muss. Woher wollt ihr wissen, welche Rohstoffe man einkaufen muss und wie viel von jedem? Wer wüsste genug über die Fertigung, damit er die richtigen Maschinen zum richtigen Preis kauft und auch nicht zu viel oder zu wenig produziert? Wer von euch weiß, wie ein Produkt beschaffen sein muss, damit man es verkaufen kann! Und wer weiß, an wen er unsere Produkte verkaufen kann und zu welchem Preis? Und schließlich, könntet ihr das Risiko übernehmen, dass vielleicht nichts verkauft wird? Ich kenne viele Fabrikanten, die waren nach ein paar Jahren arm wie die Kirchenmaus.«

Er steht vor dir und hat einen hochroten Kopf. Dann setzt er sich wieder hin.

»Herr Dr. Amelung«, sagst du und bist auch aufgestanden und trittst von einem Bein auf das andere vor Verlegenheit, »ich kann es nicht so gut sagen wie Sie. Aber arm wie eine Kirchenmaus, das sind wir auch, meine kranke Frau und unsere neun Kinder.« Du hast plötzlich Mut, es ist, als wenn du von irgendwo Luft bekommst: »Meine Kinder haben kein eigenes Bett, keinen Platz in der winzigen Wohnung, meine Mädchen können nicht in die Schule, weil sie arbeiten müssen. Für meine kranke Frau kann ich nicht einmal einen Arzt bezahlen, und sie bräuchte dringend einen Arzt, und Medizin können wir auch nicht, und der Kleine schreit jede Nacht. Da ist vielleicht auch nicht –«

Dr. Amelung hat sich beruhigt und ist wieder sehr freundlich. »Ganz recht, ich sehe das Problem genauso wie Sie; wir überlegen zurzeit, ob wir nicht Sozialleistungen einführen, wie es sie in manchen Betrieben in Deutschland und in England bereits gibt: Betriebsküche, Betriebswohnungen oder Unfallversorgung und Alterssicherung oder so. Aber ihr macht das ja unmöglich durch euren heillosen Streik.«

Du hast einen heißen Kopf.

»Also, alles klar«, sagt er, als wenn ihr es so ausgemacht hättet, und gibt dir die Hand, »Sie steigen hinunter und bringen die Dampfmaschine wieder zum Gehen, und ich bezahle Sie wie immer und dazu die Arztkosten für Ihre Frau und Ihr Kind und die Medikamente für Frau und Kind, und ich gebe Ihnen noch extra, sobald Sie fertig sind, auf die Hand fünfzig Mark in Gold.«

Damit steht er auf und lässt dich gar nicht reden: »Sehr freundlich, dass Sie uns helfen, der Herr Sekretär führt Sie hinaus.«

Der geht gleich mit dir in den Betrieb. Im Hof stehen die Genossen mit den Händen über einem armseligen Feuerchen, denn es ist kalt, und sie sehen her zu dir und rufen etwas. Du aber steigst hinab in den Bunker mit bebenden Knien und zitternden Händen wie in die Hölle.

DIE WAFFEN NIEDER

Wenige Frauen sind so sehr mit dem Begriff des Friedens verbunden wie Bertha von Suttner, deren Leben tragischerweise in dem Augenblick zu Ende ging, als man ihre Stimme in Europa am dringendsten gebraucht hätte.

Bertha von Suttner wurde am 9. Juni 1843 in Prag als Gräfin Kinsky von Wichinitz und Tettau geboren. Ihre Familie verarmte und sie verdiente ihren Lebensunterhalt für kurze Zeit als Sekretärin Alfred Nobels in Paris, dann als Gouvernante in der Familie des Freiherrn von Suttner in Wien. Sie heiratete 1876 heimlich den sieben Jahre jüngeren Arthur von Suttner, mit dem sie auf Einladung der dortigen Fürstin, nach Mingrelien ging, heute ein Westteil von Georgien. Mingrelien gilt als das sagenhafte Land Kolchis der Argonautensage – jener

Legende, in der griechische Helden sich aufmachen, das Goldene Vlies, das Fell eines Widders, der sprechen und fliegen konnte, nach Jolkos in Griechenland zurückzuholen. Dort erlebte das Paar den russisch-türkischen Krieg 1877–78, der tiefe Spuren eingrub, die zur Grundlage ihres pazifistischen Schaffens wurden. Beide begannen für ihren Lebensunterhalt mit der Schriftstellerei. 1885 dann die Rückkehr nach Wien.

1886 traf sie in Paris wieder Alfred Nobel, der sie in ihren mittlerweile aufgenommenen pazifistischen Tätigkeiten unterstützte und den sie zur Stiftung des Friedensnobelpreises anregte. Im Jahre 1889 erschien ihr großer Roman »Die Waffen nieder!«, der ihren weltweiten Ruhm begründete. Sie gründete die »Österreichische Gesellschaft der Friedensfreunde« und gewann viele prominente Mitstreiter. Als Präsidentin der Friedensgesellschaft nahm sie am 3. Internationalen Friedenskongress in Rom teil. Sie wurde Vizepräsidentin des Zentralbüros der Friedensgesellschaften und engagierte sich weiterhin in Wort und Schrift für den Frieden und verband mit diesem Engagement die Forderungen nach sozialer Gerechtigkeit und der Gleichberechtigung der Frau. Sie kämpfte auch gegen den Antisemitismus.

Ihr Mann starb 1902 und erlebte nicht mehr, dass sie 1905 als erste Frau den Friedensnobelpreis bekam, den sie bei Alfred Nobel angeregt hatte. Der Roman »Die Waffen nieder!« wurde 1913 verfilmt. Bertha von Suttner starb am 21. Juni 1914 in Wien, unmittelbar vor Ausbruch des Ersten Weltkriegs.

1919 wurde in Deutschland das Wahlrecht der Frauen eingeführt. Am 1. Juli 1958 trat in der Bundesrepublik Deutschland das Gesetz über die Gleichberechtigung von Mann und Frau in Kraft.

Weitblickend hatte sie als Grundlage dauerhaften Friedens einen »europäischen Staatenbund« als erste Etappe auf dem Weg zum Weltfrieden gefordert.

Die österreichische Zwei-Euro-Münze zeigt mit dem Porträt Bertha von Suttners die auch heute noch aktuelle Bedeutung der Pazifistin.
Die Dialoge in der Geschichte sind erfunden.

Die Sage von den Argonauten

Pelias, der Sohn der Tyro und des Meeresgottes Poseidon, hatte seinem Neffen Jason das Königreich Iolkos in Thessalien geraubt. Als dieser sein Erbe zurückverlangte, erhielt er von Pelias als Bedingung die – in seinen Augen tödliche – Aufgabe, nach Kolchis zu segeln und von dort das aus Iolkos entführte Goldene Vlies zurückzubringen. Die bekanntesten der fünfzig berühmten Gefährten, die mit ihm auf dem fünfzigrudrigen Schiff Argo von Iolkos aufbrachen, waren der starke Herakles, die Dioskuren Kastor und Pollux, der Sänger Orpheus, der scharfsichtige Lynkeus und der Held Theseus, der einst im kretischen Labyrinth den Minotaurus bezwungen hatte, einen Unhold mit menschlichem Körper und dem Kopf eines Stiers. Sie kamen nach Lemnos, wo die Frauen, die ihre Männer wegen Untreue erschlagen hatten, alleine herrschten. Sie durchfuhren glücklich die Kyaneischen Felsen, die jedes Schiff zwischen sich zerquetschten, und verloren nur das Steuerruder. Nach vielerlei weiteren Abenteuern gelangten die Argonauten tatsächlich nach Kolchis und Jason erlangte nach weiteren Mühen das Goldene Vlies.

Es war eine verzweifelte Hoffnung, die sie antrieb – ihn, Arthur von Suttner, sie, Bertha von Suttner, seine sieben Jahre ältere, frisch angetraute Frau. Sie war 1843 in Prag als Gräfin Kinsky von Wichinitz und Tettau geboren worden, hatte verschiedene Enttäuschungen hinter sich, war aus ihrer verarmten Familie in den Dienst der Familie von Suttner in Wien getreten, hatte sich in Arthur von Suttner, den Sohn des Hauses, verliebt und er sich in sie – Hausverbot für Bertha, Versteck, Süße der Heimlichkeit, Süße der Liebe, 1875 Flucht beider aus Wien in die bittere Armut, heimliche Heirat 1876, sie war dreiunddreißig Jahre alt.

Der Haushalt, in dem Arthur von Suttner aufgewachsen war, hatte ihn keine Entbehrungen gelehrt: Kammerdiener, Jäger, Bedienter, Koch, Küchenmädchen, Portier, Kutscher, den Luxus des Reisens, Opernloge. Alles hatte er zur Verfügung. Bertha sah ringsum das standesgemäße Leben der adeligen Altersgenossinnen: Schränke voll Kleider und Wäsche, Schmuck, Dienerschaft, jeden Luxus des Wohnens – die Sicherheit der führenden Stellung des Ehemanns beim Militär oder als hoher Beamter bei einer Behörde.

Für Arthur und seine Frau galt jetzt ein unstetes Leben. Die heimliche Trauung in der Kirche war bereits in Reisekleidern erfolgt. Arthur war enterbt und verstoßen. Berthas Mutter stand zu ihnen – aber sie konnte, fast mittellos, nicht helfen.

Dennoch hatten sie sich entschieden.

Wohin? Als Einundzwanzigjährige, in besseren Tagen, war Bertha einmal in Bad Homburg mit der mingrelischen Prinzessin Ekaterina Dadiani zusammengetroffen, einer hochgebildeten Frau in mittleren Jahren, deren Schönheit ihrer märchenhaften Herkunft gleichkam: Sie stammte aus Mingrelien, einst das Kolchis der Sage, dem Land des Goldenen Vlieses im westlichen Kaukasus. Das Goldene Vlies – ein Sinnbild für Sehnsucht und Glück.

Die Prinzessin hatte sich damals mit der jungen Gräfin angefreundet. An Ekaterina nun hatte sich Bertha gewandt und sie war samt ihrem jüngeren Mann eingeladen worden in die Stadt Gordi nach Mingrelien. Dort würde sich das weitere Schicksal entscheiden.

Nach langer Schiffsreise trafen sie in Poti ein, einer schmutzigen Hafenstadt am Schwarzen Meer.

Die erste Nacht in einem billigen Hotel. »Dein Land Kolchis!«, jammerte Arthur. »Ungeziefer, Dreck, Mäuse auf den Dielen, Ratten in den Fluren. Wo sollen wir denn um des Himmels willen schlafen?«, und entfernte eine Kakerlake aus dem Bett.

Bertha schüttelte es ebenfalls. »Sessel sind da, leidlich bequem. Schlechter kann es jedenfalls nicht mehr werden.«

»Soll das ein Trost sein? Wo bleibt das Goldene Vlies«, murrte er.

Unerträglich schwüle Hitze.

Ein Gesandter der Fürstin, im Gürtel den Dolch, über der Brust Patronengurte, suchte sie auf.

Auf der Weiterreise fiel ihnen ein seltsamer feiner Duft auf, der über dem Land lag. Ein kostbarer Duft, dessen Herkunft sie sich nicht erklären konnten – waren es fremde Blüten? Sie fragten, als ginge es um eine Verheißung. Aber der Duft, der alles ein wenig erträglicher machte – die fremdartigen Menschen, die Rudel von schmutzigen Hunden, die sich in Pfützen suhlenden Schweine, die seltsamen Häuser –, kam vom getrockneten Mist schwarzer Büffel.

Und das Goldene Vlies?

Die beiden waren jung und beweglich und ließen sich nicht abschrecken von Ungeziefer, von unsicheren Landstraßen und gefährlich aussehenden Menschen. Der Fürst von Mingrelien diente am Hofe des Zaren und so strahlte der Glanz der Residenz in St. Petersburg bis hinein in diesen verwunschenen Winkel der Welt im Kaukasus. Sie hofften, dass der Fürst sie aufgrund seines Einflusses durch eine Stellung bei Hofe für Arthur befreien würde – von den fingerlangen Kakerlaken an Wänden und in Betten, vom Anblick der Schweinepferche, dem Lärm der Eselstreiber und Märkte und den allgegenwärtigen Misthaufen und Ställen.

Als sie die Residenz der Ekaterina Dadiani und ihres Mannes, des Fürsten Nikolaus, in Gordi endlich erreichten, war es, als fiele bereits ein kaiserlicher Schimmer auf sie. Die Fürstin lud sie zum Diner in ihre eleganten Räume, Luxus und Pracht ringsum, kostbar, geschmackvoll, modern, als wäre man in Paris und im Orient zugleich – Bankett, Tanz, Feuerwerk. Jede Rakete ein Versprechen künftigen Glücks.

Sie konnten das Goldene Vlies mit Händen greifen.

Sie erlebten in der folgenden Zeit die königlichen Auftritte des Fürsten und der Fürstin unter buckelnden Dienern, Bauern und Bürgern. Aber nicht lange: Fürst Nikolaus lebte nur wenige Wochen im Sommer in Mingrelien, den Rest des Jahres verbrachte er als Adjutant des Zaren in St. Petersburg. Dorthin kehrte der Fürst zurück, die Fürstin aber reiste ab nach Paris.

Sie warteten.

Es gab noch ein paar Einladungen mingrelischer Adeliger, die bald ausblieben. Mittellosigkeit war in den Gebräuchen des mingrelischen Adels so wenig vorgesehen wie sonst irgendwo beim Adel in Europa. Einsamkeit, Heimweh kam über sie, schwindende Ersparnisse, aufsteigende Not.

Warten auf das Goldene Vlies.

Doch ihr eigenes Schicksal schien plötzlich unwichtig: Im Land ringsum begann es zu gären. Das russische Streben nach Macht erschütterte den Sitz des türkischen Sultans in Konstantinopel, die Hohe Pforte: Russland wollte Zugang zu den Weltmeeren, es wollte den Besitz der Dardanellen, der letzten Engstelle der Wasserstraße zwischen dem Schwarzen Meer und dem Mittelmeer. Die Dardanellen waren Teil des heruntergewirtschafteten Osmanischen Reichs, das man in Europa den »kranken Mann am Bosporus« nannte.

Bertha und Arthur redeten über diese Dinge. Sie verfolgten besorgt in den wenigen Zeitungen, derer sie habhaft wurden, das Spiel der europäischen Mächte, deren Interessen mit denen Russlands und des Osmanischen Reichs verflochten waren. In Bulgarien waren Aufstände gegen die Türken ausgebrochen und Russland griff ein und schützte die slawischen Brüder. Der Krieg konnte sich jeden Tag ausweiten.

Bertha und Arthur redeten viel darüber: Nie würde England einen ungehinderten Zugang Russlands zum Mittelmeer dulden. Die riesige Waage der europäischen Mächte, seit 1871 vom deutschen Reichskanzler Bismarck in Berlin austariert, ertrug wie im Krimkrieg, in dem Russland zwanzig Jahre zuvor auch schon gegen die Osmanen Krieg geführt hatte, keinen Machtgewinn des Zaren auf dem Balkan – wenn auch die meisten Völker des Balkans wie Russland slawischer Sprache waren. Russland fieberte dem großen Krieg gegen die Türkei entgegen: Die slawischen Brüder befreien, dabei die Osmanen besiegen, Konstantinopel erobern und die Meerengen in Besitz nehmen. Die europäischen Mächte würden nicht stillhalten. Ein gewaltiger Krieg drohte.

Die Männer Mingreliens trugen Pistolen zu ihren Dolchen und Patronengurte um die Brust und hatten kühne Gesichter, die Frauen beteten. Aus den Wirtshäusern lärmten kriegerische Lieder.

Bertha und Arthur hatten auf ihrer Reise nach Mingrelien Sewastopol gesehen, das noch immer die Spuren der Beschießung aus dem Krimkrieg trug und den Reisenden aus dem friedlichen Wien die Wucht des Krieges noch nach zwanzig Jahren vor die entsetzten Augen führte.

Sie sahen auch, wie Mingrelien selbst sich unter der Drohung des Krieges spaltete: Der muslimische Teil der mingrelischen Bevölkerung dachte nicht russisch. Die Muslime hofften, in einem Krieg das russische Joch durch einen Aufstand abschütteln zu können. Der christliche Teil Mingreliens hielt zum Zaren. Neben dem Konflikt der Großmächte drohte rings um Bertha und Arthur ein Bürgerkrieg.

Das Goldene Vlies war auf einmal geteilt.

Der Zar und sein Adjutant Nikolaus, der Fürst von Mingrelien, hatten anderes zu tun, als an die Hofkarriere eines von der Familie verstoßenen österreichischen jungen Adeligen und seiner Frau zu denken. Es kam keine Berufung nach St. Petersburg, kein Amt für Arthur.

Kein Goldenes Vlies.

Bertha war schon vor ihrer Ehe ganz nah daran gewesen an dem goldenen Kleinod: Liebe, Ehe, Reichtum. Sie hatte sich 1875 um die Stelle einer Privatsekretärin bei Alfred Nobel, dem späteren Stifter der Nobelpreise, in Paris beworben und nach einem angenehmen Briefwechsel mit ihm die Stelle bekommen. Die beiden hatten viel geredet über die Erfindungen Nobels, über das Dynamit. Wichtig war Nobel die Entwicklung der vollkommenen Waffe, die jeden Krieg unmöglich machen würde. Nobel hatte sich um die Gräfin bemüht, sie hätte nur zugreifen müssen.

Sie war stark geblieben, trotz einer glänzenden Zukunft, denn da war die Liebe zu Arthur. Oder war es ein Festhalten an der Jugend? Das Goldene Vlies sah in ihren Augen anders aus als das Leben an der Seite eines älteren Mannes, den sie mochte, schätzte, aber nur verehrte –

Das war Vergangenheit. Die Gegenwart war nun hoffnungslos geworden. St. Petersburg mit seinen Hofämtern und seinen Möglichkeiten zur Rückkehr in die standesgemäße Welt war in endlose Fernen entschwunden.

Der offene Krieg Russlands gegen das Osmanische Reich brach aus und rückte dem Kaukasus näher und näher. Kriegsdonner am Horizont, nachts die Blitze der Abschüsse. Angst. Da waren die Leichentransporte, Lazarette mit Verwundeten, die furchtbaren Verkrüppelungen, der tägliche Jammer von Witwen und verlassenen Kindern. Die Kirchen voll schwarz gekleideter weinender Frauen.

Einmal kamen sie in ein Dorf, das am Vortag beschossen worden war: Aus manchen Häusern schlugen noch Flammen, kaum ein Haus hatte ein Dach. Die Straßen waren voll Rauch. Die Toten und Verwundeten waren schon geborgen, aber mit Entsetzen sahen sie Blutpfützen und Leichenteile. Weinende Menschen suchten in den Trümmern. Totes Vieh lag auf den Straßen. Die Kirche, deren Turm eine Granate aufgerissen hatte, war voller Verwundeter, darunter auch Kinder. Auch unter den Toten waren viele Kinder.

Sie erfuhren, dass das Dorf nicht von Soldaten besetzt gewesen sei – keiner der Bewohner hätte an eine Beschießung gedacht. Aber es sei aus taktischen Gründen beschossen worden, damit sich der Feind nicht mehr darin verbergen könnte.

Bertha war wohlbehütet in einer adeligen und friedlichen Welt aufgewachsen. Kriege waren höchstens wie ferne Gewitter hinter dem Horizont gewesen, von denen man wusste, dass sie fernbleiben würden, von denen man aber mit Interesse in den Zeitungen las. Man registrierte die Ziele der Kaiser und Könige, wie man von längst vergangenen Kriegen in der Geschichte hörte. Jetzt trat der Krieg als Wirklichkeit in ihr Leben, das sich in seiner Armut nicht mehr sonderlich vom Leben der Opfer ringsum unterschied.

Betroffen wurde ihr klar: Es ging nicht um hehre Ziele. Es ging um die Macht der Kriegsführenden! Bertha begriff die Lügen, die auch hinter diesem Krieg standen: Hilfe für die slawischen Brüder in Bulgarien? Befreiung vom osmanischen Joch? Das alles waren nur Vorwände für den Machtgewinn des Zaren. Das Eingreifen europäischer Mächte im Krimkrieg seinerzeit war nicht geschehen, um Bedrohten zu helfen, sondern einzig allein, um die eigene Machtstellung zu erhalten. Und immer mussten Menschen bezahlen, die man nicht gefragt hatte – mit ihrem Hab und Gut, mit ihrer Gesundheit, mit ihrem Leben.

Der Friede erschien in diesem Meer von Gewalt und Grausamkeit wie eine ferne Sonne, deren Wärme man genossen, aber sich das nie bewusst gemacht hatte. Jetzt wurde der Friede täglich wichtiger und kostbarer.

Die eigenen Belange verschlechterten sich zusehends. Der Krieg fraß die letzten Ersparnisse. Arthur schrieb Zeitungsartikel. Das brachte etwas Geld. Sie machte es ihm nach, sie verfasste gesellschaftskritische Artikel, Entwürfe, einen Roman. Es gab Erfolge: Der Roman »Hanna« wurde in Fortsetzungen in der Zeitschrift »Die

Gartenlaube« veröffentlicht und brachte solides Geld. So begann ein anderes Goldenes Vlies aufzuleuchten: Schriftstellerin sein, der Welt die eigenen Gedanken mitteilen.

Bertha und Arthur hatten sich oft über die Welt und die Menschen, über Geschichte und Politik unterhalten. Sie lasen Charles Darwin und seinen Schüler Ernst Haeckel. In der Evolutionslehre, die nicht Glauben verlangte, sondern Beweise erbrachte, fand sie den Fortschritt der Menschheit gegeben als naturwissenschaftliche Notwendigkeit. Der Fortschritt würde den ersehnten Frieden bringen.

»Der Friede kommt von selbst«, sagte Bertha zu Arthur.

»Meinst du?«

»Es ist die Evolutionslehre Darwins. Die Evolution entwickelt alles aufwärts.«

»Den Körper der Tiere, ja. Die Kakerlaken in Poti werden sich verbessern, aber du musst lange darauf warten, Zigtausende von Jahren. Vielleicht lassen sie sich dann sogar melken! Und vielleicht haben wir Männer im Laufe der Jahrtausende dann keinen Bartwuchs mehr; ihr Frauen seid uns da heute schon voraus. Aber der menschliche Geist? Nein, Bertha, der hat mit Evolution nichts zu tun.«

»Schlimm, wenn du recht hättest. Aber es ist doch gar nicht anders möglich: Alles wird in der Evolution immer besser, auch die Moral.«

»Sind wir vielleicht besser geworden als die Menschen im Mittelalter?«

»Verbrennen wir noch Hexen?«, hielt sie dagegen.

»Nein, aber wir töten umfassender«, sagte er ernst, »Kanonen, Mörser, Granaten, perfektere Gewehre. Nennst du das moralischen Fortschritt?«

»Immerhin keine Hexen mehr«, beharrte sie.

»Aber Frauen und Kinder, wenn ein Dorf wegen strategischer Vorteile beschossen wird. Wir haben es doch gesehen.«

»Dennoch: Es ist die Evolution, die Schritt für Schritt den ewigen Frieden schaffen wird«, sagte sie bestimmt.

War die Evolution das Goldene Vlies?

Doch die Hoffnung entglitt ihr. Die Erinnerung an den Krieg

Russlands gegen die Türkei, den sie erlebt hatten, nahm sie ihr aus der Hand. Da waren die Karren mit Toten und Verwundeten gewesen, das Stöhnen und Schreien der Verletzten, wenn ihnen ein Arm oder ein Bein abgesägt werden musste, die lodernden Dörfer, die weinenden und schreienden Kinder am Wege, die bettelnden Mütter, das brüllende Vieh, das nicht mehr gemolken wurde, die hoffnungslosen Augen der Frauen, die ihren Mann oder ihre Kinder oder Haus und Heimat verloren hatten. Diese Erinnerungen ließen sich nicht vertreiben und stellten Fragen.

1885 kehrten sie nach Wien zurück.

Einmal sahen sie, wie zwei Hunde mit viel Geknurre auf der Straße kämpften, bis der eine mit blutiger Flanke und eingezogenem Schwanz das Weite suchte.

»Hier hat die Evolution noch nicht für Frieden gesorgt«, lächelte Arthur.

»Es geht um die Evolution der Menschen, Arthur, nicht um die der Hunde«, antwortete sie. Aber ihre Antwort wirkte verlegen.

»Aber noch eins«, ihre Augen öffneten sich, »Hunde müssen kämpfen. Menschen können reden.«

Sie war viel allein. In Gedanken führte sie Gespräche mit Alfred Nobel.

Deine Waffen, die den ewigen Frieden bringen sollen –

Immer perfekter, immer unwiderstehlicher, immer unbesiegbarer, ließ sie ihn antworten. Wenn der Starke unangreifbar ist oder wenn der Starke auf einen anderen Starken stößt und beide haben die vollkommene Waffe – dann ist jeder Krieg vorbei.

Und wenn der Starke ein Lump ist, ein schlechter Mensch? Erwiderte sie in Gedanken. Wird er dann nicht die Welt unterdrücken mithilfe deiner Waffe? Und wird die Welt dann nicht in Verbrechen und Schmutz versinken?

Die unbesiegbare Waffe, nach der Nobel suchte, wurde ihr klar – sie würde nicht den Frieden bringen.

Da war auch die Not der Armen, die sie im Kaukasus gesehen hatte. Wie viele Konflikte entstanden durch soziale Ungerechtigkeit! Die Zeitungen waren voll von Unruhen, die immer wieder in Fabriken und Armenvierteln entstanden: Es gab keinen Frieden ohne soziale Gerechtigkeit.

Konnte das alles die Evolution leisten?

In den Weg stellten sich auch die fehlenden Rechte der Frauen. Sie kannte die Sage von den Argonauten und den Frauen von Lemnos, die ihre Männer erschlagen hatten und ohne sie herrschten. Was wäre eine Welt – zwar nicht ohne Männer, aber wenn die Herrschaft den Frauen gegeben würde? Wäre dann nicht Frieden? Wussten Frauen nicht besser, was Krieg für die Welt bedeutete als Männer? Die Männer denken an sich und ihr Heldentum, sagte sie sich, an Beute und Macht. Frauen bewahren und hegen: Familie, Wert und Besitz.

Die Macht der Frau – war dies das Goldene Vlies?

Sie machte lange Spaziergänge.

»Es ist ja auch eine Frage der Zeit«, sagte sie eines Tages zu Arthur, »wir wollen ja nicht in zehntausend Jahren Frieden.«

»Sondern jetzt«, ergänzte er.

»Die Welt wollte schon immer Friede. Aber geredet wurde nur vom Krieg. Alles war dem Krieg unterworfen, Technik, Bildung«, fasste sie das Ergebnis langen Nachdenkens zusammen, »vielleicht ist ja das schon Evolution, dass wir überhaupt über Frieden reden.«

»Nicht Evolution, aber Fortschritt, da hast du sicher recht.«

»Doch wenn wir sagen, dass der Mensch sich von einem Hund dadurch unterscheidet, dass er einen Streit mit Worten ausfechten kann und nicht Klauen und Zähne dazu braucht. Dann –«

»Dann ist unwichtig, ob es aufgrund der Evolution geschieht. Wichtig ist –«

»Wichtig ist«, unterbrach sie ihn und reichte ihm die Hand, »wichtig ist, dass genau das von der Menschheit begriffen wird, dass Menschen im Gegensatz zu Hunden keine Gewalt anwenden müssen, um Frieden herzustellen. Man muss jedermann davon überzeugen.«

»Leicht wird das nicht«, sagte er.

»Friede mit den Waffen des Geistes. Erst das wäre der ewige Friede.«

Das Goldene Vlies.

Bertha wusste: Jason hatte schwer gelitten für das Goldene Vlies.

Frieden mit den Waffen des Geistes! Bertha von Suttner schrieb ihren großen Roman »Die Waffen nieder!«, der 1889 erschien. Er wurde ein gewaltiger Erfolg, übersetzt in viele Sprachen. Ein Erfolg, der zeigte, wie groß die Sehnsucht nach Friede auf der Welt war.

Sie war nun eine wohlhabende Frau. Dennoch ging sie ganz auf in der Aufgabe, die sie sich gestellt hatte, und warb für den Frieden in unzähligen Vorträgen, kämpfte für ihn in Diskussionen, redete für die Gleichberechtigung der Frau, sie gründete Friedensgesellschaften in Deutschland und in Österreich, sie engagierte sich für sozialen Ausgleich als Grundlage des Friedens. Sie ertrug es, ausgelacht zu werden, sie ertrug Beschimpfungen und Verleumdungen. Sie setzte den Kampf fort, als 1902 Arthur starb.

Drei Jahre später, 1905, wurde ihr der Friedensnobelpreis verliehen. Alfred Nobel hatte ihn auf ihre Anregung hin gestiftet. Der Nobelpreis trug ihren Ruhm in die ganze Welt. Niemand verlachte sie mehr. Sie wurde eingeladen und herumgereicht. Sie war der Mittelpunkt glänzender Gesellschaften. Jeder hörte ihr zu und nickte.

War der Friedensnobelpreis das Goldene Vlies?

Sie starb am 21. Juni 1914, eine Woche vor den Ereignissen, auf welche die beiden schlimmsten Kriege in der seitherigen Geschichte der Menschheit folgten. Ihr Buch »Die Waffen nieder!« war gefeiert worden, man hatte Bertha von Suttner geehrt und gelobt, 1913 wurde der Roman sogar verfilmt. Den Frieden aber hatte all das weder bringen noch bewahren können.

Das Goldene Vlies ist bis heute nicht gefunden.

RELATIV

Es ist alles relativ, die Welt, der Mensch, der Ruhm, sagte Einstein und streckte die Zunge heraus.

Albert Einstein wurde am 14. März 1879 in Ulm geboren und starb am 18. April 1955 in Princeton, USA. Seine Beiträge zur theoretischen Physik revolutionierten das physikalische Weltbild, nämlich unsere Vorstellungen von Raum, Zeit, Masse und Geschwindigkeit. Die Auswirkungen seiner Entdeckungen haben aber auch bis in die Gegenwart beispiellosen Einfluss auf Wirtschaft und Politik.

Im Jahr 1905 erschien seine Arbeit mit dem Titel »Zur Elektrodynamik bewegter Körper«, deren Inhalt heute als Spezielle Relativitätstheorie bezeichnet wird. 1916 publizierte Einstein die Allgemeine Relativitätstheorie. Auch zur Quantenphysik leistete er wesentliche Beiträge: Für seine Erklärung des fotoelektrischen Effekts, die er ebenfalls 1905 publiziert hatte, wurde ihm 1921 der Nobelpreis für Physik verliehen. Die beiden Theorien haben vielfältigste Auswirkungen in der modernen Technik. Die gewaltigste ist wohl die Konstruktion der ersten Atombombe, die sich aus der Massenäquivalenzformel ergibt: Energie gleich Masse mal Lichtgeschwindigkeit im Quadrat.

Es gibt Augenblicke, in denen sich das Schicksal der Welt entscheidet. Ein solcher Moment war in einer Nacht in Bern im Mai des Jahres 1904, in der die klassische Physik, ja das gane klassische Weltbild, letztlich für untauglich befunden wurden. Albert Einstein, noch ganz unbekannt, ermöglichte der Welt und der Wissenschaft einen gänzlich neuen Blick auf die Gesetze der Natur.

Ihr müsst euch das so vorstellen«, sagte Dr. Linkenheil, »die Lehre von der natürlichen Beschaffenheit der Welt hatte feste Grundpfeiler, in Zahl, Zeit und Raum. Zwar wusste man bereits, dass der Mensch nur das sieht, was er sehen kann und nur erkennt, wofür er geschaffen ist. Weil aber im Hinblick auf Erkenntnis alle Menschen gleich beschaffen sind, können sie sich über das Erkannte verständigen. Zum Beispiel durch feste Lehrsätze. Die Vorstellungen von Raum und Zeit schienen unverrückbar fest.«

Was sollte denn das? Jana und Ferdinand waren entsetzt. Sie hatten ein Referat zu machen, eine Strafarbeit, wenn man es genau nahm, über Albert Einstein, nur das Nötigste über sein Leben und ein klein wenig über seine Entdeckungen. Eine Arbeit, die für die ganze Klasse nützlich sein würde, eine gemeinnützige Arbeit, wie es Schulstrafen ja sein sollen. Vorbereitung für eine Unterrichtseinheit über das physikalische Genie, die folgen sollte.

Aber Ferdinand hatte geschimpft: »Von wegen gemeinnützig: Gemeinheit!«

Sie hatten im Internet gesucht, unendlich viel gefunden, aber kein Wort verstanden und schließlich angesichts völlig unverständlicher Begriffe und entsetzlicher mathematischer Formeln das Handtuch geworfen. Ihren Physiklehrer konnten sie schlecht fragen. Er legte immer sehr großen Wert auf selbstständiges Erarbeiten, wenn er dann auch oft eine halbe Stunde reden konnte wie ein Wasserfall.

»Unverständliches Zeug!«, sagte Ferdinand.

Manches hatte er ihnen ja erklärt – sie kannten auch Begriffe wie »Allgemeine Relativitätstheorie« oder »Spezielle Relativitätstheorie«. Aber wenn sie versuchten, aus dem Internet auch nur das Geringste davon zu verstehen, so legte es sich auf ihr Gehirn wie eine totale Sonnenfinsternis.

Sie hätten natürlich ausschließlich über das Leben des Genies berichten können. Aber das wollte Jana nicht: »Das ist doch Unsinn«, sagte sie, »wir reden ja nicht über ihn, weil wir ein Referat machen müssen, sondern wegen seiner Lehren. Ich bin wirklich sehr neugierig.«

Janas Vater hatte einen Bekannten, der Physiker war. Herr Dr.

Linkenheil war sofort bereit, ihnen das Wichtigste zu erklären, und zwar so, dass es auch der schwächste Schüler in Physik verstehen würde. Ja, es werde sogar spannend, sehr spannend, hatte er versichert.

Und nun das!

Herr Linkenheil hatte Geduld: »Es kommt schon noch. Immer langsam. Man muss ja zuerst die Bedeutung Einsteins würdigen. Und er hat die Naturwissenschaften wirklich völlig umgekrempelt. Es fing alles an mit dem Äther.«

»Äther? Was hat das mit Einstein zu tun? Ist das nicht Chemie?«, fragte Jana.

»Ein Betäubungsmittel«, sagte Ferdinand, »es kommt manchmal in Krimis vor, eine chemische Verbindung. Die Verbrecher träufeln es auf ein Taschentuch und pressen es –«

Herr Linkenheil lächelte: »Das stimmt zwar, Ferdinand. Der Äther, wie man ihn heute kennt, ist eine chemische Verbindung, ein Betäubungsmittel, früher sogar ein Narkosemittel. Aber die alten Griechen –«

»Ich höre immer die alten Griechen«, maulte Ferdinand.

»Die Griechen«, beharrte Herr Linkenheil, »meinten, es gebe einen so feinen Stoff, dass man ihn weder sehen noch fühlen noch sonst durch die menschlichen Sinne wahrnehmen kann, noch feiner als Luft und zudem von göttlicher Art, aber eine materielle Substanz.«

»Man kann das Wort Äther manchmal in alten Büchern lesen«, erinnerte sich Ferdinand, »der Adler schwebte hoch im Äther oder so ähnlich.«

»Siehst du«, sagte Herr Linkenheil.

»Und was hat das alles mit Einstein zu tun?«, fragte Jana.

»Nicht viel. Aber wenn wir Einstein richtig verstehen wollen, müssen wir beim Äther anfangen. Was Ferdinand gesagt hat, ist schon brauchbar. Im neunzehnten Jahrhundert nahm das Wort Äther eine neue Bedeutung an, so wie Ferdinand sagt: Sehr hohe Luftschichten wurden von Dichtern Äther benannt. Und einige Physiker gaben dem Wort nun noch eine weitere, aber ähnliche Bedeutung.«

»Physik!« Ferdinand ergab sich seufzend.

Herr Linkenheil hatte es bemerkt: »Wisst ihr was? Wir hören einfach zu. Einstein selbst weiß es am besten.«

»Wir hören zu? Einstein selbst? Sollen wir eine Zeitreise machen? Blödsinn!«

»Haben Sie eine Schallplatte oder so etwas Ähnliches, auf die er gesprochen hat?«, fragte Jana.

»Es könnte so etwas geben, und auch das mit der Zeitreise wäre gar nicht so schlecht, es würde zu ihm passen. Aber wir erreichen die dazu notwendige Geschwindigkeit nicht, auch würde unsere Masse dabei ins Gigantische wachsen.«

»Ich verstehe nur Bahnhof«, sagte Ferdinand; sein Gesicht zeigte den Ausdruck, den es oft im Physikunterricht annahm.

»Von Zügen wird auch die Rede sein«, sagte Herr Linkenheil. »Denkt euch einfach, ihr wohnt einem Gespräch zwischen Einstein und seinem Freund Besso bei.«

Dr. Linkenheil erzählte.

»Es war ein wunderschöner lauer Maiabend im Jahre 1904 in Bern, wo Einstein der naturwissenschaftlichen Forschungsgesellschaft angehörte. Er war noch unterwegs mit seinem Freund Michele Besso, ebenfalls ein Physiker. Sie kamen von einem Vortrag über zwei Wissenschaftler namens Lorentz und Poincaré zu den Themen Äther und Licht.

›Es ist diese Sache mit dem Äther‹, sagte Besso. ›Die macht mich verrückt.‹

›Und die Sache mit der Lichtgeschwindigkeit‹, ergänzte Einstein.«

Weiter kam Herr Linkenheil nicht.

Jana unterbrach ihn, sie fragte: »Was hilft uns denn jetzt ein Gespräch, das Sie uns wiedergeben?«

»Hört gut zu. Ich schildere euch die Nacht, in der die Menschheit den entscheidenden Sprung in die Zukunft gemacht hat.«

»Jetzt pass halt auf«, sagte Ferdinand, der eine Leseratte war und eine Geschichte lieber mochte als Zahlen und Formeln.

Herr Linkenheil fuhr fort.

»Besso war beharrlich: ›Es war seither alles so einfach zu begreifen gewesen, so kinderleicht: Wasserwellen wandern im Wasser,

Schallwellen in der Luft oder in einem festen Körper. Lichtwellen wandern im Äther, so habe ich es gelernt.‹

›Ich auch‹, sagte Einstein, ›nun gibt es aber den Äther gar nicht. Doch das Licht gibt es.‹

›Und es besteht aus Wellen.‹

›Für mich ist das Licht eigentlich immer noch der Beweis, dass es den Äther gibt‹, sagte Besso zögernd, ›es kann einfach nicht anders sein: Wenn das Licht aus Wellen besteht, was sich sehr leicht beweisen lässt, dann muss es wie für den Schall und die Wellen in Flüssigkeiten doch auch ein Medium für das Licht geben, woraus das auch immer besteht: Und viele Kollegen und ich nennen dieses Medium nach den alten Griechen Äther. Licht – das müssen Ätherwellen sein!‹«

Jetzt unterbrach Ferdinand die Zeitreise: »Ich glaube, jetzt habe ich endlich etwas verstanden«, sagte er.

»Still, stör die beiden nicht«, zischte Jana.

Herr Linkenheil lächelte.

»Einstein wandte ein: ›Nein, Michelson hat im Michelson-Morley-Experiment klar bewiesen, dass es den Äther nicht gibt. Es gibt ihn einfach nicht! Wenn es den Äther gäbe, müsste er überall sein, die Erde müsste eingehüllt sein in ihn, denn das Licht breitet sich ja überall aus. Dann aber müsste das Licht verschiedene Geschwindigkeiten annehmen, je nachdem wie sich die Erde in Bezug auf Äther und Licht bewegt. Aber das Licht hat immer dieselbe Geschwindigkeit. Das ist nachgewiesen. Also müssen wir uns damit abfinden, dass es den Äther nicht gibt, nicht geben kann! Auch du. Punkt, aus.‹

›Aber was dann? Etwas muss doch Träger sein für das Licht.‹

›Es ist eben anders! Alles ist offenbar anders‹, sagte Einstein. ›Dem müssen wir ins Auge sehen – einfach anders. Wie das Licht in Wirklichkeit beschaffen ist, wissen wir nicht.‹

Die beiden Physiker schwiegen. Dann fuhr Einstein fort: ›Hör zu, viel verrückter finde ich, dass die Geschwindigkeit des Lichts begrenzt ist – auch wenn es nichts Schnelleres gibt als das Licht, wie wir wissen. Im Vakuum bewegt es sich mit 299 792 458 Meter pro Sekunde, das weißt du so gut wie ich, nicht schneller und nicht langsamer. Und das in allen Situationen, unter allen

Umständen. Das gehört zum selben Problem und es macht mich verrückt.‹

›Fast 300000 Kilometer in der Sekunde, klar‹ sagte Besso obenhin.

›Nein, du, das ist wirklich völlig verrückt – völlig!‹, redete Einstein aufgeregt. ›Ich glaube, du machst dir nicht so recht klar, was das heißt.‹ –

Dr. Linkenheil unterbrach sich: »Ich gebe das Gespräch der beiden natürlich sehr vereinfacht wieder. In Wirklichkeit war es gespickt mit komplizierten Formeln, Zahlen und langen wissenschaftlichen Erörterungen und Theorien.«

»Das geht ganz in Ordnung«, sagte Ferdinand großzügig.

»Besso fuhr fort: ›Du wirst es mir sicher sagen.‹

›Denk dir einen Zug, der mit Lichtgeschwindigkeit fährt.‹

›Um Gottes willen, woher willst du denn einen solchen Zug nehmen?‹, fragte Besso. ›300000 Kilometer in einer Sekunde!‹

›Aus deiner Fantasie‹, sagte Einstein.«

Ferdinand fragte: »Wie war das? Dreihunderttausend Stundenkilometer? Super. Das ist ja wie Sciencefiction.«

Herr Linkenheil lächelte: »Nein, Ferdinand, Sekundenkilometer.«

»Das sind 300000 mal 3600 Stundenkilometer«, rechnete Jana vor.

»Besso antwortete: ›Also Fantasie. Gut, ich will es mir vorstellen.‹

›Na also, der Zug fährt dahin und in einem der Waggons steht ein Kind und wirft einen Ball.‹

›Zum Fenster hinaus?‹

›Nein, zur Mutter. Die Mutter steht in Fahrtrichtung des Zuges und fängt den Ball.‹

›Gut, was soll das?‹

›Pass auf. Der Zug fährt mit Lichtgeschwindigkeit. Welche Geschwindigkeit hat dann das Kind?‹

›Lichtgeschwindigkeit.‹

›Und die Mutter und der Ball?‹

›Lichtgeschwindigkeit.‹

›Wenn aber der Ball nach vorn geworfen wird, ist er dann nicht schneller als der Zug? Er würde doch sonst nie bei der Mutter ankommen! Denn alle bewegen sich ja ursprünglich mit Lichtgeschwindigkeit.‹

›Was soll das? Natürlich ist der Ball schneller als die Mutter, ist doch klar, er holt sie ja ein‹, sagte Besso.

›Und wenn nun die Mutter den Ball dem Kind zurückwirft, was dann?‹

›Dann muss er langsamer sein als die Mutter, sonst brächte sie ihn ja gar nicht weg von der Hand. Sie bringt ihn aber weg. Sie wirft ja nach hinten.‹

›Eben‹, lächelte Einstein. ›Und das Kind hat ihn nach vorn geworfen.‹

›Klar, die Geschwindigkeiten des Zuges und des Balls addieren sich oder subtrahieren sich, wenn einer von außen messen würde. Ja, beim Wurf nach vorn, da war der Ball schneller als – Moment, he, schneller als die Lichtgeschwindigkeit! Das geht ja gar nicht.‹

›Gratuliere, manche brauchen etwas länger. Aber du hast es.‹«

»Das habe jetzt auch ich begriffen«, unterbrach Ferdinand. »Ist ja gar nicht so schwer«, staunte er. »Aber das stimmt ja wirklich. Wenn das mit der Lichtgeschwindigkeit richtig ist und es wirklich nichts Schnelleres gibt – dann versteht man ja gar nichts mehr.«

»›Mein lieber Einstein‹, sagte Besso und musste lachen, ›du meinst das nicht im Ernst. Wir gehen von Lichtgeschwindigkeit aus, Zug, Kind und Ball, alles mit Lichtgeschwindigkeit, das gibt es ja nicht in Wirklichkeit. Aber ich gebe zu, wir würden wahnsinnig, wenn der Ball die Mutter einholt, ohne schneller werden zu können als die Mutter. Aber, Unsinn, es ist ein Vergleich und Vergleiche hinken, wie das Sprichwort sagt.‹

›Gott verhüte, dass du wahnsinnig wirst, lieber Besso‹, erwiderte Einstein, ›aber mein Beispiel ist nicht falsch. Nimm einen ganz normalen Schnellzug mit achtzig Stundenkilometern, und dann schalte eine Taschenlampe ein und richte den Strahl auf die Waggonwand in Fahrtrichtung. Denk an einen Außenstehenden, der alles beobachtet und misst.‹

›Mach ich.‹

›Und was misst der von außen?‹, fragte Einstein lächelnd.

›Das Licht im Strahl bewegt sich mit Lichtgeschwindigkeit plus achtzig Stundenkilometer – aber es kann sich ja nicht schneller bewegen als Lichtgeschwindigkeit.‹ Er starrte betroffen in die Nacht.

›Siehst du nun‹, sagte Einstein. ›Es kommt aber noch schlimmer: Der Lichtstrahl wird nach hinten, gegen die Fahrtrichtung gerichtet, und der Außenstehende misst für das Licht?‹

›Lichtgeschwindigkeit.‹

›Eben. Er müsste doch aber die Geschwindigkeit des Zuges abziehen. Aber es kommt immer die Lichtgeschwindigkeit heraus, gleichgültig ob der Lichtstrahl gegen die Bewegungsrichtung der Lichtquelle gerichtet ist oder mit ihr. Man hat das schon vielmals gemessen: Die Geschwindigkeit des Lichts ist für den, der von außen misst, immer gleich, die Geschwindigkeiten addieren sich nicht und sie subtrahieren sich auch nicht.‹«

»Ich glaube, das habe ich jetzt verstanden«, stöhnte Ferdinand, »Wahnsinn.«

»›Und das, mein lieber Besso, ist es, was nun mich in den Wahnsinn treibt, denn es kann einfach nicht sein. Es widerspricht jedem Gesetz und jeder Logik. Hier tut sich ein Loch auf zwischen der Wirklichkeit und der physikalischen Erkenntnis, das ich nicht füllen kann.‹

›Wie mit Äther und den Lichtwellen. Auch das ist Unsinn‹, stöhnte Besso.

›Die Natur macht keinen Unsinn!‹

Sie schwiegen lange.«

Jana hatte die Augen aufgerissen.

»›Man sollte die Finger davon lassen‹, sagte Besso. ›Der Mensch weiß nicht alles und er kann nicht alles wissen. Es ist besser, wir denken nicht mehr daran.‹

›Eben‹, sagte Einstein, ›man wird sonst verrückt.‹

Die beiden Freunde trennten sich vor der Wohnung Einsteins in der Kramgasse 49. Einstein schüttelte jeden Gedanken an das Gespräch ab. Aber als er im Bett lag – es war schon spät in der Nacht, eigentlich schon Morgen, seine Frau Mileva schlief fest –, da kamen die Fragen wieder und mit solcher Hartnäckigkeit, dass er ihnen im Halbschlaf, in den er gesunken war, hilflos ausgeliefert war. Ob es Michele Besso genauso ging, weiß man nicht.«

»Nun bin ich wirklich gespannt«, sagte Ferdinand. So uninteressant war Physik ja gar nicht. Solange es nicht ans Rechnen ging und an Formeln.

»Still«, sagte Jana, »halt endlich mal den Rand.«

»Sonst weckst du Herrn Einstein auf und nichts ist es mit dem Sprung der Menschheit in die Zukunft«, sagte Herr Linkenheil. Dann erzählte er weiter.

»Gut, dachte Einstein, oder eigentlich dachte er gar nichts. Träumte er oder war er wach? Wer will das sagen? – Irgendetwas in ihm dachte.

Die Geschwindigkeit wird jeweils von außen gemessen –

Einstein wälzte sich mit geschlossenen Augen: Der Zug fährt, davon sind wir ausgegangen. Der Ball fliegt nach vorn, die Geschwindigkeiten werden für den, der von außen misst, addiert, wenn sie keine Lichtgeschwindigkeit erreichen. Der Strahl aus der Taschenlampe überholt den fahrenden Zug, wenn er eine Wand in Fahrtrichtung beleuchtet – die Geschwindigkeiten werden hier aber nicht addiert, denn der Strahl hat ja Lichtgeschwindigkeit. Sie werden in der Gegenrichtung auch nicht subtrahiert, wie beim Ball. Sie würden auch nicht addiert oder subtrahiert, wenn es der Zug wäre, der mit Lichtgeschwindigkeit fahren würde, und ein Ball würde geworfen.

Es war sinnlos. Finger weg! So hatte er es mit Besso ausgemacht. Solche Dinge waren Menschen nicht zugänglich.

Und wenn es doch eine Lösung gibt? Wer entscheidet denn, was für Menschen zugänglich ist und was nicht? War das nicht immer entsetzlich gewesen, wenn jemand, zum Beispiel die Kirche, die Wissenschaft blockiert hatte? Nein, das Gehirn ist zur Suche nach Wahrheit da und nicht, um aufzugeben.

Wie gesagt, Einstein war im Halbschlaf. Sonst wäre er wohl vernünftiger gewesen. Aber Vernunft hängt sich manchmal einen Narrenmantel um. Wenn Fakten nicht zusammenpassen, muss man ihre Voraussetzungen ändern, wenn die auch noch so fest zementiert erscheinen.

Was aber waren die Fakten?, fragte sich Einstein ein weiteres

Mal. Sie lauteten: Das Licht bewegt sich konstant. Es addiert sich nicht mit einer anderen Geschwindigkeit, wenn der Betrachter eigentlich addieren *müsste,* und es subtrahiert sich auch nicht. Es lässt sich zwar denken, dass es eine größere Geschwindigkeit gibt als die des Lichts. Aber es lässt sich eben nur denken. In Wirklichkeit gibt es sie nicht.«

»Es ist wie mit Zahlen«, sagte Jana. »Zu jeder höchsten Zahl, habe ich einmal gehört, lässt sich eine Zahl dazuzählen, deshalb gibt es keine höchste Zahl. Es hört nie auf –«

»Einstein verharrte in dem Gedankenspiel mit der Taschenlampe und dachte streng: Wenn das Licht einer in die Richtung des Strahls bewegten Taschenlampe, von außen gesehen, nicht schneller ist als das Licht einer Lichtquelle, die nicht bewegt wird, was ganz unmöglich erscheint, dann muss einer der beteiligten Sachverhalte falsch sein: Bewegung, Weg, Zeit, Ruhe, Richtung und so weiter. Eine Grundbedingung muss sich als falsch erweisen, die ganz selbstverständlich ist; eine Denkvoraussetzung muss bezweifelt werden, die man als unstrittige Grundlage der Wissenschaft noch nie bezweifelt hatte. Es wäre so, als würde man sagen, eins und eins ist nicht zwei!

Es ist viel gerätselt worden, ob Einstein die Antwort im Schlaf oder im Wachen gefunden hat. Denn die Antwort war noch viel verrückter als die Behauptung, eins und eins sei nicht zwei. Es wurde gesagt, im Wachen hätte ein ernsthafter Mensch und Wissenschaftler wie Einstein die Antwort gar nicht finden können. Aber war Einstein immer ein ernsthafter Mensch? Es gibt auch andere Aspekte seiner Persönlichkeit. Ein ernsthafter Wissenschaftler war er zweifellos. Aber taugen zum Finden von Antworten immer nur ernsthafte Leute? Es wird auch gesagt, Einstein hätte die Antwort gefunden, weil er seinem Herkommen nach Jude war: Nur ein Jude als Mitglied einer Minderheit hätte genügend Distanz zum Althergebrachten entwickeln können.

Aber solche Pauschalierungen«, sagte Herr Dr. Linkenheil, »sind zu simpel.«

»Ja, was denn nun? Wann kommt denn endlich die Antwort?« Jana zappelte, Ferdinand brachte den Mund nicht zu. Dass Physik so spannend war!

»Die Antwort kam Einstein nach allem, was man weiß, wie ein Blitzschlag aus dem nächtlichen Himmel: Wenn die Geschwindigkeit des Lichts immer gleich ist, gleichgültig, ob das Licht von einer bewegten oder unbewegten Lichtquelle ausgeht, dann –«

»Dann?«, fieberte Ferdinand.

»Dann muss, dachte Einstein ganz logisch, sich der Verlauf der Zeit selbst verändern. Sie muss im bewegten Gegenstand langsamer vergehen als im unbewegten, nur so stimmt es wieder. Andere Faktoren schloss er aus.«

»Ich verstehe wieder einmal gar nichts«, sagte Ferdinand enttäuscht.

»Die Zeit kann doch nicht für den einen langsamer vergehen als für den anderen. Sie vergeht doch für alle gleich schnell und überall.« Jana war entsetzt.

»Nein«, grinste Ferdinand, »in Deutsch und Kunst vergeht die Zeit schneller als in Physik und Mathe. Ich habe da Erfahrung.«

»Das meinte Einstein nicht«, sagte Herr Linkenheil. »Du redest von der gefühlten Zeit. Einstein aber meint die gemessene Zeit, die physikalische Zeit, die objektive Zeit.«

»Wenn das Kind statt des Balls eine Uhr werfen würde und die Mutter hätte eine Uhr an ihrem Handgelenk«, sagte Jana, »dann würden also die geworfene Uhr und die Uhr der Mutter verschieden schnell gehen, obwohl sie eigentlich beide richtig gehen? Das heißt, die Zeit würde in der geworfenen Uhr langsamer vergehen als in der am Handgelenk? Das kann doch nicht sein.«

»Wenn man eine Uhr wirft«, sagte Ferdinand, »dann geht sie gar nicht mehr.«

»Ach, Ferdinand!«

»Gut, ich schäme mich.«

»Du hast das Ganze schon sehr gut verstanden, Jana. Dass die Zeit absolut ist, hat man jahrtausendelang geglaubt«, sagte Dr. Linkenheil. »Die Philosophen zu allen Zeiten waren sich einig, dass Zeit und Raum absolute Größen sind – an jedem Ort gleich und unter allen Umständen für alle Menschen gleich. Seit Einstein gilt das nicht mehr.

Auch Einstein war zunächst entsetzt, als er am nächsten Morgen überlegte, was er in der Nacht alles gedacht hatte. Und zuerst hielt er es für einen ausgemachten Unsinn, was ihm da – vermutlich im Schlaf – eingefallen war. Die Zeit als veränderbare Größe. Der Verlauf der Zeit relativ, das heißt abhängig von äußeren Bedingungen?

Er war Wissenschaftler genug, um zu sehen, wie absurd eine solche Behauptung war. Er war aber auch Wissenschaftler genug, um die nun cinmal aufgestellte Hypothese zwar kritisch, aber doch ernsthaft zu überdenken.

Doch alles war logisch: Nur wenn man annahm, dass die Zeit für den bewegten Ball langsamer verlaufen war als für den Zug, in dem er geworfen worden war, konnte man widerspruchsfrei erklären, weshalb er den Zug überholen konnte, obwohl doch die Geschwindigkeit des Zuges gar nicht übertroffen werden konnte. Die Zeit musste für den Ball langsamer verstrichen sein als für Mutter, Kind und Zug. Es gab keine andere Erklärung, Einstein wagte kaum zu atmen: Was über Jahrtausende hinweg gegolten hatte, die Allgemeingültigkeit der Zeit, war falsch. Die Zeit ist relativ, sie ist abhängig von der Bewegung.«

»Ich glaube, dass ich das jetzt ein klein wenig verstanden habe«, sagte Ferdinand leise. Und Jana nickte.

»Einstein formulierte sogleich den Lehrsatz, den er zwar noch beweisen musste, von dessen Richtigkeit er aber überzeugt war.

Jana hat ihn eigentlich bereits formuliert, alle Achtung, Jana. Er heißt: Bewegte Uhren gehen langsamer als unbewegte.«

»Mir leuchtet zwar jetzt einigermaßen ein, wie Einstein darauf gekommen ist«, sagte Jana, »aber wie das sein kann, das verstehe ich noch immer nicht. Die Uhr hat doch dieselbe Feder und dasselbe Werk, gleichgültig, ob sie bewegt wird oder nicht. Sie wird doch nicht plötzlich schneller oder langsamer gehen, nur weil sie ruhig steht oder bewegt wird.«

»Begreifen oder wirklich nachvollziehen kann auch ich es nicht – niemand kann das. Du kannst sicher sein, dass Einstein sich genau diese Frage ebenfalls gestellt hat. Aber erstens war der Lehrsatz zwingend, wenn das mit der Lichtgeschwindigkeit stimmte, und das war ja schon bewiesen. Und zweitens hängt es ja nicht von der Beschaffenheit der Uhren ab – auch eine Sanduhr würde langsamer gehen, weil eben die Zeit langsamer vergeht, die von ihr gemessen wird. Dazu kommt, dass Einstein der Ansicht war, man dürfe sich nicht an Dinge klammern, nur weil viele sie lange Zeit für richtig oder falsch gehalten hatten. Er stimmt hier mit einem Philosophen namens Karl Popper überein, der gesagt hat, die Wissenschaft müsse ständig Irrtümer verbessern. Ja, der ganze Fortschritt sei nichts anderes als die Korrektur von sich immer wieder neu anhäufenden Irrtümern. Auch die Korrekturen könnten sich wieder einmal als Irrtümer erweisen, ihre Korrektur ergebe wieder neuen Fortschritt.«

»Du glaubst es nicht«, sagte Ferdinand, »wenn ich nachher mit dem Fahrrad heimfahre, geht meine Uhr langsamer als die meiner Eltern, die im Wohnzimmer steht. Kein Wunder, dass ich für die immer zu spät nach Hause komme!«

»Deine Eltern werden den Unterschied kaum wahrnehmen«, lächelte Herr Linkenheil, »bei den niedrigen Geschwindigkeiten, die du mit deinem Fahrrad erreichst, ist die Abweichung nicht messbar. Aber bei viel größeren Geschwindigkeiten schon. In einem Satelliten zum Beispiel, der 3900 Meter in der Sekunde fliegt, vergeht die Zeit tatsächlich messbar langsamer als unten auf der Erde.«

»Der Zeitunterschied ist aber innerhalb der auf der Erde erreichbaren Geschwindigkeiten nicht bemerkbar«, sagte Jana, »nicht nur, wenn's ums Fahrradfahren geht.«

»Sicher nicht. Aber es ist bewiesen. Einstein hat recht.«

»Phänomenal«, sagte Ferdinand.

»Das kann man sagen. Vor allem wenn man bedenkt, welch ungeheure Auswirkungen Einsteins Entdeckung auf die Welt hatte.«

»Nämlich? Es wird immer spannender.«

»Einstein hat diese Entdeckung und weitere Gedanken, die sich daran knüpfen, mathematisch aufgearbeitet, Beweise gesucht, in Formeln gebracht. Und die wichtigste Formel kennt ihr, die sich daraus ergeben hat: Energie gleich Masse mal Lichtgeschwindigkeit im Quadrat. Er schrieb auf ein Stück Papier die Formel $E = m \times c^2$. Die Masse-Energie-Äquivalenz-Formel. Er ist auf rein mathematischem Weg darauf gekommen.«

»Ist ja sehr berühmt diese Formel.«

Herr Linkenheil lehnte sich zurück: »Die Auswirkungen der

neuen Lehre sind so erstaunlich und revolutionär wie die Lehre selbst.«

»Ich verstehe die ganze Formel nicht«, murrte Ferdinand.

Dr. Linkenheil erklärte: »Wie er darauf gekommen ist, lassen wir außer Acht. Sie ist aber ein Ergebnis der Entdeckungen, die Einstein im Zusammenhang mit der Relativität der Zeit gemacht hatte. Und das ist nun ein weiterer Schritt der Menschheit, vielleicht der größte: Die Formel stellt einen Bezug her zwischen Energie und Masse und setzt beide so in eine Gleichung ein, dass man ausrechnen kann, wie viel Energie in einer bestimmten Masse enthalten ist.«

»Gut, in einem Liter Benzin ist Energie vorhanden, mit der fährt ein Auto, sagen wir mal knapp zwanzig Kilometer weit«, sagte Ferdinand praktisch.

»Aber ein Stück Eisen oder Messing hat doch auch Masse«, fragte Jana.

»Die Formel meint nicht die Energie, die wir aus den chemischen Umwandlungen bestimmter Stoffe gewinnen, wie aus Benzin. Sie meint die Energie, die in jeder Masse steckt durch die Bindungskräfte der verschiedenen Teile eines Atomkerns. Die sind enorm hoch. Einstein hat sofort bemerkt, dass die Freisetzung solcher Kräfte gewaltige Energie schaffen würde, als Wärme, als Licht, als Bewegung und so weiter. Wie gewaltig die Dimensionen sind, erkennt ihr ja an einem der Faktoren in der Formel, an der Lichtgeschwindigkeit. Sie ist riesig, fast 300 000 km in der Sekunde, und sie wird in dieser Formel ins Quadrat erhoben und mit der Masse multipliziert.«

»Hat diese Formel nicht etwas mit der Atombombe zu tun?«, fragte Jana. »Ich habe das mal gehört.«

»Eben, in der Atombombe werden Atomkerne gespalten und die Bindungskräfte freigesetzt, durch welche die Kerne jeweils zusammengehalten wurden. Die Energie an Wärme, Licht und Explosivkraft, die frei wird, ist unvorstellbar.«

»Nur aufgrund dieser Formel?«, fragte Jana.

»Nur aufgrund dieser Formel konnte die Atombombe gebaut werden und später die noch schrecklichere Wasserstoffbombe. Aber auch die friedliche Nutzung der Kernenergie beruht auf dieser Formel. Ihr seht, wie gewaltig der Gang der Welt durch die Erkenntnisse Einsteins in dieser Mainacht beeinflusst worden ist. Er hat die Erkenntnis über die Relativität der Zeit zusammen mit anderen Ergebnissen in einer Schrift, die man später die »Spezielle Relativitätstheorie« genannt hat, zusammengefasst. Die Formel für Masse und Energie gehört dazu. Er wurde geehrt und gefeiert. Krieg und Frieden wurde durch ihn beeinflusst. Wenn ihr nur daran denkt, wie der Bau der Atombombe den Gang der Geschichte des 20. Jahrhunderts bestimmt hat.«

»Wow, die Physik!«

»Er war übrigens aus Angst vor Hitlers Plänen zur Weltherrschaft zuerst für die Entwicklung der Atombombe gewesen, dann aber wurde er einer ihrer radikalsten Gegner. Dennoch, viele Historiker sagen, im Kalten Krieg habe die Existenz der Atombombe mit ihrem unvorstellbaren Zerstörungspotenzial einen Dritten Weltkrieg verhindert. Andererseits wird die Bedrohung der Existenz der Menschheit durch einen Atomkrieg immer bestehen bleiben. Kaum ein Mensch hat mit seinen Gedanken den Lauf der Welt so sehr mitbestimmt wie er.«

»Und das alles im Schlaf, beneidenswert«, meinte Ferdinand.

»Nur den Anfang. Nicht alles geht im Schlaf.«

Jana fragte: »Gibt es nicht auch eine Allgemeine Relativitätstheorie?«

Dr. Linkenheil nickte.

»Als Einstein gesehen hat, dass die Zeit relativ ist, dachte er auch über den Raum nach, denn Zeit und Raum gehören zusammen: Ohne Raum gibt es keine Zeit und ohne Zeit keinen Raum. Er nannte es Raumzeit. Aber ich erkläre euch das gerne ein anderes Mal.«

»Das hört sich auch spannend an«, sagte Ferdinand.

»Es ist noch spannender, glaube ich als das erste. Du liest ja gerne Sciencefiction-Romane. Die beziehen sich sehr oft auf die Allgemeine Relativitätstheorie.«

»Nämlich?«

»Alles ist relativ außer der Lichtgeschwindigkeit, sie ist die einzige absolute und konstante Größe im Weltall. Zeit, Raum, Masse, alles relativ. Die Zeit hängt nicht nur von der Geschwindigkeit ab, sagt die Allgemeine Relativitätstheorie, sondern auch von der Masse. Auch der Raum hängt von der Masse ab.«

»Bravo! Ich verstehe kein Wort mehr«, seufzte Ferdinand.

»Ich auch nicht«, sagte Herr Linkenheil, »es ist wie bei der Relativität der Zeit nichts, was man verstehen kann. Der Mensch hat dafür kein Sinnesorgan und auch keine Vorstellungskraft. Aber man kann cs ausrechnen und an Erscheinungen der Natur beweisen.«

»Beweisen?«, fragte Jana.

»Als Einstein über diese Dinge nachdachte, leitete er die Behauptung ab, dass Lichtstrahlen von einer großen Masse, in deren Nähe sie kommen, abgelenkt würden. Tatsächlich hat man das damals bei der nächsten totalen Sonnenfinsternis am 29. Mai 1919 nachgewiesen: Man hat Sterne gesehen, die eigentlich hinter der Sonne waren! Ihre Strahlen aber waren von der Masse der Sonne abgelenkt worden. Und er folgerte im Hinblick auf die Relativität der Zeit: Da sie nun länger brauchten, um die Erde zu erreichen, dass auch der Verlauf der Zeit für die Lichtstrahlen von der Masse der Sonne beeinflusst worden sein musste. Ihre Geschwindigkeit war ja konstant.«

»Unglaublich«, stöhnte Ferdinand.

»Noch viel unglaublicher ist die Erklärung, die Einstein selbst dafür gefunden hat: Masse verändert nicht nur die Zeit, sondern auch den Raum. Sie krümmt den Raum.«

»Krümmt den Raum?«

»Wenn ein Magnet ein Stück Eisen anzieht, so besteht diese Anziehung ja vielleicht nicht in einer Kraft, die sich auf das Eisen auswirkt, sondern möglicherweise wird ja durch die Kraft des Magneten der Raum zwischen Eisen und Magneten aufgehoben.«

»Mensch, und dann fliegt natürlich das Eisenstück zum Magneten, wenn kein Raum mehr dazwischen ist. Das klingt ja wirklich wie Sciencefiction.«

»Ist es aber durchaus nicht: Ihr habt in Physik gelernt, Energie sei die Fähigkeit, Arbeit zu verrichten.«

Jana nickte.

»Wird schon so sein«, sagte Ferdinand.

»Vielleicht kann man ja auch sagen: Energie ist die Fähigkeit, Raum und Zeit zu verändern. Es lassen sich viele Erscheinungen in der Physik auf diese Weise widerspruchsfrei erklären. Auch Masse ist relativ, wenn wir schon über Relativität reden. Masse ist nämlich ebenfalls abhängig von ihrer Geschwindigkeit. Je größer die Geschwindigkeit, desto größer die Masse: Bei Lichtgeschwindigkeit wäre die Masse unendlich groß. Das ist der Grund, warum der Mensch im Gegensatz zu dem, Ferdinand, was deine Romane behaupten, niemals Lichtgeschwindigkeit wird erreichen können. Andererseits haben manche Atomteilchen überhaupt erst bei Lichtgeschwindigkeit eine Masse. Auch Länge ist relativ, dein Lineal ist kürzer, wenn es bewegt wird.«

»Schade, dass das nicht geht mit der Lichtgeschwindigkeit für Raumschiffe.«

»Kürzere Lineale! Das ist aber doch alles sehr theoretisch«, sagte Jana.

»Im Gegenteil. Es gibt unzählige Beispiele aus der Praxis. Nimm nur das Navigationssystem im Auto. Es wird ja von Satelliten gesteuert. Der Satellit hat, wie gesagt, eine sehr große Geschwindigkeit, deshalb gehen die Atomuhren an Bord deutlich langsamer als die Uhr deines Autos. Bewegte Uhren gehen langsamer, sagt die Spezielle Relativitätstheorie. Ein Teil der Verzögerung wird aber wieder aufgehoben, denn andererseits unterliegt der Satellit draußen im Weltraum der Anziehungskraft, also der Masse der Erde. Allerdings wirkt die Anziehungskraft so weit draußen im Weltraum auf den Satelliten wesentlich geringer als auf das Auto deines Vaters; und das heißt, dass die Zeit im Satelliten im Vergleich zur Uhr im Auto schneller vergeht. Je größer die Masse ist, von der die Zeit beeinflusst wird, desto langsamer verstreicht sie. Das sagt die Allgemeine Relativitätstheorie. Dennoch, insgesamt vergeht die Zeit im Satelliten langsamer. Die Beschleunigung des Zeitverlaufs ist viel geringer als die Verlangsamung. Verrechnet man die beiden Abweichungen, vergeht die Zeit für den Satelliten insgesamt so viel langsamer, dass er sich bei der Ortung eures Fahrzeugs um etwa elf Kilometer irren würde. Du kannst dir die Auswirkung, die das hätte, vorstellen! Konstrukteure müssen solche Unterschiede im Verlauf der Zeit ausgleichen und die Uhr im Satelliten danach richten, sonst funktioniert es nicht.«

»Halten Sie ein. Wer soll denn das alles begreifen?«

»Wirklich nachvollziehen kann das niemand. Das habe ich schon gesagt. Aber man kann es berechnen, die moderne Technik könnte ohne Einstein sehr viel weniger leisten, als es durch seine Theorien aufgrund dieser Mainacht möglich geworden ist. Kein Fernsehen, keine Lasertechnik, keinen CD-Player, keine Solarenergie, das sind nur wenige Beispiele. Einstein hat die Welt verändert, die Geschichte wäre ohne ihn anders verlaufen.«

»Ich lese jetzt erst mal einen Sciencefiction-Roman.«

»Aber mit ganz anderen Augen«, sagte Jana.

»IN GANZ EUROPA GEHEN DIE LICHTER AUS«

»In ganz Europa gehen die Lichter aus und wir werden sie in unserem Leben nie wieder leuchten sehen«. So soll der britische Außenminister Grey am 3. August 1914 den Ausbruch des Ersten Weltkriegs kommentiert haben. Er behielt recht.

Die Verluste an Menschen und das Ausmaß der Zerstörungen übertrafen alle Kriege, die von der Menschheit bis dahin geführt worden waren. Die Frage nach der Schuld an diesem Krieg stellte sich allen Beteiligen von Anfang an und nach der Niederlage wiesen die Sieger sie mit einer gewissen Berechtigung den Verlierern zu. Dennoch: In Europa war der Krieg von den meisten Politikern der damaligen Großmächte für unausweichlich gehalten worden. Jedes Land verfolgte politische Ziele, die sich gegen andere richteten; auch wenn es vermeintlich nur »der Platz an der Sonne« war, den das deutsche Kaiserreich forderte. Friedensstrategien fehlten zumeist im Bewusstsein der damaligen Politiker. Die Spannungen in Europa waren durch industrielle Konkurrenz und durch das Ringen um Kolonien sowie durch wachsenden Militarismus und Nationalismus immer stärker geworden. Eine Steigerung davon war das Sendungsbewusstsein, mit dem die Kolonialmächte die eigene Kultur den »Wilden« aufgezwungen haben. Dazu kam der Sozialdarwinismus mit seiner Lehre, in der Darwin missverstanden wurde, nur der Stärkste könne überleben, das gelte auch für menschliches Zusammenleben und damit für Staaten und Rassen auf der Erde.

Verheerend wirkte sich in diesem Umfeld die dilettantische Politik Kaiser Wilhelms II. aus. Er führte eine Politik der Stärke, die durch fehlende innere Konsequenz und durch ein immerwährendes »Säbelrasseln«, das heißt durch militärische Drohungen, durch die Flottenpolitik und das verspätete Streben nach Kolonien mehr und mehr eine Annäherung Englands und Frankreichs begünstigte und damit das Deutsche Reich in eine zumindest vermeintliche Isolation führte. Die enge Bindung Deutschlands an Österreich trieb Russland, das seine Ziele auf dem Balkan geschwächt sah, aus Bündnissen mit Deutschland. Von Alleinschuld Deutschlands am Ersten Weltkrieg kann man sicher nicht sprechen, wohl aber von einer Hauptschuld. Fest steht: Es war das deutsche Kaiserreich, das den Krieg begann.

Die Ermordung des österreichischen Thronfolgers und seiner Gattin am 28. Juni 1914 in Sarajewo durch einen Serben löste eine aggressive Politik Österreichs aus, die gegen Serbien gerichtet war und den Krieg immer näher rückte. Wesentlich war die Erklärung Kaiser Wilhelms II. an Österreich, Deutsch-

land werde bedingungslos hinter den Handlungen Österreichs stehen.
Beschleunigt wurde der Kriegsausbruch durch den Schlieffenplan aus dem Jahr 1905. Dieser damals eigentlich veraltete Plan versuchte, das Problem eines möglichen Zweifrontenkriegs mit Frankreich und Russland durch einen raschen Sieg über Frankreich zu lösen, in dessen Folge alle Kräfte gegen Russland gebündelt werden konnten – von den Russen erwartete man, dass sie sehr lange Zeit zur Mobilmachung brauchen würden. Frankreich sollte rasch zur Aufgabe gezwungen werden, indem es von Norden her unter Verletzung der Neutralität Belgiens angegriffen würde. Der Schlieffenplan machte aus der Sicht des deutschen Generalstabs die sehr raschen Kriegserklärungen an Russland und Frankreich erforderlich. Zeitungen in Deutschland veröffentlichten Artikel, in denen fälschlicherweise französische Angriffe im Elsass gemeldet wurden, um die deutsche Kriegserklärung zu legitimieren.
Der Schlieffenplan ging nicht auf: Russland machte sehr schnell mobil und brach in Ostpreußen ein, sodass dort deutsche Kräfte gebunden wurden. Der rasche Vormarsch in Frankreich kam an der Marne zum Stehen (»das Wunder an der Marne«), da das kaiserliche Heer nach dem Kriegseintritt Englands gegen Deutschland am 4. August 1914 die ungeschützte Flanke Richtung Westen und Norden fürchten musste und plötzlich auf überraschend starken Widerstand der Franzosen stieß. Die Bewegungen der Truppen erstarrten zum Stellungskrieg. Die Frontlinie, bestehend auf beiden Seiten aus Grabensystemen, erstreckte sich auf einer Länge von 900 km. Der Stellungskrieg war überaus verlustreich, weil auf beiden Seiten die Angriffswaffe, die Artillerie, der Verteidigungswaffe, dem Maschinengewehr, unterlegen war. Die Hoffnung, durch »Materialschlachten«, nämlich durch hohe Verlustzahlen und großen Verbrauch von Kriegsmaterial, den

Gegner entscheidend zu schwächen, ging für Deutschland nicht auf.
Auch der Krieg im Osten gegen Russland erstarrte rasch zum Stellungskrieg. Und der Einsatz der U-Boot-Flotte, um die Seeblockade Englands durchzusetzen, zog den Kriegseintritt der USA gegen Deutschland am 6. April 1917 nach sich.
Der Kriegsausbruch am 1. August 1914 wurde in den großen Städten Deutschlands und Frankreichs und vom Militär zumeist begeistert begrüßt. Nicht so auf dem Land, wo Furcht um das Leben von Angehörigen und um Besitz sowie Realismus und Skepsis kaum Jubel zuließen.
Die Selbstlügen, die den Beginn des Ersten Weltkrieges begleiteten, sollen in der folgenden Geschichte deutlich werden.

Berlin, 22. Juli 1914

Liebe Eltern!

Was ihr mir schreibt von Onkel Heinz, macht mich richtig wütend. Dass er die Halle B haben will, die doch noch von Großvater her uns gehört, das spricht jedem Rechtsempfinden Hohn – auch wenn Onkel Heinz das anders sieht. Ihr habt mir seine tausend Gründe für seinen Anspruch geschrieben, die ich jetzt nicht wiederholen und einzeln widerlegen will. Eingeleuchtet hat mir keiner, so wenig wie euch. Klar, ihr seid im Recht! Ihr fragt mich, ob ihr euer Recht auch gerichtlich durchsetzen sollt. Aber, Vater, was denn sonst? Er sei doch immerhin Dein Bruder? Ja, aber das darf doch keine Rechtfertigung sein: Was Onkel Heinz treibt, ist Betrug, ist Diebstahl. Er verrät die Familie und stört den Frieden! Ich sehe keinen anderen Weg, als die Gerichte anzurufen, wir müssen hier Härte zeigen. Das Geschäft ist ohne die Halle B ja nicht zu betreiben. Also geht zu einem Anwalt und lasst euch beraten. Dazu ist noch zu sagen, dass er ja umgekehrt euch gedroht hat, vor Gericht zu ziehen. Was bleibt euch da denn anderes übrig! So geht es eben zu auf der Welt, schaut euch doch um, wohin die Zeichen der Zeit weisen! Und was im Großen gilt, gilt auch im Kleinen: Man darf niemals nachgeben.

Ich bin leider noch nicht so weit mit dem bisschen juristischem Wissen, das im Studium der Nationalökonomie vermittelt wird. Aber so viel weiß ich, dass euch jedes Gericht der Welt Recht geben wird.

Es geht in dieser Sache auch um Veronika. Die Erweiterung des Geschäfts mit ihrem Erbteil, das sie nach unserer Hochzeit ja in die Firma einbringen will, verlangt ebenfalls nach Platz!

Es sind Semesterferien und ich sollte lernen und noch mal lernen, die Bücher türmen sich auf meinem Schreibtisch bis über den Kopf.

Aber mit dem Lernen ist es im Augenblick nichts. Wie sollte man bei der derzeitigen Lage der Dinge an Lernen denken? Hier in Berlin ist das ja noch etwas anderes als bei euch im Bergischen. Du hast Angst, Mutter, dass ein Krieg kommen könnte. Und ihr zittert zu Hause vor diesem Krieg und betet für den Frieden, Mutter, wie Du geschrieben hast.

Aber ich muss es euch ganz hart sagen: Ich bete nicht! Genauer, ich bete nicht für den Frieden, der ja nur ein fauler Friede sein kann, weil er weder unsere Ansprüche befriedigt noch die Konflikte löst. Ich bete für den Sieg der deutschen Waffen! Seit dem Attentat von Sarajewo, seit dem Mord an dem österreichischen Thronfolgerpaar sehe ich Politik mit anderen Augen, aber auch mit mehr Gelassenheit. Die Fronten sind jetzt klar. Und ich kann euch sagen, ich bin nicht allein mit meiner Meinung. Fast ganz Berlin denkt so, zumindest, wer denken kann.

Ich treffe mich demnächst mit Karl, einem Kommilitonen aus der Verbindung, um über diese Dinge zu reden.

Grüße an Veronika. Sie soll nicht traurig sein, aber ich kann ihr zurzeit keine längeren Briefe schreiben. Wir sehen uns ja im August und da erzähle ich ihr alles. Nächstens mehr.

Euer Fritz

Nachtrag: Der kleine Erich, schreibt ihr, habe neulich gefragt, was eine Verbindung ist. Noch kaum zehn, sein Interesse ist zu loben. Ihr habt ihm sicher gesagt, dass nur Studenten zugelassen sind, dass sich alle Studenten einer Verbindung im Verbindungshaus treffen, dass alle dieselben Farben tragen und dass man in einem festen Ablauf, den man Kneipe oder, wenn es feierlich zugeht, Kommers nennt, beim Trinken und Singen zeigt, dass man ein Kerl ist. Und noch mehr zeigt man das beim Fechten mit dem Säbel, wo man ehrenvolle Narben davonträgt wie sein Onkel Fritz.

* * *

Berlin, 26. Juli 1914

Liebe Eltern!

Habe ich es nicht gleich gesagt: Es gibt Krieg. Karl sagt es auch. Serbien macht mobil! Die Serben, dieses Volk ohne Kultur, hat sich angemaßt, mit dem Mord am Thronfolgerpaar in widerwärtigster Grausamkeit den Thron Österreichs anzugreifen. Und die Russen stehen diesen Verbrechern auch noch bei!

Nun, Vater sagt, Friede sei immer besser als Krieg. Auch Veronika schreibt das. Aber stimmt es? Ist nicht ein ehrenvoller Krieg einem bequemen Frieden vorzuziehen? Aus eurem bergischen Winkel könnt ihr das alles natürlich nicht so recht überschauen. Aber Karl und ich, wir haben nach der Vorlesung von Herrn Professor Dr. Kellmünz noch im Verbindungshaus mit ihm zusammengesessen, ihr wisst, er ist in unserer Verbindung Alter Herr, und wir haben diskutiert. Er sagt dasselbe. Alle in der Verbindung sagen das, vor allem Karl. Auch in den anderen Verbindungen. Viele haben ja gedient. Sie schauen natürlich etwas herab auf die »Laien« in Sachen Militär. Aber ich weiß bestimmt, dass ich meinen Mann stehen würde wie die anderen. Beim Schlagen auf dem Fechtboden mit dem Säbel zucke ich mit keiner Wimper und beim Trinken stehe ich meinen Mann. Ich trage zwei ehrenvolle Narben, wie ihr wisst. Veronika ist stolz darauf.

Weiter zu Professor Kellmünz. Deutschland ist umstellt von Feinden, seit Jahren, die lauern nur auf eine Gelegenheit, sagt er. Sie haben Angst vor uns oder sind neidisch auf unsere Tüchtigkeit oder hassen uns: Die Franzosen, weil sie das Elsass wiederhaben wollen, die Engländer, weil wir ihnen in den Kolonien das Geschäft versauen und ihnen mit unserer neuen Kriegsflotte die Grenzen ihrer Macht zeigen, und die Russen, weil sie den Balkan beherrschen wollen, dem Österreich seine hohe Kultur eingepflanzt hat. Diese ganze Schweinebande – sie ertragen nicht unseren Fleiß, unsere Erfindungen, sie erreichen nicht die Zahlen unserer Produktion; unsere Waren sind besser als ihre. *Rule Britannia*, wie es in dem vor Überheblichkeit strotzenden Lied der Engländer heißt – das war einmal. Ich sage euch, liebe Eltern, die großen Dinge in der Geschichte sind immer von Krieg entschieden worden, schon bei den Griechen, bei den Römern, bei unseren Vorfahren, den Franken. Ein starkes Auftreten ist notwendig auf der Welt: Der Starke überlebt, der Schwache geht zugrunde. Das gilt auch für die Menschen – im Beruf: Der eine macht Karriere, der andere nicht. In der Wirtschaft: Der eine Betrieb wächst, der andere geht pleite. Bei uns im Geschäft, wo ihr es Onkel Heinz zeigen müsst. Und es gilt ebenso für Staaten: Der Stärkere setzt sich durch, er gewinnt neue Kolonien, er erobert neue Gebiete, er unterwirft sich die Schwachen. Ich studiere Nationalökonomie, Vater. Ich habe begriffen, wie sehr das Wohl eines Landes von den Rohstoffen abhängt, die es besitzt. Außer in den Kolonien besitzen wir keine. Das wird sich ändern. Die Industrie ist wichtig für das Wohlergehen und den Stolz eines Landes und gerade für sie braucht man Rohstoffe! Das alles ist wunderbar miteinander verwoben, lieber Vater. Und jeder Teil ist mit dem anderen verbunden. Professor Kellmünz kann alles lückenlos erklären. Da kommst du nicht mehr dagegen an mit schönen Worten vom Frieden.

Unser großer Kaiser Wilhelm II. hat dem Kaiser von Österreich versprochen, treu an seiner Seite zu stehen, was auch immer der greise Monarch beginnt. Treue bis in den Tod! Das ist das deutsche Wesen. Siegen an der Seite Österreichs oder sterben an der Seite Österreichs, kein kleinmütiges Einwirken um Dämpfung des gerechten Zorns über den Mord in Sarajewo und das widerspenstige Verhalten der Serben. Nein, Deutschland und Österreich – in Treue fest!

Habt ihr schon etwas unternommen wegen Onkel Heinz? Ihr solltet das nicht hängen lassen! Der Betrieb erträgt keine Ungewissheit.

Extrablatt! Österreich-Ungarn macht mobil an der russischen Grenze.

In großer Erwartung

Euer Fritz

* * *

Berlin, den 30. Juli 1914

Liebe Eltern!

Großes geht vor in der Welt, die Ereignisse überschlagen sich. Ich will euch getreulich alles verdeutlichen. Bitte, lasst es auch Veronika lesen. Ich kann nicht alles zweimal schreiben.

Ihr schreibt mir, dass ihr nichts sehnlicher wünscht als den Erhalt des Friedens. Wer will das nicht? Ist aber ein fauler Friede denn wirklich ein Friede? Soll die ganze Welt über die Deutschen sagen, dass sie die Zeichen der Zeit nicht erkannt hätten?

Ich merke wohl, dass ihr die Bedeutung der einzelnen Begebnisse nicht versteht, sie vielleicht nicht einmal alle kennt. Im Bergischen seid ihr ja weit vom Schuss.

Eine Woche nach dem Attentat von Sarajewo brach unser Kaiser am 6. Juli trotz der Wetterwolken am politischen Himmel wie jedes Jahr auf zu seiner Nordlandreise. Bricht man zu einer Reise auf, wenn man Krieg machen will?

Nun trat Frankreich auf den Plan: Der französische Ministerpräsident Raymond Poincaré reiste vom 20. bis zum 23. Juli nach St. Petersburg und hatte dort nichts Besseres zu tun, als den Russen französische Bündnistreue zuzusichern. Man spürt die Revanchegedanken der Franzosen: Emser Depesche, Gründung des Deutschen Reiches im Spiegelsaal von Versailles, Elsass-Lothringen.

Die Aufklärung des Verbrechens am österreichischen Thronfolger: Serbien ist ein Land, dessen Polizei weniger wert ist als ein Feldhüter in einem Dorf im Bergischen. Das weiß jeder, also wollte Österreich selbst nach den Hintermännern des Attentats suchen. Es stellte deshalb am 23. Juli ultimativ diesbezügliche Forderungen an Serbien. Die Serben akzeptierten zwar, aber die Zustimmung war verlogen: Gleichzeitig machten sie mobil, worauf Österreich seinerseits an der Grenze zu Serbien mobil machte. Verleumder behaupten nun, Österreich hätte schon vorher mobil gemacht.

Wie kann es das winzige Serbien wagen, sich gegen die Großmacht Österreich zu stellen? Das fragt ihr mit Recht. Russland hilft ihm! Kaum war der Konflikt da, gab es auch schon, gestärkt durch den Rückhalt Frankreichs, das russische Hilfsversprechen für diese Verbrecher in Serbien!

Am 26. Juli mobilisierte Österreich notgedrungen auch seine Truppen an der Grenze zu Russland.

Am 27. Juli lehnte unser Kaiser, der von seiner Nordlandreise herbeigeeilt war, eine Außenministerkonferenz ab, die England scheinheilig vorgeschlagen hatte. Die sitzen doch mit im feindlichen Boot, da darf man sich keine Illusionen machen! Da würde nur kostbare Zeit verrinnen.

Am 28. Juli habe ich im Treptower Park in Berlin mit eigenen Augen das jämmerliche Bild einer Demonstration des niedersten Pöbels gesehen gegen Krieg. Ist es zu fassen? Diese halb zerlumpten Menschen und intellektuellen Brillenträger, die von nichts eine Ahnung haben oder keine haben wollen, maßen sich an, die Politik Seiner Majestät in den Dreck zu zerren! Da zogen sie hin und schrien Parolen, wie: Die Waffen nieder! Keinen Krieg! Wir wollen Frieden!, und ähnliches Zeug. Ihr müsst entschuldigen. Ich weiß, dass auch ihr den Frieden wollt, wer will ihn nicht?

Aber man muss einfach sehen, wie besudelt er ist. Und noch etwas darf man nicht vergessen: Der Krieg wird kommen, er kommt auf jeden Fall. Er lässt sich nicht vermeiden. Es ist das Gesetz der Welt: Wenn die Konflikte unter den Staaten zu groß sind, kann sie keine Konferenz mehr lösen, sagt Professor Kellmünz. Es ist dann wie im Reich der Tiere: Der Kampf entscheidet!

Am 28. Juli erklärte Österreich-Ungarn den Krieg an den serbischen Verbrecherstaat. Das war nicht anders zu erwarten. Wird das Deutsche Reich seiner Zusage treu bleiben und Hilfe leisten gegen Serbien? Es wird gemunkelt, der Kaiser wirke mäßigend auf Österreich ein. Das wäre falsch.

Liebe Eltern, es wird ernst: Soeben werden auf den Straßen Extrablätter ausgerufen: Russland macht mobil! Im selben Extrablatt ist zu lesen, dass England in einem Konflikt nicht neutral bleiben werde. Gott, was kann man von den Engländern, diesen Krämerseelen, anderes erwarten?

Die Zeitungen in Berlin veröffentlichen einen Wechsel von Telegrammen zwischen unserem Kaiser und dem russischen Zaren, seinem Cousin. Da könnt ihr selbst lesen, wie friedensliebend unser Kaiser ist.

Am 29. Juli nachmittags depeschierte Zar Nikolaus:

Ich bin erfreut, daß Du zurück in Deutschland bist. In diesem so ernsten Augenblick bitte ich Dich inständig, mir zu helfen. Ein schmählicher Krieg ist an ein schwaches Land erklärt worden. Ich sehe voraus, dass ich sehr bald dem Druck, der auf mich ausgeübt wird, nicht mehr werde widerstehen können und Maßregeln ergreifen muß, die zum Krieg führen werden. Der Zar fleht unseren Kaiser geradezu an, die Österreicher zurückzuhalten vom Krieg.

Kaiser Wilhelm II. weist die Bezeichnung »schmählicher Krieg« zurück, betätigt sich aber dennoch als Vermittler. Russland sollte sich mit Österreich verständigen, schlägt er vor.

Das war ein langer Brief. Aber ich musste ihn schreiben. Ich werde euch weiter berichten. Ihr sollt teilhaben daran, wie man bei uns hier in Berlin über die Größe unserer Zeit denkt!

Ihr gebt doch meine Briefe Veronika zu lesen. Ich finde einfach nicht die Zeit, alles zweimal zu schreiben. Sie soll aber nicht traurig sein. Es folgt für sie eine Postkarte mit dem Bild des Berliner Stadtschlosses.

Was ist mit Onkel Heinz? Er wird die allgemeine Verwirrung für sich ausnützen. Er nützt alles aus und jeden. Er wird schöne Worte machen und euch gleichzeitig über den Tisch ziehen. Wer zu lange redet, verliert. Das schreibt mir auch Veronika. Du willst immer noch mit ihm reden, Vater? Reden, reden, reden! Du redest so lange über Brüderlichkeit, bis es zu spät ist.

Euer Fritz

* * *

Berlin, den 31. 7. 1914

Liebe Eltern!

Gestern habe ich euch von der Lage in Europa berichtet, einen möglichen Krieg betreffend. Ihr habt gesehen, Wilhelm II. hat alles versucht, Friede zu halten. Der Kaiser ist kein Kriegstreiber, wie die Proleten und manche Journalisten in Berlin verbreiten. Er ist und bleibt unser großer Friedenskaiser. Aber er darf jetzt nicht kleinmütig sein! Es gilt, das Schwert zu ergreifen, das sie von uns fordern. Die »Stunde drohender Kriegsgefahr« ist ausgerufen worden.

Neues Extrablatt: Heute, am 31. Juli, erhält der Kaiser ein weiteres Telegramm des Zaren: Ich gebe Dir mein feierliches Wort, schreibt dieser, nämlich darauf, dass er Friede wolle. Dass aber angelaufene Kriegsmaßnahmen nicht so rasch zu stoppen seien.

Die Extrablätter werden den Zeitungsjungen aus der Hand gerissen. Jede Stunde kommt ein neues, noch feucht vom Druck. Die Lüge des Zaren wurde sogleich deutlich: Er hatte während seines Friedensgesäusels bereits die Mobilmachung gegen Deutschland angeordnet!

Dennoch kämpft unser großer Kaiser weiterhin für den Frieden: Ultimative Aufforderung an Russland, die Mobilmachung augenblicklich zu beenden. Ultimatum! Mir zittern die Hände vor Aufregung – wenn es nicht erfüllt wird: Krieg! Von Frankreich fordert er die Erklärung der Neutralität. Werden die nie einwilligen: Revanche!

Gleichzeitig Generalmobilmachung in Österreich-Ungarn!

Großer Auflauf im Tiergarten. Aber jetzt sind es nicht die Kleinmütigen und Erbärmlichen, dieses Mal ist es die deutsche Elite. Karl und ich, wir waren mitten unter ihnen: Krieg! Das ist die einmütige Forderung der wahren Deutschen, Krieg! Es waren Tausende, Zehntausende, es waren die Besten. Junge Männer, die bereits fragen, wo man sich freiwillig melden kann.

Erschreckt nicht, liebe Eltern, wenn ich euch sage, auch Karl und ich tragen solche Gedanken. Das Vaterland braucht jetzt jeden, jeden! Sagt aber Veronika noch nichts davon. Es ist ja auch noch nicht geschehen.

Ich bringe den Brief spät am Abend noch zur Post,

Euer Fritz

* * *

Berlin, den 1. August 1914

Liebe Eltern!

Rote Zettel, die auf jeder Straße verteilt werden: Generalmobilmachung und Kriegserklärung an Russland! Gestern Österreich-Ungarn, heute nun das Deutsche Reich. Und der Krieg gegen Frankreich wird folgen, darauf wettet in Berlin jeder. Eine große Zeit des Friedens geht zu Ende. Aber auch Krieg ist eine große Zeit. Haben nicht die besten Köpfe in Deutschland zur Ehre des Kriegs geschrieben und gedacht! Der Krieg beendet den Alltag mit seiner Kleinlichkeit, seinem Egoismus. Er bringt die Mannestugenden zum Vorschein: Treue, Tapferkeit, Opferbereitschaft! Er zeigt, was jeder Einzelne wert ist. Im Felde, da ist der Mann noch was wert, schreibt unser großer Schiller.

Die Kriegserklärung an Frankreich wird folgen. Zweifrontenkrieg! Der Schrecken jedes Feldherrn. Es war abzusehen. Aber wir haben die besten Soldaten der Welt. Wie sagt der deutsche Mann? Viel Feind, viel Ehr!

Über die großen Konflikte, liebe Eltern, darf man die kleinen nicht vergessen. Ihr habt mir nicht geschrieben, was ihr in Sachen Onkel Heinz unternommen habt. Die Sache ist eilig, glaubt es mir! Nach dem Sieg werden wir das Geschäft erweitern, neue Produkte (denk an die Rohstoffquellen, die wir erobern werden), dazu brauchen wir alle Kapazitäten.

Neuestes Extrablatt: Franzosen haben die Grenze zum Elsass überschritten. Also Krieg auch gegen Frankreich.

Gestern hat der Kaiser zweimal vom Balkon des Hohenzollernschlosses, dem großen Stadtschloss in Berlin, zum Volk gesprochen: Man drückt uns das Schwert in die Hand, hat er gerufen, und wir werden es mit Gottes Hilfe so führen, dass wir es mit Ehren wieder in die Scheide stecken können. Man drückt uns das Schwert in die Hand, lieber Vater, nicht wir wollen den Krieg, er wird uns aufgezwungen. Das musst auch Du begreifen.

Karl und ich, wir standen weit vorn. Wir reichten uns ernst die Hand. Es war ein großer Augenblick.

Berlin jubelt.

Dankbar, in einer so großen Zeit leben zu dürfen!

Euer Fritz

* * *

Berlin, den 3. August 1914

Liebe Eltern!

Die Zeitungsjungen schreien es an jeder Ecke: Extrablatt! Extrablatt! Der Jubel kennt keine Grenzen, zumindest nicht der Jubel aller anständigen Menschen: Der Krieg gegen den Franzmann ist erklärt! Natürlich ist es ein europäisches Brudervolk, lieber Vater, der du noch immer den Krieg ablehnst. Natürlich haben wir von den Franzosen die Gotik bekommen, die bunten Glasfenster, die

Lebensart und den guten Wein, natürlich waren die Deutschen und Franzosen zur Zeit Karls des Großen ein Volk. Aber das ist lange her, lieber Vater. In der Zwischenzeit hat sich die Welt weitergedreht: Da waren die unzähligen Kriege, welche die Franzosen über uns gebracht haben, als wir noch in Kleinstaaterei lebten. Aber jetzt ist der deutsche Eichbaum stark geworden, seit 1870/71, als ihr Frankreich besiegt habt, lieber Vater – auch du! Hast du das vergessen? Soll dein Sohn nicht verteidigen dürfen, was ihr Glorreiches geschaffen habt?

Du schreibst, dass ich Schiller falsch verstehe, was soll das? Du schreibst viel vom Frieden, lieber Vater, aber du schreibst kein Wort von Onkel Heinz, dem man keinen Millimeter nachgeben darf. Unsere Zukunft hängt daran! Noch einmal: Mit Veronika weiß ich mich in dieser Frage einig.

Es ist Krieg, liebe Eltern, betet für den Sieg!

Euer Fritz

* * *

Berlin, den 4. August 1914

Liebe Eltern!

Gestern Einmarsch der deutschen Truppen in Belgien! Ich weiß, Vater hat es geschrieben, Verletzung der belgischen Neutralität! Aber hätte diese Neutralität ihrerseits die französischen Truppen davon abgehalten, in Belgien einzumarschieren? So schreiben es die Zeitungen. Wir waren nur schneller als sie. Ein Offizier hat es mir erklärt: Zweifrontenkrieg gegen Frankreich und Russland. Da darf der Sieg über Frankreich nicht zu lange auf sich warten lassen – wir brauchen jeden Mann in Russland. Einmarsch nach Frankreich über Belgien, denn an allen anderen Grenzen sind Gebirge und französische Verteidigungsanlagen!

Belgien hat von uns Zusagen für einen Durchmarsch bekommen: Jeder zerstörte Stein wird wieder aufgebaut! Aber sie haben abgelehnt. Daher Eroberung! Hat auch sein Gutes: Nach dem Sieg werden die belgischen Kohlegruben deutsch, kann ich euch sagen, und die französische Stahlindustrie im Norden sowieso. Die deutsche Wirtschaft braucht sie, sagt Professor Kellmünz.

Und dann mit aller Kraft gegen Russland.

Karl hat sich freiwillig gemeldet! Ich weiß, dass ihr Angst habt, dass auch ich mich melde, Vater. Aber ich zögere. Das Studium, das Geschäft!

Schöne Grüße an Veronika. Ihr lasst sie doch, wie ausgemacht, diese Briefe lesen! Sie erhält wieder einige schöne Postkarten. Ich weiß, dass sie sie sammelt.

Euer Fritz

* * *

Berlin, den 5. August 1914

Liebe Eltern!

Ich schreibe euch jeden Tag. Die Meinungsunterschiede mit euch, vor allem mit Vater, tun mir leid. Aber wenn man dem Geschehen so nahe ist wie ich in Berlin, dann sieht man die Dinge mit anderen Augen, glaubt es mir.

Ihr solltet die feierliche, ja erhabene und doch auch fröhliche Begeisterung hier in Berlin erleben. Da ist niemand, außer ein paar vaterlandslosen Gesellen, Journalisten, Schriftstellern, Sozialisten, Kommunisten, lieber Vater, der nicht auf einer Wolke von patriotischem Feuer, Opfermut und Begeisterung schwimmt.

In den Zeitungen kann man die gestrige Rede des Kaisers vor den Abgeordneten des Reichstags lesen.

Alle Volksvertreter hatten sich im Weißen Saal des Hohenzollernschlosses versammelt. Es muss ein erhabener und gewaltiger Augenblick gewesen sein, in dem unser Kaiser das Wort ergriff. Er sprach davon, dass er in dieser schicksalsschweren Stunde die Vertreter des ganzen Volkes um sich versammelt habe. Er sprach von dem glücklichen Friedenszustand der Welt. Er sprach davon, wie die Ermordung des Erzherzogs Franz Ferdinand in der Welt des Friedens plötzlich einen Abgrund aufgerissen habe. Wie Kaiser Franz Joseph von Österreich gezwungen gewesen sei, die Sicherheit seines Reiches mit Waffen zu verteidigen. Daraus erwachse für uns nicht nur unsere Bundespflicht, sondern uns fällt auch die gewaltige Aufgabe zu, mit der alten Kulturgemeinschaft der beiden Reiche unsere eigene Stellung gegen den Ansturm feindlicher Mächte zu schirmen. Im wichtigsten Teil seiner Rede versicherte er allen Völkern: Uns treibt nicht Eroberungslust! Aber der Platz, an den Gott uns gestellt habe, müsse für alle Zeiten verteidigt werden.

Ich kenne keine Parteien mehr, hat Kaiser Wilhelm II. gesagt, nur noch Deutsche. Da sollte doch jeder Kleinmut verschwinden, Vater.

Unzählige melden sich freiwillig. Die Mannschaften strömen in die Kasernen. Ein einziger Geist beseelt das Land, ein kriegerischer Geist! Karl ist schon in der Kaserne. Der Krieg wird ja nicht lange dauern. Aber wenn ich mich melde, wird eben doch das Studium verzögert, und darunter wird das Geschäft leiden.

Veronika soll nicht weinen. Ich weiß, was ich tue. Das heißt, ganz genau weiß ich es noch nicht.

Voll Begeisterung, Euer Fritz

* * *

Berlin, den 6. August 1914

Liebe Eltern!

Gott strafe England! Vorgestern hat uns England den Krieg erklärt. Angeblich um die Neutralität Belgiens zu schützen. Das glaubt doch kein Mensch: Die wollen unsere Kolonien. Die gönnen uns unsere Stellung auf den Weltmeeren nicht. Die haben die Hosen gestrichen voll aus Angst vor unserer Kriegsflotte. Aber es wird umgekehrt sein: Wir bekommen die britischen Kolonien. Und die deutsche Rohstofffrage ist ein für alle Mal gelöst. Unsere Wirtschaft braucht das!

Österreich-Ungarn erklärt Russland den Krieg. Das schreien unten auf der Straße die Zeitungsjungen. Wir sind nicht allein im Schicksalskampf.

Du schreibst einen langen Brief, Vater, vielen Dank, Du ermahnst mich eindringlich, den Krieg mit kritischen Augen zu sehen, mich zu nichts hinreißen zu lassen. Du kennst den Krieg, schreibst du. Du hast ihn erlebt in Frankreich 1870 und nach deiner schweren Verwundung noch 1871. Du schreibst, dass der Krieg so gar nichts Heldenhaftes an sich habe. Wie erbärmlich man im Kriege untergehe, welches Grauen der Krieg verbreite, wie unberechenbar er sei und wie gnadenlos; welches Elend der Krieg hervorbringe, wie viele Menschenleben er vernichte, wie viele Gebäude er zerstöre, wie viel menschliches Glück durch ihn zugrunde gehe, wie viel Schmutz und Niedrigkeit durch ihn entstünden. Aber Vater, Du schreibst kein Wort vom Sieg! Du bist doch immerhin ein Kriegsheld und trägst das Eiserne Kreuz! Du warst doch ein Held und bist es in meinen Augen immer noch.

Gestern war ein allgemeiner Bettag. Daran siehst du, lieber Vater, dass wir nicht leichtfertig Krieg führen. Gott mit uns! Das steht auf den Koppelschlössern der Soldaten. Und er wird mit uns sein. Das weiß ich ganz sicher.

Grüßt Veronika von mir, Euer Fritz

* * *

Berlin, den 7. August 1914

Liebe Eltern! Liebe Veronika!

Ihr solltet unsere abmarschierenden Soldaten sehen, bekränzt mit Blumen: dieser feierliche Ausdruck im Gesicht, dieser kühne Blick angesichts kommender Schlachten, diese Siegeszuversicht. Vater, Du solltest das nur ein einziges Mal sehen! Du würdest anders reden und denken.

Du schreibst von Nachbars Franz, der schon einberufen worden ist. Wie sehr ihn seine Mutter brauche, nachdem der Vater vor zwei Jahren vom Garbenwagen gefallen und querschnittsgelähmt ist. Ja, lieber Vater, das ist eben der Krieg! Es werden Opfer verlangt. Der Bauernhof, schreibst du, braucht Franz! Nein, das Reich braucht Franz!

Gestern habe ich auf der Straße Müllers Heiner getroffen, er schon in feldgrauer Uniform, fertig für die Front.

Du solltest die Menge sehen, die abmarschierenden Truppenteilen das Geleit gibt: Frauen und Männer; Greise, ihre Auszeichnungen aus dem Franzosenkrieg angelegt, marschieren neben den Bataillonen; die meisten singen mit, manchen zittert eine Träne der Rührung am grauen Schnauzbart. Ich habe es selbst gesehen. Frauen und Mädchen streuen Blumen und werfen Sträuße. Natürlich weinen viele beim Abschiednehmen. Aber welche Festigkeit, welche Opferbereitschaft!

Lieber Vater, Du schreibst, dass die Leute bei euch im Bergischen nicht froh sind über den Krieg, dass man kein Lachen hört, dass kein Tanz mehr stattfindet, selbst bei den Hochzeiten nicht, die jetzt überall noch schnell geschlossen werden. Dass die Leute Sorgen haben wegen der Landwirtschaft und dass jetzt zu Hause die Frauen die Männer ersetzen müssen. Und die Ernte, die auf dem Halm bleibt –

Aber Vater, eine andere Ernte steht bevor, eine größere und wichtigere.

Grund zur Ausgelassenheit ist ein Krieg natürlich nicht. Auch hier in Berlin ist ernste Freude.

Euer Fritz

* * *

Berlin, den 8. August

Liebe Eltern!

Ihr habt es gelesen: Lüttich im Sturm genommen. Ihr solltet die Züge sehen, mit denen die Truppen zum Schlachtfeld gefahren werden. Über und über bemalt mit Sprüchen und Karikaturen: Weihnachten in Paris! Weihnachten auf den Boulevards! Nach Frankreich zur Sommerfrische! Auf Wiedersehen in Paris! Zum Schützenfest nach Petersburg! Blitzzug nach Paris! Nicht an den Rhein, sondern über den Rhein, mit fliegenden Fahnen nach Frankreich hinein, hurra! Hei, beim Blitzen unserer Lanzen sollen die Franzosen tanzen und den gottverdammten Russen wird eins auf den Frack geschussen. Wir kommen aus dem Sachsenland, sind unseren Weibern davongerannt. Ich habe eine marschierende Truppe singen hören: Die Russen sind alle Verbrecher, ihr Herz ist ein finsteres Loch; die Franzosen sind auch nicht viel besser. Aber Dresch', aber Dresch' kriegen sie doch! Und vieles mehr. Es gibt ein Lied, es heißt Deutscher Reiterspruch. Es hat nur zwei Zeilen, die nach einer kriegerischen Marschmelodie als Kanon komponiert sind: Jeder Schuss ein Russ, jeder Stoß ein Franzos!

Ich sage euch, dass ich neidisch bin auf die künftigen Helden, die im Herbst lorbeerbekränzt einziehen werden in Berlin. Dann stehe ich beschämt daneben.

Du hast immer noch nicht geschrieben, wie du mit den Ansprüchen von Onkel Heinz verfahren willst. Veronika und ich, wir können Dich nur beschwören: Wir brauchen die Halle B! Wenn ich nach dem Studium den Betrieb übernehme, da sage ich Dir nur: Ohne die Halle B kann ich darauf pfeifen!

In Sorge, Euer Fritz

* * *

Berlin, den 20. August 1914

Meine Lieben!

Bitte, erschreckt nicht. Es ist geschehen, der Rubikon ist überschritten: Ich habe mich freiwillig gemeldet. Kriegsfreiwilliger Collmer. Ihr habt es geahnt. In der Universität war eine Werbung für das Feld. Die Professoren haben gesagt: »Was macht ihr denn noch hier? Die Wissenschaft gibt euch gerne für eine gewisse Zeit an das Vaterland ab.« Man konnte sich spontan zum Dienst mit der Waffe melden. Professor Kellmünz ist eigens zu mir getreten und hat gesagt: »Fritz Collmer, Sie werden doch nicht hinten bleiben, wenn vorn die Musik spielt.« Die Kommilitonen haben sich reihenweise einschreiben lassen. Die Uni ist leer.

Lüttich im Sturm erobert, Sieg bei Mühlhausen, Sieg bei Lagarde. Das muss dich doch auch freuen, Vater!

Tröstet Veronika, sie erhält einen eigenen Brief. Die Verlobung im Herbst wird nicht verschoben. Sie wird aber durch den Sieg einen ganz besonderen Glanz bekommen. Und die Hochzeit im Mai ist dann wieder im tiefsten Frieden.

Euer Fritz, jetzt Kriegsfreiwilliger

* * *

Berlin, den 27. August 1914

Meine Lieben!

Nur noch eine Grundausbildung zu Ende bringen. Ist schon hart, das Soldatsein. Aber das Ziel steht klar vor Augen. Da ist es nicht so schwer.

Euren Brief habe ich erhalten, und ich verstehe, dass Du, liebe Mutter, entsetzt und traurig bist. Dass Veronika traurig ist, versteht sich von selbst – aber weshalb enttäuscht? Vater begreife ich nicht. Ihr solltet eigentlich auch ein wenig stolz sein auf mich.

Sieg in Lothringen, Sieg bei Gumbinnen in Ostpreußen, Sieg bei Longwy, Sieg am Semois, Eroberung Namurs, russische Niederlage bei Krasnik, Eroberung von Longwy, siegreiche Schlachten an der Sambre. Es geht immer weiter, immer voran! Was will da die lächerliche Kriegserklärung Japans vom 23. August an uns besagen!

Natürlich habe ich ein unangenehmes Gefühl im Magen, wenn ich an die erste Feindberührung denke. Jedem ist da mulmig, jedem! Auch dir, Vater, ist es sicher so ergangen, Du hast nie darüber geredet. Aber unser Unteroffizier hat zu uns gesagt: Ich denke nicht an die Gefahr, ich denke an den Sieg.

Ich kann es kaum erwarten.

Euer Fritz

* * *

Berlin, den 2. September

Meine Lieben!

Morgen ins Feld. Wir sind voll Ungeduld. Man hört von unglaublichen Heldentaten, schwer, nicht einfach hinzufahren und zu sagen: Da bin ich, wo ist der Feind?

Felix Hufmüller, Sohn von Anton Hufmüller vom Kurzhof, ist bei St. Quentin mit dem Eisernen Kreuz ausgezeichnet worden! Ein Held aus dem Bergischen. Kann man auf einer Liste lesen. Da kann es so schwer nicht sein!

Sieg über die Engländer bei Maubeuge, Sieg über die Engländer bei St. Quentin, Sieg über die Russen in Tannenberg, 92 000 Russen gefangen, erster deutscher Flieger über Paris, Sieg bei St. Quentin über Franzosen, Einnahme von Montmédy, Sieg bei Reims, Eroberung von Givet. Wir siegen auf der ganzen Linie.

Einen Witz muss ich euch noch erzählen: Zwei Herren unterhalten sich in der Elektrischen, sagt der eine: »Wissen Sie schon, dass England und Deutschland sich über die Teilung Belgiens geeinigt haben?« – »Nein«, sagt der andere verwundert, »wie kann denn das sein?« – »Ganz einfach, England bekommt vom Königreich Belgien den König (im Exil) und wir das Reich.«

Grüße an Veronika, Euer Fritz

* * *

Feldpost, Damvillers, den 12. September 1914

Liebe Eltern!

Seit zehn Tagen an der Front!

Dies ist wahrscheinlich auf lange Zeit der letzte Brief, den ihr von mir bekommt. Im Moment ist es ruhig, morgen vielleicht schon alles vorüber. Der Krieg geht in die letzte Entscheidung. Es soll ein ehrlicher Brief werden, lieber Vater, liebe Mutter.

Was ich in den letzten Tagen erlebt habe, lässt sich kaum aufschreiben.

Fahrt zum Krieg. Zuerst Lieder: Die Wacht am Rhein, Heil dir im

Siegerkranz, Gejohle auf jedem Bahnhof; jeder der Lauteste. Die Fahne, auf jedem Bahnhof geschwenkt. Dann stiller. Feindesland, alle an den offenen Schiebetüren der Güterwaggons. Seltsam, die Grenze zum Feind. Zerschossene Dächer, aber weidende Kühe. Alles nicht so schlimm? An einem Bahnhof viele Frauen, Mädchen. Ertappe mich, dass ich nach hübschen Mädchen Ausschau halte. Dann der erste Feind: eisgrauer Bahnhofsvorsteher, wieder aus dem Ruhestand geholt.

Verbrannte Höfe. Zerschossene Dörfer. Kein Mensch. Einschlagstrichter von Granaten, halb voll Wasser. Kein Singen mehr, kein Grölen.

Feindlicher Boden. Flüchtlinge, Flüchtlinge, Alte, Frauen, Kinder. Verstörte Menschen, haben es nicht mehr auf die andere Seite der Frontlinie geschafft. Wachsender Donner von der Front. Dann Übergang in den Takt der Abschüsse. Ziehen in der Magengrube bei jeder Explosion aus der Ferne. Deutlicher das Heulen und Krachen der Granaten. Gefühle ganz unheldenhaft. Schäme mich. Einige machen Witze und hören nicht mehr auf damit, andere sind bleich und still, viele beten. In der Nacht blutroter Horizont. Immer weiter Artilleriefeuer.

Halb zerstörter Provinzbahnhof. Mitten in der Nacht großer Schauder: In das trübe Licht des Bahnhofs rollt ein Zug mit aufgemalten roten Kreuzen auf weißem Grund, ein Verwundetentransport. Sie tragen Verwundete heraus und bereits Gestorbene, überall Stöhnen, Schreien, blutgetränkte Binden, blicklose Augen, regungslose Gestalten – Tote? Arm- und Beinstümpfe. Ich muss mich übergeben.

Ab jetzt geht es zu Fuß weiter.

Nächtlicher Marsch zum ersten Einsatz. Irgendwo die Marne. Nicht mehr weit bis Paris. Letzter Kraftakt, sagt der Kompaniechef, dann Krieg im Westen aus. Himmel blutrot.

Aber nichts da mit Vorwärtsstürmen unter flatternder Fahne. Alles geht langsam. Kein heldenhaftes Erstürmen, sondern langsames Einschleichen in das Kampfgebiet, Äcker, Wälder, Wiesen, Hügel, Flüsse. Schlacht schon seit Tagen. Einschläge von Granaten, erste Verwundete und Tote. Tot, und noch keinen Schuss abgefeuert!

Wenn Durchbruch gelingt, die Marne entlang mitten hinein nach Paris!

Transporte Verwundeter aus Gegenrichtung. Blut, Dreck, Jammern, Schreien. Die eigenen Glieder bewegen, Beine, Arme – das letzte Mal? Ich denke an euch, vor allem an dich, liebe Mama.

Alles unwirklich: schwarze Bäume vor brennenden Horizonten. Lärm bis zum Unerträglichen. Nichts deutet auf Sieg. Beim Rasieren, mein Gesicht im Spiegel, habe mich selbst kaum wiedererkannt. Weg zum Sieg? Andere Dinge sind plötzlich wichtiger als der Sieg. Aber welche?

Ich wehre mich gegen solche Gedanken, stolpere über Steine, Mühe, Schritt zu halten. Gepäck drückt, noch mehr das Gewehr. Am schlimmsten, ich bin ehrlich, ist die Angst. Angst wie ein Krebsgeschwür aus dem Magen mitten ins Herz. Du bist doch kein Feigling!, sage ich mir. Um mich herum die Kameraden. Jeder fühlt dasselbe. Auch wenn sie Witze reißen oder Helden markieren.

An einem Waldrand erste Feindberührung. Ich kann es nicht aufschreiben. Bis auf eine, allerdings tiefe, Wunde an der Schulter, liebe Veronika, unverletzt. Aber um mich herum in langen Zeilen aufgereiht Gefallene. Unnennbare Schrecken auf dem Verbandplatz!

So geht es nun Tag um Tag in diesem Lande an der Marne; tags im Dreck oder Taumeln auf irgendeine feindliche Stellung zu, fast bewusstlos, sonst unerträglich. Todähnlicher Schlaf. Du isst stumpfsinnig. Du nimmst dein Gewehr, wann immer es dir befohlen wird und trägst Tod nach vorn. Du stolperst über Stacheldrahtverhaue und siehst Kameraden fallen.

Schramme am Arm, tiefere Wunde an der Wade, große Beule im Helm!

Natürlich, Opfer für Vaterland, du hast dich darauf gefreut. Aber da ist kein Vaterland, nur feuerflackernde, röhrende Dunkelheit. Der Kaiser weit weg in Berlin. Vor dir ein Unbekannter, der will dir das Leben nehmen.

Zehn Nächte bereits in diesem verfluchten Krieg. Vater, Du hast es gewusst. Solche Gedanken sollte man nicht haben. Sie helfen nichts. Oder doch?

Komme ich gesund nach Hause, bin ich ein Fremder. Auch für Dich, Veronika.

Jetzt sitzen wir hier im Morgengrauen, übernächtigt. Das Schießen hat fast ganz aufgehört. Schulter schmerzt. Schwarze Waldstücke. Leichter Bodennebel. Oder Rauch?

Liebe Eltern, ich muss jetzt den Brief ganz rasch beenden: Aufbruch! Befehl – wir müssen zurück, geordnet zurück, so schnell wir können! Zurück von der Marne. Rückzug!

Rückzug?

Euer Fritz

* * *

Feldpost

Sehr verehrte Familie Collmer!

Ich habe die traurige Pflicht, Ihnen als Kompaniechef den Tod Ihres Angehörigen, des Kriegsfreiwilligen Fritz Collmer, mitteilen zu müssen. Er starb in tapferem Einsatz an der Marne im Feuer französischer Scharfschützen einen raschen, schmerzlosen Tod. Ihr Sohn hat sein tapferes Leben als Held für das Vaterland gegeben und wird nie vergessen werden. Sein Tod war nicht vergebens. Sein Grab befindet sich auf einem der Heldenfriedhöfe im Land der Marne, die genaue Lage wird Ihnen noch mitgeteilt.

Mit tief empfundenem Beileid

Hartmut Weller, Oberstleutnant

MILLIARDÄRE

Eine Inflation – Geldentwertung, Schwächung der Kaufkraft des Geldes, übermäßige Nachfrage oder wie man es sonst noch nennen will – schädigt den Verbraucher, der sich auf den Wert seines Geldes verlässt und auf die Beständigkeit seiner Ersparnisse. Eine Inflation entsteht in erster Linie dadurch, dass die Menge an umlaufendem Geld in einem Land größer ist als der Wert der entstehenden Produktionsgüter; gleichzeitig erhöht sich die Umlaufgeschwindigkeit des Geldes und steigert sich eine Flucht in die Sachwerte.
Die Hochinflation von 1923 war insgesamt ein Ergebnis des Ersten Weltkriegs. Mit Kriegsbeginn war die Golddeckung der Währung aufgegeben worden. Das Kaiserreich hatte, um seine Schulden bezahlen zu können, nicht die Steuern erhöht,

sondern immer mehr Geld gedruckt und damit die Geldmenge erhöht bei kriegsbedingt verringerter Warenproduktion. Bei Kriegsende war die Kaufkraft des Geldes schon um die Hälfte gesunken. Eine Finanzreform von Finanzminister Matthias Erzberger löste das Problem nicht, da es zu viele Ausnahmen gab und die Verpflichtungen des Staates etwa durch den Unterhalt heimkehrender Soldaten und die Versorgung Hinterbliebener sich ständig erhöhten. Nur noch ein geringer Teil der Staatsausgaben war durch Einnahmen gedeckt.
Die Siegermächte forderten von Deutschland hohe Reparationsleistungen, die das Land zusätzlich belasteten. Matthias Erzberger und Außenminister Walter Rathenau, aufrechte, ideenreiche Männer, erbrachten Teilleistungen. Mit diesen wollten sie beweisen, dass die geforderten Summen von der deutschen Wirtschaft nicht geleistet werden konnten. Sie wurden als Erfüllungspolitiker beschimpft und schließlich von Rechtsradikalen auf offener Straße erschossen – Erzberger 1921, Rathenau 1922.
Die Reparationsforderungen wurden schließlich reduziert. Doch die geforderte Summe blieb riesig: Mit dem 5. Mai 1921 belief sie sich auf 132 Millionen Goldmark, das entsprach 47 000 Tonnen Gold, oder 700 Milliarden Euro, die innerhalb einer Zeit von 66 Jahren zu entrichten waren. Die Bezahlung erfolgte meist in industriellen Sachgütern, da Gold in größerem Umfange nicht mehr zur Verfügung stand. Diese wiederum mussten der Industrie vom Staat bezahlt werden. Also druckte man noch mehr Geld und der Wert des Geldes sank und sank.
Eine geringfügige Verzögerung der Lieferung von Kohle und Holz für Telegrafenstangen gab Frankreich den Vorwand, das Ruhrgebiet, Herz der deutschen Industrie, zu besetzen. Dies geschah vom 11. bis zum 16. Januar 1923 mit zunächst 60 000 und dann 100 000 Mann. Die Besetzung dauerte bis August 1925. Frankreich hatte mit der Besetzung direkten Zu-

griff auf Kohle- und Stahlproduktion des Besiegten. Die Absicht war, durch eine langsam zu errichtende Sonderstellung des Industriegebiets ähnlich wie im Saarland eine Ablösung vom Deutschen Reich und eine Annäherung und vielleicht im Laufe der Zeit den endgültigen Anschluss an Frankreich zu bewirken.
Demonstrationen, Sabotageakte, Streiks, Straßenkämpfe, Verhaftungen und Todesurteile durch die Franzosen erschütterten das Ruhrgebiet. 137 Tote waren durch die Besetzung zu beklagen. Ein nationaler Aufschrei ging durch Deutschland. Passiver Widerstand wurde gefordert. Generalstreik. Für zwei Millionen Arbeiter ohne Lohn übernahm der Staat die Lohnzahlungen. Der Streik richtete sich gegen die französische Besatzung, gleichzeitig aber bekam die deutsche Industrie die Auswirkungen des Ruhrkampfs zu spüren: Sie war auf die ausbleibende Kohle und den Stahl angewiesen; ein Heer von Arbeitslosen entstand, das dem Staat bei gleichzeitig sinkenden Steuereinnahmen auf der Tasche lag. Das bedeutete, die Druckmaschinen der Reichsdruckerei liefen heiß, während die Maschinen in den Fabriken stillstanden: Die Kluft zwischen der Geldmenge, die im Umlauf war, und dem Angebot von Waren wurde größer und größer, der Wert des Geldes sank und sank.
Zur Abwicklung des Zahlungsverkehrs wurden riesige Mengen an Scheinen benötigt. Bis zu 133 Fremdfirmen mit 1783 Druckmaschinen arbeiteten im Herbst 1923 für die Reichsdruckerei Tag und Nacht. Das dafür erforderliche Banknotenpapier wurde von 30 Papierfabriken produziert. Etwa 30000 Menschen waren mit der Herstellung der im Jahre 1923 insgesamt ca. 10 Milliarden staatlich ausgegebenen Scheine beschäftigt, auf die das Inflationsgeld gedruckt war. Ende 1923 waren 500 Trillionen Mark Bargeld und 200 Trillionen Mark Notgeld im Umlauf.
Schließlich wurde unter Reichskanzler Stresemann der neue

Wert des Geldes festgelegt. Eine Billion des alten Geldes war jetzt eine Mark wert. Die Schulden allerdings wurden im gleichen Umfang abgewertet. Die Staatsschulden aus dem Ersten Weltkrieg sanken dadurch für das Reich von 164 Milliarden Mark auf 16,4 Pfennige!
Vermögenswerte schmolzen dahin. Ersparnisse wurden wertlos, Spargelder von Generationen waren vernichtet. Feste Erträge oder Zinsen waren praktisch ohne Wert. Auch die Preise der Immobilien verfielen, sie wurden bei Notverkäufen oft geradezu verschleudert. Weite Teile der Bevölkerung verarmten. Die Schuldner und Spekulanten hingegen profitierten, denn ihre Schulden wurden praktisch gestrichen, Darlehen und Hypotheken konnten mit nahezu wertlosem Geld zurückbezahlt werden.

Zur Zeit des Ersten Weltkriegs und in den Zwanzigerjahren lebten und arbeiteten in Frankfurt zwei Ganoven, Klaus Wunsiedel und Herbert Wackenhorst, die alles ausprobiert hatten, womit sie Geld machen konnten: Betrug, Schwindel, Fälschung, Hehlerei, zwei Banküberfälle, nächtliche Einbrüche.

Die nächtlichen Einbrüche in Wohnungen und Häuser erwiesen sich für sie als die ergiebigste Weise, an Geld zu kommen. Hunde und Hausmeister machten ihnen zwar das Leben schwer, aber sie konnten damit fertig werden.

Vor Tresoren freilich hatten sie Respekt. Sie spezialisierten sich auf das, was herumlag, herumstand oder an den Wänden hing. Auf Kunst also. Natürlich ließen sie auch einen Smaragdring oder das Perlenkollier der Dame des Hauses nicht liegen, wenn sie vergessen hatte, es einzuschließen.

Wackenhorst hatte Kunstgeschichte studiert und konnte Wertvolles erkennen, hatte aber für seine eigenen Bilder und Plastiken nie eine Mark bekommen. Wunsiedel hatte die Schlosserei erlernt, ein vielseitiges Handwerk mit goldenem Boden. Wackenhorst hatte die notwendigen Verbindungen zu Hehlern mit Drähten ins Ausland. Kunst im Inland zu verkaufen, war gefährlich. Kennengelernt hatten die beiden sich in der Haftanstalt Moabit. Seit sie ihr Wissen zusammenlegten, hatten sie nicht mehr eingesessen. Als hochkarätige Spezialisten bildeten die beiden eine vollkommene Symbiose.

Ihre Tätigkeit ernährte sie, wie gutes Handwerk einen tüchtigen Meister ernährt.

Seit drei Jahren war Krieg, Weltkrieg.

»Rüstung, das bringt Geld«, sagte Wackenhorst, »Waffenproduktion – Milliarden gehen da hin und her!«

»Millionär, das wäre schön, Wackenhorst, Millionär wie der Rockefeller!«

»Milliardär! Der Rockefeller ist Milliardär.«

»Milliardär?«, Wunsiedel war elektrisiert. »Mensch, eine Milliarde. Da hättest du ausgesorgt bis an dein Lebensende! Alles vom Feinsten.«

»Weißt du überhaupt, was das ist, eine Milliarde? Das sagt sich so leichthin: Milliardär –«

»Ist doch einfach: tausend Millionen.«

»Klar, tausend Millionen. Aber was bedeutet das, tausend Millionen?«

»He, halt mal die Luft an.«

Wackenhorst überlegte. »Pass auf: Nimm an, du lebst zur Zeit von Christi Geburt und ein Zauberer, nein, eine gute Fee verleiht dir das ewige Leben – oder wart mal, das Leben, solange du Geld hast. Hast du Geld, hast du das Leben!«

»Und habe ich Geld?«

»Ja, die gute Fee ist eine sehr gute Fee und gibt dir eine Milliarde Mark nach dem Wert von vor dem Krieg. Mark in Gold.«

»Mark?«, Wunsiedel war erstaunt. »Gab es bei Christi Geburt schon Mark?«

»Nein, natürlich nicht, Drachmen, Talente, Denare, Sesterzen oder so was, egal. Unsere Fee zaubert, dass du so viel Geld hast, dass es einer Milliarde Mark entspricht. Verstanden?«

»Und solange ich Kohle habe, so lange kann ich nicht abkratzen?«

»Richtig, die gute Fee hat das so eingerichtet. Aber du willst natürlich auch etwas haben von deinem Geld, ist ja klar. Als Verschwender und vorsichtiger Mensch beschließt du, jeden Tag nur tausend Mark auszugeben, in der Währung, die gerade gültig ist, keinen Pfennig mehr und keinen weniger.«

Wunsiedel schluckte. »Tausend Mark jeden Tag«, sagte er ehrfürchtig, »tausend Mark, ganz für mich allein! Tausend Kröten in Gold, das hat vor dem Krieg ein Arbeiter nicht einmal in drei Jahren bekommen. Du spinnst, so viel gebe ich nicht aus. Da wäre das Geld schnell weg!«

Draußen schüttete der Regen. Es war kalt.

»Tausend Mark jeden Tag«, beharrte Wackenhorst. »Du darfst natürlich auch auf etwas Schönes sparen, ein tolles Pferd oder eine schöne Sklavin und so weiter. Aber im Durchschnitt berappst du jeden Tag den Gegenwert von genau tausend Mark.«

»Ja«, stöhnte Wunsiedel sehnsüchtig.

»Und noch etwas hat dir deine Fee auferlegt. Sie hat dir zwar eine Milliarde gegeben, aber du darfst sie nicht anlegen, also heute würde man sagen in Aktien oder auf Zins oder in einer GmbH oder sonstwie an einer Gewinnbeteiligung. Du darfst mit deinem Kies nur bezahlen, ihn verjubeln, verschwenden, verschleudern, verprassen, vergeuden, aus dem Fenster werfen – sonst nichts.«

»Und wenn ich mich nicht daran halte? Ist doch Blödsinn, so viel Moos –«

»Sie nimmt es dir wieder weg oder du stirbst nach angemessener Zeit.«

»Aber ich –«, stammelte Wunsiedel.

»Wollen mal sehen«, sagte Wackenhorst nüchtern. »Du legst also jeden Tag tausend Mark auf den Tisch – wie viel ist dann weg in einem Jahr?«

»Das sind«, rechnete Wunsiedel aufgeregt, »das sind dreihundertfünfundsechzigtausend Eier im Jahr, Mensch! Da ist doch der Mammon weg wie der Blitz!«

Wackenhorst überlegte. »Von den Schaltjahren sehen wir ab. Kannte man damals nicht. Was hast du gesagt?«

»Nicht mit mir«, maulte Wunsiedel, »den Zaster so schnell verjubeln.«

»Abwarten«, begütigte Wackenhorst, »du blätterst im Jahr dreihundertfünfundsechzigtausend Mark auf den Tisch –«

»Du, nicht ich.«

»Wart's ab. Dreihundertfünfundsechzigtausend Mark und keinen Pfennig weniger. Dann hast du in hundert Jahren ausgegeben?«

»Wenn ich da noch nicht in der Grube bin!«

»Halt's Maul! Du hast nach hundert Jahren genau sechsunddreißig Millionen und fünfhunderttausend Mark verbraucht. Zähl's nach!«

»Über sechsunddreißig Millionen! Ich sag's ja – Finger weg!«

»Quatsch. Sechsunddreißig lumpige Millionen und eine halbe. Das ist doch keine Summe für einen Milliardär!«

»Es wird einem ganz schwindelig.«

»So, jetzt gehen wir mal ins Große, Herr Krösus. Nach tausend Jahren, wie sieht's da aus? Jeden Tag tausend Mark.«

»Lebe ich nach tausend Jahren überhaupt noch?«

»Aber ja. Wie viel hast du denn bis dann verputzt? Na?«

»Also sechsunddreißig Millionen fünfhunderttausend mal zehn. Das sind, das sind – weißt du bei so großen Zahlen –«

»Das sind«, half Wackenhorst, »genau dreihundertfünfundsechzig Millionen und kein Pfennig mehr.«

»Unfassbar.«

»Du lebst jetzt um das Jahr 1000 nach Christus, im Mittelalter. Nun verdoppeln wir die Jahre, wohlgemerkt immer tausend Mark am Tag zum Verjubeln: Dann sind wir im Jahre 2000, also von heute, 1917, an gerechnet in nicht allzu grauer Zukunft. Im Jahre 2000 hast du dann seit zweitausend Jahren immer in Saus und Braus gelebt, jeden Tag tausend Mark auf den Kopf gehauen und genau siebenhundertdreißig Millionen durchgebracht.«

»Da lebe ich noch?«

»Richtig«, grinste Wackenhorst, »da lebst du immer noch. Denn bis du die Milliarde verscherbelt hast, lebst du vom Jahr 2000 an noch gute, zufriedene und satte zweihundertsiebzig Jahre lang und haust jeden Tag deine tausend Mäuse auf den Tisch. Erst dann hast du die Milliarde weggemacht und kannst dich getrost und satt und über zweitausendzweihundertdreißigjährig zu deinen Ahnen begeben. Jetzt weißt du, was eine Milliarde ist.«

Sie hatten sich um die Ehre, im Ausland in Feldgrau unter eigener Lebensgefahr Ausländer umbringen zu müssen, erfolgreich gedrückt, aber die Geschäfte gingen schlecht. Die Bilder an den Wänden in den Villen der Reichen und die Statuen auf ihren Sockeln wurden selten ersetzt, viele Wände waren leer. Die Juwelen blieben im Tresor, weil es für die Damen kaum mehr Gelegenheit gab, ihr Geschmeide anzulegen.

Und die beiden Strolche merkten bald, was kleine Leute mehr spürten als reiche: Was vor dem Krieg zehn Mark gekostet hatte, kostete bei Kriegsende zwanzig Mark. Das hatte sich ganz langsam eingeschlichen.

»Einen Geldscheißer müsste man haben«, tobte Wunsiedel, als er einmal vom Einkauf zurückkam. »Alles teuerer, hol's der Teufel!«

»Auf Gelddrucken sollte man umsteigen«, hatte er schon einmal vorgeschlagen. »Wäre viel einfacher und ungefährlicher als einbrechen. Heimarbeit.«

»Falschgeld? Blödsinn«, hatte Wackenhorst klargestellt, »kannst du drucken? Hast du die Maschinen dazu? Und, wohlgemerkt nicht nur die Druckmaschinen, sondern auch die Maschinen, um das Papier herzustellen – hast du davon überhaupt eine Ahnung? Da musst du erst Millionär sein, bevor du anfängst.«

»Na ja, war ja nicht ernst gemeint.«

»Toll wäre es schon, Geld selber machen«, sagte nun wieder Wackenhorst, »da würde sich Fleiß einmal wirklich auszahlen – Lohn der Arbeit! Nun ja, wenn jeder fleißig am Drucken wäre, würden wir überschwemmt mit Geld. Und was es im Überfluss gibt, ist nichts wert. Das weiß jeder Briefmarkensammler.«

Dennoch geschah genau das: Es war Krieg. Ob Gewehr, Handgranate, Kanone, Maschinengewehr, U-Boot, Schrapnell – alles musste produziert werden. Materialschlachten. Der Staat musste das Kriegsmaterial den Rüstungsherstellern bezahlen und brauchte dazu Geld, Geld, Geld. Er bezahlte seine Schulden so, wie jeder es machen würde, wenn er dürfte – der Staat druckte Geld. So gab es immer mehr Geld. Und weil es immer mehr Geld gab, war es immer weniger wert: Man konnte immer weniger dafür kaufen.

Es fiel den beiden auch auf, dass sich die Aufdrucke auf dem Geld geändert hatten. Wackenhorst zeigte es Wunsiedel: »Vor dem Krieg stand auf jedem Schein, dass man die Papierscheine in Gold umtauschen kann. Für hundert Mark in Papier gab dir jede Bank Goldmünzen im Wert von hundert Mark.«

»Steht nicht mehr drauf«, sagte Wunsiedel verdutzt. »Und was bedeutet das?«

»Ganz einfach, Gold behält seinen Wert, heute würde jeder Gold eintauschen für sein lausiges Papiergeld. Aber der Staat hat kein Gold, er hat das Gold längst in Kanonen verwandelt! Es gibt jetzt viel mehr Geld, aber nur noch Papiergeld, denn Papier ist geduldig – dem Schein ist es gleichgültig, ob hundert oder tausend Mark darauf gedruckt wird. Wie viel Mark hast du in deinem Geldbeutel?«

Wunsiedel zählte nach: »Dreihundertfünfzig. Geht dich eigentlich nichts an.«

»Hast du vor dem Krieg auch dreihundertfünfzig Mark mit dir herumgeschleppt?«

»Kaum hundert.«

»Und was kannst du dir kaufen für deine dreihundertfünfzig Kröten?«

»Kaum so viel wie damals für hundert, du hast recht, Scheiße!«

»Und nur schlechte Ware. Ist ja alles den Bach runter durch den Krieg.«

Herbst 1918, der Krieg war zu Ende. Das Deutsche Reich hatte ihn verloren. Verloren hatte auch das Geld, denn der Plan der deutschen Heeresleitung ging nicht auf: Der besiegte Feind hätte die Schulden des Deutschen Reichs bezahlen müssen. Jetzt war es umgekehrt. Deutschland musste zusätzlich zu den eigenen die Schulden und Kriegsschäden der Feinde bezahlen. Das nannte man Reparationen.

Die Soldaten kehrten heim und suchten Arbeit. Aber die deutsche Wirtschaft lag am Boden. Der Staat musste das Heer der Versehrten, Kranken und Arbeitslosen unterstützen. Die Schulden wuchsen und wuchsen. Der Staat musste Geld drucken wie noch nie und das Geld wurde immer wertloser. Die Geschäfte der beiden gingen noch schlechter.

Trotz all diesen Ungemachs gab es reiche Leute, deren Reichtum von Tag zu Tag wuchs, während ringsum alles im Chaos versank. Kundige wird das nicht wundern: Was eine Seite verliert, gewinnt die andere – so lautet das Gesetz der Wirtschaft, ob man das gut findet oder nicht.

Kriegsende – Zusammenbruch der alten Ordnung. Der Sozialdemokrat Scheidemann rief am 9. November 1918 von einem Fenster des Reichstagsgebäudes aus: »Das Alte und Morsche, die Monarchie ist zusammengebrochen. Es lebe das Neue, es lebe die deutsche Republik!« Der Kommunist Karl Liebknecht verkündete wenig später vom Stadtschloss aus die sozialistische Republik. Revolution, Straßenkämpfe. Dann 1919 die parlamentarische Verfassung in Weimar.

Wunsiedel und Wackenhorst planten drei Jahre später den größten Coup ihrer Karriere. Mit einem gewaltigen Ruck wollten sie heraus aus dem Dreck.

»Ich will ausgesorgt haben«, sagte Wunsiedel und packte ein medizinisches Gerät aus.

»Was soll denn das sein?«, fragte Wackenhorst misstrauisch.

»Siehst du doch. Noch nie beim Arzt gewesen?«, gab Wunsiedel zur Antwort.

»Ein Stethoskop? Spinnst du jetzt?«

»Jawohl, mein Herr, ein Stethoskop. Verfeinerung der Einbruchstechnik nennt man das. Hast du doch immer gewollt.«

»Aber doch nicht mit einem solchen Ding.«

»Wirst schon sehen.«

Sie hatten eine Villa im Frankfurter Westen in Beobachtung. Noch stand nicht fest, ob sie hier einsteigen würden. Sie wussten bereits, dass die Bewohner, Herr und Frau Dr. Bultenbrink, verreist waren. Der Hausmeister lag im Krankenhaus mit einer Blinddarmentzündung. Seine Frau konnte man notfalls an der Nase herumführen. Gegen Hunde hatten sie bewährte Mittel.

Tagelang hatten sie das Haus beobachtet. Sie hatten Nachbarn befragt, verkleidet als Boten und Handwerker; es war nicht einfach gewesen. Die Herrschaften waren auf längerer Reise in den USA, Verwandtenbesuch, Knüpfen von geschäftlichen Verbindungen. Die beiden Halunken waren sich immer sicherer geworden, dass diese Villa das richtige Ziel war.

Dann das entscheidende Ereignis: Ein schicker Wagen kam vorgefahren mit einem eleganten Paar darin und der Herr war ausgestiegen und hatte geläutet. Wackenhorst hatte zufällig hinter einer Hecke gestanden, den Eingangsbereich im Blickfeld. Bevor der Herr wieder in den Wagen stieg, kam Wackenhorst eilig den Weg entlang. Er konnte als Bedienter aus der Nachbarschaft gelten.

»Keine Zeit, mein Herr«, rief er auf die Frage nach Familie Bultenbrink, blieb aber doch stehen. »Wenn's nicht lange dauert, mein Herr«, sagte er und qualifizierte sich mit dem doppelten »mein Herr« endgültig zum Herrschaftsdiener.

»Herr Dr. Bultenbrink«, wurde er gefragt, »ist er für längere Zeit außer Hauses? Wissen Sie etwas Näheres?«

»Tut mir leid, mein Herr«, angedeutete Verbeugung, »verreist. Wohin und wann die Herrschaften zurück sind, damit kann ich leider nicht dienen. Ich bin da drüben Hausmeister.« Undeutliches Zeigen in eine unklare Richtung.

»Verreist, so –«

»Franz«, tönte eine Frauenstimme aus dem Wagen, »was ist denn, soll ich die Pelze nun herausnehmen oder nicht?«

»Kommen wir eben ein anderes Mal. Muss ein Irrtum sein.«

Wackenhorst machte eine Verbeugung ins Leere. Der Herr kehrte zum Wagen zurück und stieg ein. Und jetzt das Entscheidende: Die Stimme der Dame war noch hörbar gewesen. Ganz unelegant: »Mist, die bezahlen immer in Gold.«

Das war ausschlaggebend. Der Einbruch musste gemacht werden. Wechsel der Arbeitsmethode – Schwerpunkt der Tresor. Daher das Stethoskop, dessen Wirksamkeit Wackenhorst sich hatte erklären lassen.

So machten sie sich im November 1922 in einer Nacht von Samstag auf Sonntag auf den Weg. Novembernacht, Nebel, Nässe, Geruch nach Fäulnis und Vergänglichkeit. Manchmal fuhr im Licht der Gaslaternen wie eine Sternschnuppe eines der seltenen Automobile vorüber. Sie schauten ihm jedes Mal nach.

Die drei Hunde in ihrem Zwinger wurden mit präparierten Steaks beruhigt. Die Frau des blinddarmkranken Hausmeisters wohnte in einem Nebenhäuschen und schlief offenbar wie ein Stein.

Auch der Einstieg verlief ohne Probleme. Aufschneiden und Zerbrechen eines Fensters, fast geräuschlos, nur ein feines Knacken. Dann die Wohnung im gedämpften Strahl der Taschenlampe, zum Fenster hin abgedeckt. Riesige, fast wandgroße Bilder, gewaltige geschnitzte Möbel.

Wackenhorst schimpfte: »Haben wir denn einen Lastwagen?«

Aber ging es denn um Kunst! In einem büroartigen Raum stand breit der Panzerschrank. Sie hatten einen Wandsafe erwartet.

»Ein Wandsafe wäre zu klein für unsere Beute«, sagte Wunsiedel atemlos. Er setzte das Stethoskop an: »Hau ab, ich brauche Ruhe.«

Wackenhorst sah sich um. Die großen Ölgemälde zeigten meist Schiffe oder Fischer an südlichen Küsten. Messingschilder verrieten, dass der Maler Gustav Schönleber hieß. Er war sehr bekannt, einer der teuersten Maler in Deutschland; dennoch: Die drei oder vier Bilder kleineren Formats von ihm, die sie in anderen Villen schon gestohlen hatten, waren in Frankreich preislich hinter den Erwartungen zurückgeblieben.

Ein kleinformatiges Ölbild trug auf seinem Messingschild den Namen Wilhelm Busch. Nicht schlecht, überlegte Wackenhorst. Ebenso ein zweites Bild von kleinem Format, diesmal von Adolph Menzel. Beide Bilder waren in der Öffentlichkeit unbekannt; sie waren also gut absetzbar und würden fantastische Preise erzielen, von denen der Hehler ihnen aber nur einen lächerlich geringen Anteil geben würde: »Risiko!«, würde er jammern, »je bekannter der Künstler –«

Ein sehr großes Bild im Marmortreppenhaus: Reiter auf einem Waldweg, Schatten und viel Sonne. Der berühmte Max Liebermann, dachte Wackenhorst fasziniert. Leider zu groß.

Seine Schritte wurden gedämpft von riesenhaften Orientteppichen, an deren Mitnahme so wenig zu denken war wie bei den Möbeln.

Halblautes Hurra. Die Türe des Panzerschranks war offen.

»Beim Bewegen der Zahlenkombinationen«, sagte Wunsiedel leise mit der Stimme eines Fachmanns, »hörst du mit dem Stethoskop die Riegel des Schlosses fallen wie die Schläge eines Herzens. Können wir beim nächsten Mal wieder so machen.«

Goldene Zeiten!

Jawohl, da lag es! Gold, Gold, Gold! In kleinen Stapeln aufeinandergetürmt. Gold in kleinen Barren, die schwer in der Hand wogen.

»Warum bringt der Kerl es nicht auf die Bank?«, fragte Wunsiedel.

Wackenhorst schwieg.

Aber das war nicht alles: Das Gold lag im unteren Fach hinten, wo man nicht leicht hinlangte. Im oberen Fach des Panzerschranks lagen Papierstapel: Aktien!

Sie durchblätterten sie: Krupp, Blohm und Voss und viele, viele andere. In einigen Schatullen und Etuis befand sich kostbarer Schmuck.

»Der Schmuck bleibt hier!«, entschied Wackenhorst. »Ist auch so genug – kein Risiko, bitte.« Die Gemälde von Wilhelm Busch und Adolph Menzel waren vergessen.

Wackenhorst und Wunsiedel teilten gerecht. Gleicher Anteil an Gold, gleicher Anteil an Aktien.

»Nimm du die Aktien, davon verstehe ich nichts«, sagte Wunsiedel und schob sein Paket hinüber.

»Du hast den Tresor aufgemacht, nichts da. Nimm deinen Anteil, du hast ihn dir verdient!«

Er wird sowieso mein, dachte er.

Hände voll Gold: Kaufen, kaufen, mehr fiel Klaus Wunsiedel nicht ein. Mit Gold konnte man alles kaufen, was es gab, und es gab vieles – sündhaft teuren Luxus, denn es gab sündhaft reiche Menschen. Und es gab noch mehr deutsche Tresore mit solchen Inhalten. Aber nicht sehr viele.

Er ging wie betrunken durch die Zeil in Frankfurt und betrachtete die Schaufenster. Gehört alles mir, dachte er immer wieder. Ausgesorgt!, ging es ihm durch den Kopf, unfassbar: ausgesorgt, ausgesorgt.

Nie mehr einen Einbruch! Das beschlossen sie – ausgesorgt.

Die Polizei? Die Öffentlichkeit hatte andere Dinge im Kopf als Einbruchdiebstähle. Den Reichen gönnte man solche Aderlässe in einem Meer aus Not, Hunger, Arbeitslosigkeit, vom Krieg verkrüppelten Menschen. Die Preise stiegen und stiegen. Die Kriminalitätsrate war hoch. Es wurde lasch ermittelt, die Täter des Einbruchs in der Villa Bultenbrink in Frankfurt West wurden zu Lasten einer Einbruchsversicherung, die sich heftig, aber erfolglos wehrte, nie gefasst.

So konnten sich die beiden Gauner ihres neuen Reichtums erfreuen. Ausgesorgt.

Das war im November 1922 geschehen.

Immer wieder hatte Wunsiedel Wackenhorst fast händeringend angefleht, ihn von seinem Aktienpaket zu befreien: »Was soll ich denn damit?«

Wackenhorst blieb seltsam verschlossen. Er studierte Wirtschaftszeitungen, las Börsenkurse und verglich Bilanzen und Entwicklungen. Er malte Kurven und zerknüllte das Papier anschließend. Wunsiedel bekam nichts davon zu Gesicht. Wackenhorst selbst entledigte sich eines Großteils seiner Aktien konsequent und streng nach einem Plan. Das heißt, er verkaufte nur bestimmte Aktien, wofür er sich strenge Kriterien erstellt hatte. »Was soll ich mit deinen Aktien?«, sagte er zu Wunsiedel, »es sind deine Aktien. Ich habe genug Sorgen mit den meinen.«

So saß Wunsiedel auf seinen Aktien als einem riesigen Besitz, über den er so viel verfügen konnte wie das deutsche Reich über seine im Krieg verlorenen Kolonien.

Das Gold freilich war wunderbar: Er hatte schon immer einen Hang zur Eleganz gehabt. Hüte, Anzüge, teure Hemden, Manschettenknöpfe mit Brillanten, zwei Golduhren, von denen die eine aber nur dem Preis nach aus Gold war, drei seidene Morgenmäntel und so weiter. Er fuhr bald ein wunderbares Auto und schaute auf die Fußgänger herab. Es fand sich auch rasch eine Dame namens Georgette mit Pagenschnitt, sehr roten Lippen, sehr kurzem Charlestonkleid und Seidenstrümpfen, die ihm die Zeit des Nichtstuns vertrieb und seine Brieftasche mit ausgedehnten Käufen von Schmuck und Kleidern schmälerte.

Ob sie wirklich Georgette hieß, sei dahingestellt.

Ausgesorgt, das war sein tägliches oder stündliches Zauberwort. Es ging so viel Sicherheit aus von diesem Wort! Man konnte sich darin verkriechen wie in eine Hundhütte. Sein Gold hatte er gehortet.

Aber mit Gold, und sei es auch noch so schwer und gelb, kann man schlecht in Geschäfte gehen und einkaufen, wenn sie auch noch so vornehm waren. Es hätte Aufsehen erregt. Zwar wäre jeder Ladenbesitzer der glücklichste Mensch gewesen. Aber Aufsehen erregen und sei es auch nur die Aufmerksamkeit eines Ladenpersonals, das musste vermieden werden, ehernes Diebsgesetz.

Die Banken aber nahmen sein Gold zum Umtausch in Geldscheine, ohne zu fragen. Die Miene des Personals bis hinauf zum Bankdirektor leuchtete von gutem Willen, die Wünsche des Bargeldsuchenden zu erfüllen. Wo früher Gold ausbezahlt wurde, wenn man einen Papierschein vorlegte, war es jetzt umgekehrt: Für Gold erhielt Wunsiedel Papier, immer mehr Papier mit immer größeren Zahlen darauf. Eine dicke Brieftasche aber war für Wunsiedel das Schönste: Geld in Massen, Geld zum Ausgeben und Angeben. Die Zahlen auf den Geldscheinen waren berauschend: hundert Mark, tausend Mark. Das Geld sah fast noch so aus wie vor dem Krieg: ausgesorgt.

Wackenhorst sah dem allen lächelnd zu. Ab und zu erkundigte er sich, wie es mit dem Gold stehe. Oft kam es vor, dass die Banken geschlossen hatten und Wunsiedel knapp bei Kasse war, der viele nächtliche Orte zum Geldausgeben entdeckt hatte, auch das Reich des Spiels. Ausgesorgt, sagte er, wenn die Kugel auf Schwarz rollte, wenn er auf Schwarz gesetzt hatte. Wackenhorst half immer gerne, wenn Wunsiedel knapp bei Bargeld war.

»Zum Glück habe ich gestern Bares geholt«, sagte er, »das kannst du haben. Ich habe heute nichts mehr vor. Glückspilz, du bekommst heute mehr als gestern, der Goldkurs ist wieder gestiegen.«

So lagen viele Bündel von Geld unter Wunsiedels Bett, denn es war praktischer, große Mengen Bargeld zur Verfügung zu haben, als ständig auf die Bank zu gehen oder dem Freund lästig zu fallen. Ein riesiger Packen Geld. Ausgesorgt!

Es kam der Januar 1923. In den Zeitungen las man von der Ruhrbesetzung durch die französische Armee. Die Artikel stimmten ein in das allgemeine Jammern. Und das Unglück ging weiter, monatelang: Demonstrationen, Aufläufe, Streiks, Generalstreiks, fehlende Ressourcen, Firmenzusammenbrüche, Massenentlassungen, Massenarbeitslosigkeit.

Wackenhorst wusste sogleich, seine Zeit war gekommen. Er war nun gespannt wie ein Flitzebogen. Er saß über seinen Wirtschaftsblättern.

Das Leben änderte sich. Ein Frühstücksei, das 1912 ganze 7 Pfennig gekostet hatte, war am 6. Mai 1923 um nicht weniger als 923 Mark zu haben. Das ist ungewöhnlich viel Geld für ein Frühstücksei. Aber im Laufe des Monats August stieg der Preis auf 177 500 Mark. Wunsiedel war verwundert, es fiel ihm nicht schwer, die immer größeren Summen aufzubringen, denn mit der Teuerung stiegen die aufgedruckten Werte auf den Banknoten. Jeder hatte plötzlich viel Geld in der Tasche, Hunderter, Tausender, Zehntausender, Hunderttausender.

Längst wurden Münzen gehortet, da der Metallwert höher lag als der angegebene Geldwert. Das galt natürlich besonders für Goldmünzen, aber wer hatte noch Goldmünzen? Auch Silbermünzen gerieten nicht mehr in Umlauf.

Aber auf einmal konnte Wunsiedel bestimmte Dinge, die sein

Leben verschönerten, nicht mehr mit Papiergeld bezahlen, keinen Champagner oder Schmuck. Die Schaufenster leerten sich. Auf Schwarzmärkten wurden Gold oder Juwelen verlangt. Hätte er nach Gebäuden oder Grundstücken gefragt, wäre er ebenfalls auf Gold verwiesen worden. Noch wären manche seiner Aktien Sicherheiten gewesen, aber das wusste er nicht.

Wackenhorst, der im Glück schwamm und täglich Grundstücke und Gebäude erwarb, hatte sein Gold in Bankdepots und bekam Kredit und konnte die Immobilien auch noch beleihen und unerhörte Schulden machen und kaufen, kaufen, kaufen. Die Grundstückspreise verfielen. Das Angebot erhöhte sich dramatisch, denn das wachsende Elend zwang die Menschen, ihre Immobilien zu veräußern.

Das Geld in den Lohntüten der Arbeiter und Angestellten hielt mit der rasend voranschreitenden Entwertung nicht Schritt. Der Reallohn sank immer tiefer, die Not der Menschen stieg.

»Millionär, alle sind auf einmal Millionär. Aber was hat man davon?«, wunderte sich Wunsiedel.

Seine Geliebte war teuer. Teuer war zum Beispiel der große Smaragd gewesen, den sie an einem Band um die Stirne trug, teuer war die endlose Perlenkette um ihren Hals, die ihr auf den nackten Rücken fiel: ausgesorgt. Auch Georgette flüsterte heimlich das Wort: ausgesorgt. Das letzte Gold verschwand.

Wackenhorst hatte Gold. Als guter Freund bot er es sogleich an: »Ich gebe dir Gold, ich kaufe dir einfach deine Aktien ab, mit denen kannst du ohnehin nichts anfangen.«

»Das finde ich unglaublich nett von dir«, meinte Wunsiedel, »dass du mir für meine Aktien Gold geben willst; das ist echte Freundschaft. Dass du das Zeug aufbewahrst, habe ich nie begriffen. Die Aktien hättest du längst haben können.«

Jetzt ist es aber besser, dachte Wackenhorst, viel, viel besser.

Sie betrachteten gemeinsam die Kurswerte. Viele Aktien waren gänzlich wertlos geworden. Andere wieder waren jetzt Milliarden wert. Aber was bedeutete eine Milliarde, wenn ein Frühstücksei Hunderttausende kostete? So bekam Wunsiedel sehr wenig Gold für seine Aktien.

»An mir liegt es nicht, Pech«, entschuldigte sich Wackenhorst.

»Weiß ich doch.«

Wackenhorst zuckte die Schulter.

Er sagte Wunsiedel nicht, dass der Wert vieler Aktien, die er ihm jetzt so billig verkauft hatte, steigen würde, wenn sich die Wirtschaft erholte. Er sagte ihm nicht, dass eine am Boden liegende Wirtschaft in einem hoch industrialisierten Land die größten Chancen auf hohe und gewinnbringende Wachstumsraten hatte.

Ein gewaltiger Herbststurm fegte über Deutschland hinweg: Arbeitslosigkeit, Hunger, Aufstände in Sachsen und Thüringen, Straßenkämpfe in Hamburg, Aufstände in der Pfalz und im Rheinland, wo die Separatisten für den Anschluss an Frankreich waren und in Aachen eine eigene Republik ausriefen. In München versuchten Rechtsradikale, eine Diktatur zu errichten; dann kam ein arbeitsscheuer Mensch namens Adolf Hitler, der am 9. November mit einem Putsch, der als Marsch auf die Feldherrnhalle in die Geschichte eingegangen ist, die Macht im Reich an sich zu reißen versuchte.

Der Wert des Geldes brach vollständig zusammen: Das Frühstücksei kostete Mitte September bereits 2,1 Millionen Mark. Mitte Oktober stieg der Preis auf 227 Millionen und erreichte am 3. Dezember unfassliche 320 Milliarden.

Wer noch Arbeit hatte und Lohn bekam, wurde oft mehrfach am Tag ausbezahlt, immer größere Scheine und immer wertlosere. Briefe waren oft mit abenteuerlich hohen Summen von Briefmarken zugepflastert, weil das Porto während des Frankierens oder auf dem Weg zum Briefkasten in atemlose Höhen kletterte. Jedermann versuchte, Bargeld möglichst schnell in Sachwerte umzutauschen. Ladenöffnungszeiten richteten sich nach den Bekanntgabeterminen für aktuelle Wechselkurse. In Restaurants verdoppelte sich oft die Zeche während der Einnahme des Mahls. Pfarrer hielten den Gläubigen für die Kollekte nach den Gottesdiensten einen Wäschekorb hin. Im November 1923 ließ die Reichsbank die höchste Banknote drucken, die es in Deutschland jemals gab: Sie lautete auf 100 000 000 000 000, das sind 100 Billionen Mark, wofür man sich nicht ganz 300 Frühstückseier kaufen konnte, kaum den Ertrag von zwei Hühnern in einem Jahr.

Der Wert des Geld verfiel rascher, als es gedruckt werden konnte. Allerorten fehlte es nun an Geldscheinen. Viele Gemeinden druckten Notgeld.

Wackenhorst und Wunsiedel waren längst Milliardäre. Aber wer war kein Milliardär? Ausgesorgt?

Es war der neue Reichskanzler Gustav Stresemann, der das Katastrophenjahr 1923 mit einer Währungsreform beendete, in der das Geld wieder auf vernünftige Zahlen zurückgeführt wurde. Allerdings bekam es seinen alten Wert nicht wieder. Wer hundert Milliarden Mark hatte, behielt davon gerade mal zehn Pfennig und war, wenn er sonst nichts hatte, zum Bettler geworden. Millionen von Sparbüchern, erspart oft in Generationen, besaßen nur noch ihren Brennwert im Ofen.

Das Frühstücksei kostete wieder unter zehn Pfennig.

Wunsiedel traf es hart. Das bisschen Gold aus dem Verkauf der Aktien war längst weg – die ganze Beute war weg. Das Wort ausgesorgt hatte ihn betrogen.

Viele der Aktien, die sein Kumpan Wackenhorst für billiges Geld aufgekauft hatte, wenn auch billiges Geld in Gold, waren noch nichts wert. Aber die meisten erholten sich bereits im folgenden Jahr mit zunehmender Wirtschaftskraft durch Kapitalzuflüsse aus den USA schwungvoll. Wackenhorst hatte nur einen kleineren Teil seines Goldes ausgegeben. Er konnte weitere Aktien kaufen und noch mehr Grundstücke. Seine riesigen Schulden aber schwanden mit jeder Mark, um die der Wert des Geldes sank. Denn was Schulden anbelangte, galt: Wer vor der Inflation hunderttausend Mark Schulden gehabt hatte, dessen Schuldenhöhe war mit der Entwertung des Geldes wie durch Zauberei auf den zehntausendsten Teil eines Pfennigs geschrumpft. Der Gläubiger konnte verhungern.

Schlagzeilen: Vertrag von Locarno 1925, Aufnahme Deutschlands in den Völkerbund 1926, Friedensnobelpreis für den deutschen Reichskanzler Gustav Stresemann im selben Jahr, Deutschland wieder Teil der Völkerfamilie, wachsender Kapitalzufluss aus den USA, steigende Konjunktur.

Wackenhorst war schuldenfrei und hatte dicke Aktienpakete, ihm gehörten Grundstücke, die teures Bauland werden würden, ganze Stadtviertel nannte er sein Eigen. Er kaufte sich in der Nähe der Villa Bultenbrink eine sehr schöne Prachtvilla im Jugendstil, ihm selbst und seinen Kunstsammlungen gewidmet. Er war gern gesehener Gast bei den Bultenbrinks und bewunderte die Werke an den Wänden, die er mit seinem Kumpan damals nicht hatte abtransportieren können, oder die sie, trunken vor Glück, hatten hängen lassen. Er wurde hochgeehrter Mäzen junger Talente und ein angesehenes Mitglied in verschiedenen Clubs: Reiten, Golfen, Tennis, Automobil und so weiter. Er hatte in diesen goldenen Jahren verschiedene Affären mit Frauen, besaß aber so viel Verstand, dass er sich nicht zu eng an eine Georgette band.

Wackenhorst und Wunsiedel verloren sich bald nach 1923 aus den Augen. Wunsiedel setzte zwar noch einige Zeit lang Hoffnung auf Wackenhorst. Aber der wich ihm aus. Das ging umso leichter, weil sich ihre Lebensbereiche nun so gänzlich voneinander geschieden hatten.

Wunsiedel verarmte völlig. Er schloss sich in einer Herberge für Obdachlose einem jungen Mann an, der ihn zu den Suppenküchen der SA, den Schlägertrupps der Nazis, brachte. Ihr Parteiredner Adolf Hitler war in aller Munde und er war in allen Dingen derselben Meinung wie Wunsiedel: Die Juden hatten das deutsche Volk und auch Wunsiedel betrogen und um seinen Reichtum gebracht, die Demokraten waren schuld mit ihrem Geschwätz, die Politiker waren schuld mit ihrer Erfüllungspolitik, das Ausland war schuld, die Sozialisten waren schuld, die Kommunisten waren schuld.

Wunsiedel trat in die NSDAP ein. Er war sehr eifrig und ein Parteiamt wurde ihm in Aussicht gestellt. Das Wort »ausgesorgt« begann in seinem Kopf wieder zu schnurren und die Krallen auszustrecken.

Aber der geliebte Führer machte Krieg. Wunsiedel starb als Blockwart am 22. März 1944 bei dem großen Fliegerangriff auf die Frankfurter Innenstadt und hatte endgültig ausgesorgt. Wackenhorst verlor seine Prachtvilla ebenso wie seine Mietskasernen durch Bomben; seine Kunstsammlungen verbrannten. Er überlebte den Krieg – aber seine Aktien waren wertlos geworden.

Es sah aus, als hätte Wunsiedel noch vom Grabe aus Rache genommen.

GEORG ELSER

Die Erfolglosigkeit des Widerstands im Dritten Reich gehört zu den bedrückendsten Vorgängen in der Geschichte. Es fehlte nicht an Überzeugungen, es fehlte nicht an Mut oder Männern, die bereit waren, ihr Leben zu riskieren. Man weiß, dass es mindestens neununddreißig Versuche gab, Hitler zu töten. Es gab den Widerstand der Kommunisten, die »Rote Kapelle«, es gab Widerstand bis hinein in die KZs. Flugblattaktionen, Sabotage, Brandanschläge, Exilsender wie der Sender der »Europäischen Revolution« in London und vieles mehr.
Es gab den Widerstand der Sozialdemokraten, der sich in Organisationen manifestierte wie »Reichsbanner Schwarz-Rot-Gold«, »Eiserne Front«, »sozialistische Front«. Es gab den Widerstand von Gewerkschaften.

Es gab den Widerstand von Jugendlichen, wie die Flugblattaktionen der Gruppe der »Weißen Rose« um die Geschwister Hans Scholl und Sofie Scholl, Christoph Probst, Willy Graf, Alexander Schmorell; es gab Widerstand aus der bündischen Jugend: die »Edelweißpiraten« in Köln, die »dj. 1. 11.«, von der die Geschwister Scholl ursprünglich herkamen, und von denen Einzelne einen Anschlag auf das Reichsparteitagsgelände planten.
Es gab den bürgerlichen Widerstand in Gruppen wie dem »Kreisauer Kreis« mit den Führungspersönlichkeiten Helmuth James Graf von Moltke und Peter Graf Yorck von Wartenburg, der sich mit Zukunftsentwürfen eines demokratischen Deutschlands beschäftigte und aus dem viele mit den Attentätern vom 20. Juli verbunden waren.
Es gab Widerstand aus den Kirchen beider Konfessionen. Bonhoeffer ist ein Name unter vielen aus der evangelischen Kirche, Kardinal Graf von Galen mag für die große Schar Katholiken stehen, die Widerstand leisteten.
Es gab Widerstand innerhalb der Wehrmacht, Witzleben, Beck, Halder, Stauffenberg sind die Namen für Hunderte, die am 20. Juli 1944 beteiligt waren, auch für Hunderte von Opfern.
Die Herrschaft Hitlers wurde nicht von allen hingenommen oder gar bejubelt. Dennoch blieb jedwedem Widerstand der Erfolg völlig versagt.
In unserer Geschichte ist die Rede von Georg Johannes Elser, der keiner Gruppe angehörte, der alles alleine machte, und dessen Scheitern mit seinen grauenhaften Folgen den Sinn der Menschheitsgeschichte wie kaum etwas Zweites infrage stellt.
Es brauchte lange, bis die Leistung dieses Mannes Anerkennung fand. Zu unfassbar war, dass ein einzelner Mensch sie vollbracht haben sollte.

Georg Elser kannte die Stadt auch im Nebel, in die ihn vor wenigen Minuten die Bahn gebracht hatte. Dennoch war für ihn kaum zu erkennen, wo er stand. Die Straßenlaternen formten nur einen dünnen Lichtkreis, der das Dunkel der Gassen und Straßen nicht durchdringen konnte. Häuser waren formlose Schatten.

Vom See her kam ein kalter Luftzug und kroch unter den Mantel. Elser war in Sorge um den Erfolg. Er hatte nach bestem Können gehandelt. Er war gründlich, fleißig und genau. Er hatte gelernt, die Präzision von Uhrwerken, die er sich vertraut gemacht hatte, im Großen anzuwenden. Aber was man auch anstrebt, zum Erfolg gehört das Glück.

Vor einigen Jahren hatte Georg Elser hier in Konstanz gearbeitet. Er kannte die Stadt. Er wusste, es war nicht weit bis zur Grenze, von der an er in Sicherheit wäre. Aber es ging ihm kaum noch um seine eigene Sicherheit. Er hatte mühsam gelernt, Stück für Stück, Schritt für Schritt sein Leben gering zu achten, weitaus geringer als das große Ziel, das er seit über einem Jahr verfolgte. Es ging ihm um das Leben von Millionen!

Er war ein Mann der Tat, wie man so schön sagt. Aber er war ein nachdenklicher und zaudernder Mensch, der sein Ziel freilich mit starrer Zähigkeit und unerschöpflicher Ausdauer verfolgte.

Er dachte zurück an seine Kindheit in Königsbronn auf der Ostalb, einem rauen und unwirtlichen Teil der Schwäbischen Alb, wo aus den Feldern vor der Ernte die Disteln gestochen und nach jedem Pflügen die Steine gelesen werden mussten. Die Felder lagen zwischen Hängen harten Grases auf dünnem Boden, durch den weiße Kalksteine drangen wie Zähne und auf dem schwarze Wacholdersäulen wuchsen wie auf Friedhöfen.

An das Dorf Hermaringen hatte er keine Erinnerung mehr. Dort war er am 4. Januar 1903 geboren worden, ein Winterkind. Die Familie war bald nach seiner Geburt in das nahe gelegene Königsbronn umgezogen, wo sein Vater ein kleines landwirtschaftliches Anwesen besaß. Georg hatte fünf Geschwister, von denen eines noch im ersten Lebensjahr starb. Sein Vater war Holzhändler und daneben auch Landwirt, ein Mann von kargem Wesen wie vieles da oben; nach einigen Jahren der Ehe begann er zu streiten und zu trinken und schlug zuerst seine Kühe, dann seine Kinder – Georg war der Älteste – und verschonte schließlich auch seine Frau nicht.

Georg hatte eine sehr harte Kindheit.

Für Georg begann nach der Schule eine Lehrzeit als Eisendreher in einem Hüttenwerk, die er aber aus gesundheitlichen Gründen abbrechen musste. Stattdessen erlernte er den Beruf des Schreiners; beide Lehren waren ihm später zu seinem Lebensziel dienlich, obwohl er sein Ziel damals noch nicht kannte.

Als Adolf Hitler am 30. Januar 1933 an die Macht kam, war Georg Elser gerade dreißig Jahre alt geworden. Noch immer war er ein Wintermensch auch im Äußeren, hager, ernst, knochig, dabei klein und schmächtig. Unauffällig, eigenbrötlerisch. Er hatte einen instinktiven Widerwillen gegen jede Form von Tyrannei, möglicherweise weil sein Vater Frau und Kinder geprügelt hatte. Georg Elser fiel immer wieder auf, weil er nicht mit dem Hitlergruß grüßte, sondern mit »Grüß Gott«, wie es im Schwäbischen seither üblich gewesen war, und einem Gesicht, als kenne er es nicht anders. Er wurde verwarnt, vom Lehrer, von der Polizei, vom Ortsgruppenleiter.

Er liebte einsame Spaziergänge und galt als Sinnierer. Seine Gesellenprüfung im Jahre 1922 schloss er als Jahrgangsbester ab. Er fand Zugang zum kommunistischen Rotkämpferbund, in dem er politische Vorsicht und Kritik lernte, in dessen engem Denken er aber nicht heimisch wurde. Georg Elser tat sich schwer, heimisch zu werden. Er kaufte sich eine Zither, lernte sie spielen und trat gelegentlich mit Tanzgruppen auf. Er schloss sich auch Vereinen an, blieb aber im Grunde immer allein.

Mit seiner Freundin hatte er einen Sohn. Sie heirateten nicht, sondern trennten sich bald wieder.

Seine Wanderungen als Schreinergeselle hatten ihn auch nach Konstanz geführt.

Hier in Konstanz ging er nun am 8. November 1939 gegen neun Uhr durch den Nebel, zu einer Zeit, in der die Bauern in Königsbronn schon im Bett lagen. Vier Jahre hatte er in Konstanz in einer Uhrenfabrik gearbeitet und dort die Präzision gelernt, die seine Tat auszeichnen sollte.

Hörte er auf der gegenüberliegenden Straßenseite Schritte? Er versuchte vergebens, das Dunkel zu durchdringen, den milchigen Hof um die Laternen, die Schwärze, die Häuser und Innenhöfe erahnen ließ. Dazwischen trübe Bahnen von Licht aus Fenstern. Die Schritte schienen ihn zu begleiten.

Elser hatte nicht mehr weit. Die Schweizer Grenze liegt nah, wenn man sie vom Konstanzer Bahnhof aus erreichen will. Alles war tausendmal durchdacht, tausendmal durchplant: Der Erfolg der Bombe im Münchner Bürgerbräukeller, die Hitler töten sollte, war abhängig von Feder, Unruh und Achsenverbindungen, fein gesponnen wie Spinngewebe, Frucht ungezählter Stunden, in denen er mit einer Lupe vor den Augen wie ein Uhrmacher seine Arbeiten ausgeführt hatte. Auch die abgebrochene Lehre als Eisendreher hatte ihm geholfen, kleinste Teilchen mussten gedreht und geschliffen werden.

Ebenfalls geholfen hatte die Anstellung in einer Armaturenfabrik 1936 in Heidenheim. Die Werkstücke, an denen er arbeitete, waren auffällig grob. Elser fragte, was und wofür das sei.

Der Meister zögerte mit der Antwort.

Doch die Kollegen lachten. »Armaturen, siehst du doch.«

»Armaturen sind Präzisionsinstrumente. Wozu braucht man das grobe Zeug, das wir herstellen?«

»Was geht es dich an, sei froh, dass du jede Woche deine Lohntüte hast.«

»Geheime Reichssache«, der Kollege grinste.

»Schluss jetzt«, sagte der Meister mit rotem Kopf, »habt ihr nichts zu tun?«

»Geheime Reichssache?«, beharrte Elser während der Mittagspause.

»Rüstung, du Idiot, siehst du doch, weiß jeder, und jetzt halt dein Maul. Geht niemanden etwas an. Zum Beispiel hört es ein Jude, schon ist es geschehen –«

»Was ist geschehen?«

»Na, das Ausland, stell dich nicht blöder an, als du bist.«

»Das Ausland?«

»Die Juden, die Verräter und das Ausland, weiß doch jeder.«

»Und die Armaturen? Für Panzer?«

»Gutes Geschäft für den Chef, sehr gutes Geschäft. Ja, für Panzer, Rüstung, wichtig, sehr wichtig. Und, aufgepasst, streng geheim. Geht keinen etwas an, noch einmal: vor allem nicht die Juden.«

Ein älterer Arbeiter ergänzte: »Es gibt hier auch eine noch geheimere Abteilung, in der Munition hergestellt wird, mit Pulver und so. Nur damit du weißt, dass du hier Verantwortung hast, sehr große Verantwortung!«

Das Wort Verantwortung tönte in Georg Elser nach. Für ihn verwandelten sich die Metallteile, an denen er bohrte und fräste, feilte und schliff, in monströses Zubehör von Mordinstrumenten, Panzer bis zum Horizont.

Die Schritte von vorhin waren nicht mehr zu hören. War der stumme Begleiter stehen geblieben? Oder in einen Hausflur getreten. Elser merkte plötzlich, dass er selbst auch stehen geblieben war. Mit Juden hatte er wenig zu tun gehabt. Er kannte einige Viehhändler, auch einen jüdischen Arzt hatte es gegeben. Die Leute waren gerne in seine Praxis gegangen. Aber die war nun geschlossen.

Elser hatte die Aufmärsche der SA, der Hitlerjungen und der Partei vor Augen. Er las in den Zeitungen von den Verbesserungen, die das Dritte Reich auf allen Gebieten schuf, und stellte fest, dass sich sein Lohn um fast die Hälfte verringerte. Er nahm den zunehmenden Druck wahr, den die Partei auf die Überzeugungen der Menschen ausübte. Elser war kein sehr gläubiger Mensch, aber er empfand es als Schande, dass die Jugend gegen die Religion erzogen wurde. Er stellte immer mehr Widersprüche fest zwischen den Reden der Partei und der Wirklichkeit, wie er sie erlebte.

Am 8. und 9. November 1938 besuchte er in München die Feiern zum Gedenken an die Opfer des Hitlerputsches von 1923. Es war eine Zeit, in der vor dem Münchner Abkommen, mit dem das Sudetenland von der Tschechoslowakei abgetrennt und an Deutschland angeschlossen wurde, der Krieg förmlich in der Luft lag.

Er erlebte, eingekeilt in jubelnde und rührselige Massen, die gewaltigen Inszenierungen mit Fackeln, Aufmärschen, schwarz umrandeten Fahnen, Liedern, pompösen Stelen, Ehrenwachen, theatralischer Verlesung der Liste der Toten. Er hörte die Reden von

Blut und Ehre, von Tod und Gemeinschaft, von Opfer und Volk. Es widerte ihn an wie eine schlechte Theateraufführung. Er erlebte, wie Menschen zusammenbrachen vor Begeisterung, wie Hitler es verstand, das Denken der Menschen auszuschalten, die dann besinnungslos »Sieg Heil« brüllten und versuchten, Absperrungen zu durchbrechen, um ihrem Führer nahe zu sein.

Er merkte, wie wirkungslos diese Aufmärsche für jemanden blieben, der sich von der Begeisterung nicht anstecken ließ.

Am Abend tönte Hitler im Bürgerbräukeller. Elser wusste: Der Mann macht Krieg, er will Krieg, trotz aller Beteuerungen des Friedens. Er ist kein Mensch, der den Frieden liebt: Da ist seine ständige Hetze gegen die Juden. Da ist so vieles, was Hitler seither gemacht hat, zum Beispiel Einmarsch ins entmilitarisierte Ruhrgebiet, Einführung der durch den Versailler Vertrag verbotenen allgemeinen Wehrpflicht und diese gigantische Aufrüstung. Ein Krieg aber, das wäre kein Krieg zwischen Polen und Deutschland oder zwischen der Tschechoslowakei und Deutschland. Davon war Elser überzeugt: Der Krieg würde sich ausweiten nach England, Frankreich und Russland, er würde zu einem zweiten Weltkrieg werden mit Millionen von Toten.

Was er die Jahre vorher undeutlich gespürt hatte, drang jetzt scharf und klar in sein Bewusstsein und ließ sich nicht mehr abweisen: Er musste Hitler töten. Aber wie? Er dachte an die Rede, die Hitler im Bürgerbräukeller jeden Abend des 9. Novembers zur Erinnerung an den Putsch 1923 hielt. Hier musste er ansetzen.

Elser hatte oft gehört, wie vom Weltkrieg erzählt worden war. Stellungskrieg, die Angriffe auf feindliche Schützengräben, das Feuer aus den Maschinengewehren. Die unzähligen Toten auf beiden Seiten. Die riesigen Soldatenfriedhöfe an der Somme und an der Marne, in Flandern und um Duoaumont und Verdun.

Und er, Georg Elser, arbeitete für die Rüstung! Munition, Panzer!

Panzer machen den Krieg wieder möglich, weil es mit ihnen keinen Stellungskrieg mehr gibt. So sagten die Experten im Rundfunk und schrieben es in den Zeitungen.

Am Abend nach den Feiern des 9. November 1938 dann verprügelte Juden, brennende Synagogen überall in Deutschland.

Waren die Schritte jetzt wieder zu hören? Er hörte Gespenster. Er lächelte in den Nebel. Wer konnte denn die geringste Ahnung davon haben, dass er, Georg Elser, hier in Konstanz war? Wer konnte das geringste Interesse daran haben, dies zu wissen? Erst ab 21.20 Uhr würden sie überhaupt anfangen zu suchen, und das in ganz Deutschland! Und bestimmt nicht ihn. Niemand würde einen Georg Elser fangen wollen, nicht in München und erst recht nicht in Konstanz. Er war wie ein Sandkorn im Meer, kein harmloses, aber ein unauffindbares. Sie würden das Sandkorn suchen, aber niemand konnte wissen, dass er, Georg Elser, dieses Sandkorn war. Und wenn doch alles anders kommen würde, dann wäre er mit drei Schritten über die Grenze in der Schweiz.

Er musste von der Straße abgekommen sein. Er kannte das, wenn er in Gedanken war. Dabei war der Weg einfach; er war ihn schon oft gegangen: Bahnhofplatz – Bodanstraße – Bodanplatz – Hüetlinstraße – Kreuzlinger Straße – Grenzübergangsstelle zur Schweiz. Was den Grenzübertritt selbst betraf, da machte er sich keine Gedanken. Wenn nötig, würde ihn ein langer Satz über die Grenzlinie retten. Aber weshalb sollte es dazu kommen?

Weshalb stand er jetzt plötzlich in der Scheffelstraße – viel zu weit im Westen? Er las es kopfschüttelnd auf einem Straßenschild im Licht einer Straßenlaterne: Scheffelstraße. Schlimm war das nicht, er wusste, die Scheffelstraße mündete in die Kreuzlinger Straße. Und die führte schnurgerade über die Grenze. Aber er war so sehr gewohnt, auf die kleinste Störung zu achten, so sehr versessen darauf, dass alles, was er machte, perfekt war, dass er einen Moment lang wütend wurde auf sich. Hatte er in München auch Fehler gemacht?

Wieder und wieder, wie es schon während der Fahrt von München nach Konstanz geschehen war, ging er auf seinem Weg im Nebel jede Phase seines Plans und dessen Umsetzung durch: Nein, da war kein Fehler, alles war in höchstem Maße perfekt. Er fühlte sich einen winzigen Moment gehoben wie mit Flügeln und zog im Licht der Laterne seine Uhr heraus: Keine Stunde mehr. Er wollte über der Grenze sein, wenn das Ungeheure geschah. Aber das war nicht wichtig. Eigentlich war nichts mehr wichtig, wenn die Bombe explodiert war.

Er wusste nicht, dass keine Stunde zuvor Adolf Hitler in München gesagt hatte: »Gut, wir verlassen den Saal um neun. Veranlassen Sie das Notwendige!«

In der Armaturenfabrik hatte Elser im März 1939 gekündigt. Er ließ sich als Hilfsarbeiter im Steinbruch in Itzelberg, einem Teilort von Königsbronn anstellen: Dort war in einer gut verschlossenen Kammer Sprengstoff aufgestapelt. Er war ihm nicht sofort zugänglich, aber er fand Wege. Er mietete ein Zimmer und erzählte seiner Wirtin kalt und mit abwesendem Blick, dass er Erfinder sei und nicht gestört werden dürfe. Er umgab sich mit dem Schimmer eines Geheimnisses. Er war dann auch viele Stunden außer Haus, und kaum jemand hörte es, wenn es in den Heideflächen in Mulden und Felsenabbrüchen an Feiertagen knallte. Elser bildete sich ganz allein, ohne jede Anleitung zum Sprengmeister aus.

Wenn er nicht auf Arbeit war oder mit Dynamit experimentierte, saß der Erfinder in seiner Stube und kramte hervor, was er vor Jahren in der Uhrenfabrik gelernt hatte. Auch die Kenntnisse der Metalldreherei kamen ihm wieder zugute.

Dann begann Hitler am 1. September 1939 mit dem Überfall auf Polen den Krieg. Jetzt konnte Elser ihn nicht mehr daran hindern – sein eigentliches Ziel. Aber der Krieg würde durch ihn noch rechtzeitig beendet, bevor sich die Kampfhandlungen nach der englischen und französischen Kriegserklärung ausweiten und zum Weltkrieg werden würden.

Er stand im Nebel in Konstanz. Er würde ein Mörder sein. So nannte man es, wenn jemand Menschen tötete. Er hatte immer wieder darüber nachgedacht: Du sollst nicht töten! Er war, obwohl kein sehr religiöser Mensch, wieder öfter zum Gottesdienst gegangen, wo er seit Jahren nicht mehr gewesen war. Aber an seiner Tat wäre kein Tadel.

Dennoch: Ganz Deutschland würde ihn verfluchen. Denn in den Augen der Masse tötete er keinen blutrünstigen Kriegstreiber, sondern einen erfolgreichen Politiker, der Schluss gemacht hatte mit den Reparationen und Demütigungen Deutschlands durch die Sieger des Ersten Weltkriegs, einen Führer, in dessen Reich die Menschen Arbeit und Brot fanden; er tötete einen überragenden Diplomaten, der mit dem Anschluss Österreichs das Großdeutsche Reich geschaffen hatte, der die Sudetendeutschen heim ins Reich geholt hatte, alles ohne einen Tropfen Blut zu vergießen; einen siegreichen Feldherrn brachte er um, der Deutschland zum Sieg über Polen geführt hatte und der demnächst Frankreich und England besiegen würde. In jeder Stadt würden sie Hitlerdenkmäler bauen, Straßen und Schulen nach ihm benennen, noch in hundert Jahren wäre er der tragischste Held der deutschen Geschichte, der gottähnliche Befreier, grausam beseitigt auf dem Höhepunkt seines Wirkens.

Ihn aber, Georg Elser, würden sie kreuzigen.

Sie wussten ja nicht, was er jede Nacht vor sich sah: brennende Städte, fliehende und umherirrende Menschen, Wälder von Grabkreuzen.

Die Besucher des Bürgerbräukellers in München lauschten in diesem Augenblick gebannt der Rede ihres Führers. Er rechnete mit England ab, das angeblich einen Krieg gegen Krieg und Tyrannei führe, in Wirklichkeit aber nur gegen ihn, Adolf Hitler, weil er ihnen die Vormacht in der Welt streitig mache. Der Redner betonte wichtige Punkte und unterstrich sie wirkungsvoll mit Gebärden. Er wirkte schüchtern, nachdenklich, zögernd, überzeugt, zornig, wütend, hasserfüllt, tobend, gerührt, heldenhaft, opferbereit, voll Feuer. Und die Menschen im Saal vor ihm waren ebenfalls schüchtern, nachdenklich, zögernd, überzeugt, zornig, wütend, hasserfüllt, gerührt, heldenhaft, opferbereit, voll Feuer. Immer wieder wurde er von Heilrufen unterbrochen. Er bewies Lügen mit Halbwahrheiten, er nannte keine Gründe für seine Behauptungen, er erklärte nichts. Er zählte immer wieder auf und hämmerte es auf diese Weise den Zuhörern ein. Seine Rede gründete sich allein auf die Überzeugungen, welche die Zuhörer bereits mitbrachten. Und es gab keinen im Saal, der nicht von dem überzeugt war, was der Führer behauptete.

Hitler stand an einem hölzernen Rednerpult, hinter und über ihm erhob sich die Säule mit der Bombe und die Galerie, auf der weitere begeisterte Menschen saßen.

Elser würde Unschuldige töten!

»Für unser deutsches Volk«, rief Adolf Hitler in diesem Augenblick in München, »sind im Laufe von vielen Jahrhunderten, ja

Jahrtausenden, zahllose Millionen gefallen. Millionen anderer haben ihr Blut dafür gegeben, keiner von uns weiß, ob es ihn nicht auch trifft. Allein jeder muss wissen, dass er damit nicht mehr an Opfern bringt, als andere vor ihm auch gebracht haben und andere nach ihm einst wieder werden bringen müssen –«

Elser hörte diese Rede nicht. Aber er hatte in der Schule gehört von den Opfern, die das deutsche Volk im Laufe seiner Geschichte gebracht hatte, unzählige Opfer in unzähligen Kriegen. Doch er kannte in der deutschen Geschichte keinen einzigen, der sich geopfert hatte, damit dieses Opfern aufhörte, keinen einzigen, der sein Leben gegeben hatte – nicht dafür, dass ein Krieg gewonnen wurde, sondern einer, der sein Leben dafür gegeben hätte, dass ein Krieg gar nicht stattfand.

Es entsetzte ihn immer wieder aufs Neue, dass durch ihn, Georg Elser, Unschuldige mitgerissen würden in den Tod. Er konnte sie nicht fragen, ob sie dieses Opfer gegen den Krieg bringen wollten. Er hatte sie zum Tode verurteilen müssen. Es gab keinen anderen Weg, Millionen zu retten.

»In tieferem Sinne, denke ich, ist es keine Sünde«, sagte er später, als sie ihn verhörten, »denn es sollte ja viel größeres Blutvergießen verhindert werden.«

Der Grenzübertritt schien für ihn bisher kein Problem. Plötzlich aber trat die Furcht aus dem Nebel: Seine Grenzkarte, die er bei der Grenzkontrolle brauchte, war längst abgelaufen, schon seit 1935 war sie nicht mehr gültig. Er war weggezogen und hatte sich keine neue mehr beschafft. Aber er war oft mit der abgelaufenen Karte über die Grenze gegangen, keiner hatte genau hingeschaut. Konstanz und Kreuzlingen sind fast zusammengebaut. Es war, als ginge man auf einer Straße einfach immer weiter. Jetzt aber stiegen Ängste in ihm hoch: Wäre bei Nacht und Nebel alles anders? Würden die Grenzposten ihn schärfer kontrollieren? Würden sie ihn verhaften?

Es ist offenbar etwas anderes, wenn man im Alltag mit einer abgelaufenen Karte gedankenlos über die Grenze geht, als wenn man sich verfolgt fühlt, wenn auch zu Unrecht. Überdies nahm die Spannung zu: noch eine dreiviertel Stunde, eine halbe Stunde –

Er hätte schreien mögen. Sein Werk durfte nicht fehlschlagen! Das Wohl der Welt hing daran.

Er sah sich um. Nicht weit von hier, erinnerte er sich, war das Wessenberg'sche Erziehungsheim mit seinem ausgedehnten Garten, der direkt an die Schweizer Grenze reichte. Dieser Garten machte alles ganz einfach. Er müsste nur zwischen den Bäumen hindurchschleichen, einige Gemüse- und Blumenbeete queren und dann ein herzhafter Sprung –

Im August 1939 war er nach München in die Blumenstraße gezogen zu einer Familie Baumann, die Zimmer vermietete. Als sein Geld knapp wurde, wechselte er in ein billigeres Zimmer in der Türkenstraße. Dann begann die Arbeit.

Die Bombe sollte so angebracht werden, dass sie die Decke des Bürgerbräukellers zum Einsturz brachte, dass diese herunterbrach auf Adolf Hitler und ihn erschlug. Elser hatte dazu Pläne gezeichnet. Er hatte auch den Bau der Bombe auf Plänen festgehalten, die er in Königsbronn als Erfinder zumeist nachts entworfen hatte. Seine Kenntnisse des Sprengens mit Dynamit reichten aus. Er hatte gründlich experimentiert, immer in Gefahr, erwischt zu werden. Aber er hatte Glück.

Der Versuch, eine Anstellung als Kellner im Bürgerbräukeller zu erhalten, misslang ihm, schmächtig wie er war. Aber er aß nun fünfunddreißig Tage lang jeden Abend im Bürgerbräukeller und versteckte sich anschließend in einer Abstellkammer und hatte auch hier Glück.

Nur ein einziges Mal hatte man ihn neben der Abstellkammer auf der Galerie der Gastwirtschaft entdeckt: »Was wollen's denn hier?«, fragte der Direktor, »Gäste haben keinen Zutritt zur Galerie, außer bei Veranstaltungen.«

Elsers Stimme blieb fest: »Gut, dass Sie mich herausholen. Ich wollte hier oben einen Brief schreiben, dazu brauche ich Ruhe. Es ist ein wichtiger Brief, und dann bin ich eingeschlossen worden.«

Was wollte dieses Männlein in der leeren Gastwirtschaft? Mit schiefem Blick auf die schäbige Kleidung ließ man ihn laufen: »Schreiben's den Brief draußen im Garten.« Wieder hatte er Glück.

Was heißt Glück?

Um die Decke auf Hitler herabstürzen zu lassen, musste er eine Säule aushöhlen und mit Sprengstoff füllen. Fünfunddreißig Nächte arbeitete er an dieser Säule.

Er hatte alles sorgfältig geplant. Er entfernte zuerst in mühevoller Arbeit einen Teil der Holzverkleidung der Säule. Dann fertigte er aus den losgelösten Brettern eine Art Türe, mit der er die Säule wieder verschließen konnte, damit tagsüber niemand sah, dass in den Nächten an der Säule gearbeitet wurde. Die Tür versah er auf der Innenseite mit einer Blechverkleidung, so konnte die Höhlung auch durch Klopfen nicht wahrgenommen werden. Dann erst begann er die eigentliche Arbeit: Nacht um Nacht höhlte er die Säule so weit aus, dass er die Stabilität nicht gefährdete, die Sprengladung aber unterbringen konnte.

Um die stärkste Wirkung der Sprengladung zu erzielen, musste er die Ladung möglichst nah am Fuß der Säule anbringen. Das bedeutete, dass er kniend arbeiten musste. Die Knie begannen zu schwellen und wurden feuerrot. Sie entzündeten sich und eiterten. Er kniete Nacht für Nacht auf den offenen Wunden und verbiss die höllischen Schmerzen. Die Arbeit wäre einfacher gewesen, wenn die Säule, wie er zunächst annahm, aus Holz gewesen wäre. Aber sie war aus Backsteinen gemauert und mit Holz nur verkleidet.

Wohin mit dem jede Nacht anfallenden Schutt?

Er befestigte einen Sack am Fuß der Säule, in dem Dreck und Schutt und kleinere Steine aufgefangen wurden. Er arbeitete emsig. Aber er arbeitete nie, ohne die Arbeit ständig zu verbessern. Die Backsteine mussten mit Hammer und Meißel herausgebrochen werden. Lärm durfte er dabei nicht machen. Ein auffallendes Geräusch, auch wenn ihm ein Hammer zu Boden gefallen wäre, hätte eine zufällig vorbeikommende Streife von außen hören können. Die Situation aber war günstig für ihn. Alle zehn Minuten setzte auf der Toilette die automatische Wasserspülung ein, auch nachts. Nur in dieser kurzen Zeit konnte er Hammer und Meißel einsetzen, sonst nicht.

Niemand hörte etwas. Er hatte unsagbares Glück.

Natürlich fragten seine Zimmerwirte, was er denn da treibe jede Nacht außer Haus. Anständige Menschen lagen nachts im Bett. Er aber zeigte ihnen verworrene Zeichnungen und war wieder ein Erfinder, dessen Projekt geheim bleiben müsse, und er verlasse sich ganz und gar auf ihre Diskretion. Die Wirtsleute witterten mit Recht eine Sensation, wenn auch eine andere, und fragten nicht mehr.

Den anfallenden Schutt packte er in einen Schuhkarton, den er morgens mitnahm und in die Isar schüttete – er mischte sich einfach unter die ersten Gäste der Wirtschaft und ging, wenn die anderen ihr Frühstück bestellten. Zuvor musste der Boden peinlichst sauber gefegt werden. Es gab eine Besenkammer. Nie hat jemand etwas bemerkt. Sein Werkzeug versteckte er in der Höhlung, die jede Nacht größer wurde.

Niemand pochte an die Säule, niemand musterte den Fußboden genauer. Vielleicht wäre ja bei genauester Betrachtung doch Schmutz sichtbar geworden. Mörtelstaub lässt sich nicht einfach mit einem Besen entfernen.

Aber wieder war ihm das Glück günstig. Wie viel Glück hatte er gebraucht, um überhaupt so weit zu kommen! –

Jetzt schälte sich der Gebäudekomplex des Wessenberg'schen Erziehungsheims aus dem Nebel. Nur noch hinüber in den Garten und durch und drüben in der Schweiz wieder Luft holen!

Die Sprengladung der Bombe: In der Armaturenfabrik in Heidenheim war es ihm gelungen, nach und nach über zweihundert Pressstücke Sprengstoff zu entwenden. Das war ausreichend. Er hatte experimentiert und sich entschlossen, die Zünder von Gewehrpatronen zu nehmen. Eine Uhr, verbunden mit einem der Zünder, würde die Explosion auslösen.

Wochenlang hatte er über dem Mechanismus gebrütet, der genau nach eingestellter Uhrzeit die Zündung auslösen würde. Schließlich waren seine Versuche erfolgreich. Er war immer perfekter geworden.

Das Uhrwerk der Höllenmaschine, das so präzise konstruiert und gearbeitet war, dass für sein Funktionieren kein Glück mehr notwendig war, stellte er nach reiflichem Überlegen auf exakt 21.20 Uhr. Hitler würde zu diesem Zeitpunkt schon seit über einer Stunde reden, an einem Pult vor der Säule, und würde erst nach einer weiteren Stunde seine Rede mit den üblichen Sieg-Heil-Rufen beenden.

Mehr konnte er, Georg Elser, nicht tun. Doch: Er tat noch eins. Das wenige, das er besaß, verschenkte er.

Als Elser am Abend in den Garten des Erziehungsheims eindrang, redete Hitler schon seit 20.09 Uhr, seit fast einer Stunde unter anderem von den Verbrechen des englischen Premiers Winston Churchill gegen das deutsche Volk.

»Wann ist jemals ein Volk«, rief er aus, »niederträchtiger belogen und beschwindelt worden und betrogen worden als in den zurückliegenden zwei Jahrzehnten das deutsche Volk durch die englischen Staatsmänner!« Hitler sagte das, obwohl es die Engländer und Amerikaner waren, die im Friedensvertrag von Versailles 1919 bei allen abverlangten Opfern immerhin für Deutschland gegen die Absichten Frankreichs die Einheit bewahrt hatten. Davon wusste Elser wenig.

Auch zu der Tatsache, dass Hitler überhaupt in München war – wichtigste Voraussetzung für das Gelingen der Pläne Elsers – war Glück notwendig. Elser hätte es am Tag zuvor in den Zeitungen lesen können: Hitler sei so sehr mit den Vorbereitungen des Krieges gegen Frankreich und England beschäftigt, dass er nicht nach München kommen werde. Sein Stellvertreter Rudolf Hess werde an seiner Stelle reden. So hatten die Blätter es vermeldet.

Hätte Elser es gelesen, hätte er sein Unternehmen als gescheitert aufgeben müssen. Ein Glück also, dass er es nicht wusste. Und Glück, dass sich Hitler kurzerhand entschloss, sprunghaft wie er war, dann doch seine Rede in München selbst zu halten. Der Vorabend der Feier zum Gedenken an seinen Putsch in München im Jahre 1923 war ihm wichtig. Auch ist bekannt, dass Hitler planvoller Arbeit auswich und sich bejubeln ließ, wann immer das möglich war.

Als sich Elser durch den Garten auf die Schweizer Grenze zubewegte, war der Nebel noch dichter geworden; alles würde gut gehen. Elser spürte ein warmes Gefühl aufsteigen.

Es war hier zu dunkel, das Zifferblatt seiner Uhr lesen zu können.

Elser glaubte, jeden Moment den Donner zu hören und den Blitz zu sehen, der jetzt, hundertachtzig Kilometer von hier entfernt, den Saal mitsamt dem Diktator zerreißen würde. Oder war es schon geschehen? Er sah die Säule, die er ausgehöhlt hatte, in einem Feuerball explodieren. Er sah die Galerie herabbrechen und die Decke des Saals sich neigen und auf Hitler herabstürzen. Er sah den Gewaltherrscher unter Schutt und Staub liegen, blutverschmiert, tot.

Er würde drüben in der Schweiz, keine zwanzig Meter mehr entfernt, vom Gelingen hören; der Rundfunk würde die Tat auf der ganzen Welt verbreiten; die Welt würde von nichts anderem mehr reden. Doch das war nicht wichtig.

Er hatte in allem unsagbares Glück gehabt. Er brauchte jetzt nur noch ein letztes winziges Stückchen davon.

Die Schwärze des Gartens wich einer milchig gelben Helle von einigen Laternen im Nebel: die Grenze. Fast sorglos trat er hinaus, er sah drüben ganz nah die schwarzen Schatten von Häusern, da traf ihn mitten ins Gesicht der kräftige Strahl einer Lampe, wie sie deutsche Zöllner trugen.

»So, so«, es klang fast gemütlich, »was wollen wir denn mitten in der Nacht noch hier an der Grenze?«

Einige rasche Schritte und der Zöllner könnte ihm nichts mehr anhaben.

Aber der erschrockene Elser blieb stehen: »Ich habe mich im Nebel verlaufen. Wo, bitte, ist die Straße?«

»Verlaufen in einem Garten mitten in der Nacht, und das an der Grenze! Dass ich nicht lache. Wir kennen solche Bürschlein wie dich. Wenn wir die schnappen, haben sie sich immer verlaufen.«

Er wurde zum Hauptzollamt geführt. Der Zöllner hielt ihn lose am Ellbogen. Elser hätte sich leicht losreißen können.

»Hände leer, kein Sack, in letzter Sekunde weggeworfen das Schmuggelgut. Liegt im Garten des Erziehungsheims«, sagte der Zöllner, der ihn festgenommen hatte, zu seinem laut gähnenden Kollegen.

Es waren hier nur wenige Schritte bis zur Schweiz, kein Schlagbaum. Die Zöllner waren nicht bewaffnet. Jedenfalls sah Elser keine Waffe. Aber er rannte nicht hinüber in die Freiheit. Er war satt vom Glück und fühlte sich sicher. In wenigen Minuten würden sie ihn laufen lassen.

Oder war es Stolz, dass er nicht floh? Fühlte er sich so erhoben von der Würde seiner Tat?

Der Festgenommene sah schäbig aus, klein, dünn, das Gesicht mager, unrasiert, die Augen entzündet, der Mund verkniffen, die Kleidung wenig besser als die eines Landstreichers. Der Name Johann Georg Elser wurde notiert.

Die Zöllner durchsuchten die Taschen. Die abgelaufene Grenzkarte wurde mit »Aha!«, kommentiert.

Der erste Zollbeamte zählte auf: »Schrauben, kleine Stahlfedern, eine Klammer. Was tragen Sie denn da für Zeug mit sich herum?«

Der zweite fand eine unbeschriebene Postkarte und las gleichmütig die Bildunterschrift: »Bürgerbräukeller in München.«

Er hätte auf der Kreuzlinger Straße bleiben sollen. Die abgelaufene Grenzkarte war nicht verdächtig, sie war Schlamperei. Aber nachts an der Grenze in einem Garten –

Sie fanden auf der Innenseite seiner Jacke eine Nadel eingesteckt, sein Rotfrontkämpferabzeichen, längst vergessen. »He, der ist politisch. Wir brauchen die Gestapo. Hat was angestellt und will sich davonmachen!«

Elser wurde bewusst, dass er leise Rundfunkmusik hörte. Er sah die Wanduhr des Büros: 21.26 Uhr.

Da wurde die Musik unterbrochen: »Sondermeldung!«

»Mach mal lauter.«

Eine ernste Stimme: »Soeben gemeldet. Attentat auf den Führer im Bürgerbräukeller in München. Wahrscheinlich die Engländer oder die Kommunisten.«

Gelungen, jubelte es in Elser, gelungen! Tränen traten ihm in die Augen. Niemand achtete darauf.

»Der Führer lebt«, fuhr die Stimme fort, »und ist unverletzt.«

Elser taumelte.

»Die ewige Vorsehung hat unseren Führer für das großdeutsche Vaterland bewahrt!«, tönte das Radio. »Dreizehn Minuten bevor die Bombe um genau 21.20 Uhr hochgegangen ist, hat unser Führer den Bürgerbräukeller in München verlassen. Er musste die Veranstaltung abkürzen, weil er wegen des Nebels nicht das Flugzeug nehmen konnte und mit dem Zug nach Berlin zurückfahren musste. Die Decke des Bürgerbräukellers ist durch die gewissenlosen Verbrecher zum großen Teil eingestürzt. Die Zahl der Toten und Verwundeten ist noch nicht ermittelt. Zum Glück hatten viele nach dem Weggang des Führers bereits den Saal verlassen. Unser Führer ist unverletzt. Adolf Hitler, der größte Mann, den Deutschland jemals besessen hat, ist auf dem Weg nach Berlin, und wir können noch einmal versichern, er ist wohlauf und gesund. Die Vorsehung hat sichtbar eingegriffen.«

»Bürgerbräukeller in München?«, erinnerte sich der erste Zöllner. »Da war doch was. Was war denn da? Postkarte, schnell, diese Postkarte her!«

»Und diese Klammern und Federn –«

Das Glück hatte Deutschland und die Welt um dreizehn Minuten verfehlt; die Kraft der Explosion hätte Hitler getötet. Fünfzehn Meter fehlten Elser zur rettenden Grenze in die Schweiz. Dreißig Kilometer fehlten 1945 den amerikanischen Truppen, um Georg Elser aus dem Konzentrationslager Dachau zu retten.

Johann Georg Elser wurde am 9. April 1945 auf Befehl des Führers, der ihn für einen Schauprozess nach dem Endsieg hatte aufsparen wollen, mit einem Genickschuss ermordet.

Über fünfzig Millionen Menschen starben im Krieg, etwa sechs Millionen Juden wurden ermordet, dazu Homosexuelle, Zigeuner, Bibelforscher, Gegner der Nationalsozialisten, Deserteure; über fünfhunderttausend Zivilisten kamen allein in Deutschland durch Bomben um; etwa zehn Millionen Russen, Polen, Ukrainer, Tschechen, Balten und Kriegsgefangene mussten für die Deutschen Zwangsarbeit verrichten; etwa vierzehn Millionen Deutsche wurden vertrieben; unzählige Kunstschätze, Kulturdenkmäler und Wohngebäude gingen unter.

Hitler brachte sich selbst um.

STALINGRAD

Keine Schlacht ist so sehr zum Mythos der Schrecken des Krieges geworden wie die Schlacht um Stalingrad – zugleich wurde Stalingrad das Symbol des Wendepunkts im Zweiten Weltkrieg.

Im Frühjahr 1942 versuchte Adolf Hitler mit der Operation Blau, im Südabschnitt des Russlandfeldzuges die Lage im Osten nach verheerenden Rückschlägen im zurückliegenden Winter 41/42 positiv zu wenden. Nach der Eroberung der Festung Sewastopol auf der Krim, die den deutschen Truppen den Rücken frei machte von der Roten Armee, formulierte Hitler zwei Ziele: die Eroberung des Kaukasus mit den Ölfeldern um das Schwarze und das Kaspische Meer sowie die Eroberung der Stadt Stalingrad an der Wolga. Das zweite Ziel schwächte

in der Folge die Lage der deutschen Truppen im Südabschnitt entscheidend.
Die Eroberung der Stadt durch die 6. Armee unter Generaloberst Paulus gelang nicht vollständig, Teile von Stalingrad wurden bis zuletzt erfolgreich verteidigt. Den Russen gelang es Mitte November 1942 durch eine Zangenbewegung, die aufgrund der schlechten Bewaffnung der italienischen und rumänischen Verbündeten Deutschlands gelang, die 6. Armee von den anderen Heeresteilen abzuschneiden und einzukesseln.
Hitler verbot unter Zurückweisung aller Warnungen den Ausbruch aus Stalingrad und wollte den Kessel mit einer Luftbrücke versorgen. Das gelang nicht. Hunger, Kälte, Mangel an Material und ständige Angriffe der Russen dezimierten die Armee immer weiter.
Ein letzter deutscher Entlastungsangriff »Wintergewitter« in der zweiten Dezemberhälfte, mit dem der Kessel aufgebrochen werden sollte, scheiterte am Verbot Hitlers, Stalingrad durch die 6. Armee zu räumen und gleichzeitig aus dem Kessel auszubrechen, obwohl die Vorbereitungen für einen solchen Ausbruch bereits abgeschlossen waren. Ein Ultimatum der Roten Armee am 8. Januar 1943 mit der Aufforderung zur Kapitulation wurde von Generaloberst Paulus abgelehnt. Der Kessel wurde eingedrückt, zerfiel in mehrere Teile und verlor alle Flugplätze und damit den gesamten Nachschub. Paulus kapitulierte am 31. Januar 1943, der Südteil des Kessels am 2. Februar.
Die 6. Armee war mit etwa 350 000 Mann nach Stalingrad gezogen. Etwa 30 000 bis 45 000 Verwundete konnten aus dem Kessel ausgeflogen werden, über 100 000 gerieten in Gefangenschaft. Die Bedingungen dieser Gefangenschaft waren katastrophal: Zum einen herrschte im dritten Kriegsjahr in der Sowjetunion bittere Not, zum anderen wurde die menschenverachtende Behandlung gerächt, die russischen Kriegsge-

fangennen in deutschen Lagern widerfahren war. Nur etwa 5000 Männer kamen aus der sowjetischen Gefangenschaft wieder nach Hause.
Wir denken uns, wir hätten über zwei Tagebücher Einblick in die Gedanken Betroffener, auch wenn diese Tagebücher in der immer unmenschlicher werdenden Hölle des russischen Winters wahrscheinlich gar nicht mehr bis zum Ende hätten geführt werden können.

Diethelm Stecher 26. Juli 1942

Wolken von Staub. Marschieren bis zur Erschöpfung. Hitze, Durst! Nachts bittere Kälte. Aber es geht nach Osten, mit jedem Schritt geht es nach Osten, hinein in die Ebenen Asiens. An die Wolga, nach Stalingrad, so heißt das neue Ziel, das uns der Führer vor drei Tagen gesetzt hat. Hinein in die Weiten, von denen aus die Horden der Barbaren schon vor Jahrhunderten das Abendland bedroht haben. Die Sonne glüht, verbranntes Gras, vertrocknende Flüsse mit breiten Uferstreifen. Staub, Staub. Unsere Einheit ist nicht motorisiert. Das sind die wenigsten. Die Männer schimpfen. Aber es geht nach Osten. Unaufhaltsam nach Osten!

Paul Wagenknecht 26. Juli 1942

Die Hitze nimmt uns den Atem und trocknet uns aus. Ein Glas Wasser, wie leichtsinnig hat man das zu Hause getrunken oder weggeschüttet. Jetzt wäre ein Glas Wasser Gold wert. Wir folgen den Panzern, Marschgeschwindigkeit sechs Kilometer in der Stunde, mit Gepäck, mit Gewehr, mit Munition. Tagesetappe 60 Kilometer. Die Sonne brennt, die Steppe flimmert, immer wieder fällt einer der Kameraden um und wird zurückgebracht: Felix Hufschmidt, Gebhard Brecheisen.

D. S. 27. Juli

Der Führer hat vor wenigen Wochen die Planung des Krieges im Osten übernommen und wird diesen gewaltigen Schicksalskampf des Deutschen Volkes siegreich beenden. Und dieser Kampf ist nicht nur ein Kampf für Deutschland, er ist ein Kampf für die Zivilisation. Der Kampf gegen die asiatischen Horden wird auf viele Generationen hinaus mit eisernem Griffel eingegraben sein in die Geschichtsbücher des Reichs. Der Führer hat unserer Offensive im Juni neuen Sinn und neue Richtung gegeben: Stalingrad. Es war ein gewaltiger Aufbruch, wochenlange Märsche schlossen sich an, wochenlang kein Regen, kein Schatten. Wir kämpften um Woronesch. Wir eroberten Rostow. Vor unserem Aufbruch nach Stalingrad war Gewaltiges geschehen. Wir hatten den Angriff auf Charkow abgewehrt, den Einschluss der Armee in einem Kessel verhindert und die Russen selbst eingeschlossen. Der Russe ist am Ende. Jeder sagt es. Dann haben wir die Insel Krim erobert, Sewastopol beschossen und eingenommen, kein Stein ist auf dem anderen geblieben. Jetzt auf nach Moskau!, haben wir gedacht. Aber der Führer sieht weiter als der gemeine Soldat, auch weiter als der beste General. Und so hat er die Armee geteilt: Der Heeresteil A erobert den Kaukasus und verschafft dem Heer Öl von den Küsten des Kaspischen Meers. Jeder Schritt in dieser Hitze sagt es: Öl, dann kannst du aufsitzen auf LKWs oder auf Panzern, dann sind die Pferde erlöst, die sich zu Tode rackern. Wir aber, die Heeresgruppe B mit der 6. Armee, rücken die Grenzen des Reiches vor an den Don und an die Wolga. Der Gedanke ist erhaben: der Lebensraum des Deutschen Volkes bis zur Wolga! Und später bis zum Ural. Gestern Nachmittag Dorf erreicht: eingekreist. Keine Gegenwehr. Einwohner sind geflüchtet bis auf ein paar alte Weiber und Männer samt Kindern. Unwichtig. Wichtig ist der Brunnen, und noch wichtiger sind die Hühner, die wir braten, und das bisschen Brot und Käse, das wir noch in den Häusern finden. Die Weiber heulen, die Kinder betteln. Aber was denn sonst? Am Anfang in Russland, sogar noch im Donezbecken, wurden wir empfangen mit Salz und Brot. Das ist lange vorbei. Ja, wir bringen die Erlösung vom Bolschewismus. Aber der Krieg ist kein Honigschlecken und das Leben keine Zuckerbäckerei. Wir müssen hart sein. Der deutsche Soldat braucht Essen und Trinken, rücksichtslos. Es gibt Schwächlinge. Aber die meisten Soldaten denken wie ich.

P. W. 27. Juli 1942

Post von Angelika! Welch unsagbare Freude: Am 20. Februar haben wir auf Heimaturlaub geheiratet: Sie ist schwanger! Ich, Paul Wagenknecht, 24 Jahre alt, werde Vater, im November ist der Geburtstermin. Sie sagen, da wäre der Krieg aus! Wie schön wäre das! Wenn ich dann noch am Leben bin! Was soll ich im Krieg? Bei meiner schwangeren Frau wäre jetzt meine Aufgabe, nicht Tausende Kilometer fern von daheim in einem fremden Land. Drei Wochen hat der Brief gebraucht. Was es wohl wird? Ein Junge oder ein Mädchen – ganz gleichgültig, es ist unser Kind, und wir werden es lieb haben.

P. W. 28. Juli 1942

Man denkt über manches nach, wenn man Vater wird. Vor 2 Jahren in Frankreich war der Krieg auch schrecklich. Aber es war ein ritterlicher Kampf. Gefangene haben wir ehrenvoll behandelt, Verpflegung gereicht, die Verwundeten versorgt. In Russland wurde von Anfang an gesagt, dieser Kampf sei Kampf der Zivilisation gegen asiatisches Untermenschentum, gegen Bolschewismus und Judentum. Unser Bataillonschef hat gesagt, wer einen bolschewistischen Kommissar oder Juden oder sonst einen Iwan, wie sie zu den Russen sagen, tötet, bleibt straffrei. Aber ich denke, Soldat ist Soldat, auf welcher Seite er auch kämpft – und hat er kein Gewehr in der Hand, ist der Kampf zu Ende. Es war im Herbst 1941 vor Kiew nach den großen Kesselschlachten mit den Hunderttausenden von russischen Gefangenen. Sie kamen uns entgegen in langen Zügen, so grau, so verstaubt, mit hohlen Blicken. Einige von uns haben gelacht. Aber ein paar wenige, darunter ich, gaben ihnen ein Stück Brot, es ist nicht gerne gesehen worden. Es heißt, dass sie die Gefangenen zu Tausenden verhungern lassen. Hoffentlich liest das niemand. Als er mich einen rührseligen Schwächling nennt, sage ich zu Heinz Gerber: Wenn du gefangen wirst? Was dann? Nimmst du dann kein Brot von einem Russen? Sagt er: Ich werde nicht gefangen. Du vielleicht. Ich nicht.

P. W. weitergeschrieben am 29. Juli

Ein paar Wochen später, immer noch 1941, jetzt im Winter, zwanzig Kilometer hinter der Front, Schüsse aus einem Wäldchen. Ich habe es gesehen: In einer langen Reihe splitternackte Männer, Frauen, Frauen mit Kindern jeden Alters. Alle in der Kälte vor einem aufgeworfenen Graben. Unten Männer beim Schaufeln, auch sie nackt. Weinen und Schluchzen, überall Kinder. Es war alles so unwirklich: Diese Grube mitten im Wald, die nackten Menschen im kalten Wind, die grabenden Männer, dieses Weinen. Ich hörte den Lärm eines LKW, noch mehr Menschen. Auch sie alle müssen sich ausziehen, Kommandos, Hundegebell. Ich starre und hoffe, dass es nur ein Albtraum ist. Dann Feuerstöße aus MGs, Schüsse. Die Menschen fallen reihenweise in den Graben. Massenexekution! Die Männer mit den Spaten sterben in ihrem Grab. Immer mehr LKWs. Schüsse, Schüsse, Schüsse: Greise, Frauen, Kinder! Alles Juden hieß es, Juden, die haben den Krieg doch vom Zaun gebrochen, Feinde eben. Es sind noch acht LKWs gemeldet. Du kannst mitmachen, es gibt Extrarationen Schnaps. Den brauchst du auch. Mehr als zwei-, dreimal macht niemand mit. Niemand wird gezwungen, wurde gesagt, und: Willst du Juden im Rücken der Armee? An der ganzen Ostfront ist es so: Ort wird erobert. Juden stehen auf Listen, Abtransport und Erschießung durch die SS oder manchmal auch die Wehrmacht. Kommt auf den Kommandanten an. Nicht alle machen mit. Bei Kiew haben sie in der Schlucht von Babi Yar über 30000 Juden erschossen. Ich habe es von einem evangelischen Vikar. Die Juden wurden aus der Stadt getrieben. Sie mussten sich ausziehen und hinlegen, Frauen haben ihre Kinder in die Arme genommen, ein blutiges Bett, und alle wurden mit Maschinengewehrgarben erschossen. Dann wurde die Schlucht gesprengt. Der Vikar hat in einem Schwimmbad Menschen gesehen, die vom Turm in das leere Becken springen mussten. Juden, hat man ihm gesagt, Dreck, Wasser zu schade für sie. Massenexekutionen – Massenmord. Die Hölle kann nicht schlimmer sein. Wenn das alles einmal gerächt wird an uns, gnade uns Gott! Und unserem Kind!

D. S. 29. Juli

Feindberührung. Die ganze Nacht Kanonendonner aus dem Süden, dann auch aus dem Norden. Die Erde zittert. Feuerschein am Himmel. Es wird ernst. Jetzt wird es sich zeigen. Die haben alles, was sie noch aufbringen, an den Don geschmissen. Aber wir müssen durch, wir müssen sie zurückjagen über den Don, Vorstoß auf Stalingrad. Dann können wir aus der heißen Steppe in den kühlen Kaukasus, kalte Bäche, Wälder, auf den Bergen Schnee, in den Tälern Feigen und Mandeln, Trauben und –

P. W. 29. Juli

Feindberührung. Maschinengewehrfeuer, Granaten, Verluste. Wo ist die Schwäche der Russen? Sie wurde uns von allen Seiten verkündet: Der Iwan ist am Ende! Den überrollen wir fast ohne Gegenwehr. Es geht nach vorn, das stimmt. Aber unsere Verluste sind grauenhaft. Allein aus unserem Zug 30 Mann, gestern 2 Tote, heute 4 Tote, über 14 Verwundete, davon 5 schwer.

Gefallen: Hans Schweizer aus meinem Heimatdorf, habe ihn gut gekannt, bevor ich in die Stadt gezogen bin, er war verheiratet, 2 Kinder, die Frau allein mit dem Bauernhof. Karl Meier, wollte beim nächsten Heimaturlaub heiraten, wollte keine Ferntrauung, wie sie jetzt üblich werden. Bauchschuss, Eingeweide quollen heraus, ist unter entsetzlichen Schmerzen gestorben, ich war dabei. Eberhard Weinsberger, einer der Ältesten von uns, Werkmeister, verheiratet, 5 Kinder. Emil Wunderlich, Maurergeselle, ledig, ein fröhlicher Mensch mit seiner Mundharmonika. Rudolf Schemm, Malergeselle, 2 seiner Brüder sind im letzten Jahr gefallen. Herbert Bäcker, Landwirt, Bauernführer in seinem Dorf, er hatte sich freiwillig gemeldet. Hat viel von Blut und Boden geredet und dass man dem Iwan den Boden wegnehmen muss, weil der zu rückständig. Unsere Panzer können die russischen Panzer nicht abschießen. Unsere Granaten sind zu schwach. Da fahren die Russen einfach immer weiter und schießen in uns hinein. In der Kompanie große Ausfälle.

D. S. 30. Juli

Russische Gefangene, 200, 500, schwer zu schätzen. Verdreckt, wie nur diese Untermenschen sein können. Dreck und Staub, wohin man blickt, sogar auf den kahl geschorenen Köpfen, die Uniform in Fetzen. Wasser, Wasser, Brot, stammeln sie, manche sogar auf Deutsch. Haben wir aber selbst nicht in ihrem beschissenen Land. Wichtig ist, was der Dolmetscher aus ihnen herausbringt: Befehl von Stalin selbst: Keinen Schritt zurück! Klar, die sind am Ende. Solche Durchhalteparolen erlässt nur, wer auf dem letzten Loch pfeift. Hat der Führer schon im Frühjahr gesagt, dass die verschlissen sind.

D. S. 2. August

Wir sind mitten in der Schlacht, Kanonendonner von allen Seiten. Panzer. Staub, Staub, Hitze. Dörfer brennen, Rauchsäulen, wohin du schaust. Unaufhörlicher Donner der Panzergefechte. Aber wir rücken vor. Unaufhaltsam. Feindberührung, Feindberührung.

Schüsse. Tote, Verwundete. Ich nur Kratzer am Arm. Die Schweine haben so viele von uns abgeknallt! Jeder Russe gehört aufgehängt. Einige bolschewistische Kommissare haben wir erwischt. Werden alle sogleich erschossen. Gräber. Gräber. Kreuze aus angekohlten Dachlatten, nicht einmal Birken in dieser elenden Steppe. Aber es geht weiter. Gewaltige Rauchwolken am Himmel. Immer weiter. Nach Osten! Der gewaltigste Heereszug der Weltgeschichte.

D. S. 9. August

Wir sind jetzt ganz im Bogen des Don, haben den Iwan gewaltig in die Enge gedrängt. Übergang über Don erzwingen, dann Stalingrad nur noch starker Tagesmarsch. Und ich bin unverletzt. Panzerangriff. Ein gewaltiges Bild, wie stählerne Ungeheuer nach vorn fahren, gestaffelt. Staubsäulen. Dazwischen wir. Staub und Dreck. Schüsse, Knallen, Donnern. Schieße das Gewehr glühend auf den Iwan. Maschinengewehrfeuer, Artillerie. Qualm, unbeschreiblicher Krach. Kein Nahkampf, Iwan rennt davon. Auch bei uns viele gefallen. Haben ein paar Männer abstellen müssen, die gefallene Kameraden unter die Erde bringen. Verwundete bergen, klappt wunderbar, kommen zurück in die Etappe, Lazarett oder Heimat. Wie das klingt – Heimat! Mancher verliert einen Freund und schreibt es dessen Frau und den Kindern, aber der Sieg ist ja nahe! Opfer müssen eben sein! Ich habe nur die Eltern zu Hause, die machen sich natürlich Sorgen. Aber es ist ja für Deutschland! Kompanie ist ausgedünnt, aber es geht immer weiter nach Osten. Fast nur noch brennende Dörfer, rauchende Trümmer. Russen zünden viele Häuser selbst an – verbrannte Erde. Waren aber fast immer diese erbärmlichen Holz- oder Lehmhäuser. Sowieso nicht viel wert, bauen wir wieder auf, besser. Das ist einmal alles Deutschland, Raum für unser Volk. Kann man sich kaum vorstellen. Straßen sind verstopft von kaputten Fahrzeugen, qualmend und stinkend.

D. S. 10. August 1942

Vorwärts, vorwärts, so haben wir gesungen im Jungvolk und bei der HJ. Und jetzt geht es vorwärts, Tag für Tag, vorwärts, Feindberührung haben wir im Augenblick wenig. Aber jeder Schritt ist hart, jeder Schritt ist eine Qual. Männer fallen um mit weißen Lippen, die Zunge zwischen den Zähnen, Blasen an den Fußsohlen. Haut beginnt zu faulen, kein Wasser zum Waschen, auch keine Zeit. Der Durst ist grauenvoll. Wir halten uns an die brennenden Dörfer der Russen. Finden wir aber einen Getreidespeicher, der nicht brennt, haben Russen Getreide mit Petroleum übergossen und kein Mensch kann das mehr fressen.

D. S. 11. August

Hört man immer wieder: Blödsinn, die Südarmee zu teilen. A in den Kaukasus und B nach Stalingrad. Entweder sollen alle in den Kaukasus oder alle nach Stalingrad. Haben nichts kapiert. Russland ist groß! A kämpft, damit B vorrücken kann! Öl im Kaukasus, damit wir Land erobern können an der Wolga, Deutschland bis zum Ural. Muss ja dem Dümmsten einleuchten. Ist ein erhebendes Gefühl, wenn man die Steppe sieht und weiß: Der Herrenmensch kommt und nordet das Land auf. Wir Deutschen werden planen und organisieren, der Russe wird die Dreckarbeiten machen müssen. Herren und Diener, war schon immer so. Wie war das denn im Römischen Reich? Herren und Sklaven! Ergebnis: Weltherrschaft!

P. W. 12. August

Die Russen setzen sich ab. Unsere Leute jubeln. Aber unser Kompaniechef macht ein bedenkliches Gesicht. Das geht nicht gut, hat ein Flieger gesagt, der über dem Don Aufklärung geflogen ist, die ziehen ab in langen Kolonnen und überlassen uns den Don und ihr Material. Widerstand gibt es nur noch, um ihren Rückzug zu decken. Aber das wird sich rächen. Die sammeln sich an der Wolga und schlagen von dort aus erneut zu. Wer das laut sagt, wird aufgehängt. Aber wird es dadurch weniger gefährlich? Schade, dass nicht jeden Tag Post von zu Hause. Seit Juli nichts mehr gehört von Angelika. Aber das kann ja auch gar nicht anders sein.

D. S. 14. August

Einkesselung des Iwan bei Kalatsch gelungen. Sieg! Übergang über den Don steht bevor. Don kaum mehr verteidigt. Der Jubel ist riesengroß. Die Falle ist zugeschnappt – zack! Da haben wir sie:

90 000 Gefangene, Tausende von Panzern erbeutet, Tausende von Kanonen!

D. S. 21. August

Don überschritten. Nachschub kommt uns nachgehetzt, endlich wieder satt zu fressen! Endlose Kolonnen von gefangenen Russen. Erst einmal Beine lang. Gebadet und gewaschen, herrlich. Don gewaltiger Strom. Hitze wird täglich schlimmer, der heißeste Sommer seit Jahren. 48 Grad in der Sonne. Im Schatten nicht viel weniger – aber wo ist Schatten? Steppe. Kein Baum weit und breit. Da sehnt man sich am Tag nach dem Herbst und dem Schnee und Eis im Winter oder im Kaukasusgebirge. Die Nächte aber grimmig kalt. Fast am Gefrierpunkt. Tags erstickt man in der Uniform, nachts friert man Stein und Bein. Muss alles ertragen werden. Alles für Deutschland.

D. S. 22. August

Auf nach Stalingrad! Die Wolga! Wir werden den Nachschub vom Süden zu den bolschewistischen Heeresteilen der Mitte und des Nordens abschneiden, wie man einen Faden durchschneidet. Dann die Ölfelder im Kaukasus erobern, und dann bricht unser Heeresteil Nord durch nach Leningrad und unser Heeresteil Mitte nach Moskau, und dann ist der Krieg aus! Die Engländer werden um Frieden winseln. Vergeltung für ihre Bomben auf Köln, diesen Terrorangriff, der am 30. Mai die Stadt gänzlich zerstört hat, die Schweine. Und die Amerikaner haben genug mit den Japsen zu tun. Die Russen sind am Ende und nach Stalingrad sind es nur noch sechzig Kilometer! Zwei Tage bis zum Ziel!

P. W. 23. August

Die Steppe flimmert. Windhosen ziehen über das Land. Ich muss immer an die Wolkensäule in der Bibel beim Auszug aus Ägypten denken. Und dann in der Nacht die Sterne über der russischen Steppe! Ich habe noch nie einen solchen Sternenhimmel gesehen, gewaltig. Ob man von da oben den Krieg sehen kann? Vom Mond aus? Die brennenden Orte. Was würde einer denken, wenn er das alles vom Weltall aus sehen würde? Welch ein seltsamer

Schlag von Lebewesen da unten, die unzufrieden sind mit dem, was sie haben und es dem Nachbarn wegnehmen müssen! Man wird fromm, wenn man diesen Himmel sieht. Ich bin kein sehr religiöser Mensch, aber ich kann mir nicht denken, dass da oben keiner ist, der für die hier unten nicht ein Gesetz gemacht hat. Und das heißt nicht Krieg! Warum aber lässt er das alles zu? Ich denke Tag und Nacht an Angelika und das winzige Wesen, das in ihrem Leib heranwächst.

D. S. 24. August

Stalingrad brennt! Wir sehen die gewaltigen Rauchwolken im Osten aufsteigen. Das sind nicht mehr die Steppenbrände als Ergebnis der Kampfhandlungen ringsum. Gestern haben unsere Luftstreitkräfte Ernst gemacht und die Stadt stundenlang bombardiert. Noch gewaltiger ist es in der Nacht, der Himmel blutrot, darin die glühenden Schwaden. Da gibt es nicht mehr viel zu erobern. Das gibt dem Iwan den Rest. Die ganze schöne Schwerindustrie weg, die Waffenschmiede. Niemand glaubt, dass die Stadt noch sonderlich verteidigt wird. Verteidigt wird nur der Rückzug. Die setzen sich schleunigst ab über die Wolga, wenn wir in die Stadt einrücken, wie sie sich über den Don fortgemacht haben, und laufen und laufen und kommen erst wieder zum Stehen in Sibirien.

P. W. 24. August

Stalingrad brennt, eine furchtbare Fackel in der Nacht. Das gewaltigste Feuer, das ich jemals gesehen habe. Wenn wir Stalingrad erobern, haben wir eine zerstörte Stadt. Sagt unser Kompaniechef. Wenn!

D. S. 25. August

Die Ersten von uns sind schon seit vorgestern an der Wolga! Heute Morgen wurde es bei der Ausgabe des Tagesbefehls bekannt gegeben. Sitzen schon dort! Ganz im Norden! Kein Widerstand! Die Stadt selbst immer noch bombardiert. Familien auf Pferdewagen mit Hab und Gut auf der Flucht. Ihr Gelumpe wollen wir nicht. Wir brauchen ihre Pferde und ihren Proviant. Da muss man ganz schön hart im Nehmen sein, wenn man das Geplärre hört. Aber das Leben ist kein Flugfest!

D. S. 26. August, Stalingrad Stadtrand

Weit hinten heute Morgen die Wolga bis zum Horizont, atemberaubend breit wie ein Meer, bestimmt über zwei Kilometer, viel breiter als der Don. Viele russische Schiffe darauf, Nachschub für die Heere im Norden. Werden wir verhindern, kein Schiff wird hier mehr fahren ohne Hakenkreuzflagge. Immer noch Bombardements durch unsere Luftwaffe, gewaltig.

P. W. 26. August

Stalingrad liegt auf dem rechten Wolgaufer, das sehr hoch ist, zum Teil wenigstens hundert Meter oder mehr. Die Stadt folgt dem Fluss als ein Band von 2 Kilometern Breite, fast 40 Kilometer lang, das lang gestreckte Zentrum in der Mitte. Quer zur Wolga haben sich tiefe Schluchten eingegraben, die Russen sagen Balkas dazu. Diese Schluchten machen die Stadt sehr unübersichtlich. Für wen die Länge der Stadt ein Vorteil ist, wird sich zeigen. Der Kompaniechef redet seit letzter Zeit gerne mit mir und hat mir gezeigt, dass die Stadt nicht so leicht zu nehmen ist, wie sie glauben: Man stößt sicher überall zwischen den Stadtvierteln leicht durch an die Wolga. Aber was dann? Man kann sich am Steilufer nirgendwo richtig festsetzen. Und wenn auch das Ufer überall besetzt, die Stadt also ganz erobert ist, können wir immer wieder aus der Luft oder vom anderen Ufer aus angegriffen werden. Wir haben dann die Stadt und haben sie doch nicht. Mir ist dazu die Geschichte von König Pyrrhus eingefallen. Als er eine Schlacht mit großer Mühe gewonnen hatte, sagte er: Noch so ein Sieg und wir sind verloren! Stalingrad ist eine junge Stadt. Die äußeren Viertel sind wie die Form eines Schachbretts angeordnet, darin fast nur Holzhäuser. Im Zentrum eine moderne Stadt aus Betonbauten. Außerhalb riesige Industrieanlagen, dazu kommen gewaltige Getreidesilos, welche mit den Fabriken zusammen die Silhouette der Stadt bestimmen. Seit Tagen Bombardements.

D. S. 28. August

Feindberührung, Feindberührung. Alles zwar hartnäckig, aber schwach. Kein wirkliches Hindernis. Die innere Stadt mit hohen Betonblocks ist zwischen dem Qualm schon auszumachen. Die Straßen, durch die wir kommen, brennen alle. Bombendonner. Der Iwan ist am Ende.

P. W. 28. August

Stalingrad. Vorstädte. Was wollen wir hier? Die Heimat verteidigen? Angelika und unser ungeborenes Kind verteidigen? Hier an der Wolga? Ein paar 1000 Kilometer entfernt von der Heimat? Ich sehe so viele kleine Kinder. Wie alt ihre Gesichter sind und wie verdreckt und verrußt! Ich habe noch nie so auf Kinder geachtet. Und die Flüchtlingsströme reißen nicht ab. Aber die Menschen rennen in ihr Unglück! Die Pferde spannt man ihnen aus, alles Essbare wird ihnen weggenommen. Ich habe heute einem kleinen Mädchen ein Stück Brot gegeben. Das ist wenig, es hilft nicht wirklich, es hilft mir mehr als ihm. Ein paar Kameraden haben gelacht. Aber nur wenige.

D. S. 4. September, Stalingrad, Richtung Zentrum

Da regen sich Kameraden auf über den Befehl unseres Führers, dass alle männlichen Bewohner Stalingrads, derer wir habhaft werden, umgebracht werden müssen. Ja, aber was denn sonst? Eine Million Kommunisten! Das muss man sich einmal nach dem Sieg vorstellen! Tödlich! Natürlich setzen sich viele mit Schiffen über die Wolga ab. Aber unsere Flieger jagen sie wie die Wasserhühner. Rücksichtslos.

P. W. 5. September

Kampf um die Vorstädte. Vieles brennt noch immer. Überall Rauch. Der Widerstand ist sehr heftig, viel heftiger als erwartet. Mein Kompaniechef sagt, dass der Sieg am Don kein wirklicher war: Die Russen haben inzwischen an der Wolga neue Verteidigungslinien errichtet. Bis November, bis unser Kind auf die Welt kommt, ist der Krieg keineswegs aus. Unsere Verluste nehmen von Tag zu Tag zu. Panzersperren, Gräben, wir stoßen auf immer neue Hindernisse. Hans Bauer, mit dem ich besonders viel zusammen war und der ebenfalls auf Heimaturlaub im Mai geheiratet hat: beide Beine weg. Felix Meyer gefallen, Hubert Pfister gefallen, Werner Baumgärtner tot, Siegfried Kuhnle, von einer Granate zerrissen, Heinz Gerber, Kopfschuss, er hatte vorausgesagt, dass er nicht gefangen genommen wird. Das sind nur ein paar, die ich gekannt habe. Noch immer keine Post von zu Hause.

D. S. 6. September

Der Iwan zeigt Zähne. Werden wir ihm aber ziehen. Wird sowieso nicht mehr lange dauern. Nähern uns unaufhaltsam und rücksichtslos dem Zentrum.

D. S. 13. September

Stadtring gestern erreicht. Eigentliches Zentrum seit heute 4.45 Uhr unter heftigem Beschuss. Schießen die Iwans ab, wo wir sie treffen. Jagen ihre Panzer wie die Hasen. Aber es werden immer mehr. Die Schweine in den USA versorgen die Bolschewiken und der Teufel soll sie dafür holen! Es heißt auch, dass in der Stadt immer noch Rüstung hergestellt wird. Da räumen wir aber auf.

P. W. 13. September

Unsere Artillerie beschießt das Stadtzentrum, ein Meer von Ruinen, in dem sich die Russen verschanzen können, wie sie wollen. Wir werden Straße um Straße, Haus um Haus erkämpfen müssen, sagt unser Kompaniechef. Die halten die Stadt mit allen Mitteln. Warum? Sie könnten sich doch über die Wolga zurückziehen? Wie sollten wir sie dort stellen? Sie planen eine Offensive, sagt er. Wenn ihn jemand hört, der ihn anzeigt, wird er erschossen. Die Russen sind am Ende. Das ist die offizielle Sprechweise. Etwas anderes darf nicht gesagt werden. Aber alle denken es. Die Angst vor einer sowjetischen Offensive steht riesengroß über den Soldaten. Und die meisten sprechen es auch aus. Da wird niemand erschossen, die brauchen uns lebendig. Emil Müller tot, Eberhard Fischer tot, Ludwig Huber tot, ein Schulkamerad von mir. Er war von seiner Großmutter aufgezogen worden, sein Vater war im Weltkrieg ganz zum Schluss noch gefallen, seine Mutter hat sich das Leben genommen. Und viele andere. Fritz Wohlgemut vermisst, vom Feindeinsatz nicht zurückgekehrt.

D. S. 14. September am Abend, Stalingrad Zentrum

Kämpfe um den Hauptbahnhof. Um 7.50 Uhr Zugänge zum Bahnhof in unserer Hand. 8 Uhr ganzer Bahnhof in unserer Hand, 8.40 Uhr Bahnhof von den Russen zurückerobert. 9.40 Uhr Bahnhof wieder in unserer Hand. 15.15 Uhr Wasserwerk in unserer Hand. Wolga-Ufer erreicht! Wasserwerk wieder verloren, bis zum Abend Wasserwerk 15-mal verloren und erobert, ungeheuere Verluste auf beiden Seiten. Vorteile ganz eindeutig bei uns. Der Iwan unglaublich stark. Kann auf lange Sicht die Stadt aber nicht halten. An Offensive des Iwan nicht zu denken.

P. W. 15. September

Furchtbare Kämpfe in der Innenstadt. Russische Scharfschützen. Wenn einer von uns den Kopf aus der Deckung streckt, fällt er oft gleichzeitig tot um. Können Verwundete nur bei Dunkelheit bergen. Acht von uns gefallen, darunter Heinrich Schober mit einem Kopfschuss und Gerd Huber mit Lungenschuss. Unsere Sollstärke 300 Mann, kaum mehr ein Drittel einsatzfähig. Warum schreibe ich eigentlich dieses Tagebuch, meist spät in der Nacht, todmüde? Für mein Kind? Oder weil alle wissen sollen, was Krieg ist? Wird es jemand lesen?

D. S. 15. September

Im Rundfunk Goebbels gehört. Das Ringen um Stalingrad nähert sich einem erfolgreichen Ende. Der Sieg muss in der wirkungsvollsten Weise gewürdigt werden. So hat er geredet und hat sicher recht. Aber weiß er, wie es hier wirklich zugeht? Kampf Mann gegen Mann. Man kann keine Sekunde aus der Deckung gehen, Schießen und Scheißen auf derselben Stelle. Sonst ist man tot. Niemand kann sich das alles vorstellen. Doch wir müssen siegen.

P. W. 16. September

Das Wetter hat sich gedreht. Alles hat sich gedreht. Regen, kalter Wind, die Ruinen Schlammlöcher, die Straßen aufgerissen von

Bomben und Granaten, Wasserloch an Wasserloch. Überall Läuse. Pausenloses Kratzen. Man kratzt sich blutig und eitrig. Aber man kratzt, kratzt, kratzt. Regnet immer weiter. Bald Schnee. Oft bis zu den Knien im Wasser. So schlafen wir auch. Seit Tagen nicht mehr aus den Kleidern, nicht einmal aus den Stiefeln. Kaum ein trockener Platz, und wenn, unter Beschuss. Kampf Haus um Haus. Kaum mehr Geländegewinn. Ein Haus, das wir an einem Tag erobern, ist am zweiten zurückerobert von den Russen. Ruinen, Ruinen. Von den Kellern bis zu den Dächern, in jedem Loch Scharfschützen. Tag und Nacht Kampflärm. Wie soll das enden? Hubert Klein schwer verwundet (Kinn weggeschossen) und bald gestorben. Hat auch im Frühjahr geheiratet. Sollte Schreinerwerkstatt seines Vaters übernehmen.

D. S. 22. September

Am schlimmsten die Scharfschützen des Iwan. Riesige Verluste bei uns. Sitzen in den Ruinen, wo du sie nicht vermutest, und treffen jeden Nasenflügel, den du herausstreckst. Hätte ich ihnen nicht zugetraut.

D. S. 26. September

Dreckwetter. Verluste ungeheuer. Wundere mich, dass noch am Leben. Fast unverletzt! Bis auf einen Kratzer am Oberschenkel. Dafür deutsche Kriegsflagge seit heute auf dem Gebäude der kommunistischen Partei am Roten Platz! Wolga an vielen Stellen in unserer Hand. An vielen Stellen auch nicht. Von dort dieser unerträgliche Widerstand. Hitler soll sich geärgert haben, dass nicht ganze Stadt in unserer Hand. Der hat keine Ahnung. Doch sein Ziel ist es wert.

P. W. 2. Oktober

Gestern haben wir ein ausgebranntes Haus erobert mit vielen Stockwerken. Innen trocken. In der Nacht merken wir, im Stockwerk über uns sind noch Russen. Dann Beschuss von ganz oben herunter gegen die Russen, ganz oben sitzen also auch Kameraden. Auch im Stockwerk unter uns: Besatzung von fünf Kameraden. In der Nacht Schüsse, Handgranaten, am Morgen sind

Russen im Stockwerk unter uns! Schon lange kein Schlaf mehr. Zu laut, zu gefährlich. Man döst im Stehen und erwacht bei jeder Explosion. Nur Minutenschlaf. Die ganze Nacht. So abgestumpft und schwer, alles ist nur noch trostlos, aber man sucht auch keinen Trost, Verlust von jeder Kraft und aller Energie, völlige Erschöpfung: Man lebt und man ist als Lebender tot. Ich stelle mir vor, wie das, was ich gerade schreibe, einmal unser Kind liest. Ich schreibe nur für unser Kind. Fritz Kleinhübel gefallen, Franz Schober verblutet.

P. W. 8. Oktober

Um die Mittagszeit wird an keinem Tag geschossen und am Abend auch nicht, eine knappe Stunde lang. Wir halten uns daran, die Russen halten sich daran. Niemand hat das vereinbart oder festgelegt. Aber es ist so. Daran merkt man, dass dort drüben auch Menschen sind, die essen und trinken wie wir. Warum dann das Schießen nicht ganz beenden? Ewald Korngruber gefallen. Michel Brauhuber tot; sie sagen Nervenzusammenbruch, aus der Deckung gerannt.

D. S. 10. Oktober

Ungeziefer immer schlimmer. Juckt überall, man kratzt den ganzen Tag. Haben heute Jungen erwischt. Hatte Zettel auf Russisch bei sich. Spion? Wollten ihn erschießen. Wir haben ihn nicht erschossen, sondern er musste uns Wasser holen von der anderen Seite. Wir denken, der kommt nicht wieder. Aber er hat das Wasser gebracht. Nix abhauen, sagt er, sonst ihr Nächsten gleich erschießen, gebt ihr keine Chance mehr. Auch beim Iwan gibt es Helden. Scheißsendung im Wehrmachtsempfänger: Bericht aus Stalingrad. Heldenmütiger Kampf, Begeisterung, leuchtende Augen, Helmriemen angezogen und in die Schlacht. Brüllt der zum Schluss: Solche Männer bürgen für den Sieg. Der war nie da, der Kerl, der das verbrochen hat. Keine Läuse am Ranzen, vollgefressen in der sicheren Etappe. Der weiß nicht, was Dreck und Tod sind. Jede Wette. Trotzdem. Wir müssen eisern durch.

P. W. 12. Oktober

Gefallen: Fritz Fechter, Kopfschuss, zu Hause großer Bauernhof, einziger Sohn; Eugen Müller, Kopfschuss; Ludwig Berthold, Mine Bein weggerissen, verblutet; Emil Neugereuther; Fritz Krause; Ewald Wallner, und viele andere von uns, kenne nur wenige. Schreibe schon lange nur die paar auf, von denen ich erfahre. Die meisten können wir nicht begraben. Leichenstapel als Deckung wie Brennholz. Viele kommen von vorn nicht mehr zurück. Tot in einem Dreckloch oder gefangen?

D. S. 15. Oktober

Schlachten werden jetzt um einzelne Gebäude oder Gebäudekomplexe geführt, nicht mehr um ganze Stadtteile. Schlacht um die Traktorenfabrik Dserschinski. Luftangriffe und Artilleriebeschuss auf Fabrikgebäude. Dann Sturmangriff. Der Iwan verteidigt sich zäh vierzehn Stunden lang, obwohl aussichtslos: In der Nacht völlig eingekreiste russische Einheiten in den Fabrikruinen ergeben sich nicht. Wand für Wand, Stein für Stein, Raum um Raum, Mann um Mann erobert und niedergemacht. Es geht ein Gerücht: nur noch dreihundert Meter bis zur Gefangennahme des russischen Oberbefehlshabers. Aber Stadt einfach nicht unter Kontrolle. Wir können die Steilufer nicht richtig einsehen und erfolgreich mit Artillerie belegen, von dort aus der Widerstand. Aber wir werden gewinnen.

P. W. 22. Oktober

Gestern ist endlich wieder ein Brief von Angelika gekommen, unvorstellbar schön. Aber kann man sich noch richtig freuen? Brief ist aus einer anderen Welt, an die man nicht denken kann, weil man sonst wahnsinnig wird. Sie spürt Bewegungen unseres Kindes. In wenigen Wochen wird unser Kind geboren. Nur noch wenig Post geht nach draußen, mein Antwortbrief? Es leben noch Bürger der Stadt Stalingrad mitten in der Schlacht, in Dreckhöhlen, in Erdlöchern, in Bombentrichtern, in halb eingestürzten Kellern. Manchmal sehen wir sie, Männer, Frauen, Kinder, viele Kinder. Alle grau, verdreckt, keine Menschen mehr. Aber sind wir anders? Wir haben die Fabrikanlage Roter Oktober angegriffen,

10 Werkhallen ganz in Trümmern, 9 haben wir eingenommen. Aber die 10te bekommen wir nicht, ungeheuere Verluste, jeder Meter mit Menschenleben bezahlt. Aber die 10te Werkhalle kriegen wir nicht und wieder nicht. Es gibt unterirdische Gänge, stoßen wir ab und zu darauf. Durch sie schleichen sich die Russen wieder in unseren Rücken, wenn wir ein Stück vorwärtsgekommen. Unsere Kompanie hat noch 64 Mann, davon 12 mehr oder weniger verwundet, aber einsatzfähig. Soll wieder aufgefüllt werden. Beneidet wird jeder mit Heimatschuss, kampfunfähig in die Heimat verlegt. Erschießungen wegen Selbstverstümmelung jeden Tag. Gefallen: Werner Pfaff, Heinz Drücker, Felix Kraftschuh, hatte Heimatschuss am Oberschenkel, Fieber, transportunfähig, Sepsis, tot.

P. W. 28. Oktober

Die Kämpfe sind jetzt abgeflaut. Seit 6 Wochen kämpfen wir um jedes Haus. Wir sind erschöpft und zu schwach für Angriffe. Schreiben Briefe in die Heimat, Tagebuch. Endlich wieder Schlaf, wenigstens für 1, 2 Stunden. Schlafen, wo man steht. Lassen uns einfach umfallen. Die Russen halten ebenfalls Ruhe bis auf die Heckenschützen, erschießen Mann um Mann. Für die Gefallenen kaum Ersatz. Welche ungeheure Massen von Menschen und Kriegsgerät sind bis jetzt eingesetzt und verloren! Hoffentlich ist die Ruhe nicht trügerisch und Russen sammeln sich irgendwo. Erwin Krause, Bauchschuss; Werner Hasenmüller, Fritz Habermann, Eduard Klein, alle tot.

D. S. 11. November

Jetzt wird Stalingrad von den Russen bombardiert. Aber gegen uns! Zwei Tage lang Luftangriffe. Ruinen weiter zerstampft. Große Verluste. Brief von den Eltern: Soll aufpassen auf mich. Die haben gut reden. Aufpassen auf mich!

P. W. 16. November

An vielen Stellen halten wir das Ufer der Wolga. Aber dazwischen Strecken, denen kommen wir nicht bei, manchmal 4, 5 Kilometer lang. Meist kaum 100 Meter breit. Aber in ihnen sammeln die Russen neue Kräfte. Bis jetzt über 70000 von uns in Stalingrad gefallen, verwundet, vermisst, sagt Kompaniechef. Von unserem Zug, ursprünglich 37 Mann, sind noch einsatzfähig 13 Kameraden, davon 8 verletzt. Ab und zu kommt Ersatz, aber es fallen zu viele. Ich selbst verwundet am Oberarm und am Knie. Nicht gefährlich, aber nur selten versorgt, Eiter. Wir sind die Gejagten! Nicht mehr die Russen! Das sieht jeder. Die Linie zum Russen ist ruhig. Es hat schon einmal geschneit. Bald kommt der große Schnee, bald große Kälte. Franz Gruber tot, Felix Maier tot, Albrecht Witzig tot. Erfahre nur von einem kleinen Teil der Gefallenen, viele aus anderen Zügen. Man ist aufeinander angewiesen, man hält zusammen, lernt sich kennen, dann der Tod.

P. W. 17. November

Brief von Angelika. Hat 3 Wochen gebraucht. Schwangerschaft gut. Bald Geburt!

D. S. 20. November

Seit gestern Geschützlärm, weit aus dem Westen. Aus der Gegend um Woronesch. Bei den italienischen und rumänischen Verbündeten. Da ist etwas im Gange: Wir oder die Russen? Aber es können nur die Russen sein. Seit 2 Tagen Schneesturm. Typisch, dass die Russen da angreifen.

P. W. 22. November

Im Kessel. Seit gestern ist es sicher. Die Angriffe der Russen am Don begannen vor drei Tagen bei den rumänischen und italienischen Verbündeten. Die sollten die langen Flanken unseres nach Osten gerichteten Keiles mit der Spitze Stalingrad nach Norden und Süden hin absichern. Sie waren sehr schlecht bewaffnet, viel schlechter als wir. Die Kampfesruhe in den Tagen davor hatte getrogen. Die Russen hatten gewaltige Kräfte zusammengezogen. Da war nichts zu halten. Großer Gott! Die Russen haben unseren Keil durchstoßen. Wir sind abgeschnitten von allem, vom Nachschub, von den eigenen Truppen, von der Heimat, 20 deutsche, 2 rumänische Divisionen! Und mein Kompaniechef sagt: Und vom Sieg.

D. S. 22. November

Wir stecken im Kessel und müssen so schnell wie möglich heraus. Das wird eine Sauerei, kann man schon sagen. Rumänen und Itaker sind eingebrochen. Neue Frontlinie gebildet am Don und noch weiter in unserem Rücken. Hosenscheißer, Feiglinge. War ja nicht anders zu erwarten. Itaker. Kein Verlass. Jetzt Durchbruch nach hinten. Müsste möglich sein. Aber große Opfer. Im Kessel nur Vernichtung. Wir warten jede Minute auf Befehl zum Durchbruch. Wenn es irgend geht, sitzen wir am Wehrmachtsempfänger. Der Ring der Russen zieht sich zusammen. Geschützdonner immer näher. Grimmige Kälte.

P. W. 23. November

Wir müssen raus. Der Durchbruch nach hinten müsste gelingen, meint mein Kompaniechef. 40 bis 60 Kilometer durch den Russen zurückkämpfen. Das wird schwer. Aber wir sind, alles zusammengerechnet, noch immer fast 300 000 Mann.

D. S. 24. November

Rundfunknachricht. Befehle: Stalingrad wird gehalten um jeden Preis! Kein Ausbruch! Hitler selbst. Um jeden Preis: Der Preis sind wir: Wir verrecken alle, fallen, erfrieren, verhungern. Versorgung aus der Luft lachhaft. Russen haben Lufthoheit über dem Kessel. Tagesration halbiert. Ein Kommissbrot für drei Tage. Aber wir müssen durchhalten!

P. W. 25. November

Kein Ausbruch. Die Stadt halten um jeden Preis. Arme Angelika, armes Kind. Großmaul Göring will uns aus der Luft versorgen. Unmöglich. Eingekesselt. Furchtbare Kälte. Weit unter zwanzig Grad minus. Keine Mäntel, keine Stiefel, keine Decken! Der Iwan ist am Ende, hieß es immer, Schlacht vor Winter beendet. Aber das waren die Russen nie. Sollen alles mit Papier ausstopfen, wenn kalt, heißt es jetzt. Bei 30 Grad minus Papier! Unser Kind ist jetzt wohl schon seit einer Woche auf der Welt. Junge oder Mädchen? Ich weiß nicht einmal den Namen. In den Kessel kommt kaum mehr Post.

D. S. 4. Dezember

Wir ziehen den gefallenen Russen und den Gefangenen die Mäntel und Stiefel aus. Wunderbar warme Filzstiefel. 4000 Zugpferde der rumänischen Infanterie zur Schlachtung freigegeben. Viecher hatten sowieso nichts mehr zu fressen.

D. S. 7. Dezember

Warten auf Entlastungsangriff aus dem Westen. Wenigstens Hoffnung. Bis zu 200 Kilometer beträgt die Entfernung zum nächsten deutschen Soldaten in der Zwischenzeit im Westen. Ist das möglich? Haltet aus, der Führer haut uns raus, heißt es.

P. W. 8. Dezember

Gestern auf dem Flugplatz Pitomnik – achtzehn Kilometer von meinem Standort – 188 Flugzeuge gelandet. Haben Feldpost mitgenommen. Post an Angelika und das Kind. Keine Post von zu Hause. Viele Flugzeuge werden abgeschossen. Auch auf dem Rückweg. Hans Kleinschmitt erfroren, Alfons März tot aufgefunden.

P. W. 10. Dezember

35 Grad unter null, den ganzen Tag. Kalt, kalt, kalt! Der Wind treibt Tränen, die gefrieren. Nur noch 200 Gramm Brot am Tag für jeden, dazu 200 Gramm Pferdefleisch, 75 Gramm Frischwurst. Wir sprengen Flugplätze in den gefrorenen Boden. Zivilbevölkerung muss schaufeln. Wer nicht mitmacht, wird erschossen. Versorgung aus der Luft. Aber es kommt wenig. Viel zu wenig. Bis Weihnachten sollen wir aus dem Kessel sein! Hoffnung, süßes Wort!

P. W. 11. Dezember

Manchmal bringen Flugzeuge Post mit. Zufall. Ich hoffe jeden Tag. Aber nichts. Jedes dritte Flugzeug von russischen Jägern abgeschossen. Sagt mein Kompaniechef. Der eine hat Glück, der andere nicht. Bei Nebel Vereisung. Da fliegen sie nicht.

D. S. 13. Dezember

Alle sitzen vor dem Wehrmachtsempfänger. Hitler haut uns doch heraus. Der Führer denkt an uns. Wir werden erlöst. Generaloberst Hoth soll uns heraushauen: Stellen Sie ostwärts des Dons auf kürzestem Wege die Verbindung zur 6. Armee her. So lautet der Befehl von gestern. Jeder spricht davon. Wir brechen aus, den Befreiern entgegen. Der Kampf hat schon begonnen. Wir horchen hinaus in die winterliche Steppe. Aber natürlich zu weit. 120 km. Noch kein Donnern von Geschützen. Pferdeblut gekocht als Suppe ausgeteilt. Pferdekadaver aus dem Eis gekratzt und gebraten. Trotzdem Hunger, Hunger, Hunger. Gesichter wie Totenköpfe mit Lumpen darum.

P.W. 14. Dezember

Vielleicht Geschützlärm zu hören, aus Südwest. Vielleicht nur Wind. Nein, deutlich Abschüsse! Ausbruch steht unmittelbar bevor. Sagt Kompaniechef. Gerüchte von Kannibalismus. Gerüchte: Im Norden der Stadt angeblich gefallener Zahlmeister von Kameraden verzehrt. In einer Woche Weihnachten! Und wir wollten das Abendland retten! Morgens 40 Grad unter null. Verwundung eitert immer weiter. Tut höllisch weh. Vorgestern Granatsplitter an der Schulter, verbunden. Eitert auch schon. Herbert Mahnke hat erfrorene Zehen, blauschwarz. Paul Kuhn müssen drei Zehen und ein Finger amputiert werden. Drei Männer von uns auf der Wache eingeschlafen, erfroren! Überall in Schnee und Eis liegen Bündel. Gefrorene Leichen. Helmut Banger hat sich auf der Wache erschossen.

D.S. 15. Dezember

Tagesration wieder halbiert. Nur noch 50 Gramm Brot am Tag. Hängt mit dem bevorstehenden Ausbruch zusammen. Sagt jeder. Nur 50 km entfernt die Retter. Geschützlärm schon zu hören. Der Führer haut uns heraus. Weihnachten sind wir befreit! Weihnachtsgeschenk des Führers! In der Nacht Leuchtzeichen am Horizont. Das sind sie! Das sind sie! Jetzt ausbrechen! Gegnerische Angriffe auf uns werden im Gegenzug immer heftiger. Große Verluste, erschossen, erfroren, verhungert. Bringen Verwundete vom Verbandplatz zum Flugplatz. Wer gleich wegkommt, gerettet. Außer Russe schießt Maschine ab. Wer warten muss, meist erfroren. In den Kellern noch Tausende von Schwerverwundeten. Meine eiternden Wunden reichen nicht für Heimat. Hebt Flugzeug ab, fallen Trauben von Männern von den Flügeln und dem Gestänge. Wollten alle mit.

P. W. 19. Dezember

Kein Ausbruchsbefehl. Die Unseren nur noch lumpige 40 Kilometer weg. Kein Ausbruchsbefehl!

D. S. 20. Dezember

Wir brechen nicht aus. Es ist ganz deutlich. Kann nur noch fluchen! Elende Schweine in Berlin!

P. W. 23. Dezember

Mündungsfeuer unserer Truppen entfernt sich. Stille. Keine Hoffnung mehr. Bei mir 3 Zehen blauschwarz, kein Gefühl. Finger bedrohlich weiß. Kaum Gefühl.

P. W. Heiligabend

In der Nacht von Angelika geträumt und dem Kind, weiß den Namen nicht, noch ob Bub oder Mädchen. Werde es nie erfahren. Weihnachten, Christbaum, Lieder, Kerzen. Wärme. Wärme! Jeder weiß, was der andere denkt. Hier nur Nacht, Kälte und Tod. Aus manchen Unterständen Lieder. 25 Mann um eine einzige Kerze. Die meisten nicht einmal das. Stille Nacht. O du Fröhliche! Viele weinen. Ich stehe meine 2 Stunden auf Wache. 25 Grad unter null. Wenigstens keine Schüsse: das Geschenk der Russen.

D. S. 24. Dezember

Verfluchte Weihnachten! Die Erinnerungen doch zu stark. Im Rundfunk Ringsendung vom Nordkap bis nach Afrika und von der Atlantikküste bis nach Stalingrad. Jede Wehrmachtsstation wird von Rundfunkzentrale aus angerufen. Überall hehre Worte von Sonnwende und Sieg. Stille Nacht gesungen und eine Stunde geplärrt. Schalten Wehrmachtsempfänger aus, als Goebbels von deutscher Weihnacht im Kessel Stalingrad redet.

P. W. 25. Dezember

Täglich Beschallung mit Lautsprechern von den Russen:

> Morgenrot, Morgenrot,
> morgen gibt es noch kein Brot!
> Die Wahrheit ist, der Tag ist nah,
> da ist kein Hitlerstaat mehr da.
> Wie glücklich, wer zu dieser Frist
> noch unversehrt am Leben ist.

Auch viele Flugblätter: Jede siebte Sekunde stirbt ein deutscher Soldat. Stalingrad – Massengrab. Wir sollen überlaufen. Macht keiner. Wenn die an uns rächen, was wir mit ihren gefangenen Kameraden gemacht haben!

3 Finger an der rechten Hand ganz gefühllos. Spüre eiternde Wunden nicht mehr.

D. S. 9. Januar

Gestern Ultimatum der Russen überbracht von Parlamentär mit weißer Flagge. Aufforderung an General Paulus zur Kapitulation: Verpflegung, Versorgung der Verwundeten. Oder Großangriff und Tod. Befehl des Generals: Künftig auf Parlamentäre mit weißer Fahne schießen! Schwein! Zu viele Nazis in der Heeresführung. Stolz, Vaterland, Ehre, Blut! Täglich stehen dir zu: 75 g Brot, 24 g Gemüse, 200 g Pferdefleisch mit Knochen, 12 g Fett, 11 g Zucker, 9 g Getränke, 1 Zigarette. Schön wär's.

P. W. 9. Januar

Mein Kompaniechef gefallen. War ein guter Mensch. Jeder ist allein. Auch wenn mit Kameraden zusammen, immer allein.

D. S. 11. Januar

Befehl von Hitler: Kapitulation ausgeschlossen. Heldentum. Rücksichtslos durchhalten. Wer weiße Fahne zeigt, erschossen. Kampf bis zur letzten Patrone. Arschloch.

D. S. 25. Januar

Russen durchgebrochen. Kessel in zwei Teile.

P. W. 26. Januar

Kampf. Schießen. Schlafen. Verwundete schleppen. Überall Russen. Alle Flugplätze in ihrer Hand. Notflugplätze: Gumrak schon vor drei Tagen genommen, Stalingradski zerstört. Ganz abgeschnitten. Nur noch Verpflegungsbomben aus unseren Flugzeugen, wenn eines durchkommt, knallen in die Ruinen – Würste, Brot. Habe weder eine gesehen noch von einer einzigen etwas bekommen. Viele gehen bei den Russen nieder.

D. S. 27. Januar

Bis zur letzten Patrone: Viele erschießen sich. Auch ein Weg.

P. W. 28. Januar

Ruinen, Schnee, Eis, gefrorene Leichen.

D. S. 30. Januar, Tag der Machtergreifung Hitlers

Verfluche alle, die Heil gebrüllt haben! Verfluche alle, die mitgemacht haben! Verfluche alle, die Krieg angefangen haben! Verfluche alle, die das Hakenkreuz hochgezogen haben, an das wir genagelt sind. Verfluche alle Nazis, Bolschewiken, Engländer, Amerikaner, Franzosen, Japsen, Juden, Italiener. Verfluche die ganze Welt. Verfluche zuerst mich!

P. W.

Kein Hunger, keine Kälte, keine Wunden, keine Läuse. Nichts. Angelika. Mein Kind –

ANGRIFF

Mit den Fortschritten der Menschheit, sich den Luftraum zu erobern, kam fast augenblicklich die Gier, die neuen Errungenschaften militärisch zu nutzen. Bomben auf Städte aus der Luft, auch Atombomben, das war der wichtigste militärische »Fortschritt« des zwanzigsten Jahrhunderts.
Zum ersten Mal in Kolonialkriegen von den Engländern angewandt, erreichte diese Kriegstechnik aus der Luft in der Bombardierung der baskischen Stadt Guernica am 26. April 1937 durch die deutsche Legion Kondor einen ersten, schrecklichen Höhepunkt. Zum ersten Mal wurde eine Stadt flächendeckend mit Bomben belegt. Zum ersten Mal auch wurde das Material des Ziels im Hinblick auf seine Entflammbarkeit mitbedacht. Es folgten in den Jahren 1940 und 1941 die gro-

ßen Angriffe der deutschen Luftwaffe auf England, für welche die Zerstörung der Stadt Coventry steht. Seit 1942 schlug der Bombenkrieg dann mit furchtbarer Gewalt – großenteils als Krieg gegen die Zivilbevölkerung – auf Deutschland zurück. Fast alle deutschen Großstädte und viele kleinere Städte wurden durch Flächenbombardements weitgehend zerstört, über 500 000 Opfer forderte der Bombenkrieg unter den Zivilisten in Deutschland, unersetzliche Kulturgüter sanken in Schutt und Asche. Die Zerstörung von Dresden am 13. und 14. Februar 1945 wurde zum Symbol des Bombenkriegs schlechthin.

Seine Fortsetzung erfuhr der sogenannte »konventionelle Bombenkrieg« durch den Bau der Atombombe und ihre Abwürfe auf Hiroshima und Nagasaki, mit denen die USA den Krieg gegen Japan beendeten. Nach 1945 wurde mit der Wasserstoffbombe noch eine wesentlich zerstörerischere Waffe entwickelt, die durch den Bau von Interkontinentalraketen Ziele auf der ganzen Welt vernichten kann. Die Waffenarsenale der Großmächte waren so sehr gefüllt mit diesen Vernichtungswaffen, dass man seit dieser Zeit des Kalten Krieges vom Overkill spricht, der Möglichkeit, die ganze Welt, jedes menschliche Leben und jede menschliche Kultur mehrfach zu vernichten. Künftig die größte Bewährungsprobe der Menschheit.

Bei Luftangriffen in Deutschland war Juden das Betreten der Bunker verboten. Sie waren den Angriffen hilflos ausgeliefert. Wir denken uns ein jüdisches Mädchen, das durch Zufall einen falschen Pass bekommen hat und seither versucht, das Dritte Reich im Untergrund zu überleben.

Die Zitate stammen aus dem antisemitischen Hetzbuch »Der Giftpilz« von Ernst Hiemer, Verlag Der Stürmer, Nürnberg 1938.

UNSERE MAUERN BRECHEN, UNSERE HERZEN NICHT, las das schwarzhaarige Mädchen. Ihre Augen hingen an der Schrift auf der Bunkerwand. Sie war ungelenk in großen Buchstaben mit weißer Ölfarbe auf den Beton geschrieben und leuchtete aus dem Dunkel: UNSERE MAUERN BRECHEN, UNSERE HERZEN NICHT. An vielen Stellen war die nasse Farbe in Schlieren nach unten gelaufen, schmale, zitternde Rinnsale.

Eine junge Frau, zwei Sitzreihen weiter, hielt in den Armen ein Mädchen von vielleicht zwei Jahren. Das Kind schien geborgen, aber die Frau weinte mit einer dünnen hohen Stimme wie der eines sehr kleinen Kindes. Die vielen Frauen, Kinder und alten Männer saßen eng zusammengedrückt auf Holzbänken wie in einem Eisenbahnzug, stumm, wartend. Das heulende Auf und Ab der Sirenen, das die Menschen hierhergebracht hatte, verstummte plötzlich, als hätte ein weidwundes Tier aufgehört zu schreien. Das Kind schlief.

Das Mädchen mit den schwarzen Haaren drückte sich ins Dunkel hinter einem Holzregal mit Eimern, die der Schein der drahtvergitterten Bunkerlampen kaum erreichte. Zu der Angst, die alle erfasste in diesem Raum, kam bei ihr noch eine ganz andere, von der niemand wissen durfte. Die Panik packte sie bei jedem der Fliegerangriffe wie mit Fäusten – Angst und Schuldgefühl, eine furchtbare Mischung! Schuld, weil ihr Vater vor wenigen Tagen abtransportiert worden war? Weil sie ihrem »arischen« Freund nichts sagen durfte? Weil sie ein schlechteres Gewissen hatte als jemals, nicht die zu sein, welche sie in Wirklichkeit war, nämlich eine Jüdin? Dass sie sich retten wollte mit einem falschen Pass, wo andere in Viehwaggons fortgeschafft wurden?

Juden durften sich an diesem Ort nicht aufhalten. Es war ihnen verboten, ihr Leben zu schützen. Man hatte keine Luft zum Atmen für sie übrig. Das Feuer war eine gierige Macht und fraß aus der Luft allen Lebensstoff heraus, fraß ihn den Menschen in den Kellern weg, verwandelte ihn in giftiges Gas; und die Menschen schliefen ein, wo sie gingen und saßen, und erwachten nie mehr, ihre Gesichter aufgeschwollen und verfärbt wie reife Kirschen. Nur der Bunker konnte hier einigermaßen schützen.

Auch deshalb durfte sie keine Jüdin sein.

Sie umklammerte ihre Schultern mit den Armen, während sie das schlafende Kind und seine weinende Mutter betrachtete, eine junge Frau in einem Umschlagetuch, die ihr Gesicht in ihr Kind hineindrückte, als suche sie bei ihm Schutz.

Das jüdische Mädchen presste die Stirn an einen Holzbalken, bis es wehtat, und presste immer weiter. Aber sie sollte sich gar nicht in die dunkelste Ecke verkriechen: Du machst dich nur verdächtig!, sagte sie sich. Sie sollte sich einfach auf eine Bank setzen wie alle anderen, eine große Einkaufstasche mit wichtigen Sachen vor sich auf dem Schoß. Still sitzen wie beim Zahnarzt, aufrecht sitzen wie in der Eisenbahn.

Aber ich bin schuldig! Mein Vater musste den Viehwaggon allein besteigen, als hätte er keine Tochter. Ich war keine Jüdin. Wer war ich? Wer bin ich?

Der Jüdin schräg gegenüber saß ein blondes Mädchen in ihrem Alter neben der blonden Mutter. Die beiden hatten sich an den Händen gefasst und redeten miteinander, sehr leise wie fast alle in dem Betonraum. Die Mutter trug einen teuren Pelzmantel, jetzt im Sommer, und tastete mit der freien Hand nach ihren Dauerwellen. Frau einer Nazigröße?

Sah das Mädchen nicht immer wieder her zu ihr? Her zu ihr als einer Jüdin? Würde das Mädchen nicht gleich aufstehen und verlangen, dass die Jüdin davongejagt würde, dass sie bestraft werden müsse wegen Nichttragens des Judensterns? Dass sie ausgesondert werden müsse, abtransportiert im Viehwaggon zu Aufräumarbeiten im Osten?

Die Juden sind unser Unglück! Hatte das Mädchen mit den blonden Haaren das nicht eingesogen mit jedem Wort dieser eleganten Dame, die noch immer an ihrer Frisur herumtastete?

Das jüdische Mädchen war oft genug in den Gruppenstunden der Jungmädel gewesen, um zu wissen, was man da lernt. Es war eine gute Tarnung, wenn man sich auskannte und nachplapperte, was dort geredet wurde; es war höllisch schwer mitzumachen, aber sie war nie entdeckt worden. So wie sie in der Schule nie aufgefallen war. Dort lernte man dasselbe. DER GIFTPILZ hieß ein Buch, aus dem die Mädelführerin vorgelesen hatte: *Schau, Franz,* hatte die Mutter in dem Buch zu ihrem Sohn gesagt, nachdem sie im

Wald einen giftigen Pilz aus dem Korb ausgesondert hatte – *genau so, wie es bei den Pilzen im Walde ist, so ist es bei den Menschen auf der Erde. Es gibt gute Pilze und es gibt gute Menschen. Es gibt giftige, also schlechte Pilze, und es gibt schlechte Menschen. Und vor diesen schlechten Menschen muß man sich ebenso in Acht nehmen wie vor Giftpilzen. Und weißt du auch,* hatte die Mutter weitergefragt, *wer nun diese schlechten Menschen, diese Giftpilze der Menschheit sind? Jawohl, Mutter! Das weiß ich,* war die Antwort gewesen, *es sind die – Juden. Unser Lehrer hat das schon oft in der Schule gesagt. Lachend klopfte die Mutter ihrem Franz auf die Schulter.* Das jüdische Mädchen hatte es geschafft zu schweigen, und sie war stolz darauf gewesen und schämte sich jetzt.

Sie war vor wenigen Jahren zu ihrem Vater in die alte Stadt zurückgekehrt, den sie vor einigen Tagen in einem Viehwaggon abtransportiert hatten. Sie aber war nicht abtransportiert worden, weil sie wie ihre Tante, bei der sie lebte, einen falschen Pass hatte, auf einen falschen Namen, der nicht jüdisch klang wie ihr richtiger und der sie zum Mitglied der überlegenen Rasse machte.

Freilich vor Jahren, als sie noch in der Grundschule war und ihre Mutter noch beim Vater, hatte sie schon einmal in dieser Stadt gelebt, als Jüdin und unter ihrem richtigen Namen. Dann hatten sich ihre Eltern getrennt und sie war mit ihrer Mutter nach Wien gezogen. Würde sie heute jemand in der Stadt ihrer Kindheit wiedererkennen? Jemand aus der Schule oder aus der Nachbarschaft? Jetzt war sie fünfzehn. Würde das blonde Mädchen nicht plötzlich aufstehen und zu ihr sagen: Du, kenne ich dich nicht?

Es war jetzt atemlos still im Bunker, auch das letzte Flüstern hatte aufgehört. Es war die Zeit nach dem Alarm. Bald würde es sich zeigen, ob es einer der vielen Fehlalarme war, der feindliche Einflüge in das Reich registrierte, den Zielpunkt aber noch nicht sicher ausmachen konnte.

Da war schon ein Bellen zu hören – die FLAK begann zu schießen. Es wurde ernst für die Stadt und die Menschen darin, gleichgültig ob arisch oder jüdisch –

Das Mädchen begann zu zittern, obwohl es das alles schon oft erlebt hatte. Niemand gewöhnte sich daran.

Jetzt drang ein stetiges Grollen ins Bewusstsein, das aus der niedrigen Decke, der Luft und dem Boden zugleich zu kommen schien, alles vibrierte. Jeder im Bunker duckte sich, als es anschwoll wie bei einem einfahrenden Zug und sich gleichzeitig schwer wie eine geballte Faust auf den Raum legte –

Da! Mit einem Schlag wurde es überschrien von einem vielstimmigen Jaulen und Pfeifen, dem schrillen Höllenkonzert einer tausendrohrigen, dämonischen Orgel, einem heulenden Schwirren wie von Rieseninsekten – und da: Wumm! Krach! – die ersten Einschläge, die den Beton zum Leben erweckten, ein aufeinanderfolgendes, rasend näher kommendes Krachen, das zu einem ohrenbetäubenden Dröhnen zusammenwuchs; dazwischen Weinen, Beten: Mutter der Barmherzigkeit, Wimmern: Mammele, hilf doch ...! Das Licht! Zwei-, dreimal flackerte es. Dann glomm es rötlich wieder auf. Jeder Blick haftete an den flachen Bunkerlampen, als glühten in ihren Gitterkäfigen die Lebensfäden der Menschen. Im Halbdunkel stand wieder überdeutlich an der Wand: UNSERE MAUERN BRECHEN, UNSERE HERZEN NICHT. Jetzt eine krachend schmetternde Entladung, der Bunker schüttelte sich, als wolle er alles Leben auswerfen, die Luft war erfüllt von Staub. Dann plötzlich Nacht! Das Kind schrie maßlos, nicht mehr wie ein menschliches Wesen.

Dann war es vorüber. Stille. Die Bunkerlampen flackerten und verbreiteten wieder ihr trübes Licht. Die Menschen saßen, wie sie vorher gesessen hatten, aufrecht, ernst, starr und steif wie auf einer alten Fotographie.

Die elegante Frau tastete wieder nach ihrer Frisur; Mutter und Tochter hielten sich immer noch an den Händen. Das fast noch kindliche Gesicht der Tochter war dem jüdischen Mädchen zugewandt.

Wie lange hatte es gedauert? Stunden, Minuten, nur Sekunden?

Dann standen die Leute auf und begannen wieder zu reden. Viele konnten gar nicht mehr aufhören.

Andere blieben stumm: Was war draußen? Man konnte alles verloren haben in den letzten Minuten.

Die Tochter der blonden Frau drängte sich neben dem jüdischen

Mädchen zum Ausgang. Sie wurden eng zusammengepresst, denn jeder wollte nur noch hinaus, als müsse man draußen im Licht des Tages Schutz vor der Nacht des Bunkers suchen.

Die junge Frau lachte ihrem Kind zu und hatte auf einmal ein uraltes Gesicht.

Die beiden Mädchen, blond und schwarzhaarig, starrten sich an, Auge in Auge.

Das jüdische Mädchen schlug die Augen nieder vor plötzlich wieder aufflackernder greller Angst und blickte dann mit äußerster Kraft auf, voll Zorn darüber, dass sie sich von ihrer Angst hatte beherrschen lassen. Ich muss mich nicht schämen, nicht vor diesem Mädchen da!

Die Straße war voller Qualm – ganz nah brannte ein Haus. Die Fassade war bis herab auf die Straße aufgerissen, der lodernde Hausrat qualmend auf die Straße geschüttet wie die rauchenden Eingeweide eines aufgeschlitzten Tieres.

Das war der große Einschlag, den wir gehört haben, dachte das jüdische Mädchen entsetzt; eine Zehn-Zentner-Bombe. Hoffentlich war keiner im Keller – einen solchen Volltreffer überlebte niemand. Die Häuser zerbarsten, vom Dach durch alle Geschosse in den Keller hinab und bis in den gewachsenen Grund hinein, als schlüge ein Stein durch Eierschalen. Sie hatte einmal nach einem Angriff Tote aufgereiht neben der Straße liegen sehen, drei Frauen, ein alter Mann, fünf Kinder, das kleinste vielleicht drei, das älteste sieben, alle gerade ausgerichtet und wie schlafend; die Augen hatte ihnen jemand geschlossen. Bomben auf Kinder und Mütter! Kinder sind keine Feinde, nie und unter keinen Umständen können Kinder Feinde sein, war ihr plötzlich klar geworden. Sie erinnerte sich an die großen Angriffe auf Hamburg mit über vierzigtausend toten Zivilisten; die Zeitungen waren voll gewesen. »Krieg gebiert Unrecht«, hatte ihr Vater gesagt, den sie vor wenigen Tagen geholt hatten, »die Verbrechen der Bösen führen zur Selbstgerechtigkeit der Guten.«

Die beiden Mädchen, blond und schwarz, waren getrennt worden, als sich das Menschenknäuel auflöste. Aber das blonde Mädchen hatte seinen Blick nicht von ihr gewandt. Diesen eigenartig forschenden Blick, den das jüdische Mädchen so sehr fürchtete.

Und sie sah, als sie sich umdrehte, dass auch das blonde Mädchen sich umgedreht hatte.

Warum starrte es ihr nach? Warum wandte sie sich nicht wie alle dem im Feuer dröhnenden Haus zu? Hatte die andere Verdacht geschöpft? War das möglich? Man konnte ihr nicht ansehen, dass sie eine Jüdin war.

Oder stand ihr die Schuld ins Gesicht geschrieben, weil ihr Vater geholt und abtransportiert worden war – in einem Viehwaggon! Sie würde diesen Tag nie wieder vergessen. Von den Viehwaggons, in denen die Juden fortgebracht würden, hörte man in der ganzen Stadt. Niemand hatte es gesehen, jeder flüsterte davon. Zwar hatte ihre Tante gesagt: Hör nicht auf das Geschwätz der Leute! Aber das Mädchen sah ihr an, dass es so war –

Von dem brennenden Haus löste sich jetzt ein großes Mauerstück und stürzte krachend und Funken sprühend auf die Straße. Die Leute drängten auseinander, ein glühend heißer Schwall aus Qualm und Gestank traf sie ins Gesicht. Sie wich unwillkürlich ein paar Schritte zurück.

Es war kein großer Angriff gewesen, allerdings waren einige Bomben nah bei ihrem Bunker gefallen und hatten mehrere Häuser getroffen, von denen nun schneller, dichter Rauch aufstieg.

Hätte der Bunker selbst, ein massiger, runder und spitz zulaufender Betonturm, einen Volltreffer bekommen wie das Haus: Niemand könnte sagen, was dann geschehen wäre. So hörte sie die Leute um sich herum reden. Alle tot wären wir!, sagte ein Mann.

Und niemand sagte, was auch sie dachte: Sie fliegen ihre Angriffe schon am helllichten Tage! Sie haben keine Angst mehr vor der deutschen Luftabwehr.

Jeder wusste, dass der Krieg verloren war und beendet werden müsste, weil es noch sinnloser ist, einen verlorenen Krieg weiterzuführen, als einen Krieg anzufangen. Aber wer aussprach, was alle dachten, verlor sein Recht auf Leben und wurde von der willfährigen Justiz dieses Reiches verurteilt – und von seinen Henkern geköpft. Und so sagte es niemand. Und deshalb konnten die, welche den Krieg angefangen hatten und nun zu feige waren, ihn zu beenden, ihn immer weiterführen.

UNSERE MAUERN BRECHEN, UNSERE HERZEN NICHT!, das

jüdische Mädchen wusste plötzlich, dass diese weiße Schrift im Bunker verlogen war wie alles in diesem Dritten Reich.

Als sie sich umwandte und durch Rauch und Qualm nach Hause gehen wollte, trat plötzlich die andere auf sie zu: »Kenne ich dich nicht?«

AUSCHWITZ

Am 20. Januar 1942 kamen unter Vorsitz von SS-Obergruppenführer Reinhard Heydrich, Chef des Reichssicherheitshauptamts, fünfzehn hochrangige Vertreter des Nationalsozialismus in einer Villa am Berliner Wannsee zusammen, um die »Endlösung der Judenfrage« in den letzten Details zu besprechen. Mit dieser Formulierung war seit dem Sommer 1941 der Holocaust umschrieben worden, der millionenfache Mord an den Juden Deutschlands und der jüdischen Bevölkerung in den Gebieten Europas, die das Dritte Reich besetzt hatte. Das Morden selbst hatte schon mit dem Beginn des Krieges begonnen: Mit dem Vorrücken der Wehrmacht waren in den eroberten Gebieten im Osten bereits systematisch alle Juden umgebracht worden. Diese Morde entsprachen dem

Rassenwahn des Nationalsozialismus, ein Wahn, der als wissenschaftliche Lehre auftrat: Die Rassen der Menschen, so wurde behauptet, seien nicht gleichwertig: Wertvolle Rassen, zum Beispiel die indoeuropäisch-arische, zu der die deutsche Rasse gehöre, existierten neben lebensunwerten Rassen. Die Herrschaft über alle anderen, so die »Lehre«, stehe den Deutschen als Herrenrasse zu, als Teil der wertvollen nordischen Rasse. Die Juden seien minderwertig und zersetzend und müssten vernichtet werden, bevor sie die von ihnen angeblich erstrebte Weltherrschaft anträten. Es wurde behauptet, die Juden hätten die Schuld am Krieg. All dies lieferte die Gründe für die systematische Ausrottung der europäischen Juden.

Nach den Anfängen in den ersten Kriegsjahren wurden die in Polen und Russland begonnenen, in den eroberten Teilen Europas anschwellenden Vernichtungsaktionen durch die Wannseekonferenz organisatorisch geregelt: Planung und Bereitstellung der Ressourcen, die zu millionenfachem Mord gebraucht wurden. Dazu gehörten die Probleme des Transports, die sich aus den geplanten Deportationen ergaben. Gleichzeitig sollten die arbeitsfähigen Juden aber der Kriegsproduktion zugeführt werden. In den großen Vernichtungslagern fanden deshalb Selektionen statt, bei denen Alte, Kranke und Schwache sowie Kinder ausgesondert und sogleich in den Gaskammern ermordet wurden. Wer arbeitsfähig war, wurde zu einem menschenunwürdigen Leben in den großen KZs gezwungen, bis er am Ende seiner Kräfte ebenfalls vergast wurde. Das größte Vernichtungslager wurde im polnischen Auschwitz errichtet. Weitere Vernichtungslager entstanden in Belzec, Chelmno, Maidanek, Treblinka und Sobibor. Dem Holocaust fielen insgesamt zwischen vier und sechs Millionen Juden zum Opfer; ermordet wurden aber auch Sinti und Roma, bibeltreue Christen, Homosexuelle und politische Gegner der Nazis.

Diese beispiellosen Verbrechen wurden erst in den Jahren ab 1963 bis 1965 einer juristischen Aufarbeitung zugeführt. Wei-

tere Prozesse folgten. Die Angeklagten hatten zumeist nicht das geringste Unrechtsbewusstsein und beteuerten ihre Unschuld. Viele Deutsche konnten und können nicht eingestehen, dass die NS-Verbrechen nur deshalb möglich waren, weil die Mehrheit der Bevölkerung den Rassenwahn unterstützte oder schweigend hinnahm. Ausgrenzung, Entrechtung und Deportation der Juden vollzog sich vor den Augen aller. Widerstand aus der Bevölkerung gab es fast keinen. Es ist das Verdienst von Simon Wiesenthal, mit der Schaffung des Archivs zur Verfolgung von NS-Verbrechen die wichtigste Grundlage zur juristischen Aufarbeitung dieser Verbrechen gegeben zu haben.

Die Grundlage des Rassismus ist die Behauptung von der Ungleichwertigkeit der Rassen. Sie gab es nicht nur im Dritten Reich und sie hat auch heute weltweit noch unbelehrbare Anhänger. Die Genforschung hat diese »Lehre« endgültig widerlegt. –

In der folgenden Geschichte finden sich die oft ins Feld geführten »Verdienste« Hitlers: Beseitigung der Arbeitslosigkeit, Autobahnbau. Die Arbeitslosigkeit wurde durch rücksichtslose Aufrüstung verringert sowie durch weitere Staatsaufträge, die mit den Staatsersparnissen des vorhergehenden Kanzlers Brüning finanziert wurden und mit den Ersparnissen der deutschen Bürger, die davon nichts ahnten. Die Autobahnen waren längst geplant.

Wir denken uns einen ehemaligen KZ-Aufseher, den wir bei seinen Überlegungen begleiten, als er seinem Rechtsanwalt vor Beginn des Prozesses einen Brief schreibt.

Mein Verteidiger Dr. Frankenhall hat mir die Anklageschrift in die Zelle zugestellt. Der Wachmann hat sie mir mit steinernem Gesicht übergeben. Sie ist hart, aber was hatte ich erwartet? Mehrfacher Mord, vielfache Körperverletzung, Verbrechen gegen die Menschlichkeit werden mir zur Last gelegt. Na, prima! Werde mich aber zu wehren wissen. Was für ein Unsinn! Hört denn das nie auf? Man muss doch auch einmal vergessen können! Und kein Wort von Haftverschonung schreibt der. Schließlich bin ich nicht mehr der Jüngste, und das Herz will auch nicht immer, wie es soll.

Ich heiße Emil Obermeyer und bin Bürger unseres Landes. Ich bezahle meine Steuern wie jeder andere Bürger auch. Ich betreibe ein solides Unternehmen, ein Möbelgeschäft, ich schaffe Arbeitsplätze. Dabei habe ich nicht einmal eine Lehre abschließen können. Ich habe mich aufgerappelt nach dem Krieg, fleißig, findig, Marshallplan, Währungsreform und so weiter.

Und jetzt sitze ich in Untersuchungshaft. Fluchtgefahr, haben sie festgestellt. Ich weigere mich, wie jeder Vernünftige es tun würde, plötzlich ein Verbrecher zu sein. Ich: Geboren 1916, Volksschule, Tischlerlehre angefangen. Dann arbeitslos, Hungerzeit, dann der Führer, darf man ja heut nicht mehr sagen, aber auf einmal Arbeit, Brot. Reichsarbeitsdienst, Kommiss und so weiter. War nicht alles schlecht im Dritten Reich: Ende der Arbeitslosigkeit, Autobahnen, KdF-Reise nach Norwegen. War eine schöne Zeit, Begeisterung, Kameradschaft, Abenteuer. Da wusste man, wofür man lebt. Nicht nur Schlager wie heute. Dann Krieg, freiwillig zur Waffen-SS gemeldet, stolz, als die mich genommen haben. Soldat, Polen, Frankreich, Norwegen, Russland – alles mitgemacht, Knochen hingehalten.

Was uns nicht umbringt, macht uns härter, hat unser Volksschullehrer, Herr Brettschneider, gesagt. Sein zweiter Lieblingssatz: Was fällt, soll man noch stürzen! Einer der Mitschüler hat damals Nein gesagt, Johannes Franzensknecht. Stürzen, was sowieso schon fällt, das ist unmoralisch, hat er gesagt. Gerade das Schwache bedarf unserer Hilfe, hat er gesagt, man muss es stützen; wir haben uns halb tot gelacht: Bedarf unserer Hilfe! Wollte katholischer Priester werden, das dünnbrüstige Bürschlein; ist aber in der Schlacht um Berlin im April 1945 ganz zum Schluss noch gefallen.

Wir haben immer hart durchgegriffen bei der SS in der Ukraine und in Polen; das Leben ist schließlich kein Apfelkuchen.

Dann Auschwitz, KZ-Aufseher, Blockführer.

Ob ich ein Geständnis ablege, fragt mich dieser Dr. Frankenhall! Ich, Emil Obermeyer? Nein! Nie im Leben! Ich bin nicht der Dummkopf, für den Sie mich zu halten scheinen, Herr Rechtsanwalt. Selbstverständlich nicht! Sie scheinen zu vergessen, dass Sie mich verteidigen und nicht als weitere Krähe im Rachechor gewisser Kreise mitkrächzen sollen. Und dass Sie die Aufgabe haben, mich endlich aus dieser verdammten Zelle herauszuholen. In der Zelle merkt man erst, welch hohes Gut die Freiheit ist! Alles das werde ich ihm schreiben, diesem Herrn Dr. Frankenhall.

Sehr geehrter Herr Dr. Frankenhall, die ungeheure Anklage, die offenbar auch Sie meinen, mir unterstellen zu müssen, weise ich entschieden von mir. Wie kommen Sie auf den Gedanken, dass ich ein Geständnis abzulegen habe. Glauben Sie als mein Anwalt auch, ich sei ein vielfacher Mörder? Wie werde ich in der Anklageschrift genannt? Das Ungeheuer vom Block III/14! Sie schreiben, es sei angeraten, mich angesichts der Beweislage nicht als unschuldig zu präsentieren, und wenn es nur aus taktischen Gründen wäre. Eine reuevolle Geste könne sich in der Urteilsfindung positiv niederschlagen –

Stecken sie sich das in den Arsch, Herr Dr. Frankenhall.

Die Beweislage? Aussagen von Zeugen, die mich wiedererkannt haben wollen? Die Recherchen von Simon Wiesenthal, diesem rachsüchtigen Juden? Nebenbei: Die Juden sind rachsüchtig. Alle. Das gehört zu ihrer Rasse! Oder ihrer Religion? Was weiß ich! Ohne mich! Wollen mich wohl zum Sündenbock machen. Haben es ja schon geschafft, dass ich in Haft bin.

Also: *Sehr geehrter Herr Dr. Frankenhall, haben Sie die Aussagen der Zeugen nachgeprüft? Was sind das überhaupt für Zeugen? Aus den USA, aus der Sowjetunion, aus Israel, aus Polen, aus Ungarn, aus noch anderen Ländern. Ja, trauen Sie vielleicht diesen Ausländern? Haben Sie noch alle fünf Sinne beieinander, Herr Dr. Frankenhall? Und sind die vielleicht alle aus dem Block III/14?*

Da hat keiner überlebt im Block III/14, tut mir leid. Der Reichsführer der SS, Heinrich Himmler, hat oft genug dargestellt, dass keiner überleben darf von den Juden: Wer überlebt, rächt sich! Auch die Kinder dürfen nicht überleben, hat er gesagt, wenn es auch schwerfällt. Die Kinder rächen später ihre Eltern. Kein Einziges darf übrig bleiben, es sagt sonst später, was es gesehen hat. Wir haben die Kinder schon bei der Selektion getrennt von den Eltern. Der Dr. Mengele hat welche gebraucht, das war klar, vor allem Zwillinge. Das waren wichtige medizinische Forschungsarbeiten für die ganze Menschheit. Ich selbst aber habe niemand angerührt, nicht die Kinder, nicht die Eltern. Ich habe niemanden umgebracht.

Dennoch. Nachts höre ich manchmal immer noch ihr Geschrei und kann dann nicht richtig schlafen. Diese Jammergestalten, halb verhungert, halb verdurstet, krank, bleich, hohläugig, Junge wie Alte, wie sie aus den Viehwaggons stiegen. Überall Kinder, diese käsigen, judensternigen, fischgestaltigen Lumpengerippe zwischen meinen Stiefeln, und das Geschrei nach Mutter und Vater, das Geplärre, das Geheule, das Wimmern, das Gebrüll von Säuglingen, das Geschrei der Mütter, wenn ihnen ihre Blagen weggenommen wurden –

Es war unerträglich. Das ist festzuhalten: Auch wir waren Opfer! Ich bin heute noch Opfer, Herr Rechtsanwalt, und sitze nun in der Zelle wie ein Schwerverbrecher. Ich erwarte Gerechtigkeit!

Sehr geehrter Herr Dr. Frankenhall, ich beginne mein Schreiben noch einmal von vorn, *auch wir waren Opfer! Das kann alles nicht so einfach eingeteilt werden in Schuld oder Unschuld, wie sich viele das heute vorstellen. Wir waren Opfer und keine Schuldigen. Es gibt eine Grenze zwischen Opfer und Schuld! Kurz: Ich kann kein Geständnis ablegen, Herr Dr. Frankenhall. Und erfüllen Sie Ihre Pflicht als Rechtsbeistand und holen Sie mich hier heraus. Man geht ja zugrunde, man kann mich doch nicht unschuldig in der Haft lassen.*

Ich bin doch kein Unmensch! Ich habe doch auch ein Gefühl! Wir waren keine seelenlosen Verbrecher, wie sie heute über uns in allen Zeitungen schmieren. Nein, ich hatte ja selbst Kinder, zwei Jungen, ein Mädchen. Ich habe ihnen Geschenke geschickt, wenn sie Geburtstag hatten, an Weihnachten und zu Ostern. Das mit den Kindern, wenn sie aus den Waggons klettern, steckt man nicht einfach so weg. Ein Junge ist einmal zwischen meine Stiefel geraten, so ein kleiner Schädling. Denn dass sie Schädlinge sind, das hat unser Sturmbannführer immer wieder gesagt: Juden sind Volksschädlinge, keine Gnade, wenn es auch schwerfällt. Da denkt man heute anders, ich weiß. Aber konnten wir damals vielleicht wissen, wie man heute denkt? Der Junge war vier oder fünf Jahre alt, vielleicht auch zehn, das konnte man bei diesen unterernährten Bürschlein nie so genau sagen. Ich trat ihn mit dem Stiefel. Habe ich ihm einen Knochen gebrochen? Es hat sich so angehört und er hat geschrien wie am Spieß. Es war keine Absicht, das schwöre ich. Aber du hörst dieses Knacken noch lange, du hörst es noch jahrzehntelang.

Noch einmal: Auch wir sind Opfer, Herr Rechtsanwalt!

Wir wurden missbraucht, behaupte ich. Missbraucht zu allen möglichen Dingen, die man nicht im Konfirmandenunterricht lernt, wie einmal ein SS-Gruppenführer zu uns gesagt hat. Und das war es, Herr Dr. Frankenhall: Wir haben nur Befehle befolgt. War ich vielleicht bei der Konferenz in Wannsee mit dabei? Habe ich diese Endlösung beschlossen? Die Juden waren mir immer herzlich egal, Herr Rechtsanwalt. Das waren andere, die das gemacht haben, der Heydrich, der Eichmann, der Göring und wie sie alle hießen. Und wir sollen es jetzt ausfressen. Befehlsnotstand hat einer gesagt. Das trifft es genau: Befehlsnotstand!

Sehr geehrter Herr Dr. Frankenhall, Sie müssen auf unschuldig plädieren: Ich habe nur gehandelt, jedoch mein Handeln geplant hatten zuvor andere, Befehlsnotstand. Bestraft man das Beil?, hat einmal einer gesagt, als sie ihn zum Tod verurteilt haben, weil er während der französischen Revolution Aristokraten hatte köpfen lassen. Nur die Absicht zählt, lieber Herr Advokat! Von mir aus hätten die Juden noch lange leben können.

Ich kannte einen: Der war Arzt und meine Mutter ist zu ihm hingegangen. Das ist ein feiner Mensch, hat sie gesagt. Sie haben ihm aber den Beruf verboten und ihn dann geholt und meine Mutter musste sich einen anderen Arzt suchen. Wegen mir hätte sie noch lange zu diesem Juden gehen können; Dr. Goldberg oder Dr. Goldstein hieß er wohl, die hatten ja immer so komische Namen.

War ich es, der ihn weggeschafft hat? Nein! Ich war ja nicht einmal dabei, als sie ihn mit anderen Juden auf einen Lastwagen geladen und zum Bahnhof gefahren haben, von wo er mit dem Viehwaggon weiterfahren musste. Wenn er nach Auschwitz gekommen ist, hat er nicht überlebt. Er war zu alt.

Es war viel Arbeit für uns und es war keine schöne Arbeit. Das kann ich sagen. Das kann man sich aber auch denken. Aber ob nun der eine oder der andere fällig war, das haben andere bestimmt, nicht ich. Ärzte, SS-Offiziere. *Ich hatte keine Verantwortung,* das schreibe ich Dr. Frankenhall noch dazu, *ich war nur das Beil.* Nein, das mit dem Beil lasse ich besser weg. Beil erweckt ganz falsche Gedanken.

Es waren natürlich nicht alle Juden wie dieser Arzt Dr. Goldberg. Da gab es auch ganz andere, Bankmenschen, Börsenschweine, die Nichtjuden beschissen haben. Weiß man doch alles. Haben ja schon die Kinder in der Schule gelernt. Man darf von dem einen Juden, der vielleicht ganz in Ordnung ist, nie auf die anderen schließen, hat mein Nachbar, Herr Oberlehrer Wangenbaum, immer gesagt, wenn ich auf Urlaub war. Es ist die jüdische Rasse, die ist in ihrer Gesamtheit schlecht, das merkst du nicht immer am Einzelnen; aber wir müssen im Einzelnen die ganze Rasse treffen. Eine einzelne Ratte zum Beispiel, hat er erklärt, kann ein ganz nettes Tierchen sein. Du musst aber einmal hundert auf einem Fleck sehen, dann vergeht es dir! Und lässt du eine am Leben, hat sie Nachkommen, tausend, zehntausend, Millionen, das geht ganz schnell. Die kannst du alle verhindern, wenn du die eine beseitigst. Rassenkunde hat der unterrichtet. Gibt es heute nicht mehr, solche Fächer. War damals bei der SA, der Oberlehrer Wangenbaum. Da war auch nicht alles nur übel. Wenn du arbeitslos warst, dann haben die für dich gesorgt. Rassenkunde. Na ja, schreibe ich alles Dr. Frankenhall besser nicht. Da denkt man heute anders darüber. Als ob alle Juden Engel wären.

Fragt mich Dr. Frankenhall: Weshalb waren Sie in Auschwitz? War er in Russland dabei? Ich war in Russland, seit April 1943, da war Stalingrad gerade den Bach runter. Was wir mitgemacht haben in Russland, kann man nicht erzählen. Ging ja nicht mehr so richtig voran mit dem Krieg, na ja, gehört nicht hierher. Oder doch? Schreibe ich ihm also: *Sehr geehrter Herr Dr. Frankenhall, warum war ich in Auschwitz? Ich bin kein Drückeberger, war ich nie. Das wird Ihnen jeder bestätigen.* Man konnte sich melden. Franz Schönhuber, ein Kamerad, der sich auch gemeldet hat, hat gesagt: Geh hin, da bist du aus der Schusslinie. Entscheidend war, dass unser Sturmbannführer gesagt hat, das sei eine verantwortungsvolle Aufgabe: *Aber Sie sind der richtige Mann dafür: Handwerker, pflichtbewusst, zuverlässig, hat der Sturmbannführer zu mir gesagt,* das teile ich Dr. Frankenhall mit. Er hat noch weiter gesagt: nicht zimperlich, auch einmal Härte zeigen, wo nötig. Muss der Frankenhall aber nicht alles wissen. *Da habe ich mich gemeldet.*

Wissen Sie überhaupt, wie das war in Auschwitz, Herr Dr. Frankenhall? Gerade für uns Aufseher, Wachpersonal, Reinigungskommandos und so weiter. *Es war eine schwere Zeit, und es war eine schwere Aufgabe, die wir in Auschwitz zu erledigen hatten.* Nein, streichen. Nimmt mir heute keiner mehr ab. Aber es war schwer: Schon wenn du angekommen bist, Dezember 1943. Grimmig kalt. Berge von Schnee, Rauch in der Luft, Rauch, der den Schnee dunkelbraun färbt, ungelogen. Rauch in fetten Schwaden aus großen Schornsteinen, manchmal Flocken darin, schwarze Flocken, in der Luft wie Schneeflocken, aber schwarz. Habe ich im Lager einmal die Sonne gesehen? Im Lager selbst? Ich erinnere mich nicht. Draußen schon. Komisch.

Ein riesiges Tor, große Schrift aus Schmiedeeisen. Gute Qualität. Kennt ja jeder in der Zwischenzeit: Arbeit macht frei. Was ist daran falsch? Dahinter große Gebäude aus Backsteinen. Es gab mehrere Lager, ganze Komplexe von Lagern, dazu angeschlossene Industriebetriebe, in denen die Häftlinge arbeiteten. Ich war nicht im Stammlager Auschwitz, dem ältesten der Lager, zuerst ein Lager für russische Kriegsgefangene. Ich war in Auschwitz-Birkenau, zugegeben, dem schlimmeren Lager. Hier seien die Dinge geschehen, von denen sie heute überall schreiben. Aber, Herr Rechtsanwalt, aufgepasst! Alles erlogen, Propaganda! Ich war ja selbst dabei und weiß es besser als diese Zeitungsfritzen. Und wichtig: Ich selbst habe nie jemandem etwas zuleide getan mit meinen Händen, niemals!

Das Lager selbst. Über fünf Quadratkilometer, gewaltige regelmäßige Vierecke von Baracken, dazwischen Lagerstraßen, Appellplätze und so weiter. Steht ja in jeder Illustrierten, können ja nicht genug kriegen heutzutage von Auschwitz. Baracken, dazwischen die Lagergassen, außen herum Stacheldraht und Starkstrom.

Stimmt schon mit dem Starkstrom. War eine Sauerei, wenn einer hineingelaufen ist, Selbstmord, und in den Drähten hing, und wir mussten die Leiche herauskratzen, erst alles abschalten, dann die Drecksarbeit: Den klapperdürren Kerl mit seinem kahl geschorenen Kopf und seiner gestreiften Lagerkleidung holen und so weiter. Geht aber den Frankenhall wirklich nichts an. Und schließlich: Der Kerl hat sich ja selbst umgebracht.

Einmal ist einer am Morgen nicht schnell genug zum Appellplatz gekommen. Ja, er ist sogar wieder zurückgelaufen, erinnere ich mich. Vielleicht hatte er etwas vergessen. Ich weiß es nicht. Da hat einer der Oberen den Hund auf ihn gehetzt. Der hat ihn am Arm erwischt. Der Jude hat geschrien. Aber der Hund wurde nicht zurückgepfiffen. Er hat den Mann buchstäblich zu Tode zerfleischt. Auch die Sträflinge haben es gesehen. Oder da war der Offizier, der sich jeden Tag auf dem Appellplatz einen herausgriff, immer einen anderen, immer einen Juden, meistens so einen dünnbrüstigen intellektuellen Brillenträger. Er hat ihn Meldung machen lassen und ihn dann zu Boden geschlagen. Der lag da und durfte nicht aufstehen oder sich überhaupt rühren. Der Offizier hat dann mit seinem genagelten Stiefel auf die Hand des Juden gestampft und ist darauf stehen geblieben, und das musste der aushalten und liegen bleiben, den Stiefel auf der zerquetschten Hand, bis der Appell aus war. Das konnte Stunden dauern in der Sommerhitze oder Winterkälte. Da durfte kein Sträfling einen Mucks machen, sonst wäre es ihm genauso ergangen. Abschreckung ist das Wichtigste, wurde uns gesagt. Ich war noch nicht lange in Auschwitz, als ich diese Dinge mitbekommen habe. Ich habe mir einmal so eine zerquetschte Hand angesehen und mir ist schlecht geworden. Aber ich habe das Maul gehalten wie die anderen auch. Hätte ich zurück sollen an die Ostfront und mich erschießen lassen? Birkenkreuz mit Stahlhelm darauf? Mitteilung des Kompaniechefs an meine Frau: Heldentod für das Vaterland? Nein, danke. Aber das alles geht den Herrn Rechtsanwalt nichts an: Habe ich den Hund auf den Juden gehetzt? War ich es, der ihn nicht zurückgepfiffen hat? Bin ich auf anderen herumgetrampelt? Nein! Na, also!

Kein schöner Ort, dieses Lager Auschwitz-Birkenau.

So schreibe ich dem Frankenhall weiter: *War hart das Leben in Auschwitz, kein Zuckerlecken. Wir haben unsere Pflicht getan, nur unsere Pflicht und sonst nichts, Befehle ausgeführt. Wer nicht dabei war, kann auch nicht mitreden! So einfach ist das. Das müssen Sie vorbringen vor Gericht und keinen solchen Blödsinn, dass ich Geständnisse ablegen soll* und so weiter, habe ich ja schon geschrieben. Hat einen richtig mitgenommen dieses Auschwitz. *Im Übrigen, Herr Rechtsanwalt,* das hätte ich fast vergessen, *habe ich ja auch Rechte: Das Essen in der U-Haft ist nicht zumutbar. Ich verlange von Ihnen, dass sich da schleunigst etwas ändert.*

Natürlich habe ich mich eingerichtet in Auschwitz, tut jeder, wo immer er auch ist, möglichst bequem. Und gerade in Auschwitz. Wir hatten unsere Dienstwohnungen mit Gärtchen dabei. Da habe ich umgegraben und Unkraut gejätet und Beete angelegt, schön ordentlich in Reih und Glied ausgerichtet, und gegossen und gedüngt, Rettiche, Kopfsalat, Kohlrabi, Karotten, Blumenkohl und so weiter, sogar Maiglöckchen, Pfingstrosen, Ringelblumen und Vergissmeinnicht, jedes Unkräutchen mit der Hand einzeln herausgerissen. Das hätten Sie einmal sehen müssen, Herr Dr. Frankenhall: Hat ein Verbrecher einen solchen Garten? Und im Gärtchen schien dann auch immer wieder die liebe Sonne, Herr Dr. Frankenhall. Dann die Briefe von zu Hause von meiner Frau, von den Kindern. Die haben mir Bildchen gemalt mit Buntstiften, die ich ihnen zum Geburtstag oder zu Weihnachten oder Ostern geschenkt habe, und die habe ich überall aufgehängt. KZ-Wächter als Weihnachtsmann oder Osterhase, ha, ha! Und am Sonntag in die Kirche.

Dagegen in den Baracken der Häftlinge: der Gestank. Juden stinken. Wer nicht in Auschwitz war, kann da nicht mitreden. Peinlichste Sauberkeit, schon wegen Seuchengefahr und so weiter, aber Gestank. Und wie die lagen, wie die Ölsardinen, und der Zank, wenn einer Brot gehortet hat – haben die tatsächlich getan, Brot horten, als wär's Geld – und ein anderer hat es ihm weggenommen, als hinge das Leben an einem Stück Brot, haben die sich aufgeführt. Kameradendiebstahl nannte man das unter uns

Soldaten. Da musste man schon ab und zu eingreifen und für Ordnung sorgen. Aber Ungeheuer von Block III/14! Ist doch absurd.

Ich war kein Unmensch, Herr Dr. Frankenhall, schreibe ich ihm, *ich war ein ganz normaler Bürger mit einem ganz normalen Leben.* Hat mir wahrscheinlich sogar das Leben gerettet, dieses Auschwitz, wenn man die Heeresberichte von der Ostfront im Volksempfänger gehört hat.

Minchen, meine Frau, hätte mich gerne einmal besucht im Lager, mitsamt den Kindern. Aber das ging natürlich nicht. Ich weiß nicht, was die sich unter Lager vorgestellt hat, eine Veranstaltung des Bundes deutscher Mädel? War natürlich alles streng geheim. Strengstes Rede- und Schreibverbot über solche Dinge. Sie sollten nichts davon erfahren in der Heimat. Hätten die Nerven nicht gehabt! Aber die Musik hätte ihr gefallen, die wir im Lager hatten: Juden von Rundfunk und Film, war ja alles bei uns, meistens Weiber. Da spielte manche flott auf, damit sie nicht ausgesondert wurde.

Minchen hätte aber mit Sicherheit schon die Ankunft der Häftlinge nicht ertragen. Die kamen an wie warme Brötchen. Ich bin bestimmt nicht zimperlich – Waffen-SS, war schon eine tolle Sache –, aber selbst mich hat das geschlaucht. Die Türen der Viehwaggons aufgerissen: Schnell, schneller!, gebrüllt, vorwärts! Und die alle verdreckt und voller Gestank. Erst die Leichen herauswerfen und das verfaulte Stroh, aber rasch! Frauen und Männer und Kinder trennen, alle einzeln vortreten. Das war für die Juden immer das Schlimmste. Damit hatten sie nicht gerechnet, dass wir sie gleich bei der Ankunft trennen. Der Mensch will immer seine nächsten Angehörigen um sich haben, wenn er Angst hat. Klar. Hätte ich auch so gemacht, will jeder. Aber wir hatten unsere Vorschriften! Befehle: Trennen! Hunde eingesetzt, Reitpeitsche, Stiefel. Das Geheule und Geschrei, die Kinder überall zwischen den Stiefeln, habe ich schon gesagt –

Alles streng nach Befehl!

Dann die eigentliche Selektion durch den Arzt. Wir haben darauf geachtet, dass die Sträflinge ordentlich aufgestellt waren, ja, wieder mit Hunden, Reitpeitsche. Der Mann brauchte alle Konzentration und dazu Ruhe. War schließlich eine verantwortungsvolle Tätigkeit. Arbeit und Ernährung! Wer nicht arbeitet, soll auch nicht essen. Steht das bei Lenin oder in der Bibel? Ich weiß nur, dass es von größter volkswirtschaftlicher Bedeutung war, wie sie uns immer sagten, dass nur die zu essen bekamen, die arbeiten konnten.

Wir achteten darauf, dass die selektierten Gruppen sich nicht wieder vermischten. Selektion wäre ja sonst unsinnig. War aber nicht einfach. Männer wollen zu ihren Frauen, so ist das halt nun mal. Kinder zur Mutter und so weiter. Musstest du höllisch aufpassen, und wenn du einen erwischt hast, war nicht einfach, ging das Geplärre von vorne los.

Sehr geehrter Herr Dr. Frankenhall, nicht ein einziges Mal habe ich eine Selektion selbst durchgeführt. Nicht ein einziges Mal! Ich war zuerst bei Ordnungsaufgaben, bei den Hundestaffeln, beim Reinigungsdienst in den Waggons – ekelhaft. *Dabei ist aber,* schreibe ich, *ich lege jeden Eid darauf ab, kein einziger Mensch ums Leben gekommen. Mich hat bei den Selektionen niemand nach meinem Urteil gefragt. Ich habe nur für Ruhe und Ordnung gesorgt, aber nicht ein einziges Mal habe ich den Daumen nach links oder nach rechts gedreht. Das hat grundsätzlich der Herr Lagerdoktor gemacht oder sonst ein großes Tier. Der Daumen hat über Leben oder Tod entschieden. Wir mussten das Ausfegen der Waggons beaufsichtigen oder Selektierte an den jeweiligen Ort ihrer Bestimmung bringen, zwei, drei Hunde am Riemen. Diese Tätigkeiten gebe ich zu, Herr Dr. Frankenhall. Aber damit ist man nicht schuldig! Ich stelle das ausdrücklich fest und verbiete Ihnen, mich weiterhin als schuldig zu betrachten. Selbst wenn das, wie Sie schreiben, nur aus taktischen Erwägungen geschieht. Sie sollten Ihre Taktik besser auf menschlichere Haftbedingungen für mich richten. Essen schlecht, alles zu laut und so weiter. Kann ich Ihnen ja mal schildern.*

Ich war überall eingesetzt. Später in den Baracken als Blockführer. Die Barackenältesten verhören, wenn es Vorfälle gegeben hat. Da kann man die Leute nicht immer anfassen wie ein rohes Ei. Da fallen auch Späne. Du musst Leute zur Meldung bringen. Das ist doch klar: Du fällst doch auf, wenn du keinen meldest: Zurück an die Front, heißt das, wenn du nicht Ordnung halten kannst in deinem Block, wenn du zu zimperlich bist. Reißen sich bereits andere darum und so weiter. Schreibe ich dem Anwalt alles nicht.

Die Strafen. Schlimm, zugegeben. Wenn man das gesehen hat: Prügel. Mit Wasser übergossen. Stundenlang in der Kälte oder Hände auf den Rücken gefesselt und an einen Pfahl gehängt, stundenlang. Einzelzelle. Dunkelhaft. Stehen im Wasser. Essensentzug, tagelang. Haben sowieso nicht viel zum Fressen gekriegt. Besser, du denkst nicht weiter darüber nach, hältst du nicht aus. Du hast natürlich auch mal selbst hart durchgreifen müssen. War nicht so einfach: Die haben sich doch alle unschuldig gefühlt. Wissen Sie, hat einmal ein Jude zu mir gesagt: Ich war Leiter in einem großen Kaufhaus. Da hatte ich Verantwortung für über hundert Menschen. Es ist uns gut gegangen, hat er gesagt, meiner Frau, unseren fünf Kindern und mir; wir hatten ein großes Haus mit Dienstboten und ein Auto und schöne Möbel und schöne Bilder an den Wänden, elegant. Warum hat er das gerade mir erzählt? Ich weiß es nicht. Er wollte immer wissen, was aus seiner Frau und seinen Kindern geworden ist. Hätte ich es ihm vielleicht sagen sollen? Er selbst war groß und kräftig. Vielleicht hat er ja Glück gehabt bis zum Schluss. Sollten wir ja nicht, mit den Häftlingen reden. Ich habe mich jedes Mal gewundert, dass die meisten ganz normales Deutsch redeten.

Menschenwürde! Wenn ich das schon höre! Ich kann nicht jeden Morgen zu jedem Sträfling einzeln Guten Morgen sagen, lieber Herr Morgenthal oder lieber Herr Grünstein und so weiter! Und behandelt wie das Vieh? Gemolken haben wir sie natürlich nicht – war jetzt nur ein Witz. Und die Würde von uns Aufsehern, Herr Verteidiger? Wo bleibt denn unsere Würde, wenn anständige Leute wie ich unschuldig in Untersuchungshaft genommen werden oder, wie Sie das vorschlagen, gestehen aus taktischen Gründen? Aber auch das alles schreibe ich dem Frankenhall besser nicht. Mit Menschenwürde sind die heikel.

Aber ich habe dennoch recht! Die Wörter Ehre und Tugend, kennt ja heute kaum mehr jemand. Wir waren anständige Deutsche. Ich lasse nichts auf uns Aufseher und Blockführer kommen: Anstand, Gehorsam, Sauberkeit, Zuverlässigkeit, Ehrlichkeit, Pflichterfüllung, auch wenn es nicht angenehm war –

Sehr geehrter Herr Dr. Frankenhall, ich soll Menschen getreten haben, mit der Reitpeitsche geschlagen? Systematisch gequält? Mit Fuß-

tritten gegen den Kopf umgebracht haben: das Ungeheuer vom Block III/14? Wo sind die Beweise? Es gibt keinen Zeugen, nicht einen. Und so, wie diese Zeugen das zusammenlügen, war ich nicht, Ehrenwort. Da werde ich doch kein Geständnis ablegen. Was ich jeden Tag getan habe, war das, was wir tun mussten. Das wurde so verlangt von uns. Das war Befehl, Herr Frankenhall. Befehl! Das muss doch jeder begreifen. Ist doch so einfach. Man kann nicht Tausende und Abertausende Menschen, die dort nicht sein wollen, behandeln wie im Sanatorium. Geht nicht. Dafür aber lege ich die Hand ins Feuer und schreibe es dem Herrn Rechtsbeistand: *Ich war nicht der Schlimmste.* Es war kein Zuckerlecken in Auschwitz, aber weshalb soll gerade ich den Kopf hinhalten? *Der Himmler, der Höß, der Kramer, der Baer und wie die Kommandanten alle hießen. Die waren schuld und der Hitler und der Goebbels und der Himmler und so weiter.* Einmal muss endlich Schluss sein. *Wir waren Hunderte von Blockführern.* Da kann man doch nicht jeden Einzelnen –

Jeder hatte seine Befehle, jeden Tag. Da wurdest du eingesetzt, wie es den Herren oben gepasst hat, und da konntest du gar nicht anders. Wir waren nichts als arme Schweine und jetzt sollen wir für die Großen den Kopf hinhalten! Ja, ich war auch da drüben eingesetzt, bei den Duschanlagen. Ich gebe es ja zu, Herr Frankenhall. Ich musste mit Hunden beaufsichtigen: das Reinigen der Duschen, das Sorgen für Hygiene, das Scheren der Haare, damit sich keine Seuchen verbreiten, das Aussortieren von Gebissen, ob Gold dabei ist.

Sehr geehrter Herr Dr. Frankenhall, schreibe ich dem Advokaten das Wichtigste, *es wundert mich, dass auch Sie an diesen Unsinn mit dem Gas glauben! Ist doch alles längst widerlegt. Da gibt es sogar Untersuchungen aus dem Ausland, die beweisen, dass es das alles nicht gegeben hat. Nur wir Deutschen müssen immer alles noch schlimmer machen! Es war wie in allen KZs. In Auschwitz hat es keine Gaskammern gegeben. Die wurden erst nach dem Krieg von Sträflingen gebaut. Man kennt ja die Propaganda der Russen und der Polen, und die im Westen haben mitgemacht, weil sie wollten, dass es wahr ist.*

Vor allem die Juden wollen es, ist doch klar. Denen sollen wir ihren Judenstaat Israel finanzieren. Das schreibe ich besser nicht.

Natürlich war ich auch in der Hygiene eingesetzt, Herr Dr. Frankenhall, in der Körperpflege. Dass das jetzt nicht falsch verstanden wird, Hygiene, Rassenhygiene! Habe ich nichts davon verstanden, war nicht mein Ding. Da kann ich es auch nicht gestehen. *Sie aber schreiben, dass es genügend Zeugenaussagen gibt für Gaskammern und Massenmord. Sie schreiben von Berechnungen aufgrund der Bestelllisten für das Giftgas, Kalkulationen der Opferzahlen aufgrund von Mengenkalkulationen. Ich war nicht in der Verwaltung, ich bin kein Büromensch. Also weiß ich auch nicht, was die bestellt haben und wozu! Aber vergast haben wir niemanden. Niemanden, Herr Dr. Frankenhall. Sie reden von Tausenden jeden Tag, über eine Million die Jahre über. Das widerspricht doch jedem gesunden Menschenverstand, Herr Doktor. Wie soll denn das geschehen sein? Das geht doch gar nicht. Abgesehen davon, dass die sich gewehrt hätten! Sollte es aber so etwas Ähnliches doch gegeben haben, was ich für ausgeschlossen halte, habe ich es jedenfalls nicht gewusst. Das erkläre ich hiermit feierlich. Ich kann aber mit dem besten Willen nichts gestehen, was ich nicht weiß. Das Lager war groß. Ein einfacher KZ-Aufseher kann nicht überall sein und alles wissen. Sie schreiben, die Arbeitsunfähigen seien dem Tod geweiht gewesen. Das stimmt in gewissem Maße. Aber Vergasen, das ist doch reinstes Gruselkabinett. Ich kann es erklären, dass so viele gestorben sind von den Selektierten: Die ärztliche Versorgung für die war schlecht. Wofür ich übrigens nicht verantwortlich war. Auch die Versorgung mit Lebensmitteln war,* sagen wir mal, *sehr knapp.* War ich es, der die Lebensmittel rationiert hat? Ist doch alles klar! Krankheiten, Seuchen, bei vielen das Alter, bei den Kindern die Schwäche. *Der Tod der Alten, Schwachen, Kranken und der Kinder wurde in Kauf genommen,* wollen wir es einmal so ausdrücken. *War sogar erwünscht, konnten ja nicht arbeiten. Auch Dr. Mengele hatte viele auf dem Gewissen. Aber dafür kann ich doch ebenfalls nichts! Ich habe keine Befehle gegeben, die zum Tod geführt haben;* ich habe überhaupt keine Befehle gegeben. Ich habe nur gehorcht. *Ja, widerspenstige Häftlinge wurden erschossen oder aufgehängt, ja, natürlich, sehr viele. Aber doch nur ein winziger Bruchteil,* wenn man die Menschenmassen bedenkt, die im Lager waren. *Und sie wurden nicht von mir umgebracht.*

Ich war kein Henker, sondern Aufseher, vergessen Sie das nicht. Ich habe keinen Einzigen umgebracht. *Ich war nur selten in den Baracken, in denen die Selektierten hausten. Block III/14, Unsinn! Diesen Massenmord aber, diese Mordmaschinerie mit Gas, die tagaus, tagein gelaufen sein soll, diese Gaskammern, Herr Dr. Frankenhall, die gab es nicht! Propagandalügen. Ich habe die Gründe dafür genannt. Das alles versichere ich mit jedem Eid. Reue soll ich zeigen? Wie kann ein Mensch etwas bereuen, das es nicht einmal gegeben hat?*

Darf ich ihm das wirklich alles schreiben? Verrate ich damit nicht zu viel? Darf ich von den Nächten schreiben, in denen ich aufwache, weil ich wieder in Auschwitz bin. Davon erzähle ich nicht einmal meiner zweiten Frau – die erste hat sich scheiden lassen, als es gerade aufwärtsging mit dem Geschäft – und schon gar nicht den Kindern. Die von meiner ersten Frau sind ja schon längst erwachsen. Und natürlich nicht den zweien, die ich mit meiner zweiten Frau habe. Minchen, meine erste Frau, hat etwas geahnt. Aber sie weiß nichts wirklich. Die zweite weiß gar nichts. Für die war ich ganz normal im Krieg in Russland. Und es war dort so schlimm, habe ich ihr gesagt, dass man nicht davon reden kann. Die wissen alle nichts. Und so soll das auch bleiben. Wem nützt es denn, wenn man jetzt plötzlich irgendwelche Dinge an die große Glocke hängt? Gar ein Geständnis ablegt? Kommt nicht infrage. Niemals! Also schreibe ich nur kurz und endgültig: *Sehr geehrter Herr Dr. Frankenhall, machen wir es kurz. Ich habe nichts zu gestehen, weil ich nichts getan habe, was man gestehen könnte.* Klingt gut: was man gestehen könnte. *Die Dinge, die der Rede wert sind –* gut formuliert: die der Rede wert sind –, *habe nicht ich zu verantworten, sondern die, die es mir befohlen haben. Ich habe immer nur Befehle ausgeführt. Ich habe nie Verantwortung besessen, Hitler ist schuld, nicht ich. Der Prozess, das weiß ich trotz der angeblichen Zeugen aus Block III/14, wird meine Unschuld beweisen. Und so fordere ich Sie auf, Herr Dr. Frankenhall, auf Freispruch zu plädieren. Wegen erwiesener Unschuld* oder wie das heißt. *Hochachtungsvoll Emil Obermeyer.*

Hätte ich es Minchen sagen sollen in den kurzen Urlaubstagen? Es wäre nicht möglich gewesen. Sie hätte es nicht verstanden und sich entsetzt vor mir – und die Kinder? Abgesehen davon, war es streng verboten, wie gesagt, auch nur ein Wort nach außen zu sagen. Die Öffentlichkeit hätte es nicht ertragen. Zwar dass die Juden umkommen, das hat sich jeder denken können. Wohin hätte man sie denn deportieren sollen? Das haben die meisten begriffen, dass die nicht in den eroberten Gebieten im Osten angesiedelt werden. Warum also gerade über uns herfallen, wenn es doch alle anderen auch gewusst haben?

Die Nächte, in denen ich wieder in Auschwitz bin, sind am schlimmsten. Das Geschrei der Kinder auf der Rampe. Das Geschrei aus den Kammern. Das wirst du dein Lebtag nicht mehr los. Würden Sie, Herr Dr. Frankenhall, nicht verstehen. Da ist nichts mit Taktik, Herr Rechtsbeistand!

Ja, Herrgott noch mal, ja, ich war dabei! Wir haben sie vergast, die Juden, jeden Tag, Tausende vergast, vergast, vergast! Wir ließen sie von anderen Juden in die Umkleideräume für die Duschen führen, Hygiene, Bekämpfung von Seuchen, wie wir ihnen gesagt haben. Das haben wir gesagt, dass sie willig blieben, ruhig, gehorsam. Manche haben es gewusst oder sich gedacht. Es gab ja unter den Juden auch Gerüchte. Du kannst die Wahrheit nicht immer unter der Decke halten. Ein Zipfelchen schaut immer heraus, daran ziehen sie so lange, bis alles ausgepackt ist. Aber wer es von denen gewusst hat, hat es ebenfalls nicht laut gesagt. Die Leute sollten guten Glaubens sterben – schon wegen der Kinder. Sie mussten sich ausziehen, Männer, Frauen und Kinder. Die Kleider wurden beiseitegeschafft zur Wiederverwertung. Die Koffer wurden gestapelt und ausgeräumt. Auch hier wurde selektiert: Abfall – wiederverwendbar. Goldene Ringe, Ketten, Edelsteine, Uhren, Kleider und so weiter. Ich habe nie etwas für mich behalten und bin immer anständig geblieben. Und was habe ich davon: U-Haft. Natürlich haben wir auf Eile gedrängt, der nächste Transport wartete; das schnurrte ab wie ein Uhrwerk.

Natürlich darfst du nicht zimperlich sein. Da musst du schon hart hinfassen. Aber Jüdinnen betatscht wie mancher SS-Mann, das habe ich nie, war schließlich glücklich verheiratet. Haare abschneiden, falsche Gebisse aus dem Mund, Brillen ablegen – wer wird mit einer Brille duschen und entlausen wollen! Jeder kennt inzwischen die Berge aus Haaren, falschen Gebissen oder Brillen, die Gebirge von Koffern und so weiter. Das ist aber nur der letzte Rest, den man sieht, der nicht mehr ins Reich verfrachtet werden konnte wegen Kriegsende.

Hat mich einmal ein kleines Mädchen auf dem Weg von der Rampe zur Gaskammer gefragt, ob es jetzt zum Essen geht. Was sagst du da? Kannst du nichts sagen.

Der Gang in die Kammern, angeführt vom jüdischen Sonderkommando. Jetzt musste es auch der Letzte merken: Denn wo waren die Brausen? Wir hatten den Befehl, möglichst viele auf einmal, ist wirtschaftlicher. Die Türen mit Druck und Kraft geschlossen. Verriegeln, luftdicht machen. Dann – jeder weiß es längst – die Kristalle von Zyklon B an der Decke in ein kleines Behältnis fallen lassen. Habe ich aber nie gemacht. War ein Spezialist. Schreien, Kreischen, Stille, Tod. Dann nach einiger Zeit die Türen öffnen – allein der Gestank macht dich verrückt.

Das Sonderkommando, das wir beaufsichtigen mussten, lauter Juden: Mussten die Juden hinbringen, dann die Kammer ausräumen, ob sie wollten oder nicht. Mussten den Toten die Münder aufsperren und die noch vorhandenen Goldzähne ausreißen – Judengold für den Krieg! Wir aber standen immer mit der Waffe daneben und mit den Hunden. Ich selbst habe keinem einzigen Toten die Zähne ausgebrochen. Das schwöre ich. Dann der Transport zu den Krematorien, die brannten Tag und Nacht und erfüllten Himmel und Erde mit Rauch, diesem süßlich riechenden Leichenrauch, kann man ja heute überall nachlesen. Zum Schluss die Asche ausbreiten. Nach einer gewissen Zeit wurden diese Juden unbrauchbar und kamen ebenfalls in die Gaskammer und wurden durch neue Sonderkommandos ersetzt. Viele von den Juden im Sonderkommando brachten sich um. Einmal habe ich gesehen, wie einer in eine Feuergrube sprang und erschossen werden musste. Andere Juden aus den Sonderkommandos, die es nicht aushielten, lehnten sich auf: Es gab eine zerstörte Gaskammer und acht zerschlagene Verbrennungsöfen, es gab sogar tote und verletzte SS-Männer. Auch wir sind Opfer!

Über eine Million Juden sind in Auschwitz umgebracht worden. Hat schon seine Richtigkeit mit den Bestelllisten von Zyklon B.

Es sind diese Erinnerungen, die einen immer wieder überfallen. Sie sind die Rache der Juden, hat einmal ein ehemaliger KZ-Beamter gesagt. Wir treffen uns ab und zu, damit man – nein, nicht reden kann. Jeder sitzt vor seinem Bier und schweigt. Aber jeder weiß, wovon der andere schweigt.

Jetzt könnte ich eigentlich alles gestehen und es ihm schreiben, dem Herrn Doktor mit seinen taktischen Vorschlägen. Aber ich schreibe ihm kein Wort davon und ich gestehe auch nicht.

Ich bin nicht schuldig, trotz der Kinder, die wir mit Hunden gejagt haben, der Männer, die wir geschlagen und gestoßen haben, der Knäuel von Menschen jeden Alters und jeden Geschlechts, die wir in die bewussten Kammern geschoben, gedrückt, gequetscht haben. Trotz der Todesmärsche von Zehntausenden nach Westen, immer vor der Front der Russen, die am 27. Januar 1945 das Lager erobert haben.

Ja, ich war dabei, bis zum Schluss. Manchmal, wenn ich wieder einmal Knochen brechen höre, denke ich, es wäre vielleicht doch besser, wenn ich bestraft würde, dann wäre vielleicht endlich Ruhe!

Aber es war alles anders. Am hellen Tag bin ich davon überzeugt: Alles dieses Schreckliche ist nicht wirklich geschehen! Es kann nicht geschehen sein, wenn ich mich heute betrachte. Ich, Emil Obermeyer, geachtet und geehrt in der ganzen Stadt, Arbeitgeber, Steuerzahler, kann das nicht getan haben. Es müssen nächtliche Wahnvorstellungen sein, diese Haarberge, diese Gaskammern, diese Verbrennungsöfen mit den Schienen und Bergwerksloren für Leichen und Asche. Vielleicht sind es auch nur Zwangsvorstellungen oder Albträume, warum nicht? Sie haben es uns eingeredet, haben ja nicht mehr aufgehört, jahrelang, sie wussten ja alles schon ganz genau. Auschwitz! Es ist alles Erfindung, alles Lüge! Wer könnte denn damit leben!

Und hätte es das alles gegeben, dann wären wir nicht dafür verantwortlich: Wir hatten keine Verantwortung. Und deshalb werde ich es immer abstreiten! Da waren keine Gaskammern. Seuchen und Krankheiten haben gewütet. So viele Menschen auf einem Haufen, da gibt es keine Hygiene, und die Versorgung war schlecht. Dafür die Krematorien, daher dieser entsetzliche Rauch, die schwarzen Flocken, der allgegenwärtige Gestank, die schwarze Sonne –

Jetzt endlich habe ich die richtige Formulierung für mein Antwortschreiben:

Sehr geehrter Herr Dr. Frankenhall, Sie schreiben mir, ich soll ein Geständnis ablegen, und begründen dies mit taktischen Erwägungen wegen des Strafmaßes. Aber all das, von dem Sie schreiben, dass es ganz besonders nach Sühne ruft, hat es nicht gegeben. Und da kann ich es auch nicht gestehen. Im Übrigen war ich ohne jede Verantwortung. Wie alle KZ-Aufseher stand ich unter Befehlsnotstand. Sie schreiben auch von den überlebenden Opfern, heute Zeugen, denen durch mein Geständnis geholfen werden könnte, wieder zu einem normalen Leben zu finden. Aber da muss ich – und das ist das Recht jedes Angeklagten – an mich selbst denken: Es hat das alles nicht gegeben, es wäre unerträglich. Deshalb muss ich aus der U-Haft entlassen werden und ich gestehe nicht.

Hochachtungsvoll
Emil Obermeyer

WIR WOLLEN FREIE MENSCHEN SEIN

Als Revolution bezeichnet man einen Umsturz der politischen Verhältnisse, bei dem die Macht neu verteilt wird, und zwar von oben nach unten und von wenigen an viele. So kann man die Ergebnisse vieler umfangreicher historischer Abhandlungen kurz zusammenfassen. Scheitert der Machtwechsel bei einem solchen Umsturzversuch, reden wir von einem Aufstand. Die Revolution von 1848 etwa erreichte ihr Ziel zwar letztlich ebenfalls nicht, hatte es aber mit den Wahlen zur Paulskirche in Frankfurt vorübergehend bereits erreicht. So ist es korrekt, wenn wir die Vorgänge der Jahre 1848/49 als Revolution bezeichnen.

Aufstände gab es in der deutschen Geschichte viele. Zu denken wäre zum Beispiel an die Bauernkriege zu Ende des 15. und zu Beginn des 16. Jahrhunderts. Ein mutiger Aufstand war die Verschwörung der Offiziere um Stauffenberg gegen Hitler. Ein wichtiger Aufstand erschütterte in den Junitagen des Jahres 1953 das Regime der DDR, von diesem Volksaufstand handelt die folgende Geschichte.

Der Protest der Arbeiter gegen eine angeordnete Erhöhung der Arbeitsnormen um 10% – Erhöhung der Arbeitsleistung bei gleichem Lohn – war nur ein Ausgangspunkt. Der Aufstand legte rasch die Unzufriedenheit der Bevölkerung mit der sozialistischen Herrschaft frei und mündete in den Ruf nach freien Wahlen und dem Rücktritt der Regierung. Am Brandenburger Tor kam es zur Hissung der schwarz-rot-goldenen Fahne anstelle der roten Fahne und zu Forderungen nach der Wiedervereinigung. In mehr als dreihundert Orten der DDR gab es Demonstrationen und Streiks.

Die Aufstände wurden von Truppen der Sowjetunion niedergeschlagen. Die Führungselite der DDR stellte sich nicht der Verantwortung für die Unzufriedenheit des Volkes, sondern beschuldigte den Westen, die Aufstände provoziert zu haben. 16 russische Divisionen mit 22000 Mann waren im Einsatz gegen die Aufständischen, dazu kamen 8000 Angehörige der Kasernierten Volkspolizei, einer paramilitärischen Truppe.

Die Schätzungen über die Zahlen der Toten des Aufstands schwanken stark. Möglich ist eine Zahl von 55 Toten. Gesichert ist, dass 34 Menschen bei den Unruhen von Volkspolizei und russischem Militär auf der Straße getötet wurden. Russische Militärgerichte verurteilten mindestens fünf Menschen zum Tode, die DDR-Justiz fällte zwei Todesurteile, die Urteile wurden unmittelbar nach der Verkündung durch Erschießen vollstreckt. Vier Personen starben in der Haft wegen unmenschlicher Haftbedingungen, es gab vier Selbsttötungen, ein Mensch starb an Herzversagen. Etwa 6000 kamen in Haft.

Auch etwa vierzig Sowjetsoldaten ließen ihr Leben. Die meisten wurden erschossen, weil sie sich weigerten, den Arbeiteraufstand gewaltsam niederzuschlagen.
Das westliche Lager blieb untätig. Der britische Premier Winston Churchill taktierte zwischen den Alliierten, Deutschland und der Sowjetunion. Die USA und Frankreich griffen ebenfalls nicht ein. Die Furcht, einen Krieg heraufzubeschwören, war für das Verhalten der Westmächte ausschlaggebend.
Thomas Mann schrieb am 19. Juni, zwei Tage nach dem Ausbruch der Unruhen, naiv in sein Tagebuch: »Arbeiter-Revolte in Ost-Berlin, gewiss provoziert, wenn auch nicht ohne Spontaneität. Von russischen Truppen schonend niedergehalten. Panzer und Schüsse in die Luft.« Günter Grass schrieb das Theaterstück »Die Plebejer proben den Aufstand«, das sich aber mehr mit der Rolle des Autors Bert Brecht während des Aufstands befasst. Von anderen westdeutschen Literaten wurde der Aufstand nur wenig zur Kenntnis genommen. In der Bundesrepublik Deutschland wurde der 17. Juni als Tag der deutschen Einheit bis zur Wiedervereinigung 1990 zu einem Feiertag und ist heute Gedenktag.
Die Dokumente unserer Geschichte sind fiktiv. Nur die Zitate aus den Rostocker Quellen sind wörtlich zitiert. Wir denken uns, dass die Briefe von Bekannten über die Demarkationslinie in Berlin geschmuggelt wurden, da befürchtet werden musste, dass Briefe in den Westen durch die Stasi geöffnet werden würden.

Bericht des MfS [Ministerium für Staatssicherheit] an das Politbüro der Deutschen Demokratischen Republik vom 3. Juni 1953 (zur vertraulichen Kenntnisnahme)

Es ist festzustellen, dass der Blick auf die allgemeine Lage nach der 2. Parteikonferenz der SED im Juli letzten Jahres im Bereich des Gebietes der Deutschen Demokratischen Republik zur Besorgnis Anlass gibt. Wir verweisen als Warnung dazu auf die Unruhen am 1. Juni dieses Jahres in der Stadt Pilsen in der CSSR, die nur mit Polizeieinsatz beendet werden konnten.

Die Unzufriedenheit betrifft zuerst die Änderung der Verwaltungsstruktur, die Abschaffung der 5 Länder der DDR und ihr Aufgehen in 14 Bezirke. Die Bindung an die früheren feudalistischen Länderstrukturen ist noch stark.

Unzufriedenheit herrscht bei Bauern und den Werktätigen in Handel und Gewerbe. Sie widersetzen sich fast durchweg der Überführung ihrer Betriebe in das Volkseigentum. Zwar finden sich hierfür noch Freiwillige, aber die allgemeine Stimmung ist gegen sie. Es wird auf die Bodenreform vor acht Jahren verwiesen, die von der Bevölkerung sehr unterstützt worden ist. Sehr viele Handwerker und Ladenbesitzer werden republikflüchtig; viele Bauern ebenfalls, die ihre Höfe in genossenschaftliches Eigentum überführen sollen. Die Grenzsicherung erweist sich als nicht zureichend.

Die Bürger sind unzufrieden, dass in der DDR Lebensmittel noch immer rationalisiert sind und dass man Schlange stehen muss, um einzukaufen. Es fehlt an vielen Orten sogar an Obst und Gemüse. Viele Bauern, deren Höfe noch nicht in volkseigene Hand überführt sind, beliefern den Schwarzen Markt und lehnen die Lieferung ihrer Erzeugnisse an den staatlichen Handel ab.

Der Wohlstand der Bürger unserer Republik und der der BRD klafft – auch durch die einseitigen Reparationsleistungen der DDR an die Sowjetunion – weiter auseinander. Dies ist die wichtigste Ursache der täglichen Abwanderungen, vor allem über die ungesicherte Grenze zu Westberlin. Westdeutsche Provokateure heizen noch zusätzlich den Unmut der Bevölkerung an und verstärken den Mangel durch ständige und allgegenwärtige Destruktion und Sabotage in den Betrieben.

In den Gefängnissen sitzt eine große Zahl von Elementen, vor allem aus der evangelischen Jugend stammend, was zu Solidarisierungsaktionen in der Bevölkerung führt. Sie stammen aus der illegalen Organisation Junge Gemeinde, die aus dem Westen gesteuert ist. Schließung kirchlicher Freizeitheime und Ausschluss subversiver Oberschüler aus den Schulen, auch kurz vor dem Abitur, schaffen nur ungenügende Abhilfe, verstärken aber Sympathien für die Opponenten.

Am schlimmsten wird die Erhöhung der Arbeitsnormen um 10% empfunden, die das Zentralkomitee am 14. Mai des laufenden Jahres beschlossen und der Ministerrat am 28. Mai bestätigt hat. Die wirtschaftlichen Notwendigkeiten werden nicht gesehen. »Mehr Arbeit für weniger Lohn«, ist die von der BRD gesteuerte Parole. Und: »Es geht uns schlechter als vor dem Krieg.« Die Durchsetzung der erhöhten Normen bis zum 30. Juni, dem Geburtstag unseres Generalsekretärs, des Genossen Walter Ulbricht, begegnet demgemäß großen Schwierigkeiten.

* * *

Ministerium für Wirtschaft, den 8. Juni 1953
Erklärung an das Politbüro und das Zentralkomitee der SED der Deutschen Demokratischen Republik

Die Tatsache, dass neuerdings die Ausgaben für die Verteidigung der DDR 11% des Gesamtetats umfassen, wird von Genossen kritisiert. Sie sehen nicht, dass uns der Westen durch die Wiederbewaffnung dazu zwingt. Das Wort Konsum vor Schwerindustrie ist daher nicht durchführbar.

Die erhöhten Ausgaben für das Militär sind Wunsch der UdSSR. Und wir entsprechen hiermit der Meinung des Genossen Generalsekretärs des ZK der SED, Genosse Walter Ulbricht.

* * *

Mannheim, den 13. Juni 1953

Meine Lieben!

Wir wollen nur in aller Kürze melden, dass wir, ich, Eugen und die Kinder, hier im Westen gut angekommen sind. Kommt doch rasch nach. Der Übertritt über die Grenze verlief gut. Eugen wusste von einem Förster Stellen mitten im Wald, eine Stunde von Gerbershausen im Eichsfeld, an denen die Grenzsicherungen noch nicht so lückenlos ausgebaut sind. Es gab aber immerhin eine Sperrzone mit Stacheldraht. Aber nachdem Eugen die Grenzwachen einige Zeit beobachtet hatte, konnten wir gefahrlos übertreten, auch die Kinder. Ihr könnt euch denken, welche Angst ich wegen der Kinder ausgestanden habe. Sie waren aber auch so brav. Ich glaube, auch wenn sie noch klein sind, spürten sie doch die Gefahr, und sie waren so still. Eugen hat ihnen gesagt, dass es ein Spiel ist, wer am leisesten sein kann. Dass es für mich als Frau ebenfalls nicht leicht war, könnt ihr euch denken. Rock am Stacheldraht zerrissen. Das Wichtigste ist, dass die Kleinen gut rübergekommen sind, dass wir alle gut rübergekommen sind.

Über Berlin wäre es leichter gewesen. Aber es musste ja rasch gehen von Halle aus und wir hatten die Verbindungen zur Grenze. Horst, unser Großer, der ja bei der Vopo nicht so leicht wegkonnte, ist nach dem Zwischenhalt bei Euch in Ostberlin gut herausgekommen nach Westberlin und wurde nach Hannover ausgeflogen. Er ist zum ersten Mal geflogen und da war es für ihn kaum etwas anderes als ein großes Abenteuer. Wenn wir freilich daran denken, wie viele trotz aller Vorsicht an der Sektorengrenze in Berlin erwischt werden und erst recht an der Zonengrenze, kann einem nachträglich noch schlecht werden.

Wir kamen zuerst in das Grenzdurchgangslager Friedland bei Göttingen. Du kannst dir die Freude nicht vorstellen, als am zweiten Tag Horst ankam. Ich habe geweint und Eugen hatte auch wässerige Augen, die Kinder haben gejubelt. Aber nun ist alles gut. Tante Frieda in Mannheim hatte schon vieles vorbereitet, sodass wir das Grenzdurchgangslager rasch verlassen konnten. Wir haben bereits eine Wohnung. Zwar ist es eine Altbauwohnung, die ziemlich heruntergekommen ist, aber das wird sich bald ändern.

Eugen hat Arbeit und auch Horst hat sofort Arbeit gefunden. Die brauchen hier jeden Mann.

Die Schaufenster solltet ihr mal sehen! Alles, was das Herz begehrt! Tante Frieda sagt, dass es mehr zu kaufen gibt als vor dem Krieg. Eine Tafel Schokolade kostet hier 50 Pfennig, bei euch drüben kostet sie 8 Mark, und welch ein Unterschied in der Qualität! Gisela hat gespuckt, so viel Schokolade hat sie auf einmal verdrückt. Hänschen war begeistert und klatschte in die Hände.

Schlange stehen gibt es nicht. Tante Frieda sagt, seit der Währungsreform habe sie nicht ein einziges Mal mehr Schlange gestanden. Sie haben drüben immer gesagt, die hätten hier auch noch Lebensmittelkarten. Aber Tante Frieda hat nur gelacht: Die gibt es schon seit Jahren nicht mehr. Wie sie uns drüben angelogen haben!

Es gibt noch viele Ruinen, Mannheim war schrecklich zerstört, aber auch große Neubaugebiete, überall wird gebaut. Eugen verdient als Maurer nicht schlecht. Es gibt Wohnungsbauzuschüsse. Es gibt Bausparmodelle, die vom Staat bezuschusst werden. Es gibt auch günstige Kredite. Ich weiß gar nicht, wo ich anfangen soll.

Überhaupt: Es ist alles heller und nicht so grau wie bei uns. Und der Kaffee! Und der Kakao! Und Apfelsinen, Feigen, Bananen! Tante Frieda hat erzählt, dass sie sich sogar einmal Ananas geleistet haben.

Das Ende vom Lied: Haut ab! Was hält Euch drüben in Ostberlin? Die Wohnung und die Einrichtung? Es ist alles alt, und Ihr könnt nicht einmal etwas ausbessern, wenn Gustav nichts auf dem Bau mitgehen lässt. Macht rüber, so schnell Ihr könnt. Wenn die eines Tages die Grenze richtig zumachen, und auch noch in Berlin – was dann?

Mit vielen herzlichen Grüßen auch von Eugen und den Kindern

Eure überglückliche Erna

* * *

Bestimmt zur Vorbereitung einer Veröffentlichung im Neuen Deutschland: Verlautbarung der Führung der Sowjetunion vom 2. Juni 1953, Maßnahmen zur Gesundung der Lage in der DDR

Die Führung der Sowjetunion hat zur Lage der Wirtschaft und der allgemeinen Stimmung in der DDR weitreichende Beschlüsse gefasst. Die Vorschläge der SED und von Führungsmitgliedern der DDR, den Kurs zum Sozialismus zu verlangsamen, werden von der Führung der UdSSR geteilt. Wie verlautet, sieht Genosse Hochkommissar Wladimir Semjonov große Probleme. Er meinte, sollte es zu Unruhen in der Bevölkerung kommen, könnte die Existenz der DDR infrage gestellt werden.

So werden auf Wunsch der Sowjetunion unter dem Namen Neuer Kurs wesentliche Änderungen stattfinden.

Steuer- und Preiserhöhungen sind rückgängig zu machen. Handwerker, Einzelhändler und private Kleinunternehmer können die Rückgabe ihrer Betriebe beantragen. Bauern erhalten ihre konfiszierten Landmaschinen zurück.

Der antikirchliche Kurs, vor allem gegen die Junge Gemeinde der evangelischen Kirche, wird eingestellt. Verhaftete Pastoren und kirchliche Mitarbeiter sind, soweit sie nicht an Verbrechen beteiligt sind, auf freien Fuß zu setzen. Aufgrund ihres kirchlichen Bekenntnisses aus den Schulen ausgeschlossene Schüler sind wieder aufzunehmen und zum Abitur zuzulassen.

Die Person des Generalsekretärs der SED, Walter Ulbricht, soll weniger in den Mittelpunkt offizieller Verlautbarungen und Repräsentation gestellt werden als bisher. Das zu seinem Geburtstag geplante Buch zu seiner Person ist daraufhin neu zu überdenken.

* * *

Berlin, den 13. Juni 1953

Liebe Erna!

Ich habe geheult vor Freude, dass doch alles gut gegangen ist mit Eurer Umsiedlung von Halle nach Mannheim. Es ist schön, dass es Euch gut geht. Eugen ist ja doch Gustavs Bruder.

Trotzdem ist es schwer für uns. Gustav geht täglich auf seinen Bau. Er arbeitet jetzt in der Stalinallee an den großen neuen Blocks, in die dann in erster Linie doch wieder nur Funktionäre einziehen. Er kommt jetzt jeden Tag noch später heim, weil sie die Normen erhöht haben. Das heißt, er muss für dasselbe Geld viel mehr arbeiten. Der Betrieb hat sich freiwillig verpflichtet, sagt er. Da bleibt gar nichts anderes übrig, als mitzutun, sonst kommt er auf eine andere Baustelle, und bei diesen Schauprojekten wie in der Stalinallee gibt es ja doch irgendwelche Prämien und Vergünstigungen.

Unserem Paulchen geht es wieder schlecht. Alle Knochen tun ihm weh, er wird jeden Tag blasser und dann diese Blutungen unter der Haut! Das sind die dunklen Flecken, die er immer wieder bekommt. Jetzt hat er einen schlimmen Ausschlag. Und er ist immer so schwach und das Fieber verschwindet nicht. Es ist zwar meist nicht hoch, aber manchmal ist es auch höher, und man ist halt doch besorgt. Ach, wenn man doch wüsste, was ihm hilft. Wenn doch ein Doktor ihn heilen könnte. Ich stelle mir das immer vor. Es wäre so eine Erlösung!

Sein Blut ist nicht in Ordnung, sagt der Doktor, und er macht dabei immer ein so ernstes Gesicht.

Nicht zu denken, dass wir hier alles im Stich lassen. In der Zeitung steht, dass es jetzt auch bei uns besser wird. Sie schreiben sogar, was sie bessern wollen. Das war noch nie. Aber vielleicht ist es doch auch wieder nur gelogen. Den Handwerkern wollen sie helfen und den Bauern. Aber die Normen für die Bauarbeiter, die setzen sie nicht herunter, und Gustav muss arbeiten und arbeiten und kann sich kaum etwas gönnen. Das ist von Staats wegen notwendig, sagen sie. Mit uns können sie es machen. Und da können sie Sozialismus dazu sagen oder etwas anderes, alles dasselbe.

Lasst es Euch gut gehen. Ich gönne es Euch ja so und auch Gustav freut sich für Euch und lässt Euch ebenfalls schön grüßen. Werden wir uns eines Tages wiedersehen?

Herzliche Grüße auch an die Kinder, sie fehlen mir so.

Eure Emilie

* * *

Bericht des Ministeriums für Staatssicherheit an das Zentralkomitee der SED über Vorfälle, die geeignet sind, die Ruhe in der Republik zu untergraben. Vom 10. Juni 1953

Das MfS setzt bei dem Ausstand von 2000 Arbeitern im Stahl- und Walzwerk Henningsdorf am gestrigen Tag, der sich gegen die Erhöhung der Normen richtete, 1000 Mark als Prämie ein, damit die Rädelsführer ausfindig gemacht und verhaftet werden können. Fünf Verhaftungen beweisen die Richtigkeit dieser Maßnahme. Der Streik wird aufgrund weiterer subversiver Elemente jedoch auch heute am 10. Juni fortgesetzt. Die Verhafteten werden freigelassen und die Erhöhung der Normen wird ausgesetzt.

* * *

Verlautbarung des Politbüros der DDR an Presse und Rundfunk. 10. Juni 1953

Das Politbüro gesteht Fehler ein und stellt wesentliche Verbesserungen in Aussicht. Die Interessen der Einzelbauern, Einzelhändler, Handwerker, Intelligenz und der Kirche seien vernachlässigt und sträflich missachtet worden. Eine Folge dieser fehlerhaften Politik sei, so das Politbüro, dass zahlreiche Personen die Republik verlassen haben. Die begangenen Fehler sollen umgehend korrigiert und die Lebenshaltung der Bevölkerung spürbar verbessert werden.

Am frühen Vormittag des 11. Juni in der Presse und im Rundfunk veröffentlicht.

* * *

Bericht des Ministeriums für Staatssicherheit an das ZK der SED Berlin, den 14. Juni 1953, MfS

Im Bereich der Arbeiter im Baugewerbe nehmen Fehlerdiskussionen überhand. Leute schimpfen in Gegenwart von Mitarbeitern des MfS und unterziehen Maßnahmen der Partei offen der Kritik.

Mitarbeiter, die sich diesen Provokationen entgegenstellen, werden ausgelacht. In drei Fällen wurden Prügel angedroht. Wenn die Mitarbeiter des MfS auch mit geeigneten Maßnahmen die Ruhe wiederherstellten, so möchte das MfS doch hiermit seine Sorge zum Ausdruck bringen.

Die Unzufriedenheit wächst überall. In kollektivierten Dörfern fordern Bauern ihre Betriebe zurück. Haftentlassene Großbauern und Unternehmer werden mit Glockenklang und Blumen empfangen. Überall ist die Rede von Streik.

Ausgangspunkt zu den Vorgängen im Baugewerbe bildet ein Artikel, der sich mit der Linie der Partei nicht in Deckung bringen lässt. Er erschien heute früh im Neuen Deutschland unter dem Titel »Es ist Zeit, den Holzhammer beiseitezulegen«. In unverantwortlicher Weise wird hier die unveränderte Durchsetzung der Normenerhöhung im Baugewerbe einer kritischen Betrachtung unterzogen. Wenn auch der Artikel die Erhöhung der Normen nicht generell infrage stellt, so wird doch bereits verbreiteter Unmut bestärkt und geschürt.

Das MfS fordert unmissverständlich dazu auf, die Presse zur Verantwortung zu rufen und weitere derartige Hetzartikel zu verhindern. Das MfS fordert, in einem weiteren Artikel in geeigneter Form die Notwendigkeit der Normenerhöhung klarzustellen und die Bauschaffenden wieder von der Richtigkeit der Entscheidungen der Partei zu überzeugen. Es ist auch zu prüfen, inwieweit bei der Abfassung des Artikels westdeutsche Provokateure am Werk waren.

Das MfS erinnert auch an den am 4. Juni dieses Monats in Eisenach erfolgten Streik der Metallarbeiter sowie an den Streik im Stahlwerk Henningsdorf, die beide mit der Rücknahme der Erhöhung der Normen zu Ende gegangen sind. So weit darf es kein drittes Mal kommen.

Die Gewerkschaftszeitung Tribüne wird am 16. Juni auf Veranlassung des MfS einen Artikel veröffentlichen, in dem die zehnprozentige Erhöhung der Normen als in vollem Umfang gerechtfertigt dargestellt sein wird.

* * *

Auszüge aus Telefonaufzeichnungen am Vormittag des 16. Juni durch das MfS. Zwei Mitarbeiter des MfS berichten

Ja, stellen Arbeit ein und rotten sich zusammen. Viel mehr als gestern.

Ja, Namen der Rädelsführer sind notiert. Kommen von Block 40 in der Stalinallee.

Hallo, Arbeitsniederlegung am Krankenhausneubau in Berlin-Friedrichshain. Ja, Zusammenrottung. Jetzt bildet sich ein Zug, kann ich von der Zelle aus gut verfolgen. Sehe, dass von anderen Baustellen Arbeiter zuströmen. Mensch, ja, das sind schon Hunderte!

Neues in der Stalinallee! Block hat sich formiert und setzt sich in Bewegung. Kann die Lage gut überblicken. Von anderen Baustellen in der Stalinallee viele Gruppen von Arbeitern. Schließen sich an.

Westdeutsche Provokateure? Kann ich nicht sicher ausmachen. Aber ich habe die Augen offen.

Hallo, hier Mitte. Zug aus der Stalinallee marschiert Richtung Leipziger Straße. Beide Züge schließen sich zusammen. Ziel offenbar Haus der Ministerien, Leipziger Straße.

Sprechchöre, ja, kann ich nicht verstehen. Zug jetzt gewaltig und immer noch Zustrom. Bitte um Weisung.

Sprechchöre, ja, deutlich: Weg mit der Norm! und dergleichen mehr, und: Wir wollen freie Menschen sein! Ganz deutlich. Das sind Massen.

Wenn ich eine Meinung äußern darf: Das Ganze aus dem Westen gesteuert. Wie sonst der gleichzeitige Aufbruch von verschiedenen Baustellen?

Jawohl, selbstverständlich. Natürlich, zu Befehl, überlasse ich allein Ihnen! Jawohl, kenne meine Grenzen und die Grenzen meiner Befugnisse. Warte auf Weisung.

Jawohl, achte auf westdeutsche Provokateure.

Alles schwarz vor Menschen. Zug schwenkt jetzt zum Haus des Freien Deutschen Gewerkschaftsbundes.

* * *

Berlin, Dienstag, den 16. Juni 1953

Meine Lieben!

Bisher hat fast immer Emilie an Euch geschrieben. Heute schreibe ich Euch, denn ich muss euch in aller Kürze berichten, was hier vorgefallen ist. Es ist jetzt Abend und morgen geht es weiter!

Wir streiken. Wir streiken seit gestern. Gestern war eine Arbeiterdelegation beim Ministerpräsidenten, hat aber nichts erreicht. So geht es heute zur Sache. Wundert euch nur. Es gibt ja keinen Streik in der DDR, wo doch die Arbeiter selbst die Macht haben. Emilie weint, kann ich ja verstehen. Ich weine ja beinahe selbst und bin doch nicht am Wasser gebaut. Vielleicht bringen sie es ja auch bei euch im Radio. Streik.

Es fing eigentlich schon am 13. an: Auf einer geselligen Dampferfahrt auf der Spree, bei der ich aber nicht dabei war, haben sie es beschlossen, und noch am Abend ging es von Brigade zu Brigade der Baustellen in der Stalinallee, dass wir am 15. die Arbeit nicht aufnehmen. Hat aber nicht viel gebracht.

Heute war es viel klarer. Wir gingen in einem langen Zug zum Haus des FDGB, der Gewerkschaft. Auch andere Baustellen schlossen sich an. Rücknahme der Normenerhöhung. Die Gewerkschaft sollte uns dabei helfen.

Viele Brigaden hatten die Normerhöhung ja schon freiwillig übernommen. Auch wir. Aber keiner war dafür. Es war eine einzige Ungerechtigkeit. Die ganze Nacht habe ich kein Auge zugetan. Auch Emilie nicht und mit Paulchen war es wieder sehr schlimm. Wer bei uns hat sich denn jemals gewehrt gegen das, was sie von oben bestimmen? Dabei tun sie immer so, als wenn alles von uns Arbeitern und Bauern kommt: Arbeiter- und Bauernstaat. Ihr kennt das ja.

Dann am Morgen. Alle standen doch ziemlich unschlüssig auf der Baustelle. Einer hat die Zeitung Tribüne gezeigt vom FDGB. Darin war ein großer Artikel von Otto Lehmann, stellvertretender FDGB-Vorsitzender, jeder hat ihn gelesen. Die Zeitung war mindestens zwanzigmal auf der Baustelle. Wer sie verteilt hat, weiß ich nicht. Eigentlich lag sie so herum. Sie roch noch nach Druckerschwärze. Die zehnprozentige Normerhöhung ist voll gerechtfertigt, schrieb das Schwein, und viel Schmus, notwendig für Sozialismus und so weiter. Kennt man.

Da brauchen wir gar nicht zur Gewerkschaft gehen, wenn die so etwas schreiben. Ich habe eine ungeheure Wut gehabt. Ihr kennt mich. Ich bin nicht so leicht aus der Ruhe zu bringen. Aber irgendwann geht einem doch der Gaul durch. Funktionäre wollten mit uns reden. Gütlich hat einer gesagt. Aber das war Quatsch, derselbe Unsinn, der in der »Tribüne« steht.

Dann gehen wir eben zur Regierung, hat einer gerufen.

Und das war ein Augenblick, den kann sich keiner vorstellen! Wir sind losgezogen. »Kollegen reiht euch ein, wir wollen freie Menschen sein!«, haben wir gerufen. Ich weiß nicht, wer es aufgebracht hat. Aber alle haben mitgemacht. Erst waren es nur wir von der Baustelle Block 40 in der Stalinallee, aber von allen Baustellen sind sie uns nur so zugeströmt. Wir waren nach kurzer Zeit ein gewaltiger Zug von Arbeitern. Eine richtige Arbeiterbewegung und freiwillig, wie sie es ja immer haben wollen. Und dann ein gewaltiger Zug von Friedrichshain und wir sind zum Haus des FDGB in der Leipziger Straße. Wir waren ja ganz vorneweg von unserer Baustelle. Hinter uns Sprechchöre und die Luft hat gezittert. Aber die Herren Gewerkschaftler haben uns nicht empfangen. Der Streik ist illegal, haben sie nach außen dringen lassen, und sie geben uns den Rat, sofort friedlich an unsere Arbeit zurückzukehren, Provokateure und Rädelsführer sind zu melden.

Überall haben sie inzwischen die Arbeit niedergelegt und sind jetzt mit uns mit, nicht nur Bauarbeiter. Dann zum Haus der Ministerien in der Leipziger Straße.

Da ist einer auf einen Stuhl gestiegen und hat gesagt, dass die Normerhöhungen zurückgenommen werden. Es ist der Minister für Schwerindustrie Fritz Selbmann. Ich habe weit vorn gestanden. Es ist auch noch einmal am Nachmittag im Rundfunk gekommen. Hat die Arbeiter aufgefordert, sich um Partei und die Regierung zusammenzuschließen, alles andere sind feindliche Provokateure, versuchen, Verwirrung in die Arbeiterklasse hineinzutragen. Alles kommt aus dem Westen.

Da haben sie den Minister Selbmann von seinem Stuhl heruntergezogen.

Dann hat es auf einmal von hinten geschrien: Freie Wahlen! Wir wollen freie Wahlen! Und da haben es alle gerufen, Tausende. Jeder hat gedacht: Freie Wahlen, dafür lohnt sich alles. Und ich habe an das Lied gedacht, das sie immer singen lassen: Mann der Arbeit aufgewacht und erkenne deine Macht. Und da war sie, die Macht des Arbeiters. Und ich habe mit den anderen nach freien Wahlen geschrien, dass ich jetzt noch heiser bin.

Dann hat es gerufen: Nieder mit der Regierung! Entsetztes Schweigen. Aber dann haben alle mitgeschrien: Zurücktreten! Nieder mit der Regierung! Auch andere Dinge wurden geschrien. Ich habe nicht alles verstanden. Aber das Wichtigste: Freie Wahlen! und: Nieder mit der Regierung!

Wir sind dann durch die Innenstadt gezogen, alle rannten aus den Läden und viele schlossen sich an oder riefen Bravo und klatschten. Irgendwo war plötzlich ein Lautsprecherwagen. Der hat gesagt, dass wir jetzt zu den Baustellen zurückkehren sollen, und morgen ist Generalstreik.

Und einer von den Bauführern hat gesagt, dass man jetzt zum RIAS nach Westberlin muss, damit der meldet, dass morgen in der ganzen DDR Generalstreik ist. Es sind welche gegangen. Aber bis jetzt am Abend kam noch nichts. Emilie und ich, wir sitzen dauernd am Radio. Auf unseren Sendern bringen sie, es ist alles von westlichen Provokateuren und wir sollen uns fernhalten. Das weiß ich besser.

Ich gebe den Brief heute nicht mehr weg, sondern schreibe morgen weiter. Man muss ja auch einmal schlafen.

Mittwoch, den 17. Juni

Ihr merkt an der Schrift, dass nicht Gustav weiterschreibt, sondern ich, Emilie.

Es ist jetzt Abend und ich bin verzweifelt. Er ist noch nicht wieder da. Aber ich schreibe alles so, wie es Gustav erzählt hat. Denn ihr sollt es wissen. Wie es weiter kommt, weiß niemand. Aber unser Gustav ist nicht schuldig.

Er ist um die Mittagszeit nach Hause gekommen. Er war so, wie ich ihn nie erlebt habe, aufgekratzt und doch fast verzagt. Auch ihr kennt ihn so nicht.

Er hat erzählt, was heute alles los war.

Zwar war der Aufruf zum Generalstreik im RIAS nicht gesendet worden. Ich weiß nicht, warum sie das nicht senden, hat er am Abend immer wieder gesagt. Ich habe Paulchen ins Bett gebracht, und er ist vom Radio nicht weggegangen. Der Streik von gestern wurde gemeldet, aber nicht der erwartete Aufruf für den Generalstreik. Bis tief in die Nacht kamen immer wieder die Forderungen der Arbeiter: Löhne nach den alten Normen, Verbilligung der Waren, freie und geheime Wahlen, Straffreiheit für die Streikenden und ihre Sprecher. Dazwischen Tanzmusik und Jazz. Heute Morgen dann zeitig heraus. Der Streik ist jetzt fast in der ganzen Republik gewesen. Was weiß ich – der RIAS hat ja viel vom Streik gesendet, aber nicht den Aufruf. Aber einige haben Telefon und die Meldungen in unseren Nachrichten haben etwas durchblicken lassen. Dass es westdeutsche Provokateure waren, glaubt niemand, hat Gustav gesagt.

Einer aus seiner Brigade hat in Halle angerufen. Streik. Ein anderer in Dresden. Streik. In Erfurt Streik, in Bitterfeld Streik. Überall Streik. Märsche zu den Rathäusern, Kreisratsgebäuden, zu den Gewerkschaftshäusern, zu den Häusern der Partei. Was weiß ich.

Eine Nachbarin hat erzählt, sie haben irgendwo Gefängnisse gestürmt und Politische befreit. Woher sie das hat, weiß ich nicht. Aber ich glaube es. So wie Gustav alles erzählt hat, muss man es glauben. Am Mittag ist er nach Hause gekommen. Das ist ein Aufstand!, hat er gerufen. Eine Revolution! Sie sind am Morgen gar nicht mehr bis zur Baustelle gekommen. Die Straßen voller Menschen. Er ist dann gleich zum Alex. Schwarze Rauchwolken. Das Columbushaus, das größte Kaufhaus, brennt, die Polizei, die darin ein Büro hat, ergibt sich, Akten werden auf die Straße geworfen. Feuerwehr kommt nicht durch. Fürchterliches Gedränge. Der Kiosk am Alex brennt. Viele Zeitungskioske brennen. Auch das »Haus Vaterland« brennt, das Restaurant am Potsdamer Platz. Überall Rauch. Behörden werden gestürmt. Er hat erzählt, dass es ausgesehen hat, wie wenn es schneit, als die Akten überall zum Fenster herausgeschmissen wurden. Polizisten bildeten Ketten, die wurden gesprengt. Steine flogen. Polizisten und Spitzel des MfS wurden verprügelt. Verletzte weggetragen. Viele Polizisten haben sich angeschlossen. Zum Brandenburger Tor. Ein paar schwenkten schwarz-rot-goldene Fahnen. Das Deutschlandlied wurde gesungen. Am Brandenburger Tor saßen auf den Dächern die Vopos und russische Schützen. Das Brandenburger Tor ist die Grenze zum Westen, aber das wisst Ihr ja.

Auf dem Brandenburger Tor wie immer die Rote Fahne.

Gustav in die Masse eingekeilt, wurde aber weit nach vorn geschoben. Sie haben immer noch das Deutschlandlied gesungen. Regen. Auch Wind. Vom Westen waren viele Leute da. Fotografen. Filmleute mit Kameras.

Dann ist ein Bauarbeiter, Gustav hat ihn aber nicht gekannt, hochgestiegen über ein Baugerüst auf das Brandenburger Tor, und überall waren die Polizisten und die Russen mit den Gewehren im Anschlag. Gesungen hat keiner mehr. Jeder wartete auf Schüsse. Aber der ist immer weitergestiegen und hat dann die Rote Fahne heruntergeworfen und die Schwarz-Rot-Gold aufgesetzt. Und es ist kein Schuss gefallen. Gustav hat nichts mit Kirche, das wisst ihr. Hat aber die Hände gefaltet und gebetet, als der da hochgestiegen ist, hat er erzählt.

Und die Leute packten die Rote Fahne und zerrissen sie. Und es hat auch da niemand geschossen. Sie sind mit einer schwarz-rot-goldenen Fahne auch durch das Brandenburger Tor in den Westen marschiert. Westberliner haben mitgemacht. Sieht man ja gleich an der Kleidung, ob jemand von drüben ist. Sicher Lehrer, Ärzte und Rechtsanwälte und so weiter, hat er gesagt. Sie haben meist in die Hände geklatscht und mitgeschrien. Sonst war nichts.

Dann um eins am Mittag überall Lautsprecherwagen: Ausnahmezustand. Versammlungen, Kundgebungen, Menschenansammlungen, alles verboten. Wer sich nicht daran hält, wird verhaftet oder erschossen. Panzerwagen der Polizei und Panzer der Russen in der Leipziger Straße und am Potsdamer Platz. Dann überall. Die Männer werfen Steine, ein paar Panzer brennen. Dann Schüsse, panische Flucht. Tote liegen auf der Straße. Verletzte über die Sektorengrenze nach dem Westen gebracht.

Dann gegen drei kommt Gustav. Er weint. Alles aus. Er erzählt: Die schießen, die Schweine. Die schießen auf die eigenen Arbeiter! Ich habe ihn noch nie so gesehen. Nur einmal, als er mit dem Doktor geredet hat wegen Paulchen. Dann im Rundfunk ein Sprecher: Aufstände in der DDR sind gar keine! Alles nur Kleinigkeiten, angezettelt vom Klassenfeind, Werk von westdeutschen und amerikanischen Provokateuren und Saboteuren. Ich bin kein Provokateur, hat Gustav gesagt, auch kein westdeutscher und auch kein Saboteur. Ich will nur mein Recht.

Unser Nachbar, wir haben Euch schon von ihm erzählt, der Heinz Kralow kam jetzt auch nach Hause. Wir haben ihn nur kurz gesehen und er ist gleich wieder gegangen. Hat alles fotografiert. Ist sein Steckenpferd. Gustav hat ihn gesehen am Brandenburger Tor, wie er fotografiert hat, und hat in die Kamera gewinkt und ihm die Zunge herausgestreckt. Das hatte er mir schon erzählt.

Gustav will nichts essen, läuft im Zimmer herum. Redet kaum mit Paulchen.

Dann das Schrecklichste: So um acht läutet es Sturm. Fünf Männer mit Regenmänteln stehen vor der Türe, werde ich nie mehr vergessen: Wir suchen Gustav Wagner. – Der bin ich, sagt Gustav. Sie zeigen ein paar Fotos: Gustav ist mitten unter den Arbeitern am Alex und am Brandenburger Tor. Man kann ihn gut erkennen. Es sind vielleicht zehn Fotos. – Schnell entwickelt, sagt einer der Männer. Ich war ganz und gar aufgeregt. Das könnt ihr Euch nicht vorstellen. Die Männer haben sich als Mitarbeiter des MfS vorgestellt. Man sieht Gustav ganz vorne und er streckt dem Fotografen die Zunge heraus. Unser Nachbar Heinz Kralow ist ein Schwein und hat Gustav angezeigt!

Ob Gustav sich erkennt, wird er gefragt. Er sagt Ja. – Sie geben also alles zu? Er gibt also alles zu, sagt einer der Männer zu den anderen. – Ich gebe gar nichts zu, sagt Gustav. Ich muss mich an die Wand lehnen, so sehr zittere ich.

Die Männer lachen. Sie legen Gustav Handschellen an. Dann nehmen sie ihn mit. Er ist verhaftet. Unser Gustav verhaftet. Könnt ihr Euch das vorstellen?

Und Paulchen geht es wieder so schlecht.

Eure Emilie

* * *

Bericht des MfS an das ZK der SED vom 18. Juni 1953

Der Ausnahmezustand für das Gebiet der DDR gilt seit dem 17. Juni 13 Uhr in 80% der Landkreise. Die sowjetischen Truppen haben ausnahmslos die Ruhe in der Republik wiederhergestellt. Die Sektorengrenze in Berlin ist abgeriegelt. Westberliner, die sich in der DDR aufhalten, werden nicht zurückgelassen. Wir verdächtigen sie der Provokation und Sabotage. Ostberliner und DDR-Bürger, die sich in Westberlin aufhalten, dürfen nur über drei Kontrollstellen zurückkehren. An den Bahnhöfen bilden sich im Berufsverkehr lange Schlangen, zum Teil Hunderte bis Tausende von Bürgern. Menschenschlangen auch vor Lebensmittelbetrieben wie vor Bäckerläden. Es ist eine allgemeine Kriegsangst festzustellen, Hamsterkäufe. In den Dörfern herrscht zum Teil offener Terror gegen die dortigen Genossen. Insgesamt ist die Lage am heutigen Tage zwar als ruhig, aber doch noch als äußerst kritisch einzustufen.

In vielen Betrieben in vielen Städten der DDR gehen die Streiks und Proteste auch am heutigen Tage weiter. So unter anderem in Lauchhammer, in Dresden, in Olbernhau. In den kleineren Dörfern im Norden sind die Ereignisse von Berlin erst in der Nacht bekannt geworden. Auch dort beginnen Streiks und Proteste. Durch gezielte Maßnahmen der verbündeten Truppen sowie der Polizei werden solche Störungen rasch zu Ende gebracht.

Auf der Baustelle Stalinallee ist etwa die Hälfte der Belegschaft erschienen. Es wird aber nicht gearbeitet. Die Bauarbeiter verlangen Klarheit über die Normen, Bezahlung des entstandenen Arbeitsausfalls und die Freilassung der Verhafteten. Ähnlich auf anderen Baustellen Berlins und in Betrieben der Republik.

* * *

Protokoll der SED-Grundorganisation VEB Neptun-Werft Rostock vom 17. Juni 1953

Wir müssen jetzt in der Erreichung des Sozialismus kürzer treten. Letzten Endes ist für die Massen in der augenblicklichen Situation die Kardinalfrage die Magenfrage. Auch die Angst, nachts abgeholt zu werden, wenn man etwas sagt, muss verschwinden. Die Kollegen im Betrieb fordern die Absetzung der Regierung und dass die Schuldigen an der derzeitigen Situation zur Verantwortung gezogen werden und nicht nur Selbstkritik üben. Es wird schwer sein, das Vertrauen des ganzen Volkes für uns wiederzugewinnen.

* * *

Bericht des Politbüros des ZK der SED an das Ministerium für Staatssicherheit vom 18. Juni 1953

Die gesamte Führung der SED hat die Nacht arbeitend im Hauptquartier der Sowjetarmee in Berlin-Karlshorst verbracht. Der Generalsekretär der SED, Genosse Ulbricht, hat seine Absicht mitgeteilt, sein Amt weiter ausfüllen zu wollen. Fehlerdiskussionen sind genügend geschehen. Sie müssen jetzt ein Ende finden. Die missliche Lage der Republik, die in erster Linie von westlichen Provokateuren und subversiven Elementen ausgegangen ist, verlangt nach Stabilität. Die Abwehr des faschistischen Putsches braucht eine bewährte Führung. Von Seiten der UdSSR wird diese Sicht geteilt.

Der Chefredakteur des »Neuen Deutschlands« wird einen Artikel über den »Zusammenbruch des faschistischen Abenteuers« verfassen. Die sowjetische Nachrichten-Agentur TASS wird gleichzeitig eine Mitteilung veröffentlichen: »Zusammenbruch des Abenteuers ausländischer Sendlinge in Berlin«.

* * *

Mannheim, den 28. Juni 1953

Liebe Emilie!

Mit Entsetzen haben wir von der Verhaftung Gustavs gehört und wollen nur hoffen, dass er baldmöglichst wieder auf freiem Fuße sich befinden wird. Er ist doch so ein friedlicher Mensch. Vielleicht ist er ja schon frei, bis Ihr den Brief bekommt. Das wäre schön.

Hier im Westen war natürlich ständig Sendung im Radio. Und

Eugen hat im Schaufenster eines Geschäftes auch einen Bericht im Fernsehen gesehen. Es war kein Ton dabei. Aber es war schrecklich genug. Die vielen Panzer, Männer, die mit Steinen geworfen haben. Er hat natürlich nach Gustav geschaut, hat ihn aber nicht gesehen.

Wir konnten uns alles gut vorstellen, weil Ihr uns ja so ausführlich berichtet habt. Man ist richtig stolz. Das sagt auch Eugen. Er hat Euren Brief auch den Bekannten vorgelesen, die wir hier schon haben. Geschäftskollegen und eine nette Familie vom Balkon gegenüber. Auch sie sind stolz. Alle waren erschüttert und voll Wut, als Du berichtet hast, dass Gustav verhaftet worden ist.

Es ist bei uns in der Zeitung zu lesen, dass der Westen nicht eingreifen konnte, weil Atombomben hüben und drüben. Und das wollen wir ja alle nicht. Die Abstimmung mit den Füßen, wie sie hier zur Flucht aus der Ostzone sagen, wird sich jetzt noch verstärken. Aber jetzt könnt Ihr ja erst recht nicht herüberkommen, wenn Gustav verhaftet ist. Sobald er herauskommt, müsst Ihr gleich herüberkommen. Eugen sagt, dass es jetzt immer schwerer wird, abzuhauen.

Übrigens: Eugen war in Westberlin. Er hatte über den Betrieb eine Karte für das Endspiel um die deutsche Fußballmeisterschaft in Berlin bekommen, VfB Stuttgart gegen FC Kaiserslautern. Und der FC, sein Verein, hat gewonnen, und 4:1! Er war ganz außer sich. Das Endspiel war vor einer Woche am 21. Juni im Olympiastadion, also eine ganze Ecke weg von euch. Und er musste mit den anderen vom Betrieb zurückfahren. Da konnte er euch leider nicht besuchen. Es wäre auch zu gefährlich gewesen.

Wir denken aber an euch und drücken die Daumen, dass Gustav bald freikommt und dass Paulchen schnell wieder gesund wird. Vielleicht könnte man ihm hier im Westen doch besser helfen.

Mit herzlichen Grüßen auch an Paulchen, natürlich auch an Gustav, wenn Du ihn besuchst.

Deine Erna und die ganze Familie

* * *

Hausmitteilung der SED-Bezirksleitung Rostock vom 18. Juni 1953

Der Genosse Schmidt, 1. Kreissekretär der Vereinigung der gegenseitigen Bauerhilfe, wurde in seinem Referat laufend unterbrochen, sodass er kaum zwei Sätze zu Ende sprechen konnte, indem sie schrien: »Euch müsste man alle aufhängen und totschlagen, besonders aber auch die Regierung, die alle Verbrecher sind.«

* * *

Informationsbericht der SED-Kreisleitung Rostock vom 19. Juni 1953

Anonymer Brief an den Rat der Stadt Rostock: »An den Bürgermeister und alle Bonzen der SED. Ihr Verbrecher, bald ist Euer Tag gekommen. Wir Arbeiter haben das Signal gegeben. Alle werden wir Euch hängen. Ihr Lumpen, Strolche, Russenknechte, Speichellecker, Abschaum der Menschheit, wir verlangen unsere Freiheit …«

* * *

Zeitung »Neues Deutschland« vom 19. Juni 1953

Namhafte Persönlichkeiten von Wissenschaft und Kunst verurteilen schärfstens die provokatorischen Ausschreitungen der letzten Tage. Prof. Nagel, Mitglied der Deutschen Akademie der Künste, sagt aus, dass er gesehen habe, wie faschistische Rowdys aus Westberlin in der Stalinallee anständige deutsche Arbeiter, die im besten Glauben für ihre berechtigten Forderungen eintraten, zu verbrecherischen Handlungen verleiten wollten, zu Brandstiftung und Plünderung. Er ist der Ansicht, dass alle Arbeiter voll und ganz billigen, dass gegen diese faschistischen Mordbrenner die ganze Schärfe des Kriegsrechts in Anwendung kommt.

Kurt Barthel (»KuBa«), Sekretär des Schriftstellerverbandes

und Mitglied des SED-Zentralkomitees, beschimpft die Bauarbeiter. »Schämt ihr euch auch so, wie ich mich schäme? Da werdet ihr sehr viel und sehr gut mauern und künftig sehr klug handeln müssen, ehe euch diese Schmach vergessen wird. Zerstörte Häuser reparieren, das ist leicht. Zerstörtes Vertrauen wieder aufrichten ist sehr, sehr schwer.«

* * *

Die Lösung

Bertolt Brecht

Nach dem Aufstand des 17. Juni
Ließ der Sekretär des Schriftstellerverbands
In der Stalinallee Flugblätter verteilen,
Auf denen zu lesen war, dass das Volk
Das Vertrauen der Regierung verscherzt habe
Und es nur durch verdoppelte Arbeit
Zurückerobern könne. Wäre es da
Nicht doch einfacher, die Regierung
Löste das Volk auf und
Wählte ein anderes?

* * *

Berlin, den 14. Juli 1953

Meine Lieben!

Gestern hat mir der Arzt den Namen von Paulchens Krankheit gesagt. Erst jetzt ist er sicher. Sie heißt Leukämie. Habt Ihr den Namen schon einmal gehört? Vielleicht könnt Ihr euch ja einmal umhören, ob man Paulchen nicht im Westen helfen kann.

Gustav ist immer noch nicht frei. Ich habe ihn in der ganzen langen Zeit erst zweimal in Hohenschönhausen besuchen dürfen. Er sieht schrecklich aus. Abgemagert, bleich. Augen tief in den Höhlen. Er sagt, sie werden gut versorgt, alles in Ordnung. Aber es sitzt ein Aufseher dabei und hört mit, und da darf er vielleicht nicht alles sagen.

Frau Kralow begegne ich immer im Treppenhaus. Es lässt sich ja nicht vermeiden. Sie schaut immer in eine andere Richtung. Das kann ich ja verstehen. Aber ein Wort der Entschuldigung von ihr würde mir vielleicht doch einmal guttun. Ich weiß es nicht. Frau Winter vom vierten Stock hat mir erzählt, dass Frau Kralow zu ihr gesagt hat, dass ihr Herbert es machen musste. Sie wollten ihn verhaften, als sie sahen, dass er fotografiert hat. Dann haben sie aber nur die Kamera mitgenommen. Gegen Abend kamen sie dann in die Wohnung und hielten ihm die Kamera vor die Nase und sagten, er bekommt sie wieder, wenn er angibt, wer auf den Bildern drauf ist, die er am Alex und am Brandenburger Tor gemacht hat. Sie hatten den Film entwickelt. Und er ärgert sich, dass er nicht auch bei Gustav gesagt hat, dass er den Mann nicht kennt. Aber die hätten ihm nicht geglaubt, weil der Gustav ja zu ihm gewinkt und die Zunge herausgestreckt hat. Und dann hätten sie ihm die Kamera ja vielleicht doch noch weggenommen. Und die Kamera ist ja sein Ein und Alles und er hat sie sich so mühsam erspart. Aus Jena, erstklassig. So ist alles gekommen, und Gustav sitzt jetzt im Gefängnis und hat doch auch nicht mehr getan als alle anderen.

In Magdeburg verurteilten sie zwei Männer wegen Teilnahme an aktiven provokatorischen Handlungen und an banditischen Handlungen zum Tod und haben sie erschossen. Ihr könnt Euch denken, wie ich zittere. Aber es sitzen ja Tausende in den Gefängnissen. Sie können ja nicht alle umbringen.

Fragt ihr einen Arzt wegen Paulchen? Unser Arzt kann uns keine Hoffnung machen, sagt er. Aber der Mensch braucht einen Trost.

Ihr fehlt mir so in der schweren Zeit.

Mit herzlichen Grüßen

Eure Emilie

DAS WUNDER VON BERN

Die Fußballweltmeisterschaft von 1954 in der Schweiz ist für Deutschland zur Legende geworden. Nicht nur durfte Deutschland zum ersten Mal nach dem Krieg wieder bei einem großen Fußballturnier mitmachen – Deutschland, der Außenseiter, wurde Weltmeister. Legende ist die Reportage des Journalisten Gerd Zimmermann, der das Endspiel kommentierte, Legende wurde Fritz Walter als Mannschaftskapitän, Legende wurde der Trainer Sepp Herberger, der gesagt hatte: »Elf Freunde müsst ihr sein!«
Deutschland war nach dem Zweiten Weltkrieg auf dem Nullpunkt: Verlust der Souveränität als Staat, in Besatzungszonen aufgeteilt, die Städte zerstört, 14 Millionen Menschen heimatvertrieben, Wirtschaft und Währung ruiniert, der Weg in ein

geteiltes Land zeichnete sich ab. Doch der Neubeginn machte auch Hoffnung: Währungsreform 1948 in den westlichen Besatzungszonen, Gründung der Bundesrepublik Deutschland. Durch den Marshallplan gewann die Wirtschaft ab 1949 unter Bundeskanzler Konrad Adenauer an Fahrt, allerdings nur im Westen; die ebenfalls gegründete DDR verschloss sich dieser Wirtschaftshilfe. Dennoch war die Bundesrepublik international noch weitgehend isoliert. Die Augenhöhe der Deutschen gegenüber den anderen Völkern der Welt musste erst langsam wiedergewonnen werden. Auch dazu leistete der Sieg Deutschlands bei der Fußballweltmeisterschaft in Bern 1954 einen wichtigen Beitrag. Dieser Sieg passte in eine Zeit, in der die Menschen in der Bundesrepublik unter dem Einfluss des raschen Wirtschaftsaufschwungs, den man später als Wirtschaftswunder bezeichnete, wieder Mut zu fassen begannen. Für viele bestätigte sich damit, was das Wirtschaftswunder auf materieller Ebene bereits signalisiert hatte. Die Deutschen gewannen ihr Selbstvertrauen zurück, eine der Voraussetzungen für Souveränität. Eine andere war die Wiederbewaffnung als Folge des sich verschärfenden Kalten Krieges.

In die Schweiz! Das war schon für sich genommen ein Wunder. Dass ich, ein Mädchen, mit meinen noch nicht einmal ganz sechzehn Jahren in die Schweiz durfte, war geradezu unfasslich. Dass dort noch ein zweites Wunder und dann das dritte geschehen würde, damit hatte ich schon gar nicht gerechnet.

Aber ich will euch von Anfang an erzählen.

Es war natürlich kein Zufall, dass ich in die Schweiz durfte. Es war der Fußball. Nein, ich spiele nicht Fußball; kein Mädchen spielte damals Fußball. Mein Vater war ein großer Fußballer. Er war schon vor 1939 aktiv, musste dann in den Krieg ziehen und kam in amerikanische Kriegsgefangenschaft. Es hätte schlimmer kommen können, hat er immer gesagt. Wenn ich zu den Russen gekommen wäre, was dann? So jedenfalls hat ihm der Fußball ganz entscheidend geholfen. Sie hatten eine Lagermannschaft, und da mein Vater immerhin bei den Stuttgarter Kickers in der Gauliga Württemberg gespielt hat – das ist so ähnlich wie heute Zweite Bundesliga –, ist er als Stürmer und Torschütze auch den Amis aufgefallen. Er hat dort eine Mannschaft trainiert, obwohl Fußball in den USA nur ganz klein geschrieben wird.

Als er aus der Gefangenschaft nach Hause kam – es war einer der schönsten Tage meines Lebens, aber das gehört nicht hierher –, konnte er in seinen Beruf als Ingenieur bei Daimler zurückkehren, sogar in einer verantwortungsvollen Position; aber seine ganze Liebe galt den Kickers. Er war noch lange als Jugendtrainer tätig und hat viele Talente entdeckt und gefördert. Wenn die Erste ein Heimspiel hatte, war er im Neckarstadion, heute Gottlieb-Daimler-Stadion.

Wäre er ein junger Mann gewesen, dann hätte er auch als Spieler der ersten Mannschaft damals nicht seinen Lebensunterhalt mit Fußball verdienen können. Profis, das gab es damals noch nicht. Fußballspielen war nichts als ein Hobby, wie man heute sagen würde. Damals hat man Steckenpferd dazu gesagt, und die Zuschauer waren noch keine Fans, sondern Schlachtenbummler. Hooligans hat es auch noch nicht gegeben, aber Rabauken schon. Es gab Schlägereien, aber alles war nicht so gewalttätig wie heute. Ich glaube, die meisten hatten nach dem Krieg die Nase voll von Gewalt.

Die Spuren des Krieges hat man ja noch überall gesehen: Wo man hinsah, waren Trümmer, ganze Viertel lagen noch immer in Schutt oder reckten ihr verbranntes Mauerwerk in den Himmel. Das Neue Schloss in Stuttgart zum Beispiel blieb noch zehn Jahre lang eine Ruine.

Die Jahre nach dem Zweiten Weltkrieg waren schlimm gewesen: Hunger, Arbeitslosigkeit, Wohnungsnot – die meisten Wohnungen in den Großstädten waren ja zerstört, und ihr dürft die Millionen von Heimatvertriebenen nicht vergessen, die zwischen 1945 und 1949 nach Westdeutschland gekommen sind. Am schlimmsten aber war diese Bedrücktheit, man hat wenige Leute lachen sehen in dieser Zeit. Und wenn, dann geschah es fast verlegen. Wir waren immer noch ein besetztes Land, wenn auch 1949 schon die Bundesrepublik gegründet worden war. Bei uns in Stuttgart waren die Amerikaner und Richtung Alb und Rhein die Franzosen.

Wie verachtet Deutschland nach dem Krieg war, sieht man zum Beispiel daran, dass wir bei der Fußballweltmeisterschaft 1950 in Brasilien nicht hatten mitmachen dürfen. Weltmeister wurde damals Uruguay. Brasilien und Uruguay waren im Endspiel. Das sind unerreichbare Länder der weiten Welt für mich gewesen. Der DFB war noch nicht in die FIFA aufgenommen – ihr seht, ich kenne mich gut aus – und keine Mannschaft der Welt wäre gegen die Deutschen angetreten, die den Zweiten Weltkrieg und den Völkermord an den Juden verschuldet hatten. Und mehr: Unzählige Menschen hatten durch die NS-Verbrechen und den Krieg, den Deutschland begonnen hatte, Familienmitglieder verloren, hatten Hab und Gut verloren, hatten die Heimat verloren. Ich bin 1938 geboren und werde die Bombenangriffe auf Stuttgart von 1944 und 1945 nie mehr vergessen, bei denen ganz zum Schluss auch noch unser Haus zerstört worden ist.

Zum Fußball! Die internationale Ächtung Deutschlands hinderte nicht, dass wieder Vereinsleben entstand. Es war sehr wichtig für die Leute, dass sie wieder etwas hatten, für das sie sein konnten: anfeuern, jubeln, traurig sein, sich begeistern. Das alles war ja von den Nazis missbraucht worden. Der Alltag war grau in grau. Im Stadion war alles anders.

Ich durfte mit meinem Vater zu den Spielen, wann immer ich

wollte. Er freute sich, wenn ich ihn begleitete. Aber eigentlich war ich gar nicht so sehr erpicht darauf: Fußball war etwas für Jungen. Mädchen redeten nicht über Fußball. Ich war ja kein Kind mehr, und die Jungen begannen, interessant zu werden für uns Mädchen, aber über ihre stundenlangen Fußballgespräche konnten wir nur lachen. Selbstverständlich hat mir mein Vater viel beigebracht, und ich weiß heute noch, was Abseits ist oder gestrecktes Bein oder Sperren ohne Ball.

Da konnte ich mich immer wieder lässig bei den Jungen einmischen: Abseits? Du spinnst wohl. Das war gleiche Höhe und kein Abseits!

Es war aber auch so, dass ich ganz gut aussah, müsst ihr wissen, freilich etwas dünn und aufgeschossen, aber mit langen Zöpfen und großen braunen Augen. Aber wie heute, dass man mit dreizehn, vierzehn oder fünfzehn schon einen festen Freund hatte oder gar die Pille nahm, so war es natürlich nicht; die Pille gab es erst einige Jahre später und nicht für Mädchen in meinem Alter. Ich will euch jetzt auch nicht mit meinen ersten Liebschaften langweilen oder mit einem Schwarm, wie wir sagten, wenn uns einer gefiel. Obwohl die Geschichte, die ich euch erzählen will, vor allem von meiner ersten wirklichen Liebe handelt.

Die ganze Sache begann mit dem ersten Länderspiel Deutschlands nach dem Krieg, wir spielten gegen die Schweiz, und zwar bei uns in Stuttgart am 22. November 1950 im Neckarstadion. Es bedeutete die Rückkehr Deutschlands in den Kreis der Sportnationen.

»Man kann der Schweiz nicht dankbar genug sein«, sagte mein Vater immer wieder, »dass wir gegen sie antreten dürfen, dass sie ihre Spieler zu uns nach Stuttgart schickt.«

Es war für mich, obwohl kaum zwölf, bewegend, als nach der schweizerischen Nationalhymne eine ganze Minute lang im Stadion mit seinen Zigtausenden von Schlachtenbummlern tiefes Schweigen herrschte. Denn Deutschland hatte keine Nationalhymne. Es war, als zögen in diesem Schweigen Gespenster durch das Stadion.

Dann kam das Spiel, und die Leute schrien und tobten mehr, als wenn es nur der Verein war, der spielte. Deutschland gewann 1:0, und das hat den Leuten natürlich gefallen. Meinem Vater auch, und ich habe mitgeschrien, als Herbert Burdenski in der 42. Minute den Elfmeter verwandelte.

»Deutschland hätte noch viel höher gewinnen können«, sagte mein Vater, »aber der schweizerische Torwart Hueg hat unglaubliche Dinger gehalten.«

Ihr seht, ich weiß alles noch ganz genau. Daraus könnt ihr entnehmen, wie sehr diese Ereignisse auf mich gewirkt haben, und nicht nur auf mich. In der Schule waren die Jungen natürlich alle neidisch darauf, dass ich dabei gewesen war. Meinen Freundinnen, wie gesagt, war Fußball gleichgültig.

Wir waren 1949, ein Jahr nach der Währungsreform, in die größere Wohnung von Tante Franziska umgezogen, eine Wohnung, die bis auf den Schornstein vom Bombenkrieg verschont geblieben war. Die Tante war nun alt und legte Wert darauf, dass wir Ausgebombten, wie sie sagte, zu ihr in die sehr große und sehr schöne Wohnung in der Unteren Weinsteige ziehen sollten; es sei wegen ihres Alters. Aber meine Mutter meinte, dass es wegen der Flüchtlinge war: Überall wurden Flüchtlinge, wie wir die Heimatvertriebenen nannten, aus Polen, der Tschechoslowakei, aus Jugoslawien und aus Ungarn zwangsweise in Wohnungen eingewiesen; und diese armen Menschen waren nicht gerne gesehen, was ich heute noch für sehr schlimm halte. Sie waren diejenigen, die für den Krieg bezahlen mussten. Wir konnten wenigstens in Stuttgart bleiben. Die Vertriebenen aber hatten Haus und Hof und Heimat verloren.

In der Wohnung von Tante Franziska war Platz genug, dass Vater über die Zeit des Länderspiels einen Schweizer Fußballfreund bei uns wohnen lassen konnte, den er über den Verein kennengelernt hatte. Herr Merkli war sehr nett und erzählte am Abend viel von der Schweiz, sodass einem der Mund wässerig wurde. Ich habe nur so dagesessen und konnte es mir kaum vorstellen. Als ich dann später in die Schweiz gekommen bin, ist alles noch viel schöner gewesen.

Das Tollste war, dass Herr Merkli unsere Familie, Vater, Mutter und mich, zur Fußballweltmeisterschaft 1954 nach Zürich einlud. Er habe mehr Platz als genug. Und wir seien gastfreundlich zu ihm gewesen und so weiter. Meine Mutter interessierte sich absolut nicht für Fußball und wollte, dass mein Vater allein in die Schweiz reiste. Der aber hat gleich gesagt, dass dann wenigstens ich mitdürfe. Ihr könnt euch nicht vorstellen, wie ich gejubelt habe: in die Schweiz! Ich habe buchstäblich die Monate, Wochen und Tage gezählt und es wollte und wollte nicht 1954 werden. Als es dann so weit war und wir schon im Frühjahr alles planten – ich saß nur noch vor Fahrplänen und Landkarten und habe jeden Pfennig meines Taschengelds gespart – da musste mein Vater für Daimler Benz in die USA, und ich habe nur noch geheult.

Für meinen Vater bedeutete es einen großen Aufstieg im Geschäft. Meine Mutter konnte mich nicht begleiten, weil sie die Tante versorgen musste, die jetzt bettlägerig geworden war.

Dann aber kam der Brief aus Zürich, ich solle doch einfach allein kommen. Aber viel früher, ein paar Wochen vor der WM, und ich könne ja Frau Merkli im Haushalt helfen.

Es war natürlich ein Hin und Her wegen der Schule. Die meiste Zeit war nicht durch Ferien abgedeckt. Aber schließlich hat unser Direktor eingesehen, dass eine so wichtige Erfahrung wie der Aufenthalt im Ausland den Mathe- oder Französischunterricht aufwiegt. Ich sei ja eine gute Schülerin, hat er festgestellt, und dann hat er mich beurlaubt. Die Weltmeisterschaft dauerte vom 16. Juni bis zum 4. Juli und ich war von Pfingsten bis zum 8. Juli in Zürich. Meine Eltern brachten mich am Pfingstsonntag, dem 6. Juni 1954, zum teilweise immer noch in Trümmern liegenden Hauptbahnhof in Stuttgart.

Ihr wundert euch, dass meine Eltern mich hinbrachten, sogar beide Eltern. Eine Reise nach Zürich, das ist heute für ein sechzehnjähriges Mädchen ein Klacks. Aber wir hatten damals keinerlei Erfahrung mit Reisen und schon gar nicht mit Reisen in das Ausland. Ein Pass war nötig, Zollerklärung und, und, und. Die Eltern hatten Angst um mich, wenn sie es sich auch nicht recht anmerken ließen. Unzählige Ermahnungen prasselten auf mich ein, zu denen ich immer nur Ja, Ja, Ja sagte.

Dann saß ich im Zug und kam mir vor wie eine Weltreisende.

Es wäre nun viel zu erzählen, über die Fahrt selbst, darüber, wie die Mitreisenden mich bewunderten, ein Mädchen, ganz alleine ins Ausland. Schon das Wort Auslandsreise! Aber das Tollste war Zürich, das unglaubliche Erlebnis einer völlig intakten Großstadt, keine Ruinen – und die Läden, die Läden! Die Schaufenster in Zürich waren gehäuft voller Waren: Schokolade, Bonbons, Kuchen, Torten, ganze Körbe von Orangen, von Feigen, Bananen, Trauben. Es war in Deutschland in den letzten Jahren auch sehr viel besser geworden, aber ich habe zum ersten Mal in meinem Leben Bananen und Ananas gesehen und auch gegessen. Und die schönen Kleider! Elegante Abendmode, schulterfrei, weit schwingend und bodenlang, wie man sie aus Modezeitschriften kannte. Es war so schön, nur schön. Stuttgart ist ja ebenfalls eine Großstadt. Aber ich hätte mir niemals träumen lassen, wie es in einem Land und einer Stadt aussah, in der immer Friede gewesen war. Wohin man sah, war alles so sauber und gepflegt, die Frauen und Mädchen waren viel besser angezogen, viel eleganter, man hatte den Eindruck, dass die Leute fröhlicher waren, und das in der ernsten Schweiz!

Die Schweizer sagten natürlich nicht Merkli zu meiner Gastfamilie, sondern Märkchli, was für mich sehr lustig klang, und ich hatte anfangs große Mühe, Schwyzerdütsch zu verstehen. Und wenn ich den Mund aufmachte, merkten sie sofort, dass ich aus Schwaben war oder aus Dütschland. Es war gar nicht so leicht, eine Dütsche zu sein. Manche wandten sich ab, andere lächelten mitleidig. Und ich schämte mich manchmal fast, obwohl ich mit den schrecklichen Dingen, die noch vor keinem Jahrzehnt geschehen waren, ja wirklich nichts zu tun hatte.

Ich könnte noch stundenlang weitererzählen von der Zeit in der Schweiz und der großen Fahrt in die Berge mit Schneegipfeln im Sommer, alles ganz wunderbar.

Aber ich will ja von der Fußballweltmeisterschaft berichten.

Unter fünfundvierzig Nationen hatte sich Deutschland für die besten sechzehn qualifiziert, die in der Schweiz den Meister ermitteln durften. Vor vier Jahren, als uns Herr Merkli eingeladen hatte, konnte noch niemand wissen, dass Deutschland beim Weltmeisterturnier in der Schweiz dabei sein würde, kein Mensch hätte es gedacht: Deutschland war im Hinblick auf den modernen Fußball ein unbeschriebenes Blatt. Mein Vater hatte alle Qualifikationsspiele verfolgt und war in einem einzigen Freudentaumel. Aus Europa hatten sich Deutschland, Ungarn, England, Frankreich, Italien, Österreich, die Schweiz, die Türkei und andere qualifiziert, aus Südamerika Brasilien und Uruguay. Das war eine Liste geballter Fußballkraft, wie mein Vater sagte; welche Chance sollte da der Neuling Deutschland haben? Nein, der große Favorit war Ungarn, gegen das keine der Mannschaften eine Chance hatte.

»Aber man darf andere Probleme nicht übersehen«, hatte mein Vater hinzugefügt: »England, Frankreich, Belgien und andere waren bis vor elf Jahren Kriegsgegner Deutschlands gewesen und zum Teil von deutschen Truppen besetzt, manche fast bis zum Ende des Kriegs. Viel Sympathie ist da für uns nicht zu erwarten.«

Die meisten Nationen wünschten der deutschen Mannschaft keinen Erfolg. Und ich hatte den Eindruck, dass viele im Bekanntenkreis von Merklis ähnlich dachten; es war deutlich zu spüren.

Merklis selbst aber waren sehr nett und freuten sich mit mir, dass die deutsche Mannschaft beim Turnier dabei sein durfte.

Ihr denkt nun, dass wir tagelang vor dem Fernseher gehockt sind. Irrtum! In der Schweiz war das Fernsehen damals noch im Probestadium. Familie Merkli hatte keinen Fernseher, so wenig wie meine Eltern. In Deutschland war man zwar über die Erprobung hinaus, es gab bereits die ARD. Aber auch dort besaßen die wenigsten schon einen Fernseher, und mein Vater hat die wenigen Spiele, die übertragen wurden, im Vereinsheim gesehen. Vor Fernsehern in den Schaufenstern der Radiohändler oder in Gastwirtschaften bildeten sich große Menschentrauben.

Es blieben für uns in Zürich also nur die Rundfunkübertragungen. Übertragen wurden natürlich die Spiele der Schweizer Mannschaft und die Schweiz brachte es immerhin bis ins Viertelfinale. Die deutschen Spiele wurden im deutschen Rundfunk übertragen, und wenn gerade kein Schweizer Spiel war, durfte ich einen deutschen Sender suchen.

Ihr seht, ich weiß noch alles. Es war halt das erste ganz große Erlebnis in meinem Leben. Das wirkliche Erlebnis aber war gar nicht der Fußball. Doch alles zu seiner Zeit.

Der Weg der deutschen Mannschaft wurde in der Schweiz kaum

verfolgt. Wir würden das Turnier ja ohnehin bald wieder verlassen. Das schien sich zu bestätigen, denn Deutschland hatte in der Auslosung eine schwere Gruppe erwischt: Es musste unter anderem gegen Ungarn antreten! Das erste Spiel in der Gruppe gegen die Türkei wurde gewonnen, sogar hoch gewonnen. Dann aber kam das Spiel gegen die Ungarn. Deutschland verlor haushoch 8:3 und war damit praktisch ausgeschieden.

Nur noch ein Entscheidungsspiel um den zweiten Gruppenplatz stand an. Ich war gespannt. Die Weltmeisterschaft hatte mich völlig in Bann gezogen. Aber bevor es so weit war und ich dieses Spiel im Radio verfolgen konnte, geschah etwas ganz anderes: Da kam ER: Er hieß Ferenc Kocsis, sechzehn Jahre alt, ein halbes Jahr älter als ich, auch er Gast der Familie. Die Firma des Herrn Merkli hatte Verbindungen nach Ungarn, und als dic Weltmeisterschaft ihrem Ende zuging, kam er angereist, sechzehn Jahre alt, siegessicher.

Und als ich ihn sah – da war es passiert. Das Herz blieb mir stehen, meine Hände zitterten, die Knie gaben nach, Schmetterlinge im Bauch. Ihr kennt das ja. Es hatte mich voll erwischt! Er hatte gesiegt, schon beim ersten Anblick. Ich registrierte glücklich, dass ich Ferenc ebenfalls gefiel. Denn er suchte meine Nähe, redete sehr schlau daher – er konnte ganz ordentlich Deutsch. Ihr wisst ja, dass in Ungarn einige Landstriche vorwiegend von Deutschen besiedelt waren, den Donauschwaben. Ferenc hatte Verwandte in einem Dorf in Südungarn, die nach dem Krieg nicht vertrieben worden waren wie viele andere Deutschstämmige. Er legte aber großen Wert darauf, dass er kein Deutscher sei, sondern ein richtiger Ungar und mit der deutschen Seite seiner Verwandtschaft nur verschwägert. Seine Mutter war wohl von Haus aus deutschsprachig, so meinte Herr Merkli; Ferenc hat das aber abgestritten.

Natürlich war es das Lob der ungarischen Mannschaft, das ich tagaus, tagein gesungen bekam. Seine Augen aber lobten nicht die Fußballmannschaft, sondern mich. Sie sagten ganz andere Dinge als sein Mund, Dinge, die ihr euch ja vorstellen könnt.

Die ungarische Mannschaft aber würde Weltmeister, das war schon sicher, bevor das Turnier begonnen hatte: Sie war in 27 Spielen hintereinander ungeschlagen geblieben, hatte bei den letzten olympischen Spielen zwei Jahre zuvor die Goldmedaille gewonnen, sie hatte die Engländer im heiligen Wembley mit 6:3 besiegt. Wer sonst sollte Weltmeister werden? Für die anderen Mannschaften ging es also nur darum, möglichst gute Plätze zu holen. Dass sich der Titelverteidiger Uruguay und auch Brasilien noch Chancen auf den Titel ausrechneten, hielt Ferenc für lächerlich.

Ferenc redete über die Deutschen eigentlich recht mitleidig: »Qualifikation für Turnier. Muss man Respekt haben. Wer hätte erwartet? Aber wir gesiegt über euch 8:3.« Das Spiel war ein paar Tage vor seiner Ankunft in Basel gewesen. Für meinen Vater, der in den USA die Meldung hörte, muss das niederschmetternd gewesen sein. Gleichzeitig hatte die Schweiz in Bern gegen England gespielt und 2:0 verloren. Am Abend hatten Merklis Gäste, und es war nur von der Schweiz die Rede und dass sie noch eine Chance in einem Entscheidungsspiel hatte gegen Italien – das sie drei Tage später tatsächlich gewann. Da ich Gast war, wurde während der Übertragung des Englandspiels immer wieder auf den deutschen Rundfunk umgeschaltet zum gleichzeitigen Spiel Deutschland gegen Ungarn, und da stand es immer schlechter für die deutsche Mannschaft und am Schluss dann das 8:3!

Es war für Ferenc gar nicht einfach gewesen, überhaupt in die Schweiz reisen zu dürfen. Ungarn war ein Land des Ostblocks und die Grenzen waren dicht. Sie haben kaum jemanden herausgelassen. Zwei Jahre nach der Weltmeisterschaft war in Ungarn der große Volksaufstand gegen die Kommunisten, so wie er ein Jahr vor der Meisterschaft am 17. Juni in Ostdeutschland gewesen war. Deutschland war geteilt. In der Schweiz spielte nur eine westdeutsche Mannschaft.

Ob nun der Vater von Ferenc Beziehungen in Budapest hatte oder ob es die Weltmeisterschaft allein war, die das Regime großzügiger machte, es waren viele Ungarn in die Schweiz gereist, um ihre Mannschaft anzufeuern.

Ferenc und ich, wir bummelten durch Zürich, sahen die reichen Auslagen in den Schaufenstern und hatten beide keine Fränkli für die schönen Dinge. In Ungarn gab es wohl noch weniger zu kaufen als in Deutschland, aber er hat das nie zugegeben. Wie träumte ich von den herrlichen Kleidern, die ich sah! Die Mode für Frauen und junge Mädchen war ja damals noch nicht so emanzipiert. Mädchen trugen noch keine Hosen, da wäre man noch ausgelacht worden. Erst ein paar Jahre darauf kamen dann die Bluejeans. Auch Make-up für Mädchen meines Alters war noch undenkbar. Das Tollste war ein weiter Rock mit einem oder zwei Petticoats darunter. Ich hatte einen solchen Rock und war natürlich sehr stolz darauf, wenn ich beides anhatte, dazu ein Oberteil, das die Schlüsselbeine sehen ließ, und ein kleines Tuch um den Hals. Ich fühlte mich wie ein Filmstar. Und ich merkte ganz deutlich, dass es Ferenc gefiel.

Wir waren fast jede Minute beieinander. Die Erwachsenen lächelten nachsichtig; ich schämte mich irgendwie, aber es war so schön. Meine Eltern hätten nicht sehen dürfen, dass ich den ganzen Tag mit einem Jungen ging. Dabei war es nicht wie heute: Knutschen war nicht. Das Äußerste war, dass wir Händchen haltend durch Zürich gingen. Ich glaube, ich wäre gestorben, wenn mich jemand gesehen hätte, der mich kannte.

Ich war aber fürchterlich stolz auf Ferenc, dass ein so hübscher Junge sich mit mir abgab. Er war ein Junge, wie man ihn sich erträumt: Er sah irgendwie ungarisch aus, obwohl ich gar nicht wusste, wie Ungarn aussahen. Eine feste bräunliche Haut, die ins Gold spielte. Er war groß. Wie habe ich sein dichtes schwarzes Haar bewundert, seinen Adamsapfel, den schon erkennbaren Ansatz von Bartwuchs, seine schönen langen und kräftigen Finger, seine sichere und selbstbewusste Art des Auftretens – ihr seht, ich gerate immer noch ins Schwärmen. Das alles habe ich ihn aber natürlich nicht merken lassen.

Einmal waren wir in einem Café, tranken ein Kännchen Tee und aßen Kuchen, und ich bezahlte alles von meinem gesparten Taschengeld. Es hat wunderbar geschmeckt und es war das reine Glück. Ich habe aber gemerkt, dass er sich schämte, weil er mich nicht einladen konnte. Er konnte es sich nicht leisten und auch ich hatte eigentlich viel zu wenig Schweizer Franken, und da sind wir nicht mehr hingegangen.

Geredet wurde natürlich fast nur über Fußball, nämlich über die ungarische Mannschaft. Wie sie Südkorea mit 9:0 abgefertigt hatte. Das Spiel war zwar in Zürich gewesen, aber Herr Merkli war zu Hause geblieben und hatte gesagt: »Ich muss nicht auf jedes Schützenfest.«

Ich erfuhr, dass der Spieler Sándor Koscis bis jetzt die meisten Tore für die Ungarn geschossen hatte. Ferenc war unglaublich stolz darauf, dass auch er Koscis hieß, Ferenc Koscis. Er hoffte, dass er irgendwie mit dem Spieler verwandt war.

»He«, sagte er eines Tages, »nicht dumm deutscher Trainer, heißt Herberger, ja? Hat gegen uns nur gespielt mit Mannschaft II und verloren 8:3, hat er ja gewusst, dass er verliert. Jetzt Zweiter in Gruppe und spielt um Entscheidung für Viertelfinal gegen Türkei mit frischer Mannschaft I. Und schon einmal geschlagen Türkei mit 1:4. Könnt ihr kommen in Viertelfinal. Nicht hätte gedacht.«

Das leuchtete mir ein, dass man nicht gegen den mit der besten Mannschaft antritt, gegen den man sowieso verliert.

Doch Herr Merkli sagte über die deutschen Mannschaft II: »Drei Tore gegen Ungarn, allerhand!«

Das Entscheidungsspiel um die Teilnahme am Viertelfinalspiel Deutschland gegen die Türkei war in Zürich und Herr Merkli nahm uns mit.

Ich war zum ersten Mal bei der Weltmeisterschaft in einem Stadion, und ich kann euch gar nicht beschreiben, wie unglaublich diese Fahnen, diese Massen von Menschen, die alle heiter, fröhlich und erwartungsvoll waren, auf mich gewirkt haben, rundum die verschiedensten Sprachen. Und es war so schön zu sehen, wie alle friedlich zusammenlebten. Mein Vater hatte im ausverkauften Neckarstadion einmal gesagt: »Schau dir diese vielen fröhlichen Menschen an. Die Massen bei Hitler, die machten alle dasselbe Gesicht, wenn der Führer sprach, die erhoben alle gleichzeitig die rechte Hand und brüllten Heil, und dann ging es schließlich auf Leben und Tod. Hier wird nur gespielt, friedlich gespielt, auch wenn man Gegner ist. Denn niemand kann ein Spiel gewinnen, wenn keiner gegen ihn spielt!«

Die Türken haben gegen uns gespielt wie besessen, sie haben alles gegeben. Aber sie haben verloren. Ich habe geschrien wie noch nie auf einem Fußballfeld: Deutschland hat 2:7 gewonnen und war im Viertelfinale! Unser Trainer Sepp Herberger hatte alles richtig gemacht. Seine Mannschaft war frisch und die Türken waren schon ganz verausgabt ins Stadion gekommen.

Das Schönste war, dass Deutschland nun als Gruppenzweiter ins Viertelfinalspiel gegen Jugoslawien kam, während Ungarn als Gruppenerster gegen das starke Brasilien spielen musste. Das Spiel der Ungarn war in Bern, wo das Endspiel ausgetragen würde. Und Ferenc war plötzlich sehr ernst: »Gegen Brasilien! Wollen auch Weltmeister werden. Werden wir kämpfen.«

Es wurde nun nur noch über dieses Spiel geredet.

Zur großen Freude von Herrn Merkli hatte sich ja auch die Schweiz für das Viertelfinale qualifiziert und musste jetzt in Lausanne gegen Österreich spielen. Wir hörten das Spiel im Rundfunk und ich drückte für die Schweiz die Daumen. Es war glühend heiß an diesem Tag. Nicht lange nach Beginn des Spiels erlitt der österreichische Torwart einen Sonnenstich und die Schweiz führte rasch mit 3:0. Dann stellte sich der österreichische Masseur hinter das Tor, dirigierte seinen taumelnden Torwart mit Zurufen und die Österreicher schossen fünf Tore in zehn Minuten. Die Schweizer fassten erst wieder etwas Hoffnung, als die Österreicher einen Elfmeter verschossen. Zum Schluss erlitt auch noch ein Schweizer Spieler einen Sonnenstich in dieser Hitzeschlacht und Österreich gewann mit 7:5. Es war unsagbar spannend. Ferenc schrie natürlich auch für die Schweiz und jubelte bei jedem Tor, das die Schweizer schossen.

Aber die Österreicher waren im Halbfinalspiel. Zwölf Tore! Ich habe einmal gelesen, dass in keiner späteren Endrunde einer Fußballweltmeisterschaft so viele Tore geschossen worden sind. Doch die Schweiz war ausgeschieden.

»Ehrenvoll ausgeschieden!«, sagte Herr Merkli ruhig. Man konnte ihm aber schon anmerken, dass es ihm nicht leicht gefallen ist.

Das Spiel der Ungarn gegen Brasilien war gleichzeitig mit dem Spiel Deutschland gegen Jugoslawien. Das deutsche Spiel war in Genf und wurde in Deutschland übertragen. Das ungarische Spiel wurde nicht übertragen. Gegen Jugoslawien war es für die deutsche Mannschaft sicher einfacher als für die Ungarn gegen Brasilien, aber leicht war es nicht. Ich war nun von Ferenc und von Herrn Merkli total angesteckt und saß mit sehr hohem Fußballfieber vor dem Rundfunkapparat. Ferenc war ganz auf meiner Seite und feuerte die deutsche Mannschaft an, als wäre es seine eigene. Die Jugoslawen schossen nach zehn Minuten ein Eigentor und berannten dann in einer gewaltigen Schlacht das deutsche Tor. Unser Torwart Toni Turek hielt unglaubliche Schüsse.

»Mit einem solchen Torwart könnt ihr Weltmeister werden«, sagte Herr Merkli, dabei stieß er Ferenc in die Seite und lachte.

Ganz kurz vor Schluss, als ich nur noch Blut und Wasser schwitzte vor Angst, dass es doch noch den Ausgleich geben könnte, fiel dann durch Helmut Rahn das zweite deutsche Tor. Und wir lagen uns in den Armen, Ferenc und ich. Wir hielten uns und er presste mich ganz fest an sich und sah mir in die Augen und drückte mir einen Kuss auf den Mund, meinen ersten Kuss, und die Welt stand einen Moment still! Und wie zur Bestätigung kam dann die Nachricht, dass auch Ungarn gewonnen hatte, 4:2 gegen Brasilien. Der Jubel kannte keine Grenzen Es war so schön, sich mit jemandem freuen zu können: Ferenc freute sich mit mir und ich freute mich mit ihm. Wir waren eine richtige Einheit.

Dann kam das Halbfinale. Vier Mannschaften waren übrig, die beiden Sieger würden den Weltmeister unter sich ausmachen. Wir dachten uns nichts dabei, als Herr Merkli sagte: »Na, das Idyll bald am Ende?«

Ferenc fragte: »Was er meint?«, und drückte mir die Hand. Ich hatte auch noch nichts gemerkt.

Wir hörten die Reportage des Spiels Deutschland gegen Österreich, und Deutschland gewann 6:1, ein überlegener Sieg. Wir hatten bei jedem deutschen Tor gejubelt. Ich freute mich: »Deutschland im Endspiel! Hätte das jemand gedacht?«

Aber Ferenc war gegen Ende des Spiels still geworden.

Ich war kurze Zeit draußen. Als ich wiederkam, sah ich das Gesicht von Ferenc. Es war so eigenartig. Und da verstand ich plötzlich, Ungarn hatte Uruguay geschlagen, Endspiel: Deutschland gegen Ungarn! Soeben war die Meldung im Radio gekommen – Konferenzschaltungen gab es damals noch nicht. Ungarn hatte einen der großen Mitfavoriten mit 4:2 nach Verlängerung besiegt.

Ich weiß nicht, warum wir nicht früher an die Möglichkeit eines deutsch-ungarischen Endspiels und an die daraus folgenden

Verwirrungen gedacht hatten, zumindest ich hatte nicht daran gedacht. Ferenc hatte es womöglich nicht gezeigt. Trotz aller Begeisterung war er sehr stolz. Mir wäre der Sieg der deutschen Mannschaft nicht so wichtig gewesen wie Ferenc die Weltmeisterschaft der Ungarn. Er war käseweiß. Für meinen Vater hätte ich mir den Sieg der deutschen Mannschaft gewünscht. Ich sah aber, wie Ferenc litt.

Aber Ferenc fing sich schnell wieder: Die Ungarn würden selbstverständlich siegen. Ungarn war seit Jahren unbesiegt, seit 1950. Eine Laus gegen einen Löwen! Eigentlich konnten sich die Ungarn über einen Endspielgegner wie Deutschland nur freuen, denn man hatte Deutschland in diesem Turnier ja schon mit 8:3 geschlagen! Er erzählte viel von den ungarischen Spielern, von Nándor Hidegkuti, der gegen England drei Tore geschossen hatte, vom Mannschaftskapitän Ferenc Puskas, dem Spielmacher, von Ferenc' Namensvetter Sándor Koscis, dem besten Kopfballspezialisten der Welt, vom vielfachen Torschützen Jószef Bozsik und anderen, allesamt die besten Spieler der Welt. Er erzählte zum hundertsten Male, dass die Goldene Mannschaft, wie die ungarische Mannschaft in der Presse genannt wurde, die erste vom Kontinent war, die England in einem Heimspiel besiegt hatte, letztes Jahr im Wembleystadion.

Doch trotz seiner zur Schau getragenen Zuversicht – Ferenc hatte sich verändert. Es war so schön gewesen, mit ihm über alles Mögliche zu plaudern – auch über Fußball –, unbeschwert und immer einig durch Zürich bummelnd. Jetzt gab es nur noch ein Thema. Und er redete und redete, als müsse er mich von der Qualität der ungarischen Mannschaft überzeugen, als sei ich das einzige Hindernis, das Ungarn noch von der Weltmeisterschaft trennte. Ich kam kaum zu Wort, und wenn überhaupt, vermied ich es, das Wort Fußball auch nur in den Mund zu nehmen. Er aber hatte leuchtende Augen und kehrte sofort wieder zu seinem Thema Fußball und zur ungarischen Mannschaft zurück, wenn ich still war.

Von der deutschen Mannschaft redete er plötzlich nur noch verächtlich. Sie hatte ja noch nichts Wesentliches geleistet. Das gefiel mir nicht. Wenn wir uns auch an der Hand hielten, irgendwie war die Herzlichkeit nicht mehr dieselbe und auch nicht diese völlig vertraute Gemeinsamkeit, bei der man wusste, was der andere fühlte und dachte.

Ich widersprach ihm: »Schließlich hat es die deutsche Mannschaft bis in die Schweiz geschafft und dort nun sogar in das Endspiel!«

»Der Erfolg ganz zum Schluss zählt«, sagte er immer.

»Mitmachen ist doch auch schön.« Ich konnte irgendwie nicht sagen, was ich am liebsten gesagt hätte: Und das Allerschönste ist doch, dass wir uns kennengelernt haben! Dass wir uns mögen! Aber ich glaubte nicht mehr, dass dies für Ferenc das Allerschönste war. Nein, das Allerschönste für ihn wäre nur der Sieg im Endspiel.

Auch andere spürten das. Frau Merkli versuchte einige Male, mich unauffällig zu trösten. Ich wich ihr aus. Ich glaube, dass ich geheult hätte ohne Ende. Herr Merkli sagte nichts, man konnte sehen, dass er verstand, was mit uns los war.

Das Spiel sollte am 4. Juli in Bern stattfinden, vier Tage nachdem beide Mannschaften das Endspiel erreicht hatten.

Ich wollte nicht dabei sein, wenn sie die Rundfunkübertragung hören würden, Herr Merkli, seine Gäste und Ferenc. Es war mir plötzlich ganz gleichgültig, wie die deutsche Mannschaft abschnitt. Ich würde mich in mein Zimmer verkriechen und es schon irgendwie schaffen, mich anschließend mit Ferenc über den Sieg der Ungarn zu freuen. Ich gönnte es ihm ja von Herzen. Aber diese Angeberei, diese rücksichtslose Selbstsicherheit – ich würde mich sehr überwinden müssen.

Aber es kam anders: Am Tag vor dem Endspiel legte Herr Merkli schmunzelnd drei Eintrittskarten für das Endspiel auf den Tisch. Er hatte sie über einen Geschäftsfreund bekommen, und mit diesem Herrn, er hieß Hügeler, würden Herr Merkli und wir am nächsten Tag nach Bern fahren! Ferenc riss die Arme hoch, als hätte seine Mannschaft schon das erste Tor geschossen. Wir würden sogar im Auto fahren!

Es regnete und regnete, wie es nur in der Schweiz regnen kann, wenigstens sagte das Frau Merkli, die nicht wegen eines Spiels, gleichgültig, ob Fußball oder Handball nach Bern fahren wollte. Es ging ein nasskalter Wind. Die Menschenmassen strömten unter einem Meer von Regenschirmen in das Berner Wankdorfstadion. Auf der Fahrt nach Bern hatten Ferenc und ich Händchen gehalten wie sonst, aber geredet haben wir wenig. Vielleicht wollte Ferenc im Beisein von Herrn Merkli nicht so angeben. Ich jedenfalls – worüber hätte ich reden sollen? Ein paar Mal streichelte ich sacht die Hand von Ferenc, es gab so viel Wichtigeres als Fußball.

Wir hatten recht gute Plätze auf der Gegentribüne, die eine gute Sicht ermöglichten, aber nicht überdacht waren wie die auf der Haupttribüne. Herr Merkli und Herr Hügeler hatten sich auf der ganzen Fahrt leise über Geschäftsdinge unterhalten, nur ab und zu waren Bemerkungen über Fußball gefallen. Es war deutlich, dass Herr Hügeler auf der Seite von Ferenc war. Herr Merkli hatte meine Qualen erfasst, denn er sprach mir immer wieder Mut zu und bremste Herrn Hügeler, wenn dieser zu schlecht von der deutschen Mannschaft redete, auch dämpfte er Ferenc, dessen Gesicht fast bleich aussah vor Anspannung.

Wie würde mich mein Vater beneiden, der jetzt in Amerika sein musste und viel dafür gegeben hätte, wenn er an dem Ort hätte sein dürfen, wo ich jetzt stand!

Wir zählten die Sekunden, die kaum merklich verstrichen. Wir hörten Alphornbläser, die aber die Leute nicht beruhigen konnten. Mir schlug das Herz immer stärker. Dabei wusste ich gar nicht genau, was ich eigentlich hoffen sollte. Natürlich wollte ich, dass die deutsche Mannschaft gewann, das war ja klar. Zugleich wollte ich aber irgendwie, dass die Mannschaft von Ferenc gewann. Ich hatte noch nie einen so seltsamen Zustand erlebt.

Die Mannschaften liefen aufs Spielfeld. Die Ungarn in rotem Trikot, weißer Hose und grünen Stutzen.

»Unsere Nationalfarben Rot, Weiß, Grün«, erklärte mir Ferenc, der jetzt ganz heiser war von der Aufregung. Er erklärte mir auch das Wappen auf den Trikots, es zeige einen Hammer, gekreuzt mit einer Ähre, darüber einen roten Stern.

»Kein Ungar will dieses Wappen. Von Russen aufgezwungen. Unser Wappen drei grüne Hügel mit weißem Doppelkreuz im roten Feld und drei rot-weiße Streifen. Dazu noch Krone. Jeder Ungar nur dieses Wappen. Jeder spuckt auf sozialistisches Wappen.«

Er hatte mir seit Tagen erklärt, dass die Ungarn bei schönem

Wetter am besten spielten. »Je heißer, desto besser. Aber werden wir auch bei Regen Weltmeister.«

Die deutsche Mannschaft trug wie damals in Stuttgart zum Spiel gegen die Schweiz ein weißes Trikot über schwarzer Hose, den Adler der Bundesrepublik auf der Brust. Auch die Stutzen der Deutschen waren schwarz und weiß.

Herr Hügeler hatte in einer Zeitung etwas von neuartigen Stollen auf den Schuhen der Unseren gelesen, die je nach Wetter ausgewechselt werden konnten: »Sie müssen immer etwas anderes haben, die Deutschen. Nicht die Stollen sollen gewinnen, sondern die Männer, die auf den Stollen stehen.«

Die Nationalhymnen erklangen. Wir Deutschen hatten jetzt wieder eine Nationalhymne, die dritte Strophe der alten Hymne von Hoffmann von Fallersleben, nach der Melodie von Haydn. Die erste Strophe »Deutschland, Deutschland über alles« war von den Nazis missbraucht worden. Die meisten Deutschen im Stadion sangen aber die erste, weil sie die dritte gar nicht kannten.

Endlich war Anpfiff. Ferenc hatte die Finger in meine Hand gekrallt, dass es fast wehtat. Ich habe natürlich oft von diesem besonderen Spiel erzählen müssen, mein ganzes Leben lang. Deshalb weiß ich noch genau Bescheid über die Einzelheiten.

Nach sechs Minuten schoss Puskas das 1:0 und Ferenc war nicht zu halten. Er umarmte mich. Ich freute mich mit ihm. Ich genoss seine Freude. Tief innen war noch ein anderes Gefühl, das ich nicht beachtete und auch nicht beachten wollte. Zwei Minuten später fiel das zweite Tor für die Ungarn, Zoltan Zcibor schoss unhaltbar ein. Zwei Tore in acht Minuten! Ferenc tanzte herum, umarmte mich wieder und presste mich fest an sich.

»Habe ich gesagt«, jubelte Ferenc, »wird Schützenfest. Sagt man?«

Ich schwieg. War ich enttäuscht von der deutschen Mannschaft oder von ihm? Wie konnte er sich so laut daran freuen, wenn die Mannschaft seiner Freundin buchstäblich auseinandergenommen wurde?

»Weltmeister!« schrie er, »Weltmeister!«

Er hätte nur ein Wort sagen müssen. Etwa: Tut mir leid für dich, oder: Schade für dein Land, Entschuldigung, wir sind eben besser! Oder irgendetwas in dieser Art. Aber er war wie ein Kind. Ich dachte an meinen Vater, der enttäuscht sein würde; aber nicht allzu sehr.

In der zehnten Minute lief der deutsche Stürmer Helmut Rahn vom 1. FC Kaiserslautern durch die gegnerischen Reihen, passte nach innen, der Ball wurde abgefälscht, Max Morlock vom 1. FC Nürnberg grätschte in den Pass hinein und es stand 2:1. Es waren viele Deutsche in Bern, und man hörte sie jubeln, aber die Mehrzahl der Besucher klatschte eher höflich Beifall, die Begeisterung der Schweizer hielt sich in Grenzen.

Ferenc beugte sich nach kurzer Schrecksekunde zu mir: »Zufall oder Unfall, egal. Ungarn gewinnt.«

Die Ungarn griffen jetzt natürlich wütend an.

Aber in der achtzehnten Minute zog Fritz Walter, der deutsche Mannschaftskapitän, einen Eckball auf das lange Eck. Helmut Rahn stand frei: 2:2 – Deutschland hatte ausgeglichen, ebenfalls innerhalb von acht Minuten!

Es folgten jetzt furchtbare zweiundsiebzig Minuten. Die Ungarn griffen an, Puskas, Kocsis, Hidegkuti, Czibor, Toth, sie setzten alles ein, was sie konnten, sie passten, flankten, dribbelten, schossen aus allen Lagen. Aber der deutsche Torwart Toni Turek, den ich schon in Stuttgart gegen die Schweiz bewundert hatte, hielt einfach alles, er fischte die schwersten Bälle aus dem langen Eck, er lenkte die schärfsten Schüsse über die Latte oder um den Pfosten, er holte die Eckbälle aus der Luft, er lag auf dem Boden, er hechtete in die Ecken – sein Tor blieb jetzt sauber; Mai, Liebrich und Kohlmeyer, die deutschen Abwehrspieler, standen wie Felsen gegen die ungarischen Ballkünstler.

Ferenc krallte mir die Finger in die Arme, zerquetschte mir die Hand, sprang hoch in die Luft und warf sich fast auf den Boden, schrie wie besessen und war nahe am Weinen. Die Ungarn führten Angriff auf Angriff, sie schossen, wann immer es möglich war: Aber es gelang ihnen kein Tor. Die Deutschen standen gut gestaffelt und entlasteten die Abwehr durch gefährliche Gegenangriffe, wie Herr Merkli kommentierte. Das Spiel blieb unentschieden. Schon dieser Spielstand war ja eine Sensation: Die Ungarn waren unbestritten die beste Mannschaft der Welt und haushoher Favorit, zwei Tore gegen Deutschland in acht Minuten. Und jetzt gelang ihnen über eine Stunde kein einziger Treffer!

Dann kam die legendäre sechsundachtzigste Minute: Schäfer flankte, Rahn erwischte den Ball, legte ihn auf den anderen Fuß und schoss ihn unhaltbar in das lange Eck! 2:3 für Deutschland, die deutsche Führung gegen Ungarn! Jeder kennt ja die Rundfunkreportage von Gerd Zimmermann, die ich später noch hundertmal gehört habe: »Tor, Tor, Tor –«

Ich hatte alles um mich herum vergessen. Ich schrie aus Leibeskräften, ich sprang in die Luft, ich umarmte Ferenc – bis ich sein Gesicht sah. Es war totenbleich.

»So ist Fußball eben, doch nur ein Spiel«, sagte ich zu ihm und wollte ihn trösten.«

»Vier Minuten noch«, sagte er ingrimmig, »du dich wundern.«

Die Stunde zuvor – sie war ein Säuseln gewesen gegen die wütenden Angriffe auf das deutsche Tor. Puskas traf ins Netz. Ferenc sprang mit einem Schrei hoch. Ich stand starr. Aber das Tor war aus einer Abseitsposition erzielt worden und wurde vom englischen Schiedsrichter Bill Ling nicht gegeben! Czibor schoss noch eine seiner Granaten, aber Turek hielt. Fußballgott wurde er dafür von Zimmermann im Rundfunk genannt.

Dann war das Spiel aus. Es war die Sekunde, in der Gerd Zimmermann in der Rundfunkreportage dieses legendäre »Aus, Aus, Aus! Das Spiel ist aus!« schrie.

Deutschland war Weltmeister!

Herr Merkli freute sich und gratulierte mir: »Das habe ich doch gesagt, drei Tore gegen Ungarn!«

Herr Hügeler schloss sich halbherzig an. Ferenc war stumm. Der Pokal wurde überreicht, die Nationalhymne wurde gespielt, und die Deutschen im Stadion sangen laut mit, die meisten wieder die erste Strophe, andere die dritte Strophe. Es war ein großes Durcheinander, man konnte kaum ein Wort verstehen. Der Regen floss immer noch in Strömen.

Ich fühlte mich froh und irgendwie freier, zugleich aber auch bedrückt, als wäre ich schuld daran, dass die Ungarn nicht gewonnen hatten. Ferenc schwieg fast die ganze Fahrt zurück nach Zürich und war in sich gekehrt. Als ich ihn trösten wollte und seine Hand in meine nahm, zog er sie weg und sagte gleichzeitig, es sei nichts, das Spiel sei eben verloren, Pech: »Aber Welt bleibt nicht stehen.«

Als ich am Abend auf mein Zimmer ging, hörte ich ihn laut weinen. Ich klopfte leise und rief: »Ferenc!«, aber er öffnete nicht.

Es ist schon so, dass sich durch diesen Sieg vieles geändert hat. Die Leute schienen gelöster und freier. Man war mutiger geworden, und es fing die Zeit an, die man das Wirtschaftswunder nennt. Bald darauf begann die sogenannte Reisewelle. Die Deutschen hatten nach Jahrzehnten wieder Mut, ins Ausland zu fahren, nach Italien, Jugoslawien, Spanien, Mallorca. Aber nach Ungarn konnte man nicht reisen. Es lag hinter dem Eisernen Vorhang im Ostblock.

Zwei Jahre nach der Fußballweltmeisterschaft war in Ungarn ein großer Volksaufstand mit sehr vielen Verhafteten, Verletzten, Toten. Ich bin stundenlang vor dem Radio und dem Fernseher gesessen. Bis dahin hatten wir, Ferenc und ich, uns noch regelmäßig geschrieben. Er hat mir sogar geschrieben, dass er den Deutschen den Sieg gönnt. Vor allem aber mir.

Nach dem Ungarnaufstand blieben meine Briefe unbeantwortet.

»... WAS ZUSAMMENGEHÖRT.«

Die deutsche Teilung als ein Teil der Spaltung der Welt in Ost und West und des daraus resultierenden Kalten Krieges war schon so sehr historische Tatsache geworden, dass sie von vielen als unverrückbar hingenommen wurde. Die Aufweichung der Blöcke hatte mit der Entspannungspolitik von Willy Brandt angefangen: die Ostverträge als »Wandel durch Annäherung«, die endgültige Aufgabe der Hallsteindoktrin, dass die Bundesrepublik zu keinem Staat diplomatische Beziehungen haben durfte, welcher die DDR anerkannte. Einen weiteren Meilenstein markierte die Konferenz zur Sicherheit und Zusammenarbeit (KSZE) in Helsinki 1975, in deren Schluss-

akte die Länder des Ostblocks, auch die DDR, die bürgerlichen Grundrechte für die dort lebenden Menschen anerkannten. Es bildeten sich in der DDR Gruppen und später Organisationen, welche die Umsetzung von Grundrechten, wie Pressefreiheit, freie Wahlen, Freizügigkeit, im Alltag reklamierten.
Den Weg frei zum Ende des Ostblocks als ein machtpolitisch geschlossenes System machte 1988 der Verzicht der Sowjetunion auf die Breschnew-Doktrin durch das Zugeständnis Gorbatschows, des mächtigsten Manns in Moskau, jeder der im Warschauer Pakt zusammengeschlossenen Staaten müsse die Möglichkeit haben, seinen eigenen Weg zum Sozialismus zu gehen. Ungarn öffnete alsbald seine Grenze zu Österreich; und zudem setzte eine beispiellose Fluchtbewegung von Bürgern der DDR ein, vor allem über Botschaften der Bundesrepublik in Warschau, Budapest und Prag.
Gleichzeitig forderten Demonstrationen in der DDR, als wichtigste die Montagsdemonstrationen in Leipzig, auf friedlichem Wege Reformen, die allerdings im überalterten Regierungssystem der DDR nicht zu verwirklichen waren und nach dem Fall der Mauer im Ruf nach der Wiedervereinigung endeten.
Als am 9. November 1989 die Mauer geöffnet wurde, war das Schicksal der DDR besiegelt und die Wiedervereinigung, die Bundeskanzler Helmut Kohl vorantrieb, logische Konsequenz. Der ehemalige Bundeskanzler Willy Brandt kommentierte: »Jetzt wächst zusammen, was zusammengehört.« Die Öffnung der Mauer markierte gleichzeitig das Ende des Kalten Krieges.
Seit 1985 hatte die DDR an Wettbewerbsfähigkeit verloren. Das Wirtschaftssystem und die technische Ausrüstung der Unternehmen waren veraltet, der Außenhandel ging kontinuierlich zurück. In den Achtzigern arbeitete die Elektronik-Forschung der DDR an einem Megabyte-Chip, der die Innovationskraft der DDR belegen sollte und dessen Prototyp Erich Honecker feierlich überreicht wurde. Man ließ dabei den Wes-

ten im Unklaren darüber, dass die Fertigung des Chips noch längst nicht serienreif war. Der Stand der Elektronik in der DDR wurde im Westen bis nach der Wende überschätzt.
Die folgende Geschichte ist erfunden. MfS ist das Ministerium für Staatssicherheit, auch Stasi genannt. OM heißt offizieller, IM inoffizieller Mitarbeiter.

Sie waren getrennt worden, Bernd Wackernagel und seine Verlobte Franziska Burgau.

Dies war am 30. September 1989 in Prag geschehen, einem trüben, regnerischen Tag. Tausende von Menschen drängten sich in der Vlaska-Gasse, die zum Lobkowitz-Palais führte, der Botschaft der Bundesrepublik Deutschland. Alle hofften, in die Freiheit zu gelangen. Nur zentimeterweise ging es weiter. Kinder weinten, Säuglinge schrien. Mitleidige Tschechen brachten Essen und Trinken.

»Hoffentlich ist es nicht sinnlos, dass wir hier warten.« Bernd dachte an die gemütliche Wohnung in Leipzig, in die sie vor einigen Monaten gezogen waren.

»In Ungarn sind sie auch herausgekommen, Tausende«, sagte Franziska.

»Das war etwas anderes«, stellte Bernd fest, »die Ungarn haben im Mai die Grenzzäune nach Österreich aufgemacht, den Stacheldraht durchgeschnitten, die Wachtposten abgezogen, aufgehört, auf Flüchtende zu schießen. Aber hier – ich sage dir ehrlich: Ich habe Angst.«

»Bernd, demnächst machen sie die Grenze zur Tschechoslowakei zu, dann ist kein Durchkommen mehr von Dresden bis Prag. Es ist die letzte Chance.«

»Und wenn es nicht klappt, Franzi, wenn sie uns festnehmen, zuführen, wie man bei uns sagt?«

»Mach dich nicht verrückt, Bernd! Die können nicht Tausende zuführen. Wer bereits in der Botschaft der BRD ist – an den kommen sie doch gar nicht mehr heran!« Sie hatte hoffnungsvolle Augen. »Die müssen sie doch ausreisen lassen.«

»Die müssen gar nichts.« Bernd, groß, breit, mit Haarsträhnen bis fast auf die Schultern, presste seine kleine und zierliche Verlobte noch fester an sich und fuhr ihr durch das kurze strohblonde, vom Nieselregen nasse und zerzauste Haar.

Sie streichelte seine Wange: »Wir könnten immer noch umkehren, Großer.«

Im Frühjahr wollten sie heiraten.

»Eigentlich deine Idee, dass wir Hals über Kopf in den Zug gestiegen und nach Prag gefahren sind, Franzi.« Er gab sich einen

Ruck: »Jetzt stehen wir es durch. Wir sind schon wieder ein paar Meter weiter.«

»Mit dem Ausreiseantrag in die BRD klappt es ja nicht«, sagte sie.

»Seit zwei Jahren läuft der Antrag jetzt schon! Dafür haben sie uns an miese Arbeitsstellen umgesetzt. Ich kann nicht mehr in meinem Beruf arbeiten.«

»Und da geht gar nichts mehr weiter für uns. Da machst du in zwanzig Jahren noch dasselbe wie gestern und kriegst kaum etwas dafür.«

»Ich bin Elektroniker, sogar ein recht guter. Onkel Richard will mir eine Stelle vermitteln, Elektroniker werden gesucht, gut bezahlt.«

»Sag ich doch. Und im Frühjahr machen wir die Hochzeitsreise nach Venedig, ganz ohne Mauer.«

* * *

Oberst Rübsam im Ministerium für Staatssicherheit tobte.

Ja, gibt es denn keinen, der durchgreift? Ist doch so einfach: die Grenzen zu, jeden Republikflüchtling ins Loch! Druck auf die BRD, wenn sie ihre Botschaften in Prag und Warschau nicht von Republikflüchtlingen räumen lässt und sie nicht ausliefert. Die Übergangsstellen in Berlin zu, weg mit der Passierscheinregelung!

Haben wir alles diesem Genossen Gorbatschow zu verdanken! Generalsekretär der KPdSU, dass ich nicht lache. Da waren die Vorgänger andere Kaliber: Chruschtschow, Breschnew, Andropow, Tschernenko. Ordnung, Disziplin, unerbittliche Härte der Geheimdienste, Tscheka 1917 unter Lenin, GPU unter Stalin, jetzt KGB. Das hat funktioniert. Gorbatschow dagegen: Perestroika, Glasnost.

Perestroika – Umbau der Wirtschaft, Eigenständigkeit der Betriebe, als ob es der Wirtschaft nützt, wenn der Staat das Heft aus der Hand gibt. Und wir? Genosse Hager, zuständig für Ideologie, hat das Richtige dazu gesagt: »Würden Sie, wenn Ihr Nachbar seine Wohnung neu tapeziert, sich verpflichtet fühlen, Ihre Wohnung ebenfalls neu zu tapezieren?« Glasnost! Ich kann das Wort nicht mehr hören! Als ob etwas gewonnen wäre, wenn man alles offen legt in der Wirtschaft. Da schütten doch bloß die Westschweine den Dreckkübel über die Arbeit der Werktätigen.

Und das Schlimmste: Ende mit der Breschnew-Doktrin. Jedes Land darf seinen eigenen Weg zum Sozialismus gehen. Das Ergebnis prompt im Mai: Die Ungarn öffnen die Grenze zum Westen!

Wie wurde früher durchgegriffen: 17. Juni 1953 in der DDR! 1956 in Ungarn, 1968 gegen Dubcek in Prag! Mit Panzern dreingefahren! Und als Hunderttausende über die Grenze in Berlin in den Westen sind: Mauerbau 13. August 1961!

Von der Sowjetunion lernen, heißt Siegen lernen? War einmal!

* * *

Telefonbericht des OM Dachs aus Prag an Oberst Rübsam, MfS. 30. 9. 1989, 13.22 Uhr.

Hier OM Dachs, stehen seit fünf Stunden in der Vlaska-Gasse, einziger Zugang zum Park der Botschaft der BRD. Die zu beschattenden Personen vor der Botschaft der BRD vor wenigen Minuten gesichtet. Beide, Bernd Wackernagel und Franziska Burgau, klar identifiziert. Befinden sich ca. 150 Meter vor dem Botschaftsgebäude, eindeutige Absicht: Republikflucht.

Oberst Rübsam an Genossen Dachs: Dranbleiben. Dafür sorgen, dass Botschaftsgelände der BRD von Zielpersonen nicht betreten wird. Mache Sie persönlich haftbar!

Oberst Rübsam dehnte sich. Endlich einmal eine brauchbare Meldung. Schlimm genug, dass das saubere Pärchen es bis nach Prag geschafft hat.

Hatte so gut geklappt nach dem Ausreiseantrag vor zwei Jahren. Alles ganz unauffällig: Umsetzung der beiden in untergeordnete Arbeit. Kein Wort durchgesickert, dass die beiden niemals herauskommen werden in die BRD.

Und jetzt versagen die Grenzposten!

* * *

»Wir müssen zusammenbleiben«, sagte Bernd.

Sie sahen schon den Zaun. Der Regen wurde stärker.

Franziska kannte das Palais Lobkowitz, die Botschaft der BRD von früheren Aufenthalten in Prag. Ein hohes barockes Gebäude, am Fuße des Laurenziberges auf der Prager Kleinseite gelegen, am Rande ausgedehnter Gärten unterhalb des Klosters Strahov. Zwischen seinen beiden geschwungenen Flügeln auf der Parkseite trat ein halbrunder Bau hervor mit einem Balkon über dem Portal. Sie hatte immer gewusst, dass drüben hinter dem Zaun der Westen war.

Das Eisenportal im Zaun war geschlossen.

»Sie klettern über den Zaun!«

Sie sahen aber auch, dass an vielen Stellen Menschen vom Zaun weggezerrt wurden. Schlagstöcke, Schreie. Ihre Hände verkrampften sich ineinander, schweißnass, trotz der Kälte.

Vom Inneren der Umzäunung wurden Betten und gefaltete Decken über die scharfen Stacheln der Staketen geworfen, um die Verletzungsgefahr zu verringern.

Bernd und Franziska wurden nach vorne geschoben.

* * *

Telefonbericht des OM Dachs an Oberst Rübsam, 13.46 Uhr

Beobachtungen von Standort Telefonzelle am Ausgang der Vlaska-Gasse. Ganze Ketten von Menschen klettern am Zaun hoch. Zielpersonen sind in der Nähe des Botschaftszaunes, einfacher Staketenzaun, nicht zu überspringen und auch nicht leicht zu überklettern. Habe Hilfskräfte bei den tschechischen Kollegen geordert. Zwei junge Burschen, machen zuverlässigen Eindruck.

Oberst Rübsam: Einsatzkräfte geschickt steuern! Dürfen nicht entkommen.

* * *

»Der Zaun, schnell«, sagte Bernd, »du zuerst, keine Angst!«

Sie hatten an der Seite des Zaunes eine Stelle gefunden, an der das Übersteigen soeben einem älteren Mann geglückt war. Die tschechischen Polizisten waren einige Meter entfernt und anderen Flüchtigen zugewandt.

»Schnell, schnell«, rief Bernd.

Franziska blieb ruhiger. Sie stieg mit einem Fuß in die gefalteten Hände von Bernd, zog sich an den Staketen empor und reckte sich hoch. Sie reichte gerade bis zu den Spitzen. Sie suchte nach Halt. In diesem Augenblick wurde Bernd, der ganz auf seine Verlobte konzentriert war, von zwei Seiten an den Armen gepackt und heftig zurückgerissen. Das Mädchen hing einen bangen Augenblick lang an den Staketen, wurde aber von Umstehenden vollends hinaufgeschoben und drüben aufgefangen. Drei Männer zerrten Bernd brutal weg. Franziska lehnte betäubt an einem Baumstamm.

* * *

Telefonbericht des OM Dachs an Offizier Rübsam, MfS. 14.32Uhr

Eine der Zielpersonen, Bernd Wackernagel, haben wir festgenommen. Wird nach Leipzig verbracht.

Endlich mal eine gute Nachricht!, freute sich der Oberst. Wird auch Zeit. Sorgfältig aufpassen, der Fisch darf uns nicht ausbrechen. Es hängt sehr viel daran, sehr viel, kann ich Ihnen sagen. Die andere Person?

Ist auf das Gelände der BRD-Botschaft entkommen. Verfolgung unmöglich.

Weiß ich selbst. Wofür halten Sie mich! Ende des Gesprächs.

Oberst Rübsam schritt im Büroraum auf und ab. Kein voller Erfolg, aber ein Erfolg. Denn: Hast du einen in der Kralle, hast du den anderen in der Hand! Zum Glück war Bernd Wackernagel das eigentliche Zielobjekt. Allerdings das Mädchen ist auch ein Problem, obwohl sie nur in der Kommunalverwaltung tätig war: Hat er ihr etwas verraten?

* * *

Bernd wusste nicht, ob Franzi es geschafft hatte.

Drei Männer waren mit ihm im Wagen. Sie fuhren Richtung DDR-Grenze und blieben stumm.

* * *

Franziska war gelähmt vor Entsetzen. Soeben hatte Bernd ihr die Hände hingehalten, um sie über die Staketen zu bringen; jetzt war er weg, vor ihren Augen entführt. Sie musste zurück über den Zaun. Sie musste Bernd wiederfinden. Aber wie? Er war in den Händen der Stasi. Die hatten ihm hier aufgelauert. Am liebsten hätte sie laut geschrien, aber sie presste die Hand auf den Mund.

Sie würden ihn zurückbringen nach Leipzig. Es war sinnlos, die Botschaft zu verlassen, jetzt durch Prag zu irren und ihn zu suchen! Das Ende vom Lied wäre, dass auch sie verhaftet und nach Leipzig gebracht werden würde.

Dann kam der Gedanke: War es Zufall, dass gerade er geschnappt wurde?

* * *

Oberst Rübsam ballte die Faust. Es sind diese heillosen Montagsdemonstrationen seit dem 4. September in Leipzig. Vor den Augen der Sicherheitskräfte! Warum schreitet man nicht ein? Ist Honecker zu alt? Ist das ganze Politbüro zu alt? Es werden jeden Montag mehr in der Nikolaikirche bei diesem angeblichen Friedensgebet, das doch nichts ist als eine westdeutsche Provokation. Und dann hinaus auf die Straße, Kerzen in den Händen: Wir sind das Volk. Da kannst du Demonstranten zuführen, dass die LKWs brechen: Wir sind das Volk! Was soll das heißen: Wir sind das Volk? Das Volk, das sind die Werktätigen, die SED. Die Partei ist das Volk!

Aber die Masse läuft heutzutage Bananen nach, Ananas, Sex, Fressen, Saufen – alles, was der verrottete Westen zu bieten hat. Sehen sie im Westfernsehen, wir konnten ja nicht jede Antenne umdrehen. Na, sie werden Augen machen, denn zum 7. Oktober, dem 40. Jahrestag der DDR, wird groß gefeiert. Und da müssen wir das Land im Griff haben!

Freie Wahlen? Selbstbestimmung? Weiß denn auch nur einer dieser Schreihälse mehr als die Partei? Wahlfälschung bei den Kommunalwahlen am 7. Mai? Alles Quatsch: Die Partei hat immer recht! Das werden wir wieder einmal singen, das Lied der Partei: »Die Partei hat immer recht.«

* * *

OM Dachs betrat das Büro von Oberst Rübsam:

Auftrag Bernd Wackernagel beendet, Genosse Oberst.

Gute Arbeit! Hätte aber besser laufen müssen. Die zweite Zielperson!

Genosse Oberst –

Klar, haben Sie da wieder eine Ausrede parat!

Aber da waren –

Nein, wenn da viele Menschen sind, muss man das eben anders planen. Eingreifen, durchsetzen! Ende der Diskussion!

* * *

Da könnte ich wetten, Oberst Rübsam war sich sicher: Die hockt längst in der BRD-Botschaft, sagte er zu einem Untergebenen, und hofft auf Ausreise. Die zieht Bananen und Klamotten ihrem Bernd Wackernagel vor. Kannst du Gift darauf nehmen.

Wann soll der Wackernagel zur Vernehmung kommen?

Noch warten lassen! Weichkochen!

Anklagepunkte? Na, hören Sie mal, brauchen wir nicht! Er ist ein Risiko, ein Staatsrisiko!

* * *

Die Menschen saßen dicht an dicht im Garten der Botschaft, sie drängten sich auf den Stufen zum Portal, sie quetschten sich in den Gängen und auf den Treppen des Gebäudes. Es gab völlig überfüllte Zelte des Roten Kreuzes. Gestank und Geschrei, Menschen und Abfälle. Man watete im Kot. Und immer noch kamen sie über den Staketenzaun gestiegen, dreitausend, viertausend, fünftausend. Viele hatten irgendwo ihren Trabi abgestellt und würden ihn nie wiedersehen. Oder die Menschen kamen mit der Bahn: »Wo ist die deutsche Botschaft?« Hoffentlich frage ich keinen von der Stasi. Die meisten Tschechen halfen ihnen.

Franziska dachte an das, was sie in Leipzig verlassen hatten. Die zwei Zimmer samt der riesigen alten Küche in der Villa der alten Dame. Zwar war alles heruntergekommen, der Putz fiel von den Wänden, der Anstrich der Fenster war abgeblättert. Aber das Gebäude, in dem sie kaum Miete bezahlen mussten, lag so schön zwischen den alten Bäumen. Sie dachte an ihr neues Besteck, an die Möbel, die sie sich gekauft und abgespart hatten, an ihr neues Fahrrad.

Sie fror und dachte an ihr warmes Bett.

»Und in der Nacht?«, fragte sie eine Frau mit einem schlafenden Baby auf dem Arm.

»Du bist in Freiheit, Mädchen, schon ein klein wenig in Freiheit. Und du musst hoffen. Es wird hier nicht werden wie in China. Wer denkt da an Schlaf!«

In China waren Tausende, die für Freiheit demonstriert hatten, auf dem Platz des himmlischen Friedens umgebracht worden.

* * *

Beten für den Frieden!, empörte sich Oberst Rübsam. So nennen sie ihre Provokationen in der Nikolaikirche, aktenkundig seit dem 13. 9. 1982. Beten für die Umwelt! Als hätte die DDR Probleme mit der Umwelt wie der Kapitalismus. Beten für das Volk! Wir sind das Volk. Aber über dem Volk steht die Partei, meine Herren! Davon müsste dieser Pfarrer Christian Führer einmal predigen, der das Ganze angezettelt hat und eigentlich ins Loch gehört. Beten gegen Gewalt! Das hoffen sie natürlich, dass sie ungeschoren davonkommen. Aber da werden wir ein Wörtchen mitreden. Beten für die Stasi! Tatsächlich, sie haben einmal für die Staatssicherheit gebetet! Einige IMs haben es berichtet. Die hatte ich in den Gottesdienst geschickt. Sie waren natürlich aufgefallen, diese Anfänger. Gehen in einen Gottesdienst und machen sich vorher nicht kundig, wie man sich dort benimmt – alles Dinge, die ich laufend predige! Da sind sie natürlich aufgefallen; fast hätte man sie verprügelt, hatten es auch nicht anders verdient, die Idioten. Aber die in der Kirche waren schlau: Beten für die Mitarbeiter der Staatssicherheit – eine unglaubliche Provokation!

* * *

Leipzig, »Runde Ecke«, Staatssicherheit-Bezirksverwaltung. Das war Bernd klar. Ab in eine Zelle. Enge, Liege, Stuhl, Tisch, kahle Wände. Allein!

Er hatte auf ein Verhör gehofft. Verhöre konnten auch Angeklagten Auskunft geben. Warum hatten sie unter den Tausenden rund um die Botschaft gerade ihn geschnappt, offenbar ganz gezielt? Er glaubte im Zusammenhang mit der Stasi nicht an Zufall. Aber er konnte sich keinen Grund denken. Was war aus Franzi geworden? Hatten sie das Mädchen auch mitgenommen? Republikflucht: Gefängnis war sicher. Wenn man sehr großes Pech hatte zwei, drei Jahre. Manche wurden nach einiger Zeit vom Westen freigekauft.

Niemand holte ihn aus der Zelle.

* * *

Oberst Rübsam erinnerte sich. Der Bau des antifaschistischen Grenzwalls. Am 12. August 1961 Bautrupps, Instruktion der Sicherheitstrupps, lief alles wie am Schnürchen. Organisation perfekt! Genosse Ulbricht ein paar Tage vorher noch zu einem Westjournalisten: »Ich verstehe Ihre Frage so, dass es Menschen in Westdeutschland gibt, die wünschen, dass wir die Bauarbeiter der Hauptstadt der DDR dazu mobilisieren, eine Mauer aufzurichten. Mir ist nicht bekannt, dass eine solche Absicht besteht, da sich die Bauarbeiter in der Hauptstadt hauptsächlich mit Wohnungsbau beschäftigen und ihre Arbeitskraft voll eingesetzt wird. Niemand hat die Absicht, eine Mauer zu errichten!«

Dann der Morgen des 13. August, Sonntag. Männer mit Stacheldrahtrollen, Posten mit Gewehren im Anschlag. Es war eine Lust! Das Fluchtloch Berlin musste zu, das ging einfach nicht mehr anders! Es musste so dichtgemacht werden wie die Friedensgrenze zwischen der DDR und der BRD. Er hatte die Zahlen ja in den Akten: 1958 verschwanden allein über Berlin 119 552 Republikflüchtige, 1960 dann 152 291, die in den Westen machten, 1961 bis zum 13. August schon 125 053, die abhauten – alle über Berlin. Über zwei Millionen Bürger waren insgesamt seit 1949 aus der DDR in den Westen gegangen; ganze Berufsgruppen, wie Ärzte, bluteten aus. Und der Westen rieb sich die Hände: Abstimmung mit den Füßen.

Doch dann stand er in Blitzesschnelle da, der antifaschistische Schutzwall, felsenfest! Oberst Rübsam hatte die Zahlen im Kopf: Gesamtlänge um Westberlin 155 Kilometer, die Grenze der Hauptstadt der DDR zu Westberlin war 43,1 km lang, 106 km Betonelemente, Höhe zwischen 3,40 und 3,60 m, 66,5 km Metallgitterzaun, 105,5 km KFZ-Sperrgraben, 302 Wachttürme und natürlich die Grenzwachen, bewaffnet. Ein gewaltiges Werk.

Ab und zu ging Oberst Rübsam einen Abschnitt entlang: Er berauschte sich an der Leere zwischen der inneren und der äußeren Mauer, die einen so tödlich anstarrte – an den waffenstrotzenden Wachttürmen, den Führungsdrähten für Bluthunde.

Es gab natürlich immer wieder ein paar Idioten! Ihre Leichen wurden dann triumphierend auf Fotos in der Westpresse herumgeschmiert.

Touristen an der Mauer, Stadtrundfahrten aus Westberlin, Aussichtsplattformen aus Holz, damit jeder einmal über die Mauer gucken kann in die böse DDR, Stadtführerin mit dem Megafon: Mauermonster! Gänsehaut.

Gut, manchmal kommen auch Verwandte von einer Hochzeit oder einer Beerdigung und winken von irgendwelchen Wohnblocks hinüber und herüber. Ist ja irgendwo verständlich – kann aber nicht geduldet werden. Zu gefährlich, Geheimzeichen, Spionage, Provokation, Sabotage.

Dafür dann Passierscheinregelungen durch die DDR. Sehr zuvorkommend, sehr human. Schreien doch immer, die Mauer sei inhuman. Verstoß gegen Menschenrechte und so. Unsinn, den Staat der Werktätigen aushöhlen, ist inhuman.

Schießbefehl, von dem sie alle faseln in der BRD, ohne Beweise.

Natürlich haben wir den. Ist doch nur vernünftig! Auf jeden Grenzverletzer wird geschossen, auch auf Frauen und Kinder. Was denn sonst? Würde sich doch sonst jeder eine Leiter kaufen und auf dem Ku'damm Schaufenster gucken gehen.

* * *

Der Abend kam früh und düster. Franziska war in Sicherheit. Aber was bedeutete das, wenn sie diese Sicherheit nicht mit Bernd teilen konnte! Sie dachte an sein winziges Zimmer mit der Kochnische in dem Plattenbau, in dem er gewohnt hatte, bevor er zu ihr gezogen war. Und nun? Sie machte sich Vorwürfe.

Der Lärm war gedämpft. Nur selten trat noch von außen ein Schatten an den Zaun. Die tschechische Polizei hatte sich zurückgezogen. Die weißen Zelte des Roten Kreuzes schimmerten zwischen den Bäumen. Sämtliche Fenster der Botschaft waren erleuchtet. Die Stimmung der Menschen hatte, bei all dem Durcheinander und dem trüben Wetter, etwas von einem Fest. Immerhin hatte jeder, der sich hier aufhielt, ein erstes Teilziel erreicht. Alle hatten Hoffnung.

Franziska war wohl die Einzige, deren Verzweiflung zunahm. Zuerst hatte sie gedacht, sie könne den Botschafter um Rat fragen. Aber keiner kam vom Park aus in das Gebäude hinein, zu dicht standen die Menschen. Der Botschafter selbst war wahrscheinlich völlig überlastet. Und was könnte er ihr raten? Bernd war längst zurückgebracht worden in die DDR, wahrscheinlich nach Leipzig in die »Runde Ecke«. Ihm folgen? Sie würde verhaftet und ins Gefängnis gebracht wie er. Wie wollte sie ihm da Hilfe bringen? Ihre Schuldgefühle wuchsen: Hatte sie es ihm nicht geradezu eingeredet?

Der Ausreiseantrag hatte ihnen nur Nachteile gebracht; sie wussten nicht, wann und ob sie überhaupt jemals ausreisen durften. Warum sie ausreisen wollten? Sie hatten unzählige Male darüber diskutiert – manchmal fast gestritten. Bananen waren es nicht. Die Enge und Verlogenheit der DDR? Im Westen war wohl auch vieles verlogen. Aber dort durfte man es wenigstens laut sagen. Freiheit? Der bloße Gedanke an den Westen kam einem vor wie eine Befreiung. Es würde nicht leicht werden, der Westen war nicht nur verlockend, aber er war das Risiko wert. Und jetzt?

* * *

Oberst Rübsam verfolgte die eintreffenden Nachrichten mit wachsendem Ingrimm. Die Botschaft der BRD in Prag überfüllt! Der Westen! Früher nannte man es Provokation und Sabotage. Heute sagte man Entspannung, Abrüstung, vertrauensbildende Maßnahmen – Unsinn.

Mit der KSZE hatte es angefangen. Ja merkte denn, Karl Marx sei es geklagt, niemand, wie einen der Westen hereinlegte? Menschenrechte, Freiheit – Recht auf Ausreise, Recht auf freie Wahl des Wohnorts! Klang ja alles wunderbar. Aber was würde folgen? Bananen? Nein, Ausbeutung und Imperialismus!

Mit ihm, Rübsam, hätte es keine Bewilligung von Ausreiseanträgen gegeben, die nur Appetit machten. Das Ergebnis war vorauszusehen: Tausende wollten weg, Zehntausende. Heute Morgen war sein Bus zu spät gekommen: Der Busfahrer ist abgehauen, hieß es, man musste erst einen Ersatz auftreiben. Nach Ungarn war die Ausreise in der Zwischenzeit verboten. Aber in die Tschechoslowakei eben immer noch nicht. Die Lage war verfahren. Tausende in der Botschaft: Man könnte ja sagen: Selbst schuld, verreckt doch im Garten der Botschaft. Aber die ganze Welt würde sich das Maul zerreißen über die angebliche Unmenschlichkeit des sozialistischen Systems.

Dennoch: Die dort ausreisen lassen in die BRD, das durfte nicht sein! Auf keinen Fall. Humane Rückführung auf das Staatsgebiet der DDR würde er vorschlagen, planvoll und geordnet. Garantie der Straffreiheit, wie vorgeschlagen wurde – ein gewaltiges Geschenk! Hätten die eigentlich gar nicht verdient. Der ganze Osten vereint mit Druck auf Bonn – aber würde dieser Kerl Gorbatschow mitmachen?

* * *

Nacht. Aber in Bernds Zelle brannte das Licht plötzlich viel greller. Es war ihm klar, dass es die ganze Nacht so bleiben würde. Schlafen? Wie hätte er schlafen können! Er hatte bei jedem Schritt draußen gehofft, dass sie ihn zum Verhör holen würden. Was würde er sagen? Aber die Schritte gingen immer vorbei. Er versuchte, nicht an Franziska zu denken, ohne Erfolg.

* * *

Es war jetzt ganz dunkel geworden. Der Regen wurde dichter. Franziska fand einen Platz unter einem Gebäudevorsprung. Ihr graute vor der Nacht. Mit Bernd hätte sich alles ertragen lassen –

Wie spät war es wohl? Ihre Uhr war stehen geblieben. Sie hatte es erst vor ein paar Minuten bemerkt. Wie sinnvoll: Bernd war weg und die Zeit blieb stehen!

Da gingen plötzlich die Flügel der Balkontüre über dem Portal des Palais auf und ein breiter Strom von Licht flutete in den von Menschen überfüllten dunklen Park. Umrisshafte Gestalten kamen auf den Balkon. Ein Mann trat an das Geländer. Augenblicklich, als geschehe das alles im Film, trat Ruhe ein.

Jemand in der Nähe von Franziska rief halblaut: »Der Genscher!«

Franziska wusste, dass Hans Dietrich Genscher der Außenminister der Bundesrepublik Deutschland war.

Der Mann sprach mit einem Megafon, seine Stimme stand klar und deutlich im dunklen Park: »Liebe Landsleute, ich bin heute zu Ihnen gekommen, um Ihnen mitzuteilen – »

Ein beispielloser Lärm folgte. Viertausend Menschen schrien, klatschten, umarmten sich, schluchzten, lachten, tanzten und sangen. Es war unbeschreiblich. Erst Tage später las Franziska in den Zeitungen, was Hans Dietrich Genscher auf dem Balkon des Palais Lobkowitz am 30. 9. 1989 um 18.58 Uhr wirklich gesagt hatte: »Liebe Landsleute, ich bin heute zu Ihnen gekommen, um Ihnen mitzuteilen, dass heute Ihre Ausreise in die Bundesrepublik Deutschland bevorsteht.«

Franziska weinte.

* * *

Oberst Rübsam tobte. Draußen! Fünftausend, mindestens! Und das MfS hatte während des Transports durch die DDR zu garantieren, dass niemand auf einen der fahrenden Sonderzüge aufsprang! Schande. Und schon wieder Tausende auf dem Weg nach Prag, nach Warschau und Budapest. Werden wir ihnen aber vermasseln. An den Grenzen schärfste Kontrollen!

Die Weltöffentlichkeit sagt, es sei eine Schande, wenn einem Staat die Bürger davonlaufen. Irrtum! Wer davonläuft, verdient den Staat nicht, so ist das!

Aber man kann es drehen und wenden, wie man will: Der Antifaschistische Schutzwall ist nur noch von bedingtem Nutzen. Der Oberst stellte fest: Die Mauer hat ein Loch!

Die Franziska Burgau ist natürlich auch durch, war wohl bei den ersten Sonderzügen aus Prag. Na ja, da wird sie auf ihr Jüngelchen lange, lange warten müssen. Werden wir ihr vermasseln. Selbst Schuld!

Und wenn sie im Westen anfängt zu plaudern?, überlegte er. Was weiß sie überhaupt?

Müssen wir doch einmal den Herrn Wackernagel fragen. Hat ja auch schon nach einem Rechtsbeistand gebrüllt, der Republikflüchtling.

Zum Diensthabenden: Vorführen, gegen Morgen 3.30 Uhr.

* * *

Im Vernehmungsraum sagte Oberst Rübsam: Sie sind Bernd Wackernagel, wohnhaft, geboren, na lassen wir mal. Sehen wir ja, dass Sie geboren sind. Angeklagt wegen Republikflucht.

Könnte ich einen Anwalt –

Und dem jammern Sie dann vor: aus dem Ausland entführt, Eingriff in internationales Recht und so weiter. Menschenrechte, KSZE und so weiter! Nur ein paar Fragen: Warum wollen Sie unsere Republik verlassen?

Muss ich das beantworten?

Wir können auch anders. Sie arbeiteten vor Ihrer Umsetzung in die Verwaltung auf einen anderen Arbeitsplatz bei ...?

Elektronik, Chip-Herstellung.

Na, wollten wohl im Westen bessere Chips herstellen? Sind unsere nicht gut genug? Frisch von der Leber weg geredet. Interessiert mich.

Nein, ich meine nicht die Chips, die ganze –

Warum Prag? Und jetzt? Hatten Sie nicht schon einen regulären Ausreiseantrag gestellt? Vor zwei Jahren? Geduld ausgegangen? Wegen Bananen?

Nicht wegen –

Und die Braut? Haben Sie ihr fleißig erzählt von der Chipherstellung? Ist ja auch interessant.

Nur wenig. Es lässt sich schwer beschreiben, wenn jemand die Technik nicht kennt.

Hat sie aber schon interessiert, nicht?

Na ja, so erhebend war meine Tätigkeit nicht. Ich war bei Weitem nicht in der vordersten Front.

Jetzt ist sie weg. Und Sie sind weg. Hat sich wirklich gelohnt! So erhebend war Ihre Arbeit nicht – sind unsere Chips so schlecht? Beschreiben Sie mal? Wie ist das mit dem Megabyte-Chip? Da sind wir doch die Nummer Eins!

Ehrlich, ich weiß nicht mehr als jeder andere. Ich war nicht in der Entwicklung des Megabytechips. Doch ja, wir bekamen vor drei Jahren einige Aufträge, die damit zu tun hatten. Aber bevor wir die Arbeit aufnehmen konnten, wurde eine andere Abteilung damit beauftragt. Wir haben uns dann sogar geärgert, kam ja im Fernsehen, wie der neue Chip Genosse Honecker übergeben wurde. Mehr weiß ich aber nicht. Muss technisch eine tolle Sache sein, hätte mich schon interessiert.

Und da haben Sie herumgefragt?

Nein, wir haben dann ja bald Ausreiseantrag gestellt.

Finden wir nicht gut, wenn einer Ausreiseantrag stellt. Beweist, dass er den Gedanken des Sozialismus nicht verstanden hat. Oder?

Nein, ich –

Lenken Sie nicht von der Chipherstellung ab. Megabyte-Chip! Weiter als der Westen –

Kam oft im Fernsehen, dass wir weiter sind als die im Westen, aber ich weiß nichts darüber. Ich hätte keinen Zugang gehabt.

Na, dann gehen Sie jetzt mal zurück in Ihre Zelle, zu der haben Sie immer Zugang.

* * *

Kein Geheimnisträger! Oder Verstellung? Nein, dazu ist er ein zu harmloses Würstchen. Irrtum des Genossen Einstein, der hat die Überwachung gegen ihn geleitet, nachdem Ausreiseantrag gestellt worden war. Die Abteilung war kurzfristig beauftragt worden, kam aber dann nicht zum Einsatz. Nein, unser Wackernagel hätte dem Westen nicht sagen können, dass es unseren hochgepriesenen Megabyte-Chip nicht gibt und vorläufig auch nicht geben wird. Der an Honecker ist nicht serienreif. Hat der überhaupt funktioniert? Da würden sie jubeln im Westen: Die DDR tut nur so, als hätte sie den Megabyte-Chip, und ist zehn Jahre hinter dem Westen zurück. Weiß nur die Stasi und die Ingenieure natürlich. Der Wackernagel weiß es nicht. Und das Mädchen dann natürlich auch nicht.

Aber jetzt weiß er es, wenn er eins und eins zusammenzählt. Kein Pardon!

* * *

Das grelle Licht über Bernds Liege war unerträglich. Langsam wurde ihm klar: Er galt als Geheimnisträger. Er hatte von diesem Megabyte-Chip gehört, aber nie Näheres. Die Angst der Stasi war unbegründet, er hätte im Westen nichts ausplaudern können. Hatte der Oberst ihm geglaubt, dass er nichts wusste? Bliebe die Republikflucht, schlimm genug!

Franzi, so zierlich, so schutzbedürftig, der bloße Gedanke trieb ihm Tränen in die Augen. Aber sie war auch stark, das wusste er.

* * *

Franziska stand im Gang des völlig überfüllten Sonderzuges, der durch die Nacht rauschte – Ausreise aus der DDR durch das Gebiet der DDR. Die Deutsche Demokratische Republik legte Wert darauf, dass diese erzwungene Ausreise kein Nachgeben war, sondern ein Staatsakt, der in vollem Bewusstsein der Verantwortung gegenüber Humanität und der KSZE stattfand. So hatte Franziska eine der Begleitpersonen, wahrscheinlich vom MfS, sagen hören.

Sie starrte hinaus in die Nacht. Die DDR, dunkel glitt sie vorüber, es war ihr Leben – die Kindheit zwischen Hort, Schule und Wohnung der Großeltern. Die Scheidung der Eltern, Tod der Mutter, Studium. Bernd! Die gemeinsame Wohnung in der alten Villa.

Draußen trübe Straßenlaternen, leere Bahnhöfe. Die meisten waren misstrauisch gewesen bis zuletzt – lassen sie uns wirklich hinaus? Bei jedem Bahnhof, in den sie einfuhren, bei jedem Halt: Holen sie uns heraus? Dann – der Lärm zwischen Jubel und noch nicht versiegter Angst verstummte; jeder starrte hinaus, wo rauchig im Dunst die Lichter der Grenzsicherung Sandflächen beleuchteten, ein Wachtturm, Stacheldraht, ein letzter Stahlzaun. Dann glitt die DDR nach hinten weg.

Dunkel war die Zukunft dieses Landes. Das wusste jeder im Zug.

Würde Franziska Bernd jemals wiedersehen?

* * *

Gutachten von Oberst Erich Rübsam für den Minister des MfS

- Die Ausreise über die Botschaften der BRD in den sozialistischen Bruderländern, die jetzt nach der ersten Öffnung in Prag am 30. September in die Zigtausende geht, ist unverzüglich zu stoppen. Genosse Honecker nannte vor wenigen Tagen die DDR einen Sperrriegel unter den Ländern des Sozialismus. Dem ist unbedingt beizupflichten. Ein Rückfall in die Zeiten vor der Errichtung des Antifaschistischen Schutzwalles würde die Existenz unseres Staates bedrohen oder ihn gar vernichten. Der Ruf »Mauer weg!« verkennt die wirklichen Gegebenheiten. Eine Öffnung der Staatsgrenze zu Westberlin würde Europa destabilisieren.
- Die sich überall bildenden Gruppen von Oppositionellen, die von der BRD und anderen imperialistischen Staaten aufgeputscht

sind, wie »Neues Forum«, »Demokratie jetzt«, »Demokratischer Aufbruch«, »Initiative Friede, Menschenrechte« und so weiter, sind zu verbieten. Die Dissidenten sind zuzuführen! Wozu haben wir Gefängnisse! Das Geschwätz, die Führung der DDR sei überaltert und würde den humanen Forderungen der Weltöffentlichkeit nicht entsprechen, ist zu unterbinden.

- Friedensgebete, Montagsdemonstrationen, Mahnwachen und so weiter müssen als das behandelt werden, was sie sind: Vom imperialistischen Ausland gelenkte konspirative Treffen, deren Teilnehmer umgehend zugeführt werden müssen. Auch das Gerede von einem zu schaffenden menschlichen Sozialismus, das sich vor allem in Künstler- und Literatenkreisen breitmacht, muss umgehend abgestellt werden. Wer sich an unsere Gesetze hält, für den ist der Sozialismus jederzeit menschlich!
- Nur das Durchgreifen für Ruhe und Ordnung, Recht und Gesetz, notfalls auch mit Gewalt, kann unserem Staat noch die Festigkeit geben, die nötig ist, um den vierzigsten Jahrestag der DDR am 7. Oktober 1989 zu einem ungestörten, würdigen und denkwürdigen Tag zu machen.

* * *

Die Menschen lagen sich in den Armen. Franziska ging einsam durch die begeisterten Massen. 100 DM Begrüßungsgeld – wenn sie es doch Bernd geben könnte.

Ein älterer Herr, dem ihre Traurigkeit in der allgemeinen Freude auffiel, versuchte, sie aufzurichten: »Keine sechs Wochen, dann ist die DDR ein demokratischer Staat, die Mauer offen und dein Bernd frei oder die DDR gibt es nicht mehr.«

Sie fuhr zu Verwandten nach Westberlin. Wer es glauben könnte!

* * *

Oberst Rübsam war enttäuscht.

Es ist eine Schande, auch vor dem Ausland. Die feierlichsten Augenblicke des großen Festes zum vierzigsten Jahrestag unseres sozialistischen Vaterlandes am 7. Oktober – gestört von ein paar Halbstarken! Davon schreiben sie in der Westpresse, nicht von der Rede des Genossen Honecker im Palast der Republik. Ein erhabener Augenblick: Der Generalsekretär am Rednerpult, sein Humor: »Den Sozialismus in seinem Lauf hält weder Ochs noch Esel auf«, die alten Kampflieder: »Brüder zur Sonne, zur Freiheit«, »Brüder seid bereit«, »Die Partei hat immer Recht«. Erinnerungen.

Aber dazu Genosse Gorbatschow, der während der ganzen Feier schwätzt und offensichtlich Witze macht. Geschmacklos! Aber nur er wird zitiert in der Westpresse: »Wer zu spät kommt, den bestraft das Leben.« So ganz Unrecht hätte er nicht. Wenn er es auch anders gemeint hat. Aber wenn wir jetzt nicht durchgreifen, und zwar hart, ist der Zug wirklich abgefahren, und wir kommen zu spät.

* * *

Bernd hielt das Dokument in der Hand: Gerichtsverhandlung wegen Republikflucht, angesetzt auf Montag, 11. Dezember 1989, 9.30 Uhr.

* * *

Oberst Rübsam rieb sich die Hände: Endlich! Am 9. Oktober wird Schluss gemacht! Einheiten aus dem ganzen Gebiet der Republik werden nach Leipzig zusammengezogen: Waffen, Munition, gepanzerte Fahrzeuge, Stacheldraht. Blutkonserven, Verbandszeug, Betten. Niemand soll sagen, wir ließen Verletzte unversorgt. Wenn sie dann aus der Nikolaikirche kommen, um durchs Zentrum zu ziehen mit ihren Sprüchen »Wir sind das Volk! Tausende werden sich anschließen« – dann gehen wir dazwischen! Lautsprecherwagen stehen bereit: Wer weitergeht, auf den wird das Feuer eröffnet! Und dann muss Ernst gemacht werden mit diesem vom Ausland bezahlten Mob. Draufgehalten, mit Panzern hineingefahren! Auseinanderdrücken, in kleine Gruppen zertrennen, zuführen. Rücksichtslos! Wie in China: War alles wie bei uns – Unruhen, Demonstrationen, aufmüpfige Studenten, Hunderttausende auf der Straße. Am Abend des 4. Juni 1989 auf dem Platz des Himmlischen Friedens mit Panzern in die Massen hinein – 3000 Tote, unzählige Verletzte.

Seitdem herrscht dort Ordnung. Der stellvertretende Vorsitzende des Staatsrats Egon Krenz hat der Volksrepublik China gratuliert. Na also! Geht doch!

* * *

Franziskas Anfragen an die Staatssicherheit nach Bernd Wackernagel blieben unbeantwortet. Sie las jede Zeitung, die sie bekommen konnte. Sie las von dem gewaltigen Aufmarsch des Militärs zur Montagsdemonstration in Leipzig am Abend des 9. Oktober 1989. Der weltberühmte Dirigent Kurt Masur und andere Persönlichkeiten hatten öffentlich zu Gewaltlosigkeit aufgerufen. Die Demonstranten kamen mit Kerzen in den Händen aus der Nikolaikirche. Da stand sie vor ihnen, die Gewalt, strotzend vor Waffen, laufende LKW-Motoren, Rufe aus Lautsprechern: »Auseinandergehen!« Die Menschen gingen weiter und weiter und riefen: »Keine Gewalt! Wir sind das Volk! Keine Gewalt! Fünfzigtausend, siebzigtausend.«

Der Befehl zu schießen, aus Berlin, der Hauptstadt der DDR, blieb aus.

* * *

Wir müssen die Akten des MfS vernichten, jagte es Oberst Rübsam durch den Kopf, verbrennen – in den Reißwolf damit! Es geht dem Ende zu, wenn mir das auch niemand glaubt. Meint denn ernsthaft jemand, der Egon Krenz würde es schaffen? Dieses Theaterkasperle. Hat den Chinesen zum Durchgreifen gratuliert und bei uns hat er die Hosen voll. Generalsekretär! Natürlich war es richtig, dass Genosse Honecker am 18. Oktober abgelöst worden ist – aber doch nicht von Egon Krenz!

Alles geht den Bach runter.

* * *

Am Morgen des 24. Oktober, einem Dienstag, brachte der Gefängniswärter Bernd das Essen: »Geduld, Herr Wackernagel, das dauert nicht mehr lange. Die lassen Sie raus. Gestern Abend waren hier in Leipzig 320000 Menschen auf der Straße, auch ich. Wir sind das Volk!«

* * *

Franziska erlebte es am Fernseher bei den Verwandten in Berlin.

Ein denkwürdiger Tag. Im Politbüro war die Frage behandelt worden, wie die Ausreise aus der DDR für die Bürger künftig geregelt werden sollte. Politbüromitglied Günter Schabowski, der nicht teilgenommen hatte, berichtete der Presse.

Er wurde nach den künftigen Ausreisemöglichkeiten der DDR-Bürger gefragt und meinte, auf einem Zettel, der ihm kurz zuvor von Egon Krenz in die Hand gedrückt worden war, seien die Beschlüsse zusammengefasst. Es handelte sich jedoch nur um einen Denkvorschlag. Er las ab: »Und deshalb haben wir uns dazu entschlossen, heute eine Regelung zu treffen, die es jedem Bürger der DDR möglich macht, über Grenzübergangspunkte der DDR auszureisen.«

»Bernd, Bernd«, flüsterte Franziska.

Als ein Journalist fragte, es war am 9. November 1989 um 18.57 Uhr, ab wann das in Kraft trete, antwortete Schabowski mit dem Verlesen des ganzen Papiers: »Privatreisen nach dem Ausland können ohne Vorliegen von Voraussetzungen – Reiseanlässe und Verwandtschaftsverhältnisse – beantragt werden. Die Genehmigungen werden kurzfristig erteilt. Die zuständigen Abteilungen Pass- und Meldewesen der VPKÄ – der Volkspolizeikreisämter – in der DDR sind angewiesen, Visa zur ständigen Ausreise unverzüglich zu erteilen, ohne dass dabei noch geltende Voraussetzungen für eine ständige Ausreise vorliegen müssen. Ständige Ausreisen können über alle Grenzübergangsstellen der DDR zur BRD erfolgen.« Auf die Frage: »Wann tritt das in Kraft?«, antwortete Schabowski: »Das tritt nach meiner Kenntnis ... ist das sofort, unverzüglich.«

* * *

Oberst Rübsam warf ein Aktenstück, das er gerade mit seinem Zeichen versehen hatte, in den Papierkorb. Hat der Minister selbst berichtet und dabei geflucht – was gibt das Rindvieh Krenz einem Mann, der gar nicht dabei war, den falschen Zettel! Nicht zu fassen! Jetzt läuft die Pressekonferenz bereits im Westfernsehen und demnächst auf der ganzen Welt!

»Und die Mauer, Genosse Oberst?«, fragte ein Mitarbeiter.

»Aufmachen, junger Mann! Unverzüglich. Schluss mit dem Kalten Krieg. Akten vernichten, sag ich ja schon lange! Sonst hängen die einen drüben an den nächsten Baum. Werden wir eben Westler, kein Oberst des MfS mehr, sondern Erich Rübsam. In Rente! Politische Gefangene rauslassen, auch Republikflüchtlinge. Gibt's nicht mehr, Republikflüchtlinge.«

* * *

Franziska ging in der Nacht vom 9. zum 10. November durch die Straßen Berlins in Richtung der Mauer, Grenzübergangsstelle Bornholmer Straße.

Ein Nachbar hatte gegen zwei Uhr früh geläutet, eine Sektflasche und ein paar Gläser in der Hand: »Die Mauer ist offen, Bornholmer Straße, das Fernsehen ist voll davon, schon seit Stunden!«

Bornholmer Straße, dachte sie, Bornholmer Straße. Sie wusste den Weg.

Sie ging wie im Traum. Sie hörte lange, bevor sie dort war, das Hupen, dann kamen die Trabis. Da war die Mauer, hässlich wie immer, lang, grau im Licht der Straßenlaternen, darüber riesengroß wie eine böse Wolke das Licht der Grenzsicherungsscheinwerfer, dahinter der nächtliche Umriss eines Wachtturms. Ein Auto nach dem anderen kam herausgefahren und fuhr hupend weiter, als sei es ein alter Brauch, die menschliche Freiheit mit Autohupen zu begrüßen.

Aus allen Richtungen strömten Leute aus dem Westteil der Stadt herbei. Sie bildeten eine Gasse, klatschten Beifall und schlugen mit flachen Händen auf die Autodächer. Umarmungen, viele weinten. Kamerateams, Interviews, Knäuel von Fotografen.

»Als Nächstes kommen die Politischen frei.«

Sie sah jedem Ankömmling ins Gesicht. Nie war es Bernd, es konnte gar nicht Bernd sein. Aber sie wusste, als sie früh um sieben übernächtigt wieder zu Hause war: Er wird kommen.

ZEITTAFEL

1749–1832	Johann Wolfgang von Goethe
1770–1827	Ludwig van Beethoven
1789	Beginn der Französischen Revolution
1804	Kaiserkrönung Napoleons (2. 12.)
1806	Ende des Heiligen Römischen Reichs (6. 8.)
1807–1812	Preußische Reformen
1813–1815	Wiener Kongress
1815	Bau der ersten dauerhaft funktionierenden Dampfmaschine in Deutschland (in Berlin) durch Georg Christian Freund
1832	Hambacher Fest (27.–30. 5.), Vormärz
1834	Gründung des deutschen Zollvereins
1834–1900	Gottlieb Daimler
1835	Erster Eisenbahnzug in Deutschland, von Nürnberg nach Fürth (7. 12.)
1844–1929	Carl Benz
1848	Karl Marx und Friedrich Engels: Kommunistisches Manifest
1848/49	Revolution, Verfassung der Paulskirche
1863	Ferdinand Lassalle: Gründung des Allgemeinen Deutschen Arbeitervereins
1864	Deutsch – dänischer Krieg
1866	Preußisch – österreichischer Krieg

1870–1871	Deutsch-französischer Krieg
1871	Gründung des Deutschen Kaiserreichs (18. 1.)
1871–1890	Otto v. Bismarck Reichskanzler
1875–1955	Thomas Mann
1878	Sozialistengesetz
1878–1929	Gustav Stresemann
1883–1924	Franz Kafka
1884	Beginn der deutschen Kolonialpolitik
1905	Adolf Hölzel malt »Komposition in Rot«, das erste rein abstrakte Bild
1905	Albert Einstein: Spezielle Relativitätstheorie
1914–1918	Erster Weltkrieg
1918	Novemberrevolution in Deutschland
1919	Frauenwahlrecht in Deutschland (19. 1.), Vertrag von Versailles (28. 6.)
1923	Krisenjahr der Weimarer Republik: Ruhrkampf, Hitlerputsch, Hochinflation
1925–1934	Paul von Hindenburg Reichspräsident
1926	Aufnahme Deutschlands in den Völkerbund (10. 9.)
1929	Beginn der Weltwirtschaftskrise (24. 10. »Schwarzer Donnerstag«)
1933	Machtergreifung Hitlers (30. 1.)
1933–1945	Nationalsozialistische Diktatur
1938	Reichspogromnacht, erster Höhepunkt der Judenverfolgung (9. 11.)

1938	Entdeckung der Kernspaltung durch Otto Hahn (17. 12.)
1939–1945	Zweiter Weltkrieg, Holocaust
1945	Potsdamer Abkommen, Beginn der Vertreibung
1948	Marshallplan, Währungsreform (21. 6.)
1948–1949	Berlinblockade durch die UdSSR
1949	Gründung der Bundesrepublik Deutschland (23. 5.), der DDR (7. 10.)
1949–1963	Konrad Adenauer Bundeskanzler
1949–1971	Walter Ulbricht Staatschef der DDR
1953	Volksaufstand in der DDR (17. 6.)
1955	Beitritt der Bundesrepublik zur NATO
1957	Römische Verträge (25. 3.), Beginn der europäischen Einigung
1961	Bau der Mauer in Berlin (13. 8.)
1963–1966	Ludwig Erhard Bundeskanzler
1966–1969	Kurt Georg Kiesinger Bundeskanzler
1968	Studentenunruhen (»68er-Bewegung«)
1969–1974	Willy Brandt Bundeskanzler, Ostverträge
1971–1989	Erich Honecker Staatschef der DDR
1974–1982	Helmut Schmidt Bundeskanzler
1975	KSZE in Helsinki, Unterzeichnung der Schlussakte (1. 8.)
1982–1998	Helmut Kohl Bundeskanzler
1989	Fall der Mauer in Berlin (9. 11.)
1990	Zwei-Plus-Vier-Vertrag (12. 9.), Wiedervereinigung (3. 10.)

NACHWORT

Sechsundvierzig Geschichten erzählen in den vorliegenden drei Bänden »Augenblicke der Geschichte« von der Historie Deutschlands – bei Weitem zu wenig, wenn man an zwölfhundert Jahre Geschichte denkt.

Welche Begebnisse sollte man auswählen? Jede Zeit hält andere Ereignisse für wichtig. Die wissenschaftliche Geschichtsschreibung misst die Bedeutung von Ereignissen an ihrem Einfluss auf künftige Entwicklungen. Dies ist die eine Seite der Auswahl. Zu berücksichtigen war aber hier auch, welche Ereignisse den Autor besonders ansprachen; denn nur was man selbst erleben kann, kann man andere erleben lassen. So finden sich immer wieder Themen, die zwar am Rande dessen stehen, was Lehrpläne oder Allgemeinbildung vorgeben, von denen aus aber immer auf größere Vorgänge geschlossen werden kann. Auf diese Weise werden die Standards von Lehrplänen dennoch bedient.

Nicht die Sammlung zunächst chaotischer Fakten und die Erschließung logischer Zusammenhänge steht hier im Vordergrund, wie dies im historischen Seminar oder im Schulbuch der Fall ist: Wichtiger sind die Auswirkungen auf die Betroffenen. Maximilian Dortu hat Entsetzliches erlebt, und sein Schicksal, eingebettet in die historischen Hintergründe, beleuchtet die Vorgänge der Revolution mehr als die ganz anderen Ansätze, die Schulbücher stärker in den Vordergrund stellen müssen. Dadurch wird unsere Darstellung zur wichtigen Ergänzung wissenschaftlicher Berichterstattung.

Sicher werden Ereignisse der neuesten Geschichte vermisst: 68er-Bewegung, Deutscher Herbst, Kernkraft. Aber diese Themen sind heute noch so sehr Gegenwart, dass sich nach Ansicht des Autors eine Annäherung auf dem in diesen Geschichten eingeschlagenen Weg verbietet.

Wer Geschichte erleben will, der muss vorübergehend Teil der Zeit werden, von der berichtet wird. Wollen wir die Zeit freilich nur über Fakten erschließen, so spricht sie zwar, aber nur unvollkommen, zu unserem Geist, bleibt aber unserem Bewusstsein meist verschlossen. Wir weinen oder lachen jedoch meist über dieselben Dinge wie vor tausend Jahren. Was Dortu erlitten hat, können wir schmerzhaft nachvollziehen.

Natürlich bleiben die vorliegenden Bände damit der Subjektivität verhaftet; sie können aber neben Kenntnissen, die auch hier vermittelt werden, neugierig machen auf Geschichte; und das ist mehr, als Geschichtsunterricht normalerweise leistet.

Ein hohes Maß an Verantwortung des Autors war dazu nötig: Alle erfundenen Ereignisse mussten sich der Forderung nähern, dass sie hätten *sein* können. Damit müssen alle erfundenen Personen, Handlungen und Sachen auf einem breiten wissenschaftlichen Fundament ruhen. Erst dann können die erzählten Erlebnisse verlässliche Grundlage der Neugier sein.

Menschliche Geschichte ist im Ablauf der Erdgeschichte nicht einmal ein Wimpernschlag. Noch sehr viel winziger sind unsere »Augenblicke der Geschichte«. Aber vielleicht kann ihre erzählte Form Interesse wecken, die Vorstellungskraft anregen und manchen auf diese Weise vielleicht auch mitreißen.

Mitgerissen werden von der Geschichte – was will man mehr?

DANK

Die drei Bände »Augenbicke der Geschichte« verdanken ihre Entstehung – bei der großen Fülle von Informationen – nicht nur dem Autor. Diesem stellten sich während der Arbeit immer neue Fragen, die von kundigeren Menschen bereitwillig und geduldig beantwortet wurden. Zu danken ist dem Stadtarchiv von Bietigheim-Bissingen mit Stefan Benning und Sonja Eisele, ebenso dem Mercedes-Benz-Museum Stuttgart. Viele Antworten und Anstöße erhielt ich von Rudolf Bayer, Volker Blumkowski, Kurt Femppel, Matthias Gnatzy, Martin Haußmann, Dr. Hans Hopf, Bernd Vohland und anderen. Dank sagen muss ich insgesamt meinen, zum Teil wechselnden, Probelesern Melanie Schromm, Stephanie Lehmann, Franziska Schlagenhauf, Max Ludwig, Alexander Schuckert, Vanessa Sieger; wichtig war auch die Kritik aus der Familie und von verschiedenen Freunden, denen allen ich immer wieder aus den entstehenden Geschichten vorlesen durfte und die mit Anregungen nicht gespart haben. Sehr zu Dank verpflichtet bin ich Professor Gerhart Maier, der alle Geschichten auf sachliche Richtigkeit überprüft und mir darüber hinaus viele Hinweise und Anregungen gegeben hat. Eine Fülle von Anregungen und sachlicher Kritik kam auch von Lektor Burkhard Heiland, von dem die Idee zu dem Projekt stammte.

Schließlich bedanke ich mich bei meiner Frau für ihre Geduld und Fürsorglichkeit, wenn ich tagelang nicht ansprechbar war – abwesend in Mingrelien oder auf dem Hohenstaufen.